New York
Bull
Kang JH

추천사

자산운용사의 대표로서 금융시장이 지금 어떤 상황이고 어느 방향으로 갈 것인지는 항상 촉각을 곤두세우는 부분이다. 특히 환율을 비롯한 외환시장에 대한 이해는 중요함을 넘어 필수적이라 할 수 있다. 하지만 여전히 환율을 피상적으로 다루거나 경제학 교과서를 그대로 옮겨놓은 책들이 많다. 금융 현실을 제대로 반영하지 못하여 크게 도움이 되지 않거나 실무에 적용할 수가 없는 것이다. 그런 면에서 이 책은 국내 외환시장 최고 전문가인 저자의 역작이다. 정말 재미있으면서도 기본기부터 착실히 다질 수 있으며 실무에 적용 가능한 충실한 내용들로 꽉 차 있다. 금융시장에 대해 공부하는 학생 및 일반 투자자나 금융계 종사자들에게 많은 도움이 되리라 확신한다. 꼭 읽어볼 것을 권한다.

이현승, KB자산운용 대표이사 사장

오랫동안 재무에 몸담아온 한 사람으로서 금융경제를 쉽게 설명하는 책이 발간되어 무척 기쁘다. 금융 관련 서적은 다소 설명이 딱딱해지기 쉬운데, 이 책은 재미있는 사례가 다양하게 등장해 정말 쉽게 읽을 수 있었다. 수출 기업이나 일반 기업의 재무 담당자들이라면 꼭 가까이에 두고 참고하며 읽어야 할 책이다.

고정욱, 롯데지주㈜ 최고재무책임자

글로벌 금융경제에서 해외무역과 투자를 하는 데 달러와 외환은 매우 중요한 문제다. 우리나라 시중은행 은행장으로서, 외환시장과 환율의 변동성은 가장 신경 쓰는 부분 중 하나다. 대내외 금융시장의 불확실성이 극에 달하는 요즘, 금융시장을 제대로 이해하기 위해서는 기본 지식이 아주 중요하다. 외환시장과 환율을 기본부터 제대로 쉽고 재미있게 알려주는 책이 나와서 무척 반갑다. 저자는 홍콩, 일본, 싱가포르 등 해외 유수의 기관에서 다양한 금융 실무를 익힌 베테랑이다. 이 책으로 일반 국민들이 환율과 외환시장을 잘 이해할 수 있게 되어 우리나라가 금융허브로 도약하는 데 작은 밑거름이 되었으면 한다.

이재근, KB 국민은행 은행장

한국 금융의 세계화는 우리의 현재이자 미래의 중요 당면 과제다. 한국 금융시장의 발전 과정을 몸소 겪어온 장본인으로서, 외환시장과 환율은 항상 제일 중요하게 생각해온 주제 중 하나였다. 달러와 외환시장이 작동하는 메커니즘을 이해하지 못하고는 국제금융을 논할 수 없기 때문이다. 그런 면에서 이 책은 환율과 외환시장을 기초부터 쉽고 재미있게 이해하는 데 많은 도움을 줄 것으로 생각한다. 피상적이고 천편일률적인 기존의 외환 서적과 궤를 달리하고 있어 더욱 신선하다. 저자와 같이 한국 금융의 글로벌화를 맡길 수 있는 듬직한 후배들이 더욱 많이 나와줬으면 하는 바람이다.

황영기, (전)금융투자협회 회장, (전)우리금융지주회사 회장

"이해하기 쉽지만 결코 가볍지 않다." 환율에 대한 이 책은 '썸 타는' 것처럼 가벼워 보이지만, 환율 전문가의 내공이 묻어나는 어려운 부분까지 다루고 있다. 개념 이해를 위한 다양한 표와 그림은 덤이다. 환율에 대한 기본 입문서로 최적의 책이다.

오건영, 신한은행 부부장

금융권에서 영어 이름인 '바비 변'으로 더욱 익숙한 당행 변정규 그룹장의 환율 서적 출판을 진심으로 축하합니다. 변정규 그룹장은 당행의 파생상품 관리자로, 미즈호가 자랑하는 국제금융 전문가입니다. 저희 미즈호 은행은 올해로 서울 지점 설립 50주년을 맞이하였습니다. 한국과의 오랜 인연은 당행의 소중한 추억이며 자산입니다. 지난 50년 동안 당행 서울 지점은 한국에 진출한 외국계 은행 중 총자산 기준 최대 규모의 은행으로 성장하였으며 향후에도 더욱 긴밀히 협력할 것을 약속드립니다. 이번 책의 출간을 계기로 미즈호 은행이 한국의 금융 발전에 더욱 이바지할 수 있는 계기가 되기를 소망합니다.

나카가와 카즈야, 미즈호 은행 서울 지점장

슈퍼달러 슈퍼리치

슈퍼달러 슈퍼리치
환율과 썸 타기

초판 1쇄 발행 2022년 11월 18일
초판 3쇄 발행 2023년 12월 29일

지은이 변정규
펴낸이 최기억, 성기홍

편집 · 마케팅 월요일의꿈
디자인 디스커버

펴낸곳 (주)연합인포맥스
출판등록 2008년 4월 15일 제2008-000036호
주소 (03143) 서울특별시 종로구 율곡로2길 25, 연합뉴스빌딩 10층(수송동)
전화 02-398-5269 팩스 02-398-4995
이메일 sabm2000@yna.co.kr
홈페이지 https://news.einfomax.co.kr

ISBN 979-11-976461-1-9 (03320)

환율과 썸타기

변정규 지음

$ $ $ $ $

슈퍼달러 슈퍼리치

연합인포맥스북스

미래의 슈퍼리치인
독자들께 드리는 말씀

"환율 어떻게 돼요? 원달러 환율 계속 오를까요?"

"미국 주식 떨어져서 사고 싶은데 환율이 높아서 살지 말지 고민됩니다."

"수출대금을 달러로 받았는데 지금 환전하는 게 좋을까요?"

최근 주위 사람들에게 이런 질문을 참 많이 받습니다. 전례 없는 금리 인상으로 요즘 환율이 정말 많이 올랐지요. 서로 내용은 다 다르지만 사람들의 질문은 결국 다음과 같은 한 문장으로 마무리되곤 합니다.

"환율 너무 어려워요. 그냥 환율이 올라갈지 내려갈지 결론만 알려주세요".

주식은 열심히 공부해서 언제 투자할지 타이밍도 연구하고, 차트도 분석하고, 어떤 회사의 주식을 살지 동호회까지 만들면서 토론도 하는데, 환율에 대해서는 왜 유독 이런 걸까요? 심지어 환율이 개입된 투자로 돈을 버는 것은 '특별이익'이나 '불로소득'처럼 단순 운으로 생각하는 분들도 많습니다. 이는 모두 외환시장과 환율에 대해 기초부터 체계적으로 공부하지 못했기 때문입니다. 주식과 달리 외환은 어렵다는 인식이 지배적이며 해외투자를 할 때 생기는 부수적인 과정이자 걸림돌이라고 생각하는 경우도 있지요.

하지만 이것은 모두 외환시장과 환율이 아직 낯설고 익숙하지 않아서 빚어진 오해입니다. 주식투자와 관련한 책은 종류도 많고 다양한 데 반해 환율이나 외환시장을 기초부터 체계적으로 알려주는 책은 별로 없지요. 내용 면에서 부족한 부분이 많은 것도 사실이고요. 하지만 알고 보면 외환시장은 주식시장 못지않게 매력적이고 현실적인 곳입니다. 우리 모두가 사용하는 '돈' 그 자체의 교환과 움직임을 다루고 있기 때문에 공부를 하면 할수록 그 현실적인 재미가 더해지지요.

외환 거래는 우리가 항상 사용하고 있는 '돈'을 기반으로 이루어지기 때문에 오히려 주식보다도 우리 삶에 더 밀착되어 있습니다. 그런 만큼 외환과 환율에 대해 공부하면 할수록 광범위한 경제 지식 또한 알 수 있게 되지요. 우리나라 국민들 중 주식투자를 하는 사람은 일부에 불과하지만 돈을 사용하지 않는 국민은 없으니까요.

또한 외환시장에 대한 기초 지식을 알아놓으면 경제 신문이나 뉴스를 보면서 환율과 국제금융을 이해하는 데 매우 유용합니다. 환율은 계속 변하지만 외환시장의 작동 원리는 크게 변하지 않기에 한번 배워놓으면 계속 유용하게 활용할 수 있습니다. 게다가 밤하늘에 뜬 별의 수만큼 종류가 많은 주식과 달리 우리가 살펴봐야 할 통화는 몇 개 되지 않지요.

한국 경제가 선진국에 진입하면서 이제 우리나라 금융산업도 선진화되고 세계화의 길목에 들어섰습니다. 그러므로 해외의 금융 상황을 이해하기 위해서라도 외환시장과 기축통화인 달러에 대한 이해는 꼭 필요합니다. 미래의 금융허브가 되기 위해 다른 아시아 국가들과 경쟁해야 하는 지금 이 시점에서는 특히 더 중요하지요. 국민들의 글로벌 금융 지식 수준이 높아져야 금융허브의 대열에 동참할 수 있기 때문입니다.

이러한 취지에 입각해 외환시장에서 돈 버는 방법을 알려줄 뿐만 아니라, 우리 국민들이 달러와 환율 그리고 외환시장 전반에 대해서 쉽게 알고 다가갈 수 있도록 해야겠다는 생각에서 이 책을 쓰게 되었습니다. 고환율 시대를 맞아 외환시장과 환율에 대해 기초부터 차근차근 설명하여 일반 투자자부터 가정주부, 사회 현상에 관심 많은 학생들에 이르기까지 누구나 외환시장에 대한 기본 지식을 쉽게 알 수 있도록 정리했습니다.

'전문 경제서'가 아닌 '교양 서적'으로서 이 책이 가진 특징은 다음과 같습니다.

첫째, 초보자들이 쉽고 재미있게 외환시장과 환율의 기본기를 쌓을 수 있도록 했습니다. 외환시장이나 환율에 대해 우리나라 국민들이 유독 어려워하는 이유는 그만큼 '기본기'를 쌓지 못했기 때문입니다. 그래서 이 책은 외환시장에 대해 피상적으로 접근하거나 경제학 서적에 나온 이론을 발췌한 기존 서적들과는 완전히 다른 방식을 취했습니다. 초보자들의 이해를 돕기 위해 딱딱한 경제 이론 및 영어와 한자어로 된 설명들은 최대한 배제했고, 나무를 심듯 이론보다는 실무를 바탕으로 하여 기본기 쌓기에 중점을 두었습니다.

둘째, 그림과 도표 및 사례를 풍부하게 담아냈습니다. 각 챕터마다 필요한 그림과 도표를 넣어 독자들의 이해를 높였습니다. 또한 그래프들도 일일이 교정을 통해 일목요연하게 어떠한 메시지를 전달하고자 하는지 눈에 잘 들어오도록 배열했습니다. 특히나 일반 독자들이 뉴스나 TV 등의 매체를 통해 환율이나 외환시장을 접하는 경우가 많은 점을 감안, '환율뉴스'라는 실제에 기반을 둔 뉴스 예시를 통해 이론과 실제가 어떻게 접목되는지를 보여주고자 했습니다.

셋째, 외환시장의 광범위한 부분을 포괄하면서도 깊은 내용까지 다루었습니다. 외환시장에서 쓰이는 기본 용어부터 여러 경제 변수들과 환율의 관계까지 가능한 전체적인 내용을 담아내고자 했습니다. 또한 조금 어렵게 느껴질 수 있지만 꼭 알아야 하는 실제적인 외환 거래에 대한 설명도 최대한 쉽게 풀어 설명했습니다. 가장 간단한 현물환부터 통화스왑까지, 실제 사례와 비슷한 예시들을 통해 이해할 수 있도록 했습니다. 책에서 설명하는 흐름을 잘 따라가다 보면 특정 외환 거래가 실제로 어떤 상황에서 어떻게 일어나는지를 포괄적으로 이해할 수 있을 것입니다.

이 책은 처음부터 차례대로 읽어 나가도 좋지만 궁금한 주제가 생길 때마다 중간부터 읽어도 좋으리라 생각합니다. 외환시장과 환율에 대한 우리나라 투자자들과 국민들의 이해를 높여주어서 우리나라가 금융허브로 도약하는 데 조금이라도 도움이 될 수 있으면 하는 바람입니다.

책을 쓰면서 많은 분들의 도움을 받았습니다. 우선 항상 저의 방송과 강연을 듣고 응원해주시는 시청자 및 청중 여러분들과 기업 관계자 여러분께 먼저 감사의 말씀을 드립니다. 한없이 부족한 저의 능력에도 불구하고 격려와 응원을 아끼지 않는 분들에 대한 감사한 마음이 이 책을 시작하고 마칠 수 있는 힘의 근원이자 원동력이 되었습니다.

연합인포맥스와 출판 관계자 여러분께도 감사의 말씀을 드립니다. 이 책의 집필을 처음 제안한 연합인포맥스의 배상훈 본부장과 최기억 사장님, 안수훈 전무님, 윤정탁 팀장, 김용재 부장과 항상 수고해주는 이강현 작가와 책의 편집자분들께도 감사의 말씀을 드립니다.

또한 항상 응원해주는 김성종 부지점장과 나카가와 지점장, 이학준 부지점장, 카사마츠 부지점장, 니시무라 부지점장, 조성재 팀장, 최보영 팀장 등 미즈호 은행의 여러 분들께도 감사의 말씀을 드립니다.

가족은 저를 일할 수 있게 만들어주는 존재입니다. 하늘에 계시는 존경하는 아버지와 손수 그림까지 그리며 도움을 주신 어머니 강정희 화백과 정득, 정원 두 동생들, 그리고 출판 관련 조언을 아끼지 않은 처제 박현선에게도 감사의 말을 전합니다.

그리고 책을 집필하면서 많은 시간을 같이 보내지 못했음에도 묵묵히 잘 챙겨준 아내와 씩씩하고 건강하게 커주는 아들 지호와 딸 서영에게도 고마움과 미안한 마음을 함께 전합니다.

마지막으로 이 책을 읽으시는 모든 분들의 가정과 앞날에 행복과 평화가 함께 하기를 진심으로 기원합니다.

변정규

목차

$$$$$

제4장 통화들 사이의 최강 '인싸', 미국달러 만나보기

$$$$$

제5장 오래 사귀어야 알 수 있는 변덕쟁이 환율의 성격

제6장 복잡한 관계 정리하기 — 환율, 마지막으로 이렇게 해보자

이 책의 등장인물

이름	직책	소속	인물 소개
백만불	과장	M은행	서울외환시장 최고의 딜러로 테크니션이자 지성인. 해병대 출신으로 〈멋진 사나이〉가 애창곡이다
오억원	대리	중개회사	연봉 5억 원의 꿈을 향해 열심히 뛰는 가장 부지런한 브로커
천원만	대리	A은행	별명이 '소금'일 정도로 짠돌이 딜러. 하지만 인간적인 매력은 뿜뿜
여행사	과장	O관광	여행 마니아. 매달 해외여행 가는 것이 인생의 즐거움인 직장인
나수덕	일반인	전업 투자자	미다스의 손을 가진 미국 나스닥 전문 투자자
노세일	부장	F의류회사	한 번도 세일하지 않는 것으로 유명한 명품 브랜드 F의류회사의 자금관리부 부장
경기미	상무	L인터내셔널	종합상사인 L인터내셔널의 임원. 쌀 수출에 혈안이 되어 있다
차사라	과장	H자동차	날개 돋힌 듯 팔리는 H자동차 자금관리부의 똑순이 과장
반도채	차장	S전자	한국의 일류 기업 S전자 자금관리부의 보석과 같이 빛나는 존재

이름	직책	소속	인물 소개
최고수	차장	K자산운용	해외투자를 하고 싶어하는 K자산운용 최고의 엘리트 펀드매니저
신제철	부장	P철강	권투 선수 타이슨 같은 강인한 턱선에 부드러운 눈매를 지닌 멋쟁이 신사
공부해	대학생	초보대학	한국 경제를 책임지고자 열심히 공부하는 4학년 졸업반 학생
지식인	대학생	초보대학	환율만 빼고는 모르는 게 없는 수재. 공부해의 남친
휘트 러브	직원	미국 C기업	C기업의 한국 담당 직원. 밀을 사랑하여 밀가루 수출에 힘쓰고 있다
배배로	과장	L제과	호리호리한 체격의 L제과 자금관리부 직원. 생일은 11월 11일이다
안래미	부장	S물산	S물산 건설부문 부장. 외화조달의 세 가지 방법에 대해 심각하게 고민중이다
전기차	일반인	해외주식 투자자	서학개미로서 테슬라 전문 투자자
한고민	엄마	가정주부	환율과 기초자산 사이에서 고민이 많은 일반 투자자
정의리	사무관	공무원	백만불 과장의 친구. 정의와 의리로 똘똘 뭉친 바른생활 사나이

제1장

환율과의 첫 만남

—

썸 타기 전,
환율의 신상 알아보기

썸1

환율은 왜 항상
두 개의 통화로 표시될까?

'환율과의 썸 타기' 시작

외환 거래는 영어로 'Foreign Exchange' 또는 줄여서 'Forex'라고 말하고 실무에서는 흔히 영문 약자를 써 'FX 거래'라고 부릅니다. 실무에서 주식을 'Equity', 채권을 'Bond' 또는 'Fixed Income'이라고 하듯이 외환은 'FX'라고 부르는 것입니다.

특히나 외환 거래는 그 대상이 투자 자산인 채권이나 주식과 달리 통화, 즉 돈이기 때문에 다른 거래와 성격적으로 다릅니다. 그래서 외환 거

외환

Foreign Exchange
=
Forex
=
FX

채권

Fixed Income
=
Bond

주식

Equity
=
Stock

래를 잘하기 위해서는 국제적인 자금 흐름을 충분히 잘 이해하고 예측할 수 있어야 합니다.

여러분이 외환을 한 번도 접해보지 않은 '외환 모태솔로'라고 해도 괜찮습니다. 은행에서 한 번도 환전을 해본 경험이 없어도 상관없습니다. 처음부터 모든 걸 잘 알고 있는 사람은 아무도 없으니까요.

외환은 다른 영역과 마찬가지로 그 기본이 중요합니다. 기본기가 잘 닦여 있으면 그 사람의 지식은 쉽게 무너지지 않고 잠깐 흔들리더라도 다시 쉽게 정비될 수 있습니다. 지금부터 차근차근 외환이라는 상대방을 조금씩 알아가 보면 어떨까요? 어떤 사람을 만나고 조금씩 알아가면서 자신도 모르는 사이에 그 사람을 더 좋아하게 되는 것처럼 외환도 어떤 성격을 가졌는지 왜 그렇게 행동하는지를 여러분이 만나 보면서 알아보면 금방 친해질 수 있을 겁니다. '썸'이라는 단어는 영어의 '썸씽something'에서 유래됐다고 하지요. 다른 것도 마찬가지지만 외환도 자기를 진심으로 좋아해 주면 자신에 대해 더 많이 알려줄 거예요.

'볼 빨간 사춘기'의 노래 〈썸 탈 거야〉의 가사처럼 "외환하고 그냥 편하게 한번 만나"볼까요? 처음에는 표현도 서투르고 조금 이해가 부족할 수도 있지만 스윗할지 아닐지는 아직 모르니까요. 그럼 달콤한 아이스크림 하나 먹으면서 기분 좋게 외환이 어떤 아이인지 만나러 가보시죠.

달러를 중점적으로 이해해야 하는 이유

외환을 비록 처음 접해 보는 사람도 '환율'이라는 말은 들어봤을 것입니다. TV나 경제 신문에서 너무나도 자주 언급되는 용어라서 환율이 무엇인지는 정확히 몰라도 들어는 봤을 거예요. 외환시장 거래에서 가장 중요한 것이 바로 환율입니다. 그리고 이러한 환율을 이해하기 위해서는 주요 통화를 어떻게 표기하고 이를 어떻게 해석하는지를 알아둬야 합니다. 아시아와 아프리카의 생활방식이 다르고 미국과 중동의 생활방식이 다르듯이 외환시장에도 나름의 방식이 있습니다. 그 방식을 알아나가자는 얘기지요.

외환 거래나 환율을 처음 접해보는 독자들이라면 외환 거래가 약간은 낯설게 느껴질 수 있지만 조금만 체계적으로 공부해보면 하나도 어렵지 않을 뿐더러 주식 등 여타 매매와 기본 구조가 크게 다르지 않다는 점을 알게 될 겁니다. 다만 미래 환율 예측은 전문적인 영역이라 주가나 금리의 예측과 마찬가지로 난이도가 높은 편입니다. 이 같은 예측의 문제는 전문가들의 도움을 받으면 됩니다. 하지만 기본적인 환율 용어와 거래 매커니즘 그리고 국제금융 관련 기본 지식 정도는 공부할 필요가 있겠죠. 한 번만 이해해 놓으면 앞으로 쉽고 편안하게 금융 관련 뉴스나 환율 기사를 이해할 수 있게 되어 아주 편리할 거예요.

밤하늘에 뜬 별의 개수만큼이나 많은 주식보다 통화의 종류는 그 수가 훨씬 적습니다. 특히 우리가 실제로 접하고 영향을 받는 소위 메이저 통화major currencies들은 사실 몇 개 되지 않지요. 이 책은 그중에서도 달러를 중심으로 외환과 환율의 기초 지식을 누구나 쉽게 이해할 수 있도록 쓰였습니다. 달러가 우리의 삶에 직접적으로 영향을 주는 가장 중요한 통화이기 때문이죠. 달러에 대해서만이라도 개괄적으로 알고 있어도 실제 생활에 아주 많은 도움을 받을 수 있을 것입니다.

국제무역, 국제금융과 외환 거래의 관계

외환 거래와 환율은 이미 부지불식간에 우리 생활의 일부가 되어 자리 잡고 있다는 사실을 알고 계신가요?

우리가 타는 버스, 자동차에 넣는 휘발유로부터 플라스틱 제품에 이르기까지 모든 석유화학 제품은 해외에서 수입된 원자재로 만든 것입니다. 이 같은 원자재들은 모두 외국에서 한국으로 들여올 때 외환 거래를 거쳐 수입된 것이지요. 외국 사이트에서 온라인 직구를 할 때 카드 결제를 하는 것부터 심지어 지금 사용하고 있는 컴퓨터와 전등에 공급되는 전기까지 모두가 외환 거래의 결과물이라 할 수 있습니다. 한마디로 '외환'은 일을 하든 휴가를 가든 항상 우리 옆을 따라다니는 아이템 같은 것이라 보면 됩니다. 우리가 사는 현대사회는 국제간 거래에 크게 의존하고 있는 국제사회인데 외환 거래 없이는 국제간 거래가 원천적으로 이루어지기 힘들기 때문입니다.

이렇듯 외환은 국제금융에 있어 필수 불가결한 가장 중요한 요소입니다. 국제무역은 국제금융 없이 이루어질 수 없고, 국제금융은 외환 거래 없이는 사실상 불가능합니다.

환율도 주식처럼 매 시각 변한다

외환 거래는 간단히 말해 두 종류의 다른 통화를 맞교환하는 과정입니다. 이렇게 맞교환되는 통화의 '교환가격'이 바로 환율인 것입니다.

그러면 환율도 주가와 같이 매 시각 빠르게 변할까요? 맞습니다. 환율도 주가처럼 매 시각 변합니다. 그런데 왜 우리가 은행에 가서 보게 되는 환율 게시판의 환율은 변하지 않고 그대로인 걸까요? 주가는 시시각각으로 가격이 변하는 게 눈에 보이는데 말이죠. 환율이 주가와 무엇이 다른지 궁금했을 것입니다.

주식시장의 전광판에서 시시각각 변하는 주가와 마찬가지로 두 가지 통화의 교환 비율인 환율 역시 거래될 때마다 시시각각으로 변합니다. 다만 개인은 은행과 같은 금융기관들이 거래자로 참여하는 은행 간 거래 시장interbank-market에 참가할 수 없기 때문에 매 시각의 호가를 보기 힘든 것뿐이지요.

그렇다면 개인이 실시간 환율을 볼 수 있는 방법이 아예 없느냐, 그렇지는 않습니다. 다만 어려울 뿐이죠. 외환딜러와 같이 실시간 환율 호가를 보기 위해서는 두 가지 방법이 있습니다. 먼저 우리나라 양대 외환 중개업자인 서울외국환중개SMBS나 한국자금중개KMBC가 제공하는 브로커 단말기인 'EBS'라는 것을 신청하면 됩니다. 그런데 이것은 은행권의 거래 주문을 받는 시스템이기 때문에 개인이나 기업에겐 접근이 사실상 불가능합니다.

두 번째 방법은 전문적인 정보 단말기인 로이터Reuters, 블룸버그Bloomberg 또는 인포맥스Infomax 단말기를 구입하는 것입니다. 하지만 가격이 매우 비싸 이러한 단말기를 개인이 구비한다는 것은 현실적으로 어렵고 설사 구입한다 하더라도 호가대로 거래를 실행하기는 어렵습니다.

따라서 보다 현실적인 방법은 인터넷을 통해 현재의 환율을 알아보는 것입니다. 인터넷 포털에서 '환율'을 치면 해당 인터넷 포털 사이트와 계약된 시중은행들이 제공하는 달러-원 환율의 현재 시세를 볼 수 있습니다. 물론 정보 단말기에서처럼 시시각각으로 볼 수는 없지만 그 차이가 크지 않으므로 신뢰할 수 있는 정보라고 할 수 있죠. 또한 포털에서 보여주

전문적 거래정보 단말기 인포맥스 USD/KRW 환율 [2110] 화면

는 현재 시세는 각 은행들의 고시환율인 '매매 기준율'이기 때문에 이 환율로 개인들은 실제로 외국환을 사고팔 수는 없어도 현재 거래되는 환율의 '기준점'은 알아볼 수 있습니다.

통화페어

환율은 왜 항상 두 개의 통화로 표시될까요? 그 이유는 간단합니다. 외환 거래는 언제나 한 쌍으로 거래되기 때문입니다. 두 개의 통화가 하나의 '목적'을 위해 존재하거든요. 그 목적이란 바로 '거래'입니다.

이렇게 세상에 어떤 한 쌍의 조합이 있는 경우에는 서로 상반된 두 종류의 자연법칙 중 하나가 적용됩니다. 한 쌍에 들어 있는 각각의 조합이 잉꼬부부처럼 서로 같은 방향의 목표를 가지고 가거나 건전지의 플러스(+)/마이너스(-)처럼 서로 다른 반대 방향의 목표를 가지고 가는 경우죠. 불행히도 통화페어 한 쌍의 운명은 서로 반대 방향입니다. 거래라는 목적은 같지만 서로 지향하는 목표는 다른 것이지요.

페어 속 각각의 통화는 잉꼬부부가 아닌 건전지의 양극을 닮아 서로 반대 방향의 목표를 지향합니다. 하나의 통화는 팔고 다른 통화는 사게 되는 방식으로요. 그리고 반대 방향을 지향하는 것에서 한 걸음 더 나아가 이 두 통화는 항상 서로 치열하게 경쟁하는 운명입니다. 누가 더 비싼지 서로 경쟁하는 것이지요. 상대방에 비해 조금이라도 자신의 가치가 더 높아지기 위해 노력합니다. 미국 서부영화 속 두 카우보이의 결투처럼 시장에서 두 통화가 사고 팔고 경쟁하면서 얻어지는 것이 바로 환율이라고 보면 됩니다.

외환시장은 두 가지 다른 종류의 돈을 서로 교환하는 곳이기 때문에 교환되는 두 통화의 비율을 적어놓습니다. 그래서 '교환'되는 '비율'이라 '환율'FX rate이라고 부르는 거예요. 우리나라 수출기업이 미국에 상품을 수출하고 대금을 달러로 받습니다. 향후 이 기업은 달러 대금을 우리나라 돈인 원화로 바꿔야 하는데 이때 은행에서 달러를 원화로 바꿔주는 교환 비율이 곧 달러-원USD/KRW 환율인 것이죠.

'원-달러 환율'이라는 표현을 많이 쓰는데 사실 1원에 해당하는 가치의 미국 달러를 말하는 것이기 때문에 '달러-원 환율'이라고 하는 게 맞는 표현입니다. 통화 기호로는 USDKRW, USD/KRW 또는 USD-KRW 등으로 표기합니다.

페어 기호	페어
EUR/USD	유로/미국달러
USD/JPY	미국달러/엔
GBP/USD	파운드/미국달러
AUD/USD	호주달러/미국달러
USD/CAD	미국달러/캐나다달러
USD/CHF	미국달러/스위스프랑
USD/KRW	미국달러/원

통화를 바꾸는 환전은 화폐를 서로 교환하는 과정이기 때문에 화폐 대신 동일 가치의 물건이나 금, 은과 같은 현금 등가물로는 교환이 되지 않습니다. 따라서 반드시 가지고 있는 어느 나라의 돈을 가지고 가서 필요한 다른 나라의 돈으로 바꾸어야 합니다. 이렇듯 외환 거래는 두 가지 통화의 교환 거래이므로 항상 상대통화가 있습니다. 그리고 이렇게 거래되는 두 통화를 통화페어 currency pair(통화의 쌍)라고 부릅니다.

예를 들어 우리나라 원화를 은행에 가지고 가서 달러로 교환한다고 해봅시다. 통화페어는 달러와 원화가 되는 것이고 환전 가격은 달러-원 환율의 적용을 받게 됩니다. 이때 원화를 달러로 바꾸는 교환 비율이 환율이 되는 것이고요. 하나의 통화를 또 다른 통화로 바꾸기 때문에 환율은 한 개의 통화도 아니고 세 개의 통화도 아닌 항상 두 개의 통화로만 표시되게 됩니다.

이것만 기억하자!

- 환율도 주식처럼 매 시각 변하는데, 우리가 보는 고시환율은 은행이 몇 분에 한 번꼴로 업데이트를 하는 해당 시각의 기준환율입니다.

- 외환 거래는 두 통화를 교환하는 거래이기 때문에 환율도 항상 두 개의 통화로 표시됩니다. 그리고 그 교환의 과정에서 사용되는 두 통화의 교환 비율이 바로 환율입니다.

ISO 통화코드에 금, 은과 IMF 특별인출권도 있다고?

ISO 통화코드

우리가 환전을 하게 되면 USD, KRW, JPY, EUR 등과 같은 통화의 영문 약자를 흔히 접하게 됩니다. 이 약자를 'ISO 4217 공식 통화코드(이하 통화코드)'라 부릅니다. 국제표준화기구인 ISOInternational Organization for Standardization 가 1973년 국제무역과 환전에 사용하기 위해 제정한 것으로, 세계 어디서나 동일하게 외환 거래의 표준 코드로 사용되고 있습니다.

통화코드는 세 자리 영문으로 표시되는데 해당 통화의 국가명과 통화명 약자의 조합입니다. 즉, 처음의 두 개 영문은 그 통화가 쓰이는 국가를 나타내고(국가코드), 마지막 영문은 통화의 약자인 것이죠. 예를 들어 미국 달러는 US+Dollar로 USD, 한국은 KR+Won으로 KRW이 됩니다.

중국 위안화의 공식 통화코드는 CNY입니다. 흔히 인민폐民幣의 중국식 발음인 '렌민비'의 영문 약자인 RMB도 쓰고, 홍콩에서 주로 사용하는 역외 통화코드인 CNH도 볼 수 있긴 합니다만, 그건 둘 다 편의상의 구분일 뿐 위안화의 공식 통화코드는 아닙니다. 중국 위안화도 한국 원화와 마찬가지로 아직은 해외결제가 원칙적으로 불가능합니다. 때문에 위안화의 국제화를 진작시키기 위해 홍콩에서 해외결제가 가능한 위안화 통화를 하나 새로 만들었는데 그게 바로 CNH입니다. 홍콩의 영문 이니셜 H를 따서 편의상 CNH로 부르고 있습니다.

주요국 ISO 통화코드와 통화명					
코드	통화명	코드	통화명	코드	통화명
USD	미국 달러	KRW	한국 원	CNY	중국 위안
EUR	유로	KPW	북한 원	SAR	사우디 리얄
JPY	일본 엔	HKD	홍콩 달러	RUB	러시아 루블
GBP	영국 파운드	SGD	싱가포르 달러	ZAR	남아프리카 랜드
CHF	스위스 프랑	TWD	뉴 타이완 달러	BRL	브라질 헤알
AUD	호주 달러	THB	타이 바트	MXN	멕시코 페소
NZD	뉴질랜드 달러	PHP	필리핀 페소	XDR	IMF 특별인출권
CAD	캐나다 달러	MYR	말레이시아 링깃	XAU	금
DEK	덴마크 크로네	IDR	인도네시아 루피아	XAG	은
NOK	노르웨이 크로네	INR	인도 루피	XPD	백금(팔라듐)
SEK	스웨덴 크로나	TRY	터키 리라	XPT	백금(플래티넘)

암호화폐 영문코드

참고로 암호화폐에 쓰이는 영문코드도 ISO 공식 코드가 아닙니다. 비트코인을 거래할 때 사용되는 BTC, 이더리움 거래에 쓰이는 ETH 등 암호화폐들의 영문 약자 또한 공식 코드가 아닙니다. 암호화폐는 아직 법정화폐로 인정을 받지 못하였기 때문이에요.

ISO 공식 코드로 인증을 받으려면 법정화폐로 인정을 받아야 합니다. 이 같이 공식 코드로 인정을 받으면 글로벌 금융결제망에도 등록이 됩니다. 현재 암호화폐의 약자로 쓰이는 BTC 및 ETH 등의 영문코드는 비자Visa, 마스터Master, 스위프트Swift 등의 온라인 금융결제망에 아직 공식 코드로 등록되지 못하고 있는 상황입니다.

X 계열 통화

ISO 통화코드를 보면 한 가지 특이한 점을 발견할 수 있습니다. 바로 화폐가 아닌 금, 은 등 귀금속 계열에 대해서도 X로 시작하는 통화코드를 부여하고 있다는 점입니다.

통화코드를 부여받은 귀금속은 총 네 종류로, 금gold과 은silver 그리고 백금족에 속하는 팔라듐palladium과 플래티넘platinum입니다. 이들 귀금속들은 'X+원소기호' 형식으로 만들어졌습니다. 그래서 금 같은 경우, X 뒤에 금의 원소기호 'Au'를 조합하여 XAU와 같이 씁니다. ISO는 이러한 X 계열 통화의 특수성을 보장하고 국가들의 통화코드와 구별하기 위해 그 어떤 국가에도 X로 시작하는 통화코드를 절대 부여하지 않기로 했습니다. 따라서 현재에도 X로 시작하는 국가코드는 존재하지 않습니다.

미국과 영국 등 일부 국가에서는 이러한 귀금속이 통화로 인정받아 외환 거래와 같은 형태로 거래가 이루어지고 있습니다. 귀금속 거래에서는 달러가 매개체 역할을 하는데요, 달러와 통화 형태로 거래될 때 XAU/USD, XPD/USD와 같은 형태로 기준통화가 되어 달러보다 앞에 위치합니다. 거래 단위로는 '트로이 온스troy ounce'를 주로 사용하는데 31.1035그램에 해당합니다. XAU/USD란 금 1트로이 온스당 가격이 몇 달러인지를 나타내는 것이지요.

참고로 우리나라 한국은행은 아직 금과 백금족을 통화로 인정하지 않고 있습니다. 독자 여러분들은 이것 하나만 기억해두시면 됩니다. 귀금속의 국제간 거래에 있어서도 '달러'가 중요한 교환의 매개체 역할을 하고 있다는 점입니다.

XAUUSD:CUR
XAU-USD X-RATE

1,881.3400 USD
+0.1200 +0.01% ▲

XAU/USD 의미

XAU(금) 한 단위인 트로이 온스당 USD의 교환가치는 1,881달러

IMF 특별인출권 SDR

ISO 통화코드는 위 네 가지 귀금속 외에도 초국가기구supranational인 국제통화기금 IMF의 특별인출권SDR(이하 SDR)에도 X 계열 통화코드를 부여하고 있습니다. 통화가 아닌데 통화코드를 부여한 아주 예외적인 경우입니다.

SDR은 IMF의 준비자산reserve asset을 뜻합니다. IMF의 회원국들은 외환위기 등의 금융위기가 닥쳤을 때 아무 대가 없이 사전에 정해진 일정 금액까지 외화를 인출할 수 있는데요, SDR은 경제위기에 처한 국가가 아무런 담보를 제공하지 않고서도 IMF에서 돈을 빌릴 수 있는 권리를 말합니다. 일례로 IMF는 2021년 1월에 코로나19 위기 극복과 유동성 지원을 위해 6,600억 달러 규모의 특별인출권 일반 배분을 실시한 바 있습니다. 기

획재정부에 따르면 한국은 1.80%에 해당하는 82억 SDR(약 117억 달러)을 배분받았습니다.

　이러한 SDR의 공식 통화코드는 XDR이며 다섯 개의 통화로 구성된 통화바스켓으로 이루어져 있습니다. 통화바스켓이란 XDR의 기준환율을 산정할 때 각 통화들의 가중치 즉, 편입 비중에 따라 환율을 계산하는 방식을 말합니다. 쉽게 말하면 많이 쓰이는 통화에 더 큰 가중치를 주어서 평균 수치를 계산한다는 의미입니다. '코스피 200' 같은 주가지수가 가장 주요한 거래 주식 200개를 추린 후 그들의 가중평균 가격을 계산하여 지수화한 것처럼 말이죠(통화바스켓이나 주식바스켓이나 계산 방식은 같습니다). 이처럼 SDR은 통화는 아니지만 다른 통화와 교환되는 환율은 있는 것이죠.

　우리나라 원화를 포함한 IMF 회원국들의 SDR 환율ₓDR은 매일 IMF 홈페이지에 고시되고 있습니다. 2022년 9월 현재 1XDR 가치는 1,800원 정도인 걸 알 수 있네요.

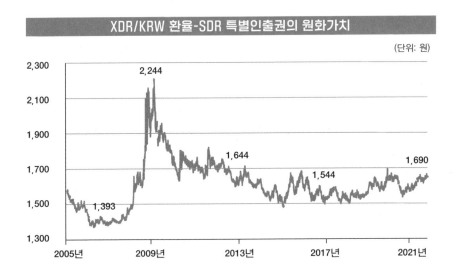

XDR/KRW 환율-SDR 특별인출권의 원화가치

(단위: 원)

SDR 중 다섯 개 통화의 편입 비율은 달러(41.73%), 유로화(30.93%), 위안화(10.92%), 엔화(8.33%), 파운드(8.09%) 순으로 달러와 유로화의 비중이 압도적으로 높습니다. 종전에는 네 개 통화로 구성됐었는데 2015년 중국 위안화가 편입되면서 다섯 개로 늘어났습니다. 위안화 편입 이후 달러의 가중치는 크게 변동이 없지만 유로화와 파운드화의 가중치는 많이 줄어들었습니다.

간혹 SDR을 기축통화와 혼동하는 사람도 있는데 주의하셔야 합니다. SDR은 애초에 통화가 아닐뿐더러 기축통화는 더더욱 아니니까요. 이러한 오류를 막기 위해 IMF 홈페이지에는 통화가 아니라는 점을 명백히 하고 있습니다.

INTERNATIONAL MONETARY FUND

The SDR is an international reserve asset created by the IMF to supplement the official reserves of its member countries.

The SDR is not a currency. It is a potential claim on the freely usable currencies of IMF members. As such, SDRs can provide a country with liquidity.

A basket of currencies defines the SDR: the US dollar, Euro, Chinese Yuan, Japanese Yen, and the British Pound.

SPECIAL DRAWING RIGHTS (SDRs)

출처: IMF

북한도 통화와 환율이 있을까?

우리와 같은 핏줄이자 한민족인 북한의 통화 단위도 '원'입니다. 다만 ISO 공식통화는 인민People을 넣어 KPW로 명명되어 있습니다.

공식적인 북한원의 환율은 없지만 일본계 신문인 아시아프레스 인터내셔널과 서울 소재 데일리NK를 통해 북한 관련 환율 정보를 알 수 있습니다. 데일리NK에 따르면 달러당 북한원 환율은 2013년 이래 달러당 8,000북한원 정도로 비공식적으로 거래되어왔다고 합니다. 하지만 코로나에 이은 금수조치로 인해 외국통화 수요가 감소하면서 2022년 1월에는 평균 환율이 달러당 4,700원대로 하락했다고 하죠.

과거 독일이 통일되기 전에 경제와 금융 분야의 협력을 통해 통일을 앞당길 수 있었듯이 우리도 북한 금융 분야에 지원과 협력이 필요할 것으로 생각합니다. 머지않은 미래에 통일 한국의 새로운 화폐 코드를 만들고 쓸 수 있는 그 날이 오기를 간절히 기원해봅니다.

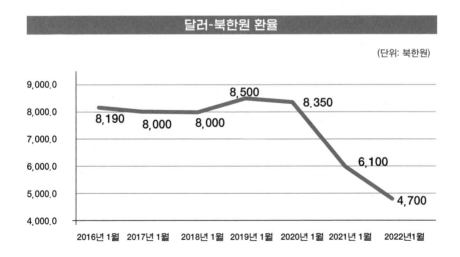

달러-북한원 환율

(단위: 북한원)

이것만 기억하자!

- KRW 같은 통화를 표기하는 영문 약자를 'ISO 통화코드'라고 하며 금, 백금 등 귀금속 및 IMF의 특별인출권인 SDR도 통화코드를 가지고 있습니다.
- 하지만 특별인출권인 SDR은 통화가 아니기 때문에 기축통화로 오해하면 안 되겠습니다.
- SDR은 주요 5개국 통화의 바스켓으로 이루어져 있으며 2022년 9월 현재 1XDR은 1,800원 정도입니다.
- 북한의 통화 단위도 우리나라와 마찬가지로 '원'이며 통화코드는 KPW이지만 공식적인 환율은 발표하지 않고 있습니다.

썸3

환율을 표시할 때
통화의 앞뒤 순서도 중요하다!

앞서 환율은 두 가지 통화의 쌍으로 표시한다고 말한 것을 기억하실 겁니다. 그럼 이렇게 교환되는 두 통화의 교환 비율인 환율은 어떻게 표시할까요?

환율을 보여주는 방법에는 '자국통화 표시법'과 '외국통화 표시법' 두 가지 방법이 있습니다. 이 두 방법의 차이점은 바로 기준통화를 무엇으로 두느냐에 있죠. 기준통화를 외국통화로 두면 자국통화 표시법, 기준통화를 우리나라 원화로 두면 외국통화 표시법인 것입니다. 통화 표시법을 이해하기 위해서 우선 기준통화가 무엇인지 먼저 알아보도록 하겠습니다.

기준통화와 상대통화

기준통화는 통화페어 표시에서 두 개의 통화 중 앞(왼쪽)에 위치한 통화입니다. 뒤(오른쪽)에 나오는 통화는 기준통화의 한 단위와 동일한 해당 통화의 단위 수를 나타내는 상대통화입니다.

예를 들어 USD/KRW이 1,200이라고 표시되어 있다고 해보죠. 여기서 기준통화는 USD, 즉 미국달러이고 상대통화는 KRW, 즉 원화입니다. 그리고 1,200은 기준통화인 USD 한 단위(1달러)에 해당하는 원화의 가격(금액)을 의미합니다. 즉, 1달러당 교환되는 원화가치는 1,200원이라는 뜻이 되겠죠.

기준통화는 앞에 표시되는 통화

USD / KRW = 1,200

↑
기준통화를 중심으로
환율을 해석하자!

1,200의 의미

기준통화 USD
한 단위당 KRW의
가치는 1,200원

외국통화 표시법과 자국통화 표시법

외국통화 표시법: 기준통화가 원화인 경우

기준통화가 앞에 나오는 통화인지 알았으니 이제는 환율이 얼마인지 직접 찾아보기로 할까요? 우리나라에서 제일 많이 거래되고 뉴스에도 항상 등장하는, 원-달러 환율을 한번 찾아봅시다. 먼저 국내 포털 사이트가 아닌 구글 같은 외국 포털 사이트 검색창에서 '원달러 환율'이라고 검색창에 입력해봅시다.

검색할 때 외국 포털 사이트를 사용하는 이유는 국내 포털 사이트들은 표시법에 관계없이 항상 원화를 '상대통화'로 인식하도록 프로그래밍되어 있기 때문입니다. 하지만 구글에서 쳐보면 아래와 같은 환율을 보여줍니다. 우리가 익숙하게 보던 천 단위의 환율과 전혀 다른 숫자가 나오지요. 외국통화 표시법에서는 앞쪽에 위치한 기준통화를 우리나라 원화로 넣었기 때문에 원화로 가치를 보여주게 되는 것입니다. 즉, 앞쪽의 기준통화 1원에 해당하는 달러 값을 보여주는 것입니다.

외국 포털에서 '원달러 환율'로 검색한 경우

1 대한민국 원 =

0.00072 미국 달러

우리가 '달러-원' 환율이라고 하지 않고 '원-달러' 환율이라고 하는 것은 원화가 우리나라 사람들이 사용하는 공식통화이기 때문에 익숙해서 그런 것이지요.

자국통화 표시법: 기준통화가 외국통화인 경우

앞의 경우와 반대로 이번에는 기준통화를 달러로 바꾸어 외국 포털 사이트에서 검색해봅시다. '달러원 환율'이라고 검색하면 아래와 같이 우리가 평소에 봐오던 친숙한 숫자가 나옵니다.

이제는 기준통화가 달러인 USD로 바뀐 것입니다. 통화페어는 달러와 원화로 변동이 없지만 기준통화가 원화에서 달러로 바뀐 것이죠. 기준통화를 달러로 입력한 경우에는 다음과 같이 1달러에 해당하는 원화가치가 표시됩니다. 뉴스나 기사에서 우리가 흔히 접하는 환율 표기 방식이 바로 이것이죠.

1 미국 달러 =

1,380.06 대한민국 원

우리가 편하게 '원-달러 환율'로 부르는 것은 상관없지만 기준통화가 무엇인지 확실하게 아는 것은 중요합니다. 기준통화가 바뀌게 되면 기대했던 환율과 전혀 다른 환율을 보게 되기 때문입니다. 포털 사이트에서 '원-달러'와 '달러-원' 두 가지 방법으로 검색해봤으니 이제는 두 가지 표시 방법의 차이를 확실하게 이해하셨으리라 생각합니다. 우리가 통상 사용하는 '원-달러 환율'이 사실 엄밀하게 따지면 '달러-원 환율'로 말해야 정확한 표현이라는 사실을 꼭 기억하길 바랍니다.

매도통화를 기준으로 할 때와 매수통화를 기준으로 할 때

앞에서 보았듯이 환율을 표시할 때는 어떤 통화가 기준통화인지가 매우 중요합니다. 마찬가지로 실무적으로 외환을 거래할 때에도 어떤 통화 금액을 기준으로 매매하는지가 중요합니다. 환율을 표시할 때 기준통화가 있는 것처럼 실제로 매매할 때 어떤 통화의 금액을 기준으로 할지도 결정해야 하는 것이지요. 다음의 예를 들어서 이해해보겠습니다.

O관광에 근무하는 트래블 매니아인 여행사 과장은 이번 달 계획 중인 미국 여행 때문에 달러를 조금 환전하려고 생각 중입니다. 대부분의 금액은 카드로 쓸 예정이지만 택시비와 팁으로 사용하기 위해 10만 원 혹은 100달러 정도를 현금으로 바꾸어 가려고 합니다. 그에게는 두 가지 선택지가 있습니다. 은행에 가서 우리나라 원화 10만 원을 주고 그에 해당하는 달러를 사거나 반대로 정확히 100달러만큼의 원화를 내고 달러를 사는 것입니다. 전자는 원화 금액 10만 원이 기준이 되는 경우이며 후자는 100달러가 기준이 되는 경우지요. 여행사 과장은 달러를 기준으로 돈을 바꿀지 아니면 원화를 기준으로 바꿀지 고민에 빠졌습니다. 실무적으로 이 두 가지에는 어떤 차이가 있는 걸까요?

<< 외화 환전 금액 입력창
고시환율 USD/KRW 1,221.5

매수통화 기준		매도통화 기준	
한국 원	122,150 KRW	한국 원	100,000 KRW
↓		↓	
미국 달러	100 USD	미국 달러	81.87 USD

여러분들이 은행이나 증권사에서 온라인 환전을 한다고 해보죠. 인터넷 사이트에 들어가면 위와 같은 창이 뜰 겁니다. 통화페어인 달러와 원화를 입력하면 어떤 통화의 금액을 기준으로 할지 결정하라고 묻습니다. 이

때 '매도 기준'을 선택할지, '매수 기준'을 선택할지 어려워하거나 헷갈릴 필요가 전혀 없습니다. 사고파는 두 개의 통화 중 금액이 정해져 있는 통화가 기준이 되기 때문입니다. 10만 원어치 달러를 사려고 한다면 10만 원 상당의 원화를 팔아서 달러를 사는 것이므로 매도통화 기준인 것이고, 반대로 딱 100달러를 사려고 한다면 매수통화 기준인 것이지요.

일단 매매 금액 기준이 되는 통화가 달러인지 원화인지 정해졌으면 그 기준통화를 파는지 혹은 사는지에 따라 매도통화 기준인지 매수통화 기준인지를 클릭하시면 됩니다. 그리고 기준통화 금액을 입력하면 상대 통화 금액은 자동적으로 계산이 되어져 나옵니다.

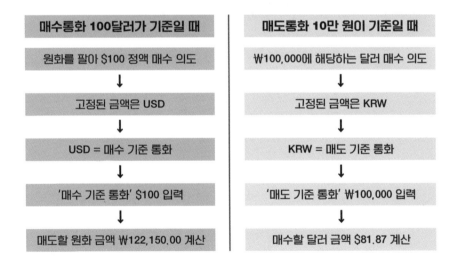

매수 기준·매도 기준 이렇게 쉽게 이해하자!

매수통화 100달러가 기준일 때	매도통화 10만 원이 기준일 때
원화를 팔아 $100 정액 매수 의도	₩100,000에 해당하는 달러 매수 의도
↓	↓
고정된 금액은 USD	고정된 금액은 KRW
↓	↓
USD = 매수 기준 통화	KRW = 매도 기준 통화
↓	↓
'매수 기준 통화' $100 입력	'매도 기준 통화' ₩100,000 입력
↓	↓
매도할 원화 금액 ₩122,150.00 계산	매수할 달러 금액 $81.87 계산

예를 들어 여행사 과장이 달러를 정확히 딱 100달러만 사려고 하는 경우에는 달러가 기준통화가 됩니다. 사려는 달러의 금액이 픽스(고

정)되어 있기 때문입니다. 100달러를 넣으면 이에 상당하는 원화 12만 2,150.00원이 계산되어 나옵니다. 사려는 통화인 달러가 기준이 되므로 매수통화 기준인 것입니다. 이번에는 반대로 원화 10만 원을 팔아서 그 금액에 해당하는 달러를 산다고 해봅시다. 이 경우에 기준통화는 우리나라 원화, 즉 10만 원이 됩니다. 원화 10만 원을 입력하면 그에 상당하는 81.87달러가 계산되어 나옵니다. 팔려는 통화인 원화가 기준이 되므로 매도통화 기준인 것입니다. 이처럼 환전할 때 변하지 않고 고정된 금액의 통화가 매매 시 기준통화가 됩니다.

이것만 기억하자!

- 환율을 표시할 때는 순서도 중요합니다. 환율을 표시할 때 두 개의 통화 중 앞(왼쪽)에 있는 통화가 기준통화입니다. 뒤(오른쪽)에 있는 통화는 상대통화로 부릅니다.
- 환율은 '1 기준통화 = OOO 상대통화'의 형식으로 나타내는데 외국통화 표시법과 자국통화 표시법의 두 가지가 있습니다. '1달러 =1,300원'과 같은 우리가 익숙한 형식의 환율 표시법은 자국통화 표시법입니다.
- 자국통화 표시법은 기준통화가 달러와 같은 외국통화이기 때문에, '원-달러 환율'이 아닌 '달러-원 환율'이 더 정확하고 옳은 표현입니다.
- 환전할 때는 사고파는 두 개의 통화 중 어떤 통화의 금액을 기준으로 할지에 따라 그 통화가 기준통화가 됩니다. 10만 원을 달러로 환전한다면 원화가 기준통화가 되어 매도통화 기준이 되고, 100달러만큼의 달러를 사려고 한다면 달러가 기준통화가 되어 매수통화 기준이 됩니다.

이종통화 거래

우리는 달러-원 거래에 익숙하지만 달러가 아닌 외국통화와 원화를 거래하기도 하고 아예 외국통화끼리 외환 거래를 하는 경우도 있습니다.

유로 거래나 엔화 거래 등과 같이 달러가 아닌 외국통화의 거래를 이종통화 거래라고 부릅니다. 한자로 '다를 이異'에 '종류 종種'을 써서 달러가 아닌 다른 종류의 통화라는 뜻이죠. 유로-원(EUR/KRW) 거래나 엔-원(JPY/KRW) 같이 원화가 개입되는 거래뿐만 아니라 유로-엔(EUR/JPY)이나 유로-파운드(EUR/GBP) 등과 같이 달러가 아닌 외국통화들 간의 거래도 모두 이종통화 거래입니다. 이렇듯 실무에서는 달러가 개입되지 않는 거래는 모두 이종통화 거래라고 부르고 있습니다.

이종통화 거래는 왜 더 비쌀까?

유로나 엔화를 거래하는 사람들의 얘기를 들어보면 달러를 거래할 때보다 다른 통화를 거래할 때 환율이 더 비싼 것 같다고들 합니다. 왜 더 비싸게 느껴질까요? 결론부터 말하면 거래가 두 번 이루어지기 때문입니다.

이종통화의 환율 계산은 달러 거래에서 한 단계를 더 거치기 때문에 수수료를 두 번 내게 됩니다. 달러가 아닌 다른 나라 통화를 거래할 때 두 번의 계산 과정을 거치는 이유는 우리나라에 해당 통화의 직거래 시장이 없기 때문입니다. 직거래 시장이 있으면 비용이나 결제 면에서 훨씬 저렴하고 수월하겠지만 유로-원, 파운드-원이나 엔-원 거래는 달러-원 거래에 비해 수요가 적기 때문에 우리나라에 직거래 시장이 생기지 않은 것이죠. 그래서 거래가 많은 달러로 먼저 바꾼 다음 해당 통화와 거래하게 되는 것입니다.

원화로 이종통화를 매수할 때 두 단계 거래 과정

첫 번째 거래		두 번째 거래(이종통화)	
USD/KRW 달러-원	€	EUR/USD	유로-달러
₩ 🔄 $ 🔄	£	GBP/USD	파운드-달러
	¥	USD/JPY	달러-엔

엔-원 직거래 시장의 폐지

한 국가의 외환 직거래 시장의 종류는 해당 국가의 무역과 지리적 여건, 경제 그리고 금융 사정에 따라 다릅니다. 우리보다 외환 거래가 훨씬 더 많은 이웃 국가인 일본조차도 유로나 파운드화 직거래 시장이 없죠.

과거 1996년 우리나라에 일본 엔화와 원화 직거래 시장이 생긴 적이 있습니다. 하지만 시장 운영의 전문지식 및 경험 부족에 따라 거래가 감소하고 참가 은행들도 점점 줄어들면서 곧 폐지되고 말았지요. 운영 비용만 늘고 별 이득이 없었기 때문이에요. 만약 그때 폐지되지 않고 거래가 늘어나서 외국인들과 외국기관들도 적극적으로 참가하는 엔-원 시장으로 발전됐더라면 현재 우리나라의 금융허브 전략도 훨씬 수월하게 진행될 수 있었을 텐데 매우 아쉬울 따름입니다.

위안화 직거래 시장

반면, 우리나라의 교역 1위 국가로 올라선 중국의 위안화는 직거래 시장이 새로 생긴 경우입니다. 2014년 말 중국 당국이 교통은행 서울 지점을 청산 은행으로 지정하면서 달러와 같은 다른 통화를 거치지 않고도 위안화-원화 간 직거래가 가능하게 되었습니다. 다만 아직까지는 금융기관들과 기업들이 위안화 거래에 있어서 서울보다는 홍콩에서 청산되는 CNH를 주로 사용하고 있어 앞으로 더욱 많은 노력이 있어야 할 것으로 보입니다. 하지만 향후 거래 규모나 범위에 있어서 위안화 직거래 시장의 발전 가능성은 아직도 여전히 클 것이라 기대하고 있습니다.

중국은 2000년대 들어 우리나라의 최대 무역국으로 도약했습니다. 우리는 25년 전 엔-원 직거래 시장 운영의 실패를 반면교사反面敎師로 삼아 같은 실수를 반복하지 말아야 할 것입니다. 확실하고도 잘 짜여진 장기적인 계획을 만들어 위안화 거래의 양적 확충과 동시에 질적 성장을 위해 실천에 옮겨야만 장래에 글로벌 금융허브의 초석이 놓아질 수 있습니다. 우수한 금융 인력의 양성과 더욱 편리한 거래 환경 조성, 그리고 매력적인 거래 인센티브 제공을 통해 우리나라가 동북아 금융허브로 발전할 수 있기를 기대합니다.

이종통화의 환율 계산: 재정환율 이해하기

그러면 이렇게 두 번 거래해야 하는 이종통화의 환율은 실제로 어떻게 계산될까요? 일반인인 우리도 쉽게 계산할 수 있을까요? 물론입니다. 과정만 이해하면 앞으로 곱하기와 나누기만으로도 쉽게 환율을 구할 수 있습니다. 독자 여러분의 외환시장 지식도 이 간단한 계산 과정을 통해 한 단계 일취월장日就月將할 수 있겠죠.

이종통화의 환율은 두 번에 걸쳐 계산되기 때문에 크로스레이트cross rate 또는 재정환율arbitrage rate이라고 불립니다. 이제부터 그 구체적인 과정을 다음의 예시를 통해 살펴보도록 합시다.

서울외환시장 최고의 딜러인 M은행의 백만불 과장은 코로나 이후 오랜만에 유럽으로 여행을 갈 계획입니다. 매 순간 변화하는 외환시장에서 쉬지 않고 일한 고단함을 이번 여행으로 풀어볼 계획입니다. 여행 예산 300만 원을 유로화로 바꾸려고 하는데 백만불 과장은 300만 원으로 얼마의 유로를 받을 수 있을까요? 시장환율이 아래와 같을 때 백만불 과장에게 적용될 유로-원 환율과 받게 될 유로화 금액은 얼마일까요?

원화를 유로화로 바꾸는 것은 앞서 설명했듯이 이종통화 변환의 두 단계를 거칩니다. 우선 원화를 달러로 바꾸어놓고 교환한 달러 금액을 최종적으로 유로화로 교환하면 됩니다.

M은행의 백만불 과장은 유럽 여행을 계획 중.
여행 비용 환전을 위해, 원화(₩)를 유로(€)로 환전할 계획.

시장환율
USD/KRW 1,200.00원
EUR/USD 1.2500달러

300만 원을 유로로 환전하면 얼마일까요?

1단계: 원화를 달러로 바꾸기(KRW → USD)
　(1) 달러-원 환율(USD/KRW) 1,200.00
　(2) 300만 원을 달러로 KRW 3,000,000 ÷ 1,200 = USD 2,500

2단계: 달러를 유로로 바꾸기(USD → EUR)
　(1) 유로-달러 환율(USD/EUR) 1.2500
　(2) 2,500달러를 유로화로 USD 2,500 ÷ 1.25 = EUR 2,000

재정환율 간단 공식: 그냥 곱하거나 나누거나

하지만 매번 이렇게 금액으로 계산하기 좀 번거롭습니다. 따라서 재정거래 환율을 구해서 원화 금액 300만 원에 곱해주면 간단하게 300만 원에 해당하는 유로화 금액을 구할 수 있습니다.

재정거래 환율은 기준통화가 두 개의 환율 모두 달러이면 나누고, 기준통화가 둘 다 다른 경우에는 곱해주면 됩니다. 백만불 과장의 경우에 달러-원의 기준통화는 달러지만 유로-달러의 기준통화는 유로이기 때문에

유로-원 재정환율 구하기

· USD/KRW, EUR/USD 두 개의 기준통화가 다르다.

· 기준통화가 다르면, 두 개의 환율을 곱한다.

· 곱하면 중간에 USD가 상쇄되어 EUR/KRW만 남게 된다.

   [1] USD/KRW 1,200

   [2] EUR/USD 1.25

   [3] USD/KRW X EUR/USD = 1,200 x 1.25

   [4] EUR/KRW = 1,500

[결론]

기준통화가 다른 두 개 통화의 재정환율은 곱한다.

곱해주면 달러가 바로 상쇄되어 유로-원만 남게 됩니다.

이와 같이 달러-원 환율 1,200원과 유로-달러 환율 1.25달러를 곱하면 유로-원 환율 1,500원을 바로 계산해낼 수 있습니다.

반면에 달러-원과 달러-엔과 같이 둘 다 기준통화가 같은 경우에는 두 개의 환율을 나누어주면 재정환율을 구할 수 있습니다. 달러는 엔화와 원화에 대해 모두 기준통화이기 때문에 나누면 바로 재정환율을 구할 수가 있는 것이지요.

통화 표시의 국제 기준

우리나라에서 환율을 표시할 때는 앞에서 살펴본 대로 'USD/KRW = 1,200원'과 같이 외국통화 표시법이 보편적으로 사용되고 있습니다. 하지만 환율이라는 것이 상대적인 개념이다 보니, 글로벌 외환시장에서 두 개의 통화의 환율을 표시할 때 어떤 통화를 기준통화로 할지는 통상 국제관례에 따르는 편입니다. 국제통화 거래 시 어떤 통화가 기준통화가 되는지는 일반적으로 다음의 표를 따릅니다. 통화페어 중에서 통화 순위가 앞선 통화가 기준통화가 되는 것이죠.

　외국의 공항 등에 가면 유로-파운드, 파운드-미국달러, 호주달러-미국달러와 같은 순서의 조합으로 환율이 표시되어 있는 것을 확인할 수 있습니다. 이와 같은 통화의 순서는 역사적 배경에 의해 관습적으로 거래되어 오면서 자연스럽게 정해진 것입니다.

순위	기준	해당 통화
	글로벌 외환시장의 기준통화	
1순위	유로 EUR	유로 EUR
2순위	파운드 GBP	파운드 GBP
3순위	영연방 통화	호주달러 AUD, 뉴질랜드달러 NZD [예외: CAD]
4순위	미국달러 USD	미국달러 USD
5순위	기타 메이저 통화	캐나다달러 CAD, 스위스프랑 CHF, 일본엔 JPY
6순위	이외의 통화	스웨덴크로네 SEK, 한국원 KRW

이것만 기억하자!

- 유로-원 거래나 엔-원, 혹은 유로-엔이나 유로-파운드 등과 같이 달러가 아닌 외국통화가 들어간 거래를 이종통화 거래라고 합니다.
- 이종통화 환전은 먼저 거래량이 많은 달러로 바꾼 후 해당 통화로 다시 바꾸는 방식으로 이루어집니다. 이같이 두 번에 걸쳐 계산된 환율을 재정환율이라고 합니다.
- 실제 이종통화 환율을 계산할 때는 번거롭게 두 번 계산할 필요 없이 기준통화가 다르면 곱하고 기준통화가 같으면 나누어주면 됩니다.
- 또한 글로벌 외환시장에서 기준통화 순위는 외환시장의 관습에 따릅니다.

환율은
누가 결정할까?

지금까지 이종통화의 재정환율을 구하는 법을 알아보았습니다. 그렇다면 이 같은 환율은 대체 누가, 어떻게 결정하는 것일까요?

정답은 '나라마다 다르다'인데요, 정부나 중앙은행에서 일률적으로 정하는 국가도 있고 외환시장에서 실제로 거래되는 가격을 사용하는 국가도 있습니다. 정부가 환율을 정하는 전자의 경우를 '고정환율 제도'라고 부르며 시장에서 환율이 결정되는 후자를 '변동환율 제도'라고 부릅니다.

그럼 이 두 제도 중에 하나를 딱 정해놓으면 끝일까요? 그렇지 않습니다. 어떤 국가들은 두 개의 제도를 혼용하기도 합니다. 또 둘 중 하나를 채택하면서도 환율의 급격한 변동을 통제하기 위해 정부나 중앙은행이 일정한 룰을 만들어 통제하는 나라도 있지요.

고정환율 제도

고정환율 제도는 주로 자국의 통화 경쟁력이나 경제력이 약한 국가들이 많이 사용하는 제도입니다. 말 그대로 자국의 통화를 달러나 파운드 등의 주요 통화와 교환 비율을 정해서 고정시켜놓는 방식이죠. 그래서 시간이 지나도 환율이 거의 변하지 않습니다. 예를 들어 "1달러는 한국 원화로 1,000원"이라는 식으로 정부나 중앙은행이 나서서 다른 나라 통화와의 교환 비율을 정해버리는 것입니다.

고정환율 제도에서 환율은 움직임이 거의 없기 때문에 환율 변동 위험을 제거할 수 있어 안정적인 외환운용을 할 수 있다는 장점이 있습니다. 반면, 이 제도를 유지하기 위해서는 해당 국가의 정부와 중앙은행이 외환시장에 적극적으로 개입하게 되는데 이 부분에서 위험이 따르기도 합니다. 자국의 외환 보유고를 사용하여 환율을 방어해야 하기 때문이죠. 다음의 기사 제목이 의미하는 바를 한번 살펴봅시다.

홍콩, 환율 방어에 3개월 새 28조 원 썼다...
페그제 우려 고조   환율일보

환율 제도를 말할 때 자주 나오는 '페그peg'란 말은 영어 어원으로, 다른 나라 통화가치에 자국의 환율을 고정한다는 뜻입니다. 홍콩은 1미국달러를 7.75~7.85홍콩달러의 범위 내에서 고정시킨 '페그 제도'를 운영하고 있습니다. 그런데 2022년 미국이 큰 폭의 금리 인상을 단행하겠다고 예고했습니다. 홍콩 정부 입장에서는 홍콩달러의 가치가 하락하지 않도록 손을 써야 하는 상황에 놓이게 된 것이죠. 7.8홍콩달러라는 고정환율을 방어하고자 홍콩 정부는 3개월 새 우리나라 돈으로 무려 28조 원이라는 막대

한 외환 보유고를 사용할 수밖에 없었습니다.

이렇듯 고정환율 제도는 환율을 안정적으로 유지할 수 있다는 장점이 있는 반면에, 금융시장의 변동성이 클 때에는 외환 보유고가 갑자기 줄어들 수 있습니다. 2022년 홍콩의 사례는 고정환율을 유지하는 데 많은 비용과 노력이 든다는 점을 시사해줍니다.

자유변동환율 제도

자유변동환율 제도는 외환시장에서 참가자들이 생각하는 통화의 가치, 즉 수요와 공급에 따라 환율이 자율적으로 결정되도록 하는 제도입니다. 다시 말해 정부나 중앙은행이 아닌 외환시장에서 환율이 결정되는 시스템이죠. 정부는 외환시장 및 환율에 대한 개입을 최소화하며 국제수지 역시 자유로운 시장 기능에 의해 결정이 됩니다.

현재 우리나라의 환율 제도도 자유변동환율 제도에 기반하고 있습니다. 그래서 달러에 대한 초과수요가 발생하면 달러 강세에 의해 달러-원 환율이 상승해서 달러가치가 환율에 자동으로 반영되어 조정됩니다. 외환시장이 시장의 가격 결정 기능에 의해 안정되고 국제수지 불균형도 환율 변동을 통해 자동적으로 조정되는 시스템이라 할 수 있습니다.

이 제도에서는 환율 수준이 수요와 공급의 원칙에 따라 결정되기 때문에 은행마다 적용하는 매매 기준율 또한 다릅니다. 매매 기준율뿐만 아니라 은행들이 매기는 수수료도 각각 달라서 같은 시각이라도 은행들마다 고시하는 환율에 차이가 발생하게 되죠.

이러한 자유변동환율 제도는 시장에서의 통화가치 변동을 바로 반영하기 때문에 고정환율 제도와 같이 외환 보유고를 사용해서 환율 방어를 해야 하는 수고를 덜 수 있습니다. 그러나 이를 다른 측면에서 바라보면 국제 금융시장의 불안 등으로 환율의 변동성이 급격히 커지면 외환시장의 안정성에 위험이 발생할 가능성도 높아진다는 얘기가 됩니다. 결국 '어떤 환율 제도가 더 낫다'고 말할 수는 없는 것이지요. 각각의 제도가 장점과 단점을 함께 가지고 있기 때문입니다.

이러한 장단점 때문에 실질적으로는 여러 국가나 중앙은행들이 외환 제도를 운용하는 데 있어서 둘 중 하나를 선택하기보다 두 가지를 절충 및 혼합한 다양한 형태의 제도를 채택하여 사용하는 경우가 일반적입니다.

그런 이유로 IMF(국제통화기금)에서는 다음 표와 같이 고정환율 제도와 변동환율 제도를 보다 세밀하게 여덟 가지로 분류하고 있습니다. 이 표를 통해 얼마나 많은 국가가 자국의 상황에 맞게 다양한 환율 제도를 적용하고 있는지 잘 알 수 있습니다.

우리나라 환율 제도의 변화

한국은행의 분류에 따르면 우리나라의 환율 제도는 정부 수립 이후 크게 다섯 차례에 걸쳐 변화했습니다.

고정환율 제도(1945. 10~1964. 5)

우리나라는 1945년부터 1964년까지 20년 동안 고정환율 제도를 채택했습니다. 원화 환율은 1달러에 15원이었습니다. 그렇게 원화를 달러에 고정시켜서 운영했지만 경제개발이 낙후된 개발도상국 대부분이 그렇듯,

	IMF 환율 제도	환율 제도의 내용	운영 국가
고정환율 제도	통화동맹	타국통화를 자국 법정화폐로 사용.	에콰도르
	통화위원회 제도	자국통화는 있으나 IMF의 권고나 판단에 의해 타국통화에 가치 고정.	홍콩 불가리아
	전통적 페그 제도	자국과 교역이 많은 통화 또는 통화바스켓의 평균환율에 고정.	쿠웨이트 네팔
	수평밴드 페그 제도	타국통화의 환율에 고정시킴. 1~2%의 한정된 범위내 환율 변화 용인.	모로코 통가
	크롤링 페그 제도 (Crawling Pegs)	기준환율이 주기적으로 변동. 특히 물가상승률 등 지표에 따라 연동. 80년대 남미서 유행.	니카라과 보츠와나
변동환율 제도	크롤링 밴드 제도 (시장평균환율 제도)	제한적 변동환율 제도. 하루 변동폭의 상한·하한을 1~2% 내외로 한정. (수평밴드+크롤링 페그)	코스타리카
	관리변동환율 제도	통화정책 당국의 개입이 환율에 영향을 미치는 변동환율 제도.	브라질 인도네시아
	자유변동환율 제도	환율이 전적으로 외환시장서 자율적으로 결정.	미국, 일본, 영국, 한국

출처: IMF

원화가치가 지속적으로 하락함에 따라 여러 번에 걸쳐 환율을 인상해야 했죠. 1948년에 '한미원조협정'에 적용되는 달러-원 환율을 450원으로 책

정한 것을 시작으로 1949년 900원, 1950년 2,500원, 1951년에는 6,000원
으로 인상되었습니다.

　　이러한 인상에도 불구하고 통화가치 하락이 계속되자 정부는 두 차례
의 통화개혁을 단행합니다. 통화개혁이란 정부와 중앙은행이 통화가치 안
정화를 위해 화폐의 종류나 가치를 획기적으로 바꾸는 조치를 말합니다.
그렇게 1953년 100:1의 비율로 통화개혁을 실시하여 통화명칭을 원圓에서
환圜으로 변경했습니다. 그러나 1963년 10:1의 통화개혁을 한 번 더 단행
하면서 화폐 단위가 '환'에서 '원'으로 다시 복귀하게 됩니다.

---

1. 통화개혁 또는 화폐개혁이란?
· 화폐의 명칭, 가치와 단위를 전체적으로 조정하는 것을 말함
· 리디노미네이션(redenomination)은 화폐 단위 조정만을 의미

2. 우리나라의 두 번에 걸친 통화개혁
· 1953년 : 화폐 단위 100:1로 조정. 화폐명칭 '원' → '환' 변경
· 1963년 : 화폐 단위 10:1로 조정. 화폐명칭 '환' → '원' 복귀

단일변동환율 제도(1964. 5~1980. 2)

　　1964년 이후부터는 원화를 달러에 고정시키되 환율의 일부 변동은
허용하는 단일변동환율 제도를 시행했습니다. 당시 단일변동환율 제도의
환율은 기준환율과 시장환율, 한국은행 집중환율과 대고객매매환율 네 가
지로 구분되어 있었는데, 그중 기준환율은 모든 환율의 하한선이 되는 최
저 환율이었습니다. 또한 전일 기준환율의 상하 2% 범위 내에서 한국은행

은 매일 새로운 기준환율을 결정하였습니다.

하지만 단일변동환율 제도 또한 사실상 고정환율 제도와 큰 차이가 없었기에 달러 한 통화만의 가치에 연동된 환율의 문제를 해결하기 위해 1980년부터 복수통화바스켓 제도로 전환하게 됩니다.

복수통화바스켓 제도(1980. 2~1990. 2)

1980년 도입된 복수통화바스켓 제도에서 달러-원 환율은 다음의 세 가지 요소에 의해 결정되었습니다. 우선 IMF의 특별인출권인 SDR 환율과 교역 비중을 감안한 미국, 일본, 영국 등 주요 서방국 통화들의 환율의 가중평균을 구하고 여기에 정부의 정책적 요소를 비교, 반영하여 고시하였습니다.

하지만 복수통화바스켓 제도 또한 여러 가지 환율 관리의 문제점을 드러내면서 도입 10년 만에 시장평균환율 제도로 바뀌게 됩니다.

시장평균환율 제도(1990. 3~1997. 12)

1990년에는 외환시장의 기능을 중시하면서 변동환율 제도를 일부 받아들이기 시작하였는데 이것이 바로 시장평균환율 제도입니다. 시장평균환율 제도는 외환중개사를 통해 하루에 거래된 환율을 가중평균하여 다음 영업일의 기준환율로 정하고 이 환율을 중심으로 일일 환율 변동폭에 제한을 두어 일정 범위 내에서만 움직일 수 있도록 한 것입니다.

이 같은 다음 영업일의 기준환율은 현재도 한국은행에서 고시하고 있는데 이를 MARMarket Average Rate 환율이라고 부릅니다. 현재도 3시 30분에 외환시장이 마감되면 한국은행은 10분 이내에 평균환율인 MAR를 고시하고 있죠. 이러한 MAR 환율을 이용한 거래는 지금도 매우 활발하게 이루어 지고 있습니다.

시장평균환율제 일일 환율 변동 제한폭[%]							
년도	90.3	91.9	92.7	93.10	94.11	95.12	97.11	97.12
제한폭	0.4	0.6	0.8	1.0	1.5	2.25	10.0	폐지

출처: 한국은행

자유변동환율 제도(1997.12~ 현재)

1997년 외환위기를 겪게 되면서 사상 처음으로 달러-원 환율이 1,000원을 넘기게 됩니다. 그 충격도 잠시, 불과 2주 만에 1,300원대까지 오르며 다시 한 번 최고치를 경신하게 되죠. 결국 1997년 12월 3일, 한국 정부는 IMF 국제통화기금의 구제금융 합의문에 서명하게 됩니다.

하지만 합의문 서명 후에도 환율의 상승세는 꺾이지 않고 지속됩니다. 크리스마스를 앞두고 달러-원 환율이 2,000원대까지 치솟으면서 우리 나라는 금융시장 제도와 규제들을 전면적으로 손질하고 개편하게 됩니다. 부실화된 은행들의 합병을 추진하고 주식시장을 비롯한 여러 금융거래에 서의 외국인 투자 제한을 철폐함과 동시에 외환시장 자유화 조치를 발표 하게 되었던 것이지요.

이러한 우여곡절 끝에 1997년 12월 자유변동환율 제도로 이행한 이 후, 달러-원 환율은 지금까지 외환의 수급 상황 즉, 수요와 공급의 경제 법 칙에 따라 외환시장에서 자유롭게 결정되고 있습니다.

외환정책적 목표의 발전과 진화

우리나라 외환정책의 목표도 그동안 크게 변화해왔습니다. 과거 개발도상국 당시 국가적 당면 과제였던 국제수지 흑자 달성이라는 좁은 목표에서 이제는 외환정책의 목표 또한 세계 10대 교역국의 위상에 걸맞게 발전하고 진화하고 있습니다.

한국 외환제도의 변화

1945.10 ~ 1964.5	고정환율 제도
1964.5 ~ 1980.2	단일변동환율 제도
1980.2 ~ 1990.2	복수통화바스켓 제도
1990.3 ~ 1997.12	시장평균환율 제도
1997.12 ~ 현재	자유변동환율 제도

현대에 와서 우리나라 외환정책의 목표는 선진국형 모델에 입각해서 시장의 자율적인 기능을 살리면서도 환율의 변동성 완화 등 투자자 보호와 시장 안정에 보다 큰 비중과 역점을 두고 있습니다.

스테이블코인과 달러 고정

화폐는 전통적으로 중앙은행과 같은 공권력을 가진 기관이 독점해서 발행해왔습니다. 하지만 최근에는 이러한 중앙화에 반대하는 탈중앙화 흐름에 따라 민간에서도 화폐를 발행하는 시도가 이루어지고 있죠. 바로 암호화폐Cryptocurrency입니다.

하지만 비트코인이나 이더리움과 같은 암호화폐들은 중앙은행이 발행한 법정화폐legal tender가 아니기 때문에 태생적으로 큰 단점을 가지고 있을 수밖에 없습니다. 그중에서도 가장 큰 단점은 금처럼 가격을 담보할 수 있는 기능이 없어서 적정 가격이 얼마인지 가치 평가가 매우 힘들다는 것이죠. 게다가 달러와 같은 법정화폐의 공신력도 없고요. 1달러는 1달러로서의, 원화 1,000원은 1,000원으로서의 가치가 정해져 있는 데 반해 암호화폐는 담보력과 공신력이 없다 보니 얼마의 가치를 지니는지 오직 거래에 의존할 수밖에 없는 것입니다.

그리고 이렇게 가격을 담보할 수 있는 기능이 없으니 화폐대용증권보다는 거래 가격의 변동성이 큰 위험자산으로 평가될 수밖에 없는 것이지요. 암호화폐의 이 같은 단점을 보완하기 위해 만들어진 것이 테더Tether와 같은 스테이블코인Stablecoin입니다.

스테이블코인은 암호화폐의 가장 큰 단점 중 하나인 가치 평가 문제를 해결하기 위해 코인의 가치를 기축통화인 미국 달러화에 고정dollar peg시켜 가격의 안정화stable를 시도한 코인입니다. 즉, 가치 평가 기준을 달러로 삼아 가격 담보 기능을 보완한 것이죠. 이 같은 스테이블코인은 코인과 달러의 교환 비율을 미리 정해놓은 것이기 때문에 고정환율 제도를 도입한 암호화폐로 볼 수 있습니다.

하지만 고정환율 제도를 운영할 경우에도 해당 국가는 달러 외환 보유고를 가지고 있어야만 환율 유지가 가능합니다. 마찬가지로 스테이블코인도 시장 가격에 변화가 있을 경우를 대비해서 해당 스테이블코인의 가

스테이블코인의 교환가치를 달러에 고정

치에 해당하는 달러 담보를 항시 보유하고 있어야 하죠. 이러한 사실을 여실히 보여준 것이 2022년 5월에 발생한 테라와 루나 사태입니다. 2022년 5월, 달러에 고정된 스테이블코인들인 테라와 루나가 휴지조각으로 변하는 사태가 일어나고 말았죠. 충분한 달러 담보가 제공되지 않을 경우에는 스테이블코인의 가치 담보 기능이 작동되지 않을 수 있음을 잘 드러내준 실제 사례입니다.

화폐의 미래: 중앙은행 디지털화폐

지금 이 순간도 새로운 암호화폐는 수도 없이 생겨나고 있습니다. 인류 역사상 이토록 많은 화폐가 출현한 적도 없었죠. 의아할지 모르겠지만 몇 년 사이 암호화폐가 이렇게 수도 없이 생겨나고 인기를 얻는 이유는 무엇일까요?

바로 기존의 화폐에서는 얻지 못하는 '만족감'이 있기 때문입니다. 기축통화인 달러와 유로, 엔, 위안과 같이 세계적으로 통용되는 주요 통화들이 잘 통용되고 사용되고 있음에도 그것과는 다른 암호화폐만의 효용이 있다는 얘기죠. 암호화폐의 출현은 소비자들이 좀 더 안전하고 편리하고 개인적 프라이버시를 가지면서도 새로운 기능을 갖춘 화폐를 필요로 하고 있다는 반증일 것입니다.

이러한 디지털화digitalization의 물결 속에서 중앙은행들도 자체적으로 디지털화폐를 발행하고자 나섰습니다. 이렇게 중앙은행들이 발행하는 디지털화폐를 CBDCCentral Bank Digital Currency라고 부릅니다. CBDC는 중앙은행이 발행하는 법정화폐라는 점에서 암호화폐와 구별되며 시중은행들의 부채가 아닌 중앙은행의 부채라는 면에서도 상업은행들이 발행하고 있는 디지털화폐와 차이가 있습니다.

과연 암호화폐의 지위는, 암호화폐의 미래는 어떻게 될까요? 화폐의 두 가지의 큰 기능은 교환 기능과 가치저장의 기능입니다. 암호화폐들은 지금처럼 법정통화와 함께 공존은 가능하지만 화폐로서의 지위를 얻기는 어려울 것으로 보입니다. 그렇다면 미래에도 화폐의 두 가지 기능 중 교환의 기능에만 치우칠 가능성이 크겠죠. 미래 암호화폐의 자산가치와 운명은 CBDC를 개발하고 있는 미국 연준을 비롯한 각국 중앙은행들의 손에 많이 달려 있다고 해도 과언이 아닐 것입니다.

이것만 기억하자!

- 환율 제도는 정부가 환율을 결정하는 고정환율 제도와 시장에서 결정되는 변동환율 제도 크게 두 가지로 나뉩니다. 그리고 IMF는 두 가지 환율 제도를 다시 여덟 가지 환율 제도로 세분해놓고 있습니다.

- 고정환율 제도는 환율 변동성 없어 안정적인 외환 운영을 할 수 있다는 장점이 있지만 국제적으로 금융시장이 변동할 때는 외환 보유고를 지출하여 환율을 방어해야 하는 위험성이 있습니다.

- 우리나라의 환율 제도는 해방 이후 고정환율 제도, 단일변동환율 제도, 복수통화바스켓 제도, 시장평균환율 제도, 자유변동환율 제도 순으로 발전되어 왔습니다. 1997년 12월 이후 자유변동환율 제도를 채택하여 운영하고 있으며 현재까지 시장의 자유로운 기능에 의해 환율이 결정되고 있습니다.

- 스테이블코인은 암호화폐의 단점인 가치 평가 문제를 해결하기 위해 코인의 가치를 달러에 고정시킨 것입니다. 따라서 스테이블코인은 고정환율 제도를 도입한 암호화폐로 볼 수 있습니다.

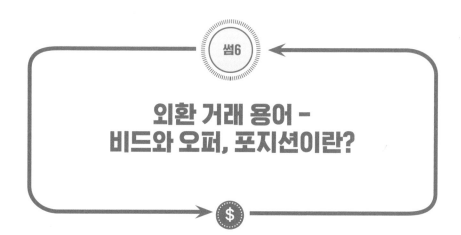

외환 거래 용어 -
비드와 오퍼, 포지션이란?

$

딜링룸

금융기관에서 글로벌 금융거래를 실행하는 곳을 트레이딩 룸trading room 또는 딜링룸dealing room이라고 합니다. 외환 거래뿐만 아니 주식이나 채권, 파생상품에 이르기까지 다양한 거래가 이곳에서 이루어지죠.

외환시장에서의 기본적인 거래 단위는 100만 달러이지만 하나의 거래가 1,000만 달러가 넘는 거래도 빈번할 뿐더러 1억 달러 단위로 거래하는 경우도 쉽게 볼 수 있습니다. 따라서 이 정도의 규모와 포지션을 갖고 거래할 수 없는 은행이라면 자체적으로 딜링룸을 운영하지 않고 다른 대형 은행을 통해서 필요한 외환 거래를 하게 됩니다.

이러한 외환 거래를 할 때 딜러들 간에 사용하는 전문적인 용어들이 있습니다. 이 중에서 환율과 외환시장을 공부하는 데 도움이 될 몇 가지 용어들을 소개하겠습니다.

비드와 오퍼

외환시장에서 얼마를 주면 살 수 있고 팔 수 있는지의 가격을 '호가'라고 합니다. 흔히 딜러들이 부르는 가격을 호가라고 생각하면 되는데요, 시장의 호가는 유동성을 공급하는 시장조성의 기능을 하기 때문에 외환시장에서 호가 주문은 매우 중요합니다. 이때 보유하고 있는 통화 재고를 가지고 호가의 시장조성 기능을 담당하는 금융기관의 딜러들을 시장조성자 또는 마켓메이커market maker라고 부릅니다.

외환 거래 시 딜러의 호가창에 보이는 호가는 두 가지입니다. 사겠다는 비드bid와 팔겠다는 오퍼ask입니다. 팔려는 가격은 사려는 가격보다 높은 게 정상이기 때문에 오퍼ask 가격은 항상 비드bid 보다 높습니다. 그리고 이 비드와 오퍼의 차이를 스프레드spread라고 부릅니다. 스프레드는 매입과 매도 가격이 얼마나 많이 벌어져 있느냐를 뜻하죠. 마켓메이커는 매수와 매도 가격을 모두 제시하여 비드와 오퍼의 차이인 스프레드로 수익을 얻기 위해 노력합니다.

외환시장의 변동성이 크거나 불확실성이 많은 상황에서는 가격의 방

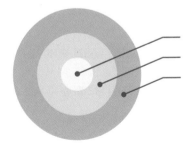

마켓메이커의 역할

1. 매수·매도 호가 제공
2. 스프레드 안정화
3. 외환시장 유동성 공급

향성이 불분명하기 때문에 사자와 팔자의 호가 차이인 '비드-오퍼 스프레드bid-ask spread'가 확대되는 경향이 있습니다. 다시 말해, 여러분이 은행에서 환전할 때 변동성이 아주 큰 장세일 경우에는 평상시보다 환율의 가격이 안 좋을 수 있음을 이를 통해 알 수 있는 것입니다.

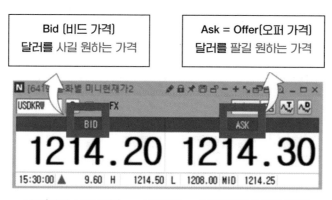

비드(싸게 사길 원함) ← **스프레드** → 오퍼(비싸게 팔길 원함)

위의 호가는 가격조성자의 입장에서 본 가격입니다. 따라서 실제로 스크린에 보이는 호가에 달러를 사거나 팔려고 하는 수요자인 금융사나 고객에게는 호가가 반대로 적용됩니다. 즉, 비드 가격은 해당 시점에 달러를 사기를 원하는 최우선 호가이기 때문에 수요자에게는 이 가격이 달러

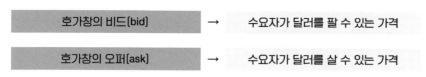

호가창의 최우선 호가는 해당시각에 사고 팔 수 있는 환율이다

를 팔 수 있는 가격이 됩니다. 반대로 오퍼 가격은 해당 시점에 달러를 팔기를 원하는 최우선 호가이기 때문에 수요자에게는 달러를 살 수 있는 가격이 됩니다.

물론 이러한 외환 거래는 금융기관과 같은 도매 거래자들만 참여할 수 있습니다. 따라서 외환의 매수·매도 수요자에는 개인과 일반 기업들은 포함되지 않으며 외환시장 참여자인 금융기관들로만 한정됩니다.

포지션

외환 포지션FX position은 외환 매수·매도 거래를 통해 현재 보유한 통화의 금액과 방향을 말하는데 포지션마다 다음과 같은 세 가지 특징을 가지고 있습니다.

은행 등 금융기관의 외환딜러는 포지션이 한쪽으로 치우치지 않도록

포지션의 세 가지 특징	
통화페어가 존재	· 딜러들은 달러-원이나 여러 종류의 통화페어로 다양한 포지션을 취할 수 있다
매수 포지션 또는 매도 포지션	· 외화매수 포지션은 롱(long) 포지션 · 외화매도 포지션은 숏(short) 포지션 · 매수 매도 동일금액은 스퀘어(square) 포지션
금액의 크기가 정해져 있다	· 포지션마다 노출금액(exposure)이 있음 · 금액에 따라 시장 변동 위험 노출 정도가 달라짐

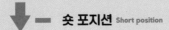

롱 포지션 Long position

스퀘어 포지션
Square position

숏 포지션 Short position

주의하면서 거래를 합니다. 하지만 금융 상황의 변화로 통화 간 가치 변동이나 환율의 변화가 예상될 때는 과감하게 특정 포지션을 취하기도 하죠. 예를 들어 향후 달러가 강해지고 유로가 약해질 것을 예상한다면 딜러는 유로-달러 거래를 통해 유로를 팔고 달러를 사는 거래를 할 것입니다. 이 과정에서 달러를 매수했으므로 달러 롱dollar long 포지션을 취하고 다른 한편으로는 유로를 매도했으므로 유로 숏euro short 포지션도 함께 취하게 되죠. 하나의 외환 거래로 두 개의 포지션이 생긴 것입니다.

딜러는 포지션을 철저하게 관리해야 합니다. 또한 모든 거래는 어느 시점에 진입하고 언제 이익을 실현할지 이익 실현과 혹시 모를 손절에 대한 사전 계획을 미리 수립해놓고 임해야 합니다. 그런 이유로 중장기 전략을 가진 회사와 딜러는 변동성의 폭을 넓게 가지고 가면서 시간을 두고 매매를 하게 됩니다. 반면 단기적인 전략을 가져가야 하는 상황이라면 기회가 있을 때 적극적으로 이익 실현을 하고 필요시에는 손절도 하면서 매매를 합니다.

외국환 포지션 관리 제도

현재 우리나라에는 외국환 거래 금융기관들의 외환시장 교란을 사전에 방지하기 위한 제도적 장치가 마련되어 있습니다. 바로 '외국환 포지션 관리 제도'라는 것인데요, 이를 통해 빈번한 투기적 거래를 차단하고 있습니다.

은행의 외국환 거래 규정과 증권사의 금융투자업 규정에 근거한 이같은 제도로 인해 금융사들은 종합 포지션 한도를 전월 말 자기자본의 50% 이내로만 가져갈 수 있습니다. 종합포지션에는 현물환FX Spot과 선물환FX Forward을 포함한 외환 파생상품이 모두 포함되며 종합 포지션 한도와는 별도로 외환 파생상품의 포지션 한도(국내 은행 및 증권사의 경우는 전월 말 자기자본의 50%, 외국 은행 국내 지점은 250% 이내) 또한 정해져 있습니다.

오른쪽과 왼쪽

딜러들은 종종 매수와 매도의 방향을 호가로 부를 때 오른쪽이나 왼쪽이라고 소리칩니다. 이는 하루 종일 거래가 빈번한 글로벌 외환시장에서 매수와 매도 통화를 구분하기 위해 편의상 정한 용어로, 오래전부터 관행적

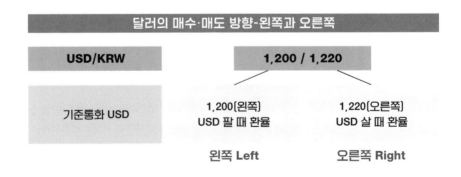

달러의 매수·매도 방향-왼쪽과 오른쪽

USD/KRW	1,200 / 1,220	
기준통화 USD	1,200[왼쪽] USD 팔 때 환율	1,220[오른쪽] USD 살 때 환율
	왼쪽 Left	오른쪽 Right

으로 쓰이는 말입니다. 기준통화를 매수buy할 때는 오른쪽, 기준통화를 매도sell할 때는 왼쪽이라고 소리치죠. 매수·매도 가격을 적을 때 기준통화의 매수 가격을 오른쪽에, 매도 가격을 왼쪽에 쓰는 관습에서 유래했습니다.

서울외환시장에서는 통화페어를 언급하지 않고 그냥 오른쪽, 왼쪽이라고 부르기도 합니다. 거래의 대부분이 달러 위주이기에 달러를 기준으로 그냥 그렇게 부르는 것이지요. 오른쪽은 달러를 사고 원화를 파는 거래를 의미하고, 왼쪽은 달러를 팔고 원화를 사는 거래를 의미합니다. 딜러들 사이에 관습적으로 그렇게 쓰기로 한 약속이지요.

이것만 기억하자!

- 외환시장에서 얼마를 주면 살 수 있고 팔 수 있는지, 딜러가 부르는 가격을 호가라고 합니다. 호가에는 비드와 오퍼 두 가지가 있으며 비드는 사자호가, 오퍼는 팔자호가를 말합니다.

- 비드와 오퍼의 차이는 사자호가와 팔자호가의 차이를 의미하며 이를 '비드-오퍼 스프레드'라고 합니다. 외환시장의 변동성이 크거나 불확실성이 많아지면 스프레드는 확대되는 경향이 있습니다.

- 포지션은 딜러가 매수와 매도의 과정을 통해 현재 보유한 통화의 금액과 방향을 의미합니다. 포지션의 종류에는 매수 포지션과 매도 포지션 그리고 스퀘어 포지션이 있습니다.

- 우리나라는 '외국환 포지션 관리 제도'에 의거하여 외환시장에서 발생할 수 있는 금융기관들의 투기적 매매를 방지하고 시장을 안정시키기 위해 노력하고 있습니다.

환노출, 환위험과
환위험의 관리

시가 평가

금리, 주식, 외환 및 파생상품 같은 금융상품들은 매일 그 가치가 변동합니다. 그런 이유로 시가 평가를 하는 일일 정산 과정을 항상 거치게 됩니다. 매일매일 변하는 시세에 맞추어 자신이 가지고 있는 금융자산의 포지션을 평가하지 않으면 현재의 가치는 시세가 아닌 장부가에 불과할 것이기 때문이죠.

예를 들어 짠물 트레이딩으로 유명한 딜러인 A은행의 천원만 대리가 1,000달러의 외환 포지션을 들고 있다고 해봅시다. 일주일 후 천원만 대

시가 평가(MTM)란?
· 금융자산과 부채의 가치를 매입가가 아닌 매일 매일의 시가로
  평가하여 손익을 계산, 장부에 올리는 일일정산의 과정
· '시장의 가격에 마킹한다'는 의미로 금융사에서는 Mark to Market의 약자인 MTM으로 흔히 줄여서 말한다.

리가 가지고 있는 1,000달러 외환 포지션의 가치가 1,100달러로 올랐으면 100달러의 미실현이익을, 만약 900달러로 떨어졌다면 반대로 100달러의 미실현손실을 인식해야 하는 것이죠.

이처럼 금융시장은 변동성이 크기 때문에 매일매일의 실현수익뿐 아니라 미실현수익도 함께 인식하는 시가 평가의 과정을 거쳐야 합니다.

환차익과 환차손

자산의 시가 평가에는 여러 가지 금융 변수들의 변동이 포함되어 계산됩니다. 예를 들면 해외주식을 매수했을 때는 주가의 변화와 환율의 변화를 동시에 반영하여 현재가치를 평가하게 되지요. 그리고 이 과정에서 환율의 변화만을 떼어내 손실이 난 경우를 환차손, 반대로 이익이 났을 경우를 환차익이라고 부릅니다.

환차익과 환차손은 평가손익과 실현손익을 포괄하는 개념입니다. 환차익과 환차손은 실현손익이 될 수도 있고 평가손익이 될 수도 있다는 뜻입니다. 예를 들어 해외주식을 사서 환율에서 이익이 났는데 팔지 않은 경우에 환차익은 평가이익이 됩니다. 반대로 팔아서 환차익이 실현된 경우는 실현이익이 되는 것이죠.

환노출

환노출은 환율의 변동으로 인해 기업이 직면하게 되는 위험의 크기를 뜻하는 말로, 금융기관뿐만 아니라 기업들의 상거래에서 매우 빈번히 발생합니다. 포지션이라는 단어가 딜러의 입장에서 본 거래적 관점이라면 환노출exposure이라는 말은 리스크와 위험관리의 목적에서 주로 쓰이는 말이죠.

금융기관의 거래 부서와 같은 현업 부서front office에서 주로 포지션이란 용어를 사용한다면 환노출은 리스크 관리를 주로 담당하는 후선 부서middle & back office에서 주로 사용합니다. 해외 비즈니스를 하는 기업이라면 누구든 환노출에 직면하게 됩니다. 기업뿐만 아니라 개인 투자자들도 미국 주식이나 해외 ETF 같은 외화표시 자산에 투자하면 자연스럽게 환노출이 발생하지요.

환노출에는 크게 두 가지 종류가 있는데 거래로 인한 환노출transaction exposure과 경제적 환노출economic exposure이 그것입니다. 거래로 인한 환노출은 적극적인 무역이나 투자 활동에서 기인한 노출입니다. 기업들의 무역거래 혹은 개인과 기업이 해외 증권이나 ETF와 같은 외화표시 자산에 투자하는 경우에도 환노출이 발생합니다. 반면 경제적 환노출은 환율 변동에 따라서 받게 되는 노출의 변화를 말합니다. 환율 변동에 따라 발생되는 판매 가격 변화, 원가 및 수출 물량 변화 등이 대표적이죠. 수동적인 환노출이라는 점에서 거래로 인한 환노출과 대비되는 개념이라고 보면 됩니다.

환헤지

헤지hedge란 영어로 '울타리'라는 뜻을 담고 있습니다. 울타리는 동물이나 기타 위험으로부터 자신의 영역을 지키기 위해 설치하는 것이죠. 바로 이

·주가 변동 위험
·금리 변동 위험
·신용 변동 위험
·환율 변동 위험

↔

헤지 hedge 란?
시장의 가격 변동성 위험으로부터
포지션을 지키기 위한 대비책

런 의미에 따라 금융시장에서는 헤지를 '가격 변동의 위험으로부터 자기 포지션을 지키기 위한 목적에서 실행하는 위험회피 거래'를 뜻하는 말로 씁니다.

헤지는 금리 위험, 신용 위험, 환율 변동 위험 등 어떠한 위험도 대부분 상쇄 또는 제거가 가능합니다. 예를 들면 대출자는 금리상승 위험으로부터 헤지를 할 수 있고, 주식 투자자는 주가하락 위험의 헤지를 할 수 있으며, 고금리 투기등급 채권에 투자한 투자자는 채권 발행자의 신용 위험을 제거하는 헤지를 할 수 있죠. 그러나 모든 것에는 대가가 따르듯이 헤지에도 비용이 듭니다. 따라서 꼭 필요한 경우에만 하는 것이 효과적입니다.

마찬가지로 해외 금융거래나 글로벌 경제활동의 과정에서 기업이나 금융기관의 환노출이 커지게 되면 환율 변동성의 위험이 증가합니다. 이런 경우에는 환율의 시장 변동성 위험을 제어할 수 있는 환헤지 FX hedge 거래를 통해서 인위적으로 환노출을 줄이거나 제거할 수 있습니다.

기업과 금융회사들의 환위험 관리

기업들은 기계적 헤지mechanical hedge 전략 등 여러 가지 위험 관리를 위한 정책 및 전략을 수립해서 이를 오차 없이 적용해나가야 환율 변동 위험을 미연에 방지할 수 있습니다. 물론 수출입을 위주로 하는 기업들의 환위험 관리와 금융거래를 중심으로 하는 금융회사들의 환위험 관리 전략은 서로 다르며 헤지 방법에도 차이가 있습니다.

헤지와 관련해서 또 한 가지 알아두어야 할 사항은 환위험이 있다고 해서 무조건 헤지를 실행하지는 않는다는 것입니다. 헤지는 시장 변동성 위험을 줄이는 효과가 있어서 향후 평가손실의 위험을 제거 또는 저감시키지만, 동시에 평가이익의 가능성도 동시에 없애버리기 때문이죠. 따라서 각 상황별로 잘 판단하고 헤지에 따르는 비용도 고려한 뒤 어떻게 하는 것이 더 이익이 되는지를 결정할 필요가 있습니다. 통상적인 시장 상황에서 환헤지의 비용은 금리, 주식, 신용 등 여타 상품에 대한 위험의 헤지 비용보다는 훨씬 저렴한 수준입니다.

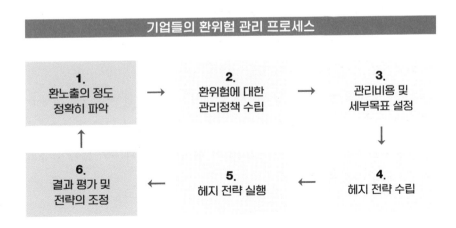

기업들의 환위험 관리 프로세스

1.
환노출의 정도
정확히 파악
→
2.
환위험에 대한
관리정책 수립
→
3.
관리비용 및
세부목표 설정

↑ ↓

6.
결과 평가 및
전략의 조정
←
5.
헤지 전략 실행
←
4.
헤지 전략 수립

만약 환율이 앞으로 오르든 내리든 관계없이 환율을 현재 수준으로 계속 고정시켜놓고 싶다면 적정 수수료를 지불하고 미래에 해야 할 환전을 현재 환율 수준에서 미리 예약해놓으면 되겠죠. 바로 이것이 환헤지에서 가장 많이 쓰이는 선물환의 기본 개념입니다(선물환에 대해서는 제3장에서 더 자세히 설명할 예정입니다).

해외 금융상품 투자 시의 환헤지

코로나19 이후 해외 금융상품 특히 미국 주식과 ETF 투자가 증가하면서 환율에 대해 고민을 하는 투자자들 역시 많이 늘어났습니다. 이렇게 해외 투자를 하면서 가장 많이 고민하는 것이 환율입니다. 투자한 미국 주식이 오르면서 수익이 발생했는데 환율상승으로 환차손이 생겨서 전체적으로는 손해가 발생했을 수도 있고, 주식 수익률은 마이너스인데 환율하락으로 환차익이 발생할 가능성도 있죠.

미래의 환율은 전문가들의 예측조차 틀리는 경우가 부지기수고, 특히 단기가 아닌 향후 1~2년 같이 장기적인 환율은 더욱 예측하기 힘듭니다. 그러므로 기초자산인 해외 주식이나 해외 ETF 투자 시에는 전부나 일부분의 환헤지를 고려해보는 것이 좋습니다.

요즘 국내에 출시되는 해외 ETF 중에서는 환헤지를 제공하는 상품들도 많이 있습니다. 환헤지 상품들은 일반적으로 상품명 뒤에 영문 'H'가 들어가 있는데요, 모든 펀드가 그렇듯이 헤지의 방식과 수수료를 꼼꼼히 체크할 필요가 있겠습니다.

이것만 기억하자!

- 외환 포지션은 매일 그 가치가 변동하기 때문에 시가 평가를 하는데 이를 MTM이라고 부릅니다. 또한 환율의 변화에 따른 시가 평가를 통해서 포지션에서 환차익과 환차손이 나게 됩니다.
- 환차익과 환차손은 평가손익과 실현손익을 포괄하는 개념인데 환차익이나 환차손은 실현손익이 될 수도 있고 평가손익이 될 수도 있습니다.
- 포지션이 거래자 관점에서 쓰이는 용어라면 환노출은 리스크와 위험 관리 측면에서 사용되는 용어입니다.
- 환헤지란 환율 변동성 위험에서 자기 포지션을 지키기 위한 위험회피 거래를 의미합니다.
- 헤지는 시장 변동성 위험을 줄이는 효과가 있어서 향후 평가손실의 위험을 제거 또는 저감시키지만 동시에 평가이익의 가능성도 동시에 없애버리기 때문에 잘 고려하여 결정해야 합니다.

섬8

환위험을 회피하는
기본적인 방법은?

$

환노출에 따른 위험을 피하는 두 가지 방법

나수덕 씨는 오늘 가지고 있는 원화를 달러로 환전해서 미국 기술주인 나
스닥Nasdaq 주식에 1년간 투자하기로 했습니다. 그래서 오늘 시장환율인
달러-원 환율 1,200원에 달러를 바꾸어 주당 100달러에 100주를 매수했
지요. 이에 따라 나수덕 씨는 $100 × 100 = $10,000, 즉 1만 달러의 매수
포지션이 생겼고 해당 금액만큼 달러-원 환율 변동 위험에 노출되었습니
다. 만약 1년의 투자 기간 동안 달러-원 환율이 1,300원으로 상승하면 주
당 100원의 환차익이 생기겠지만 반대로 1년 뒤 환율이 1,100원으로 하락
한다면 주당 100원의 환차손이 생기게 되는 것이죠. 전업 투자자인 나수
덕 씨는 고민에 빠졌습니다. 투자 성과가 자신과 가족의 생계에 직결되어
있는지라 그는 "이런 상황에서 어떻게 하면 위험을 없앨 수 있을까"라고
환위험 회피 방법을 곰곰이 생각해보게 된 것이죠. 나수덕 씨는 이런 상황
에서 어떻게 해야 할까요?

환노출에 따른 환율 변동 위험을 회피하는 방법에는 크게 두 가지가

있습니다. 하나는 반대 포지션 매매를 취하는 방법이고 다른 하나는 파생상품을 이용하는 방법입니다. 이는 금리, 신용 및 주식 등 모든 금융상품에도 공통적으로 적용되는 방법이지요.

반대 포지션 매매

환위험을 회피하는 가장 간단한 방법은 환노출을 일으킨 거래나 거래들의 총 위험에 해당하는 포지션의 반대 방향 매매를 일으키는 것입니다.

만약 나수덕 씨가 1년 동안 미국 나스닥 주식 가격의 변동에만 투자하고 싶고 환노출에 대한 환율 변동 위험은 없애고 싶다면, 노출된 1만 달러에 대해 매도 포지션을 취하면 됩니다. 수중에 달러가 있다면 가진 현금 1만 달러를 매도해서 원화로 환전하면 된다는 말과 같습니다. 가장 간단한 방법이지요. 만약에 수중에 1만 달러까지는 없어서 5,000달러만큼만 매도해서 원화로 환전했다면 50%의 환위험 헤지를 실행한 것이 됩니다.

파생상품의 사용

달러를 매도하는 방법에는 여러 가지가 있습니다. 만약 현금으로 1만 달러가 있다면 현금을 직접 매도해도 되지만 그렇지 않다면 파생상품을 이용해서 위험관리를 할 수 있습니다. 바로 장외 파생상품인 선물환 계약이나 장내 파생상품인 통화선물 계약을 이용하는 것인데요, 미래에 특정 통화를 사거나 파는 계약을 체결하는 방식입니다. 미래의 환율은 어떻게 될지 모르니, 지금 시점에서 미래의 거래를 미리 해놓는 것이지요.

위의 경우에서 만약 수중에 달러가 없다면 장외거래인 선물환이나 장내거래인 통화선물을 이용할 수 있습니다. 1만 달러 매수 포지션의 반대 방향으로 1만 달러 상당의 선물환이나 통화선물을 매도하는 방식으로요.

왜 그런지 자세히 이해해볼까요? 나수덕 씨가 1년이 지난 후에 나스닥 주식을 팔면 투자원금 1만 달러를 돌려받게 됩니다. 하지만 1년 후의 달러-원 환율은 올라 있을지 내려가 있을지 현재로서는 알 수가 없습니다. 환전을 했을 때 환차손이 날지 환차익이 날지 지금으로서는 모르는 일이지요. 하지만 만약 1년 뒤에 돌려받을 1만 달러를 지금 미리 현재 환율에 팔아놓을 수 있다면 환율 변동성에 구애받을 일이 없어집니다. 다시 말해 1년 만기의 선물환이나 통화선물 매도 거래를 실행하면 1년 뒤의 달러-원 환율 위험을 현재 환율로 고정시킬 수 있게 됩니다.

특히 이러한 파생상품을 이용한 헤지 방법은 수중에 달러 현물이 없어도 거래가 가능하다는 장점이 있습니다. 선물환 거래에는 달러를 일정 기간 동안 빌려주는 기능이 숨어 있기 때문입니다.

기본적인 환헤지의 방법

(1) 외환 반대매매

· 매수한 달러만큼 바로 다시 파는 방법
· 기초자산의 위험만 남기고 환율 위험은 제거하는 방법

(2) 파생상품 거래

· 미래의 계약을 지금 확정하는 의미
· 현재 시점에서 미래의 환거래를 미리 하는 것
· 선물환 거래나 통화선물 거래

풀 헤지와 부분 헤지

환위험에 대한 노출을 전부 다 헤지할 수도 있지만 일부분만 헤지할 수도 있습니다. 전자를 풀 헤지full hedge라고 하고 후자를 부분 헤지partial hedge라고 부릅니다.

예를 들어 앞의 예시와 같이 나수덕 씨가 5,000달러만 헤지하고 나머지 5,000달러는 헤지하지 못했을 경우는 일부분만 헤지가 되는 것이지요. 따라서 5,000달러에 해당하는 외환 포지션에 대한 환노출은 그대로 남아 있게 됩니다.

환헤지의 사례

우리나라 수출기업들은 수출한 대가로 외화인 달러를 받아 국내로 들여오는 반면, 금융기관들이나 연기금들은 수출기업과 반대로 달러를 해외로 가지고 나가 투자를 하고 있습니다. 한국의 경제 규모가 세계적으로 커짐에 따라 우리나라 금융기관 및 연기금들도 이제 해외 주식, 채권 그리고 부동산 등 글로벌 자산시장에서 큰 손으로 부상한 상황이죠. 그러다 보니 종종 다음과 같은 기사를 보게 됩니다.

국민연금, 2년 만에 선물환 매도 환헤지…
환율 1,300원 고점으로 봤나?   환율일보

보도자료는 헤지 비용 등의 이유로 해외투자 때 환헤지를 중지했던 국민연금이 2년 만에 환헤지를 다시 하기 시작했다는 기사입니다. 환율이 고점일 때 해외투자를 하게 되면 미래에 투자한 기초자산의 가치가 오르더라도 환율이 내려오면서 환차손이 발생해 투자 수익률이 떨어질 수 있

습니다.

위 기사에 따르면 국민연금은 현재 환율 1,300원이 과거 대비 매우 높다고 판단했음을 알 수 있습니다. 그래서 미래에 환율이 하락할 경우를 대비해서 현재의 높은 환율에서 미리 달러를 팔아놓는 '선물환 매도 거래' 환헤지를 한 것이죠. 물론 국민연금의 예상과 다르게 반대로 미래에 환율이 더욱더 오르면 이는 평가손실로 이어질 수도 있습니다.

이익을 얻을지 손실을 입을지는 정확하게 예측하기는 힘들지만 어쨌든 기사 자료의 국민연금처럼 헤지 프로세스를 미리 세워놓고 필요한 경우 적극적으로 헤지를 실행하는 것이 좋습니다. 그래야 미래의 환율 위험에 빠르고 정확하게 대처할 수 있으니까요. 구체적인 헤지 거래의 방법과 종류는 투자의 목적, 현재 시장 상황 그리고 비용 대비 효익 등을 잘 따져서 하는 것을 권합니다.

헤지 거래의 예시: 통화선물(장내) VS 선물환(장외)

한 번도 할인행사를 한 적이 없는 것으로 유명한 한국의 명품 의류회사 F사의 자금관리부 노세일 부장은 최근 미간에 주름이 깊어졌습니다. 얼마 전 해외 수입업자와 수출계약을 체결했는데 최근 환율 변동성이 커졌기 때문이죠. F사는 3개월 뒤인 7월 말일에 수입업자로부터 2만 5,000달러를 받을 예정인데 그때 가서 달러가치가 떨어질까 걱정입니다. F사와 노세일 부장에게는 어떠한 선택 옵션이 있을까요?

위 사례의 경우 F사에게는 두 가지 선택지가 있습니다. 장내거래인 통화선물currency futures을 통한 환헤지, 그리고 장외거래인 선물환forward을 이용하는 경우가 그것입니다.

통화선물을 이용한 환헤지

첫 번째 옵션으로 통화선물 매도를 통한 환헤지를 살펴보도록 하죠. 현재의 포지션은 3개월 뒤에 달러를 받는 것입니다. 따라서 반대로 3개월 뒤에 파는 포지션을 잡아야 헤지가 됩니다. 노세일 부장은 선물 중개회사에 전화를 걸어 3개월 통화선물 매도 포지션을 취합니다. 즉, 한국거래소 KRX에 상장된 2만 5,000달러에 해당하는 3개월짜리 달러 선물 계약을 오늘 가격으로 매도함으로써 미래의 환율 변동을 헤지할 수 있는 것이죠.

하지만 통화선물은 표준화되고 정형화되어 있는 계약인지라 완전한 헤지가 되기에 조금 어려운 점이 있습니다. 특히나 통화선물의 결제일은 해당 결제월의 3번째 주로 정해져 있기에 실제 결제일인 7월 말일과는 약 2주간의 날짜 차이가 있죠. 게다가 통화선물의 최소 단위는 1만 달러라서 2만 달러에 해당하는 금액만 헤지가 가능했습니다. 풀 헤지가 아닌 부분 헤지로 5,000달러에 대한 환노출은 남아 있게 된 것이지요. 이러한 불편함을 해소시킬 수 있는 거래가 바로 선물환입니다.

선물환을 이용한 환헤지

노세일 부장은 통화선물로는 완전한 헤지가 되지 않아 도무지 마음이 놓이지 않았습니다. 그래서 통화선물 헤지는 없던 것으로 하고, 바로 M은행 딜러 백만불 과장에게 전화를 했지요. 그리고는 백만불 과장과 7월 말일에 받게 될 2만 5,000달러에 해당하는 달러-원 선물환 계약을 7월 31일 만기로 체결했습니다. 7월 31일에 받게 될 2만 5,000달러를 현재의 달러-

원 환율로 미리 파는 거래를 실행한 것이죠. 노세일 부장은 그제야 미간의 주름을 펴고 웃을 수 있었습니다. 기간도, 금액도 완전한 풀 헤지를 통해 환율 변동의 위험에서 해방되었기 때문입니다. 오늘 저녁에 노세일 부장은 백만불 과장과 기분 좋게 소주 한 잔을 하기로 했습니다.

이처럼 선물환은 맞춤 거래, 즉 금액이나 결제일의 제약이 전혀 없는 거래이기 때문에 수출입 회사들의 환헤지에 실무적으로 가장 많이 이용되고 있습니다. 하지만 이러한 환헤지는 미래의 환차손 위험을 제거한다는 장점도 있지만 환차익의 기회 또한 없애는 결과도 같이 가져오기 때문에 잘 판단해서 해야 합니다.

이것만 기억하자!

- 환위험을 회피하는 기본적인 방법에는 두 가지가 있습니다. 해당 거래와 똑같은 금액으로 반대 거래를 하거나 파생상품을 활용하는 방법입니다.
- 파생상품을 이용한 헤지에는 장내거래인 통화선물을 이용하는 방법과 장외거래인 선물환을 거래하는 방법이 있습니다. 파생상품을 이용한 헤지의 장점은 수중에 달러 현물이 없이도 거래가 가능하다는 점입니다.
- 선물환 거래는 개별 맞춤 거래가 가능하기 때문에 표준 계약인 통화선물보다 편리합니다.
- 환위험을 전부 다 헤지하는 것을 '풀 헤지'라 하고 일부분만 헤지하는 것을 '부분 헤지'라고 합니다. 헤지는 각각의 투자 상황, 시장 상황 및 비용 효익을 잘 따져서 실행해야 합니다.

원화 및 주요 통화 환율의 소수점 이하 단위는?

소수점 이하 환율

외환을 거래할 때는 거래 방법과 거래 통화의 소수점 단위를 이해하는 것도 중요합니다. 외환 거래는 주식 거래와 다르게 대부분 장외시장over the counter, OTC에서 거래되기 때문입니다.

주식은 대부분 거래소exchange와 같은 장내에서 거래되어 명확히 정해진 거래소 규정을 따르기만 하면 되는 데 반해 외환 거래와 같은 장외시장 거래들은 기본적으로 당사자 간의 거래이기에 '거래 관습'에 많이 의존하는 경향이 있습니다. 그래서 시장에서 쓰는 여러 관행적 표현들을 알아둬야 할 필요가 있죠. 소수점 단위를 이해하는 것도 그중 하나이고요.

거래하는 환율의 소수점 단위를 몇 자리까지 적용할지에 관한 것들은 기본적으로 해당 통화페어에 따라 달라집니다. 예를 달러 유로-달러나 파운드-유로 환율 같은 경우에는 통상 소수점 이하 네 자리까지 사용하며 엔화가 수반된 거래들은 소수점 둘째 자리까지 고시되고 있습니다. 우리나라 원화와 거래되는 모든 통화들의 환율도 원 단위 미만 소수점 둘째 자리까지 고시되고 원 단위 미만은 '전'이라 읽습니다.

이렇게 다른 이유는 우리나라 원화의 단위가 다른 서구 통화 대비 자릿수가 훨씬 많기 때문입니다. 만약 지금 1,000원이 1원이나 10원의 가치였다면 아마도 달러-원 환율은 엔화나 유로화같이 소수점 세 자리나 네 자리까지 거래가 되었을 것입니다.

환율 소수점의 최소 단위, 핍스

핍스pips는 영어 'percentage in point'의 약자로 거래되는 환율 소수점의 최소 단위입니다. 외환시장에서 호가는 핍스를 기준으로 이루어지고 있지요.

하나 주의할 점은 핍스는 환율을 일컬을 때 쓰는 용어이므로 금리 거래에서 사용하는 '빕스bps'와는 구별해야 합니다. 빕스는 'basis point'의 약자로 전혀 다른 개념이기 때문이죠. 참고로 1bp는 100분의 1%로,

핍스 VS 빕스		
	핍스pips	빕스bps
사용처	외환 거래	금리(채권) 거래
표시 약자	pip 또는 pips	bp 또는 bps
특징	통화페어에 따라 다름	통화와 상관없음 퍼센트(%)로 정해져 있음.
호가 단위	통화별 소수점의 가장 낮은 자리수가 통상 1pip	1베이시스포인트bp = 0.01%

0.01%를 지칭합니다. 10bps는 0.1%, 100bps는 1%로 이해하면 됩니다.

반면 환율에서의 핍스 개념은 통화페어의 소수점 단위에 따라 달라지기 때문에 일률적이지 않습니다. 앞에서 유로는 소수점 네 자리, 엔화와 원화는 두 자리까지 표시된다고 했는데, 유로-달러 환율과 달러-엔 환율을 통해 이를 한번 비교해보겠습니다.

EUR/USD = **1 . 1 1 3 7**

↓ ↓ ↓ ↓

1000 100 30 7
핍스 핍스 핍스 핍스

유로-달러 환율은 소수점 넷째 자리까지 고시됩니다. 따라서 소수점 이하 넷째 자리의 숫자가 1핍이 됩니다. 만약 뉴스에서 다음과 같은 유로화 관련 외환시장 속보가 나왔다면 유로-달러 환율이 어떻게 변했다고 이해하면 될까요?

러시아 우크라이나 침공으로 유로 100핍스 급락

환율일보

유로-달러 환율이 100핍스 하락했다고 했으므로, 유로당 1.1237달러에서 1.1137달러로 하락했다는 의미입니다.

```
USD/JPY =
                   1 1 5 . 6 1
                           ↓   ↓
                           60  1
                           핍스 핍
```

   그렇다면 달러-엔 환율에서는 핍스가 어떻게 달라질까요? 달러-엔
환율은 소수점 둘째 자리까지 고시됩니다. 따라서 소수점 이하 둘째 자리
의 숫자가 1핍이 되지요.

빅피겨

간혹 뉴스나 신문에서 '빅피겨 big figure'라는 단어가 나오는 걸 들어보셨을
겁니다. 달러-원 환율에서 빅피겨는 통상 앞의 두 자리를 지칭하는데요,
다음 기사 제목처럼 표현됩니다.

```
달러-원 환율 빅피겨 1,200원 돌파 이후 후퇴...1.60 ↑
                                              환율일보
```

위 기사는 달러-원 환율이 달러당 1,100원대에서 1,200원대로 상승하여 100원 단위의 환율이 1에서 2로 바뀐 것을 알려주고 있습니다. 만약 환율이 달러당 1,199.90원이라면 앞의 천 단위의 숫자 1과 백 단위의 숫자 1, 두 개가 빅피겨가 되는 것이지요. 만약 다음 날 환율이 달러당 1,200.10원으로 올랐다고 한다면 이 경우의 빅피겨는 앞의 숫자 두 개 1과 2가 됩니다.

[1] 빅피겨의 변화: 빅피겨 1과 1에서 1과 2로
[2] 환율의 변화 : 20핍스 상승(1,200.10 - 1,199.90)

리디노미네이션과 원화의 국제화

한 나라의 통화의 단위가 크면 그 나라의 금융 비용을 상승시켜 궁극적으로 사회적 비용을 증가시키게 됩니다. 돈의 단위가 너무 커지면서 업무의 효율성도 그만큼 떨어지는 것이죠. 돈의 단위를 세고 기억하고, 타이핑하는 데 그만큼의 시간 및 재원이 투입되어야 하기 때문에 이는 국가적으로도 큰 비용 낭비인 셈입니다.

특히 중앙은행들이 향후 종이화폐 체제에서 디지털화폐로 전환할 것을 생각하면 금전적 비용과 효용의 저하는 지금과 비교도 할 수 없는 정도로 클 것입니다. 디지털 시대에 돈의 단위 수 증가는 점점 더 큰 부담으로

짜장면 한 그릇 = 만 원

짜장면 한 그릇 ₩10,000
숫자 자리수만도 5자리..(줄여야 하는데 ㅜ)

**원화의 국제화를 위해
리디노미네이션은 필수다!
(언젠가는 해야 한다)**

이어지게 됩니다.

따라서 향후 물가가 더욱 상승하여 인플레이션이 심화된다면 미래에 원화의 화폐 단위를 줄이는 소위 리디노미네이션redenomination의 필요성이 제기될 수 있습니다. 리디노미네이션이란 쉽게 말해 우리나라 돈 1,000원의 가치를 10원이나 1원으로 새로 책정하여 자릿수를 줄이는 것입니다.

물론 이러한 화폐 개혁이 단시간에 이루어지지는 못합니다. 시행 초기에는 금융 비용을 비롯해 많은 사회적 비용이 들겠지요. 하지만 일단 시행되고 제대로 자리만 잡힌다면 우리나라의 금융과 경제 발전의 큰 걸림돌이 제거되리라 생각합니다. 지금처럼 원화의 통화 단위가 너무 커지면 원화의 국제화에 어려움이 생기기 때문에 언젠가는 단행해야 할 일이라고 봅니다.

원화의 국제화는 절대 꿈이 아닙니다. 원화는 동아시아의 가장 중요한 통화를 넘어 세계 5대 국제결제 통화로 성장할 수 있는 큰 잠재력을 가지고 있습니다. 원화의 국제화를 가능케 할 한국의 수많은 기업들과 높아

원화 국제화는 꿈이 아닌 현실이다!
세계 5대 국제결제 통화가 될 그날까지

KRW
Korean Won

One of the Top 5 Major International
Currencies of the World in 2030.

진 국내 금융 경쟁력, 글로벌 언어와 지식으로 무장한 우리 청년들의 인력
풀human resources 그리고 동아시아의 중심에 위치한 지정학적 위치까지 다
크나큰 잠재력이지요.

앞으로 10년 후, 우리나라 원화가 세계 5대 국제결제 통화로서 당당
히 이름을 올린다고 생각하면 너무나도 뿌듯하고 가슴이 뛰고 벅차오르지
않나요? 이를 위해서라도 외환과 국제 금융시장을 열심히 공부해 준비해
야 하겠습니다.

이것만 기억하자!

- 환율을 표기할 때 소수점 몇 자리까지 쓰는지는 일반적인 통화 관습에 따르는데, 해당 통화페어에 따라 달라집니다.
- 외환시장에서 환율의 호가는 핍스를 기준으로 이루어지며 이는 금리시장에서의 빕스와는 다른 개념입니다. 독자 여러분들은 "환율 호가를 나타낼 때는 핍스 단위를 사용하는구나" 정도만 알고 있어도 충분합니다.
- 달러-원 환율에서 '빅피겨'란 큰 숫자를 일컫는데 일반적으로 가장 앞의 두 개의 숫자인 천 단위와 백 단위의 숫자를 지칭합니다.
- 물가가 너무 상승하여 인플레이션이 심화될 경우, 화폐 단위를 줄이는 작업이 필요할 수도 있는데 이를 가리켜 '리디노미네이션'이라고 합니다.
- 우리나라 원화는 동아시아의 주요 통화를 넘어 세계 5대 국제결제 통화로 성장할 수 있는 큰 잠재력을 가지고 있습니다.

환율상승과 환율하락, 평가절상과 평가절하 이해하기

앞서 환율은 매 시각 계속해서 변동한다고 말했던 것을 기억하실 겁니다. 환율이 어떤 방향으로 변화했는지는 다음의 두 가지 방법으로 설명 가능합니다. 첫 번째는 '환율 수준'이 올랐는지 혹은 내렸는지로 설명하는 것입니다. 두 번째는 '통화의 가치'가 올랐는지 내렸는지로 표현할 수 있습니다.

우리나라 통화인 원화의 가치와 달러-원 환율은 그 움직이는 방향이 서로 반대라고 생각하면 쉽습니다. 달러-원 환율은 기본적으로 달러의 수요와 공급에 의해서 결정됩니다. 그래서 만약 외환시장에서 달러화 수요가 공급보다 많으면 달러 강세로 원화가치가 하락하고 달러-원 환율은 상승하게 됩니다. 반대로 달러 공급이 수요보다 많으면 달러화 가치는 상대적으로 하락하게 되어 원화가치가 상승하고 달러-원 환율은 하락하게 되죠.

어차피 우리나라 사람들은 원화와 관련된 환율을 주로 보게 될 테니 다음과 같이 정리하면 절대 헷갈리지 않을 겁니다. 환율상승은 원화 평가절하, 반대로 환율하락은 원화 평가절상. 이렇게 '환율과 통화가치는 반대'라고 한마디로 정리해놓으시기 바랍니다.

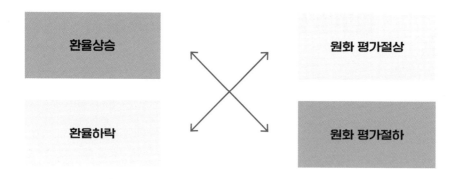

원화가치와 달러-원 환율은 반대로 움직인다

환율상승, 원화 평가절하

우리나라 뉴스에서 달러-원 환율이 오르고 내리는 것을 언급할 때의 기준 통화는 달러입니다. 다음과 같은 환율 뉴스가 속보로 떴다고 해보죠.

> 달러-원, 지정학 리스크 고조에 1,220원 터치…5.40원 ↑
>
> 환율일보

이 기사에서 달러-원 환율이 상승해 1,210원에 돌파했음을 알 수 있습니다. 환율 수준에서 설명하면 환율이 5.40원 상승한 것이고 통화가치로 보면 달러가 강해졌으므로 원화는 상대적으로 약해졌다고 말할 수 있지요.

환율상승은 달러를 매입할 때 달러당 지불해야 하는 원화 금액이 올랐다는 의미입니다. 기준통화인 달러가치가 상승했고, 반면에 상대통화인 원화의 가치는 상대적으로 하락했죠. 이것을 "원화의 가치가 떨어졌다고 평가된다"고 해서 '원화 평가절하' 또는 반대로 '달러 평가절상'이라고 부릅니다.

■ 리스크 고조 → 달러 선호 → 달러 강세 → 달러가치 상승(달러 평가절상) → 원화가치 하락(원화 평가절하) → 달러-원 환율상승

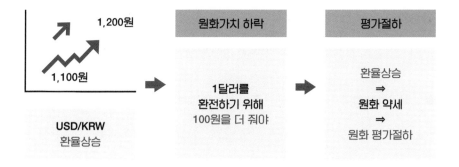

환율하락, 원화 평가절상

이번에는 달러가치가 하락했다는 뉴스가 발표되었습니다. 재미있는 것은 달러 통화가치 하락(강달러 주춤)과 환율 수준의 하락(1,180원대 초반 하락)이 뉴스 문장에 같이 들어 있다는 것입니다.

해당 뉴스에서 '강달러 주춤'은 달러 통화가치의 변화를, '1,180원대 초반 하락'은 달러-원 환율 수준의 변화를 설명하고 있습니다. 이렇게 뉴

강달러 주춤…코스피 회복에 환율 1,180원대 초반 하락

환율일보

스 기사에서는 종종 환율 수준의 변화와 통화가치의 변화를 혼용해 사용하기 때문에 이를 잘 구분해서 이해해야 합니다. '강달러 주춤'이라는 은유적 표현은 글로벌시장에서 달러의 통화가치가 하락했다는 것, 즉 달러 약세를 나타냅니다. 달러가치의 하락은 원화가치의 상승을 의미하므로 원화의 평가절상이고, 따라서 환율은 하락한 것으로 이해할 수 있습니다.

여기서 또 중요한 사실 하나를 짚어보면, 코스피와 같은 주식은 위험자산인 반면에 달러는 대표적인 안전자산입니다. 따라서 주식과 달러가치 역시 서로 다르게, 반대 방향으로 움직이는 경우가 많습니다.

■ 달러가치 하락 → 달러 약세 → 원화 상대적 강세 → 달러-원 환율하락

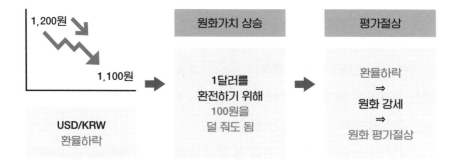

이종통화의 절상, 절하: 위안화

뉴스를 보다 보면 이종통화의 환율 변동을 알려주는 경우도 있습니다. 다음 뉴스는 중국인민은행의 위안화 고시 환율을 알려주는 내용입니다.

> ### 위안화 0.53% 절상 고시...달러-위안 환율 6.3016위안
>
> 환율일보

중국 중앙은행인 인민은행은 전일 종가를 기준으로 여러 바스켓통화에 대한 상대가치를 적절히 반영하여 고시하는 관리변동환율 제도를 운영하고 있습니다. 자율변동환율 제도가 아니다 보니 통화 당국의 의중이 환율 결정 과정에 반영됩니다.

통화바스켓에서 비교하는 통화의 비중은 달러, 유로, 엔, 원, 호주달러 순이며, 인민은행이 매일 오전 10시 15분에 각 바스켓의 통화별 환율을 일일 기준가central parity로 고시합니다.

해당 뉴스도 앞의 예와 마찬가지로 환율 수준의 변화와 통화가치의 변화가 같이 혼용되어 있는 걸 알 수 있죠. 원화가 개입되지 않은 이러한 이종통화의 환율을 파악할 때는 먼저 기준통화가 무엇인지 판단해야 합니다. 첫째로 '위안화 0.53% 절상' 부분을 살펴봅시다. 위안화가 절상되었다는 표현은 위안화 통화가치의 변화를 말하는 것이죠. 이는 위안화가 강세를 보여 미국달러 대비 평가절상되었다는 의미입니다. 두 번째로, 달러-위안 환율 수준이 6.3016위안으로 변화했다는 것을 알 수 있습니다.

기준통화인 달러가치의 하락, 상대통화인 위안화 가치의 상승이니

달러-위안화 환율이 전일 종가에서 0.53% 내려와 하락했다고 해석이 됩니다. 전일종가인 달러당 6.3351위안에서 0.53%인 0.335위안이 하락한 6.3016위안이 되었다는 뜻이고요.

■ 위안화 0.53% 평가절상 → 달러화 0.53% 평가절하 → 종전 USD/CNY 환율에서
   0.53% 환율 레벨 하락 → USD/CNY 환율하락(6.3351위안 → 6.3016위안)

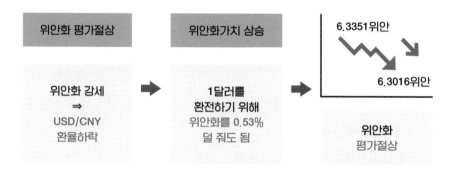

이종통화의 절상, 절하: 유로화

이번엔 또 다른 이종통화인 유로화 관련 뉴스를 보겠습니다. 유로화는 앞서 설명했듯이 기준통화 서열 1순위이기 때문에 모든 통화들과 비교할 때 기준통화의 역할을 합니다.

유로-달러, 위험회피 심리 고조에 낙폭 확대
2021년 5월 이후 최저...   환율일보

뉴스에서 유로-달러의 환율 수준에 대해서 언급하고 있네요. 환율의 수준이 2021년 5월 이후 현재까지 최저 수준을 보이고 있다는 보도입니다.

달러-위안화 환율에서도 보았듯이 유로-달러 환율에서도 우선 기준통화가 무엇인지를 판단해야 합니다. 기준통화가 유로화이므로 상대통화는 달러고, 1유로를 환전하기 위해 지불해야 하는 달러를 예전 대비 덜 줘도 된다는 말이므로 이는 달러화 강세를 의미합니다. 즉, 유로-달러 환율이 떨어졌다는 것은 유로화 가치하락, 달러화 가치상승를 이야기하죠. 유로 평가절하, 달러 평가절상인 것입니다. 유로-달러 거래에서 비록 기준통화는 유로화이지만 기축통화는 미국달러기 때문에 위험회피 심리가 나타나면 가장 안전한 통화인 달러화를 선호합니다.

달러는 세계의 기축통화로 쓰이기 때문에 금융위기나 시장의 불안감이 커졌을 때 가장 보유하고 싶은 통화입니다. 따라서 위험회피 심리가 높아지면 달러화 가치는 상승하고 강세를 보이게 되죠.

■ 위험회피 심리 고조 → 달러 선호 → 달러 강세 → 달러 대비 유로화 약세 → 유로-달러 환율하락

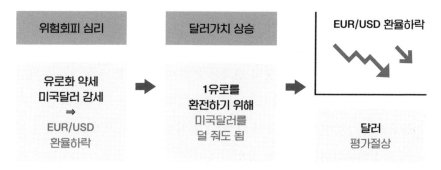

이종통화의 절상, 절하: 엔화

엔화가치가 높아졌을 때는 '엔고'라고 칭하고 반대로 엔화가치가 떨어졌을 때는 '엔저'라고 칭합니다. 마찬가지로 우리나라 원화가치가 높아졌을 경우에도 '원고'라고도 부르죠.

전후 일본은 빠른 경제성장을 이루었지만 1985년 미국 등 서방국들과 뉴욕의 플라자 호텔에서 맺은 플라자 합의Plaza Accord에서 5년 후인 1990년까지 엔화가치를 두 배로 조정할 것을 합의하게 됩니다. 그렇게 합의 이후 1990년대부터 엔화가치 급등과 함께 경기침체가 장기화되면서 경제성장률이 1%대에 머물게 되는데, 이 오랜 경기침체를 가리켜 '잃어버린 20년'이라고 말합니다.

이러한 경기침체를 극복하기 위해서 일본은행은 이미 코로나19가 발생 이전부터 '아베노믹스'를 통해 양적완화 정책을 실행하고 있었습니다. 이 같은 양적완화는 엔화의 약세를 유발해서 달러-엔 환율을 상승시키는 중요한 요인이 되어왔지요.

일본 엔화 24년 만에 최저치...달러-엔 0.6% 상승

환율일보

이 뉴스에서도 환율 수준의 변화와 통화가치의 변화가 함께 혼용되어 있습니다. 앞에서와 마찬가지로 원화가 개입되지 않은 이종통화는 먼저 기준통화가 무엇인지 확인해야 하겠죠? 첫째로, 엔화가치가 24년 만에 최저치로 절하되었다는 내용이 보입니다. 이는 엔화의 통화가치가 달러 대

비 평가절하되었다는 것이죠. 두 번째로, 달러-엔 환율 수준이 0.6% 상승했다는 것도 알 수 있습니다. 환율이 얼마인지는 모르지만 어제 대비 오늘 달러-엔 환율이 0.6% 올랐다는 것만은 확인할 수 있죠. 보도를 통해서 외환시장에서 '엔저'가 지속되고 있음을 알 수 있습니다.

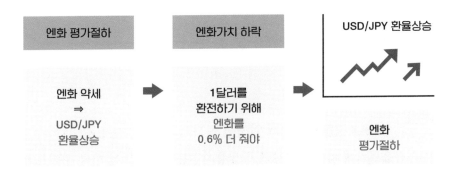

이것만 기억하자!

- 우리나라 통화인 원화의 가치와 달러-원 환율은 움직이는 방향이 서로 반대입니다. 따라서 환율상승은 원화 평가절하, 반대로 환율하락은 원화 평가절상이라고 아예 외워놓기 바랍니다.
- 예를 들어 환율이 올랐다는 것은 달러를 매입할 때 달러당 지불해야 하는 원화 금액이 오른 것과 마찬가지 의미입니다. 기준통화인 달러 가치가 상승했고, 반면에 상대통화인 원화의 가치는 상대적으로 하락한 것입니다.
- 이것을 "원화의 가치가 떨어졌다고 평가된다"고 해서 '원화 평가절하' 또는 반대로 '달러 평가절상'이라고 합니다.
- 이와 같이 환율 기사를 읽을 때는 반드시 기준통화가 무엇인지 우선 판단하며 읽어야 이해가 쉽습니다.

외국인 투자자는
왜 환율에 민감할까?

국내 금융시장에서 외국인 투자자가 차지하는 비중

IMF 금융위기에 따라 우리나라가 금융시장을 개방하면서 한국 주식시장으로 외국인 투자자들이 대거 몰려들기 시작했습니다. 한때 43%까지 치솟기도 했던 코스피 시장의 외국인 투자자 비율은 2000년대 들어 조금씩 줄어들면서 현재는 30% 수준을 유지하고 있죠.

하지만 한국 경제가 발전하고 금융시장도 선진화하면서 한국에 투자했던 외국인들의 투자 패턴도 과거 개발도상국에서 점차 선진국에 투자하는 양상으로 바뀌어 가고 있습니다. 특히나 과거 10% 이상의 성장을 구가하던 시대와 달리 선택적으로 투자하는 경향으로 바뀌었죠. 그래서 코스피 내 외국인 투자 점유율이 40%대에서 30%대로 낮아진 것입니다.

반면 우리나라의 신용도와 국가경쟁력이 올라가면서 한국 채권에 대한 투자 금액은 크게 늘어났습니다. 불과 2005년도만 하더라도 1% 미만에 불과하던 외국인들의 한국 채권투자 점유율도 2022년 기준, 전체 상장채권 발행량의 10%에 육박할 정도로 커졌습니다.

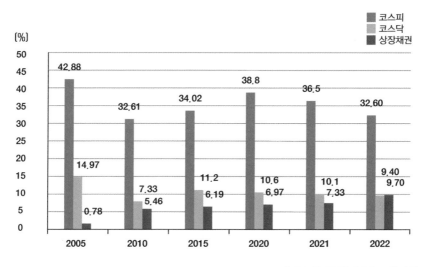

외국인들의 한국 금융시장 점유율[%]

- 코스피
- 코스닥
- 상장채권

[%]

2005: 42.88, 14.97, 0.78
2010: 32.61, 7.33, 5.46
2015: 34.02, 11.2, 6.19
2020: 38.8, 10.6, 6.97
2021: 36.5, 10.1, 7.33
2022: 32.60, 9.40, 9.70

출처: 금융감독원(해당년도 1월 기준)

이렇듯 외국인들의 지분이 크다 보니, 외국인들의 매매, 특히 주식매매 대금으로 인한 환전 수요는 달러-원 환율에 크게 영향을 주는 요인 중 하나입니다. 하지만 이때도 잘 생각해야 하는 것이 있어요. 바로 닭(주식)이 먼저냐, 달걀(환율)이 먼저냐 하는 문제입니다.

닭(주식)이 먼저냐, 달걀(환율)이 먼저냐?

"외국인들의 주식매매가 왜 일어났을까?" 이 같은 질문에 대한 답변은 우리나라 환율의 변동을 이해하는 데 매우 중요합니다. 외국인들이 한국 주가의 방향성 때문에 매매차익 실현 또는 손절매매의 결과로 환율이 변했다고 이해할 수도 있지만, 거꾸로 환율이 크게 변했기 때문에 환차익을 실현하기 위해 또는 신규 매수하기 위해 주식을 매매했다고도 볼 수 있기 때문입니다.

이론적으로는 두 가지 경우 모두 가능합니다. 상황에 따라 외국인 매매가 일어나는 주요 원인이 주식시장일 수도 있고, 환율 요인 때문일 수도 있습니다. 상황에 따라 다르게 판단해야 하는 것이죠. 그럼 두 가지 요인을 차근차근 살펴보도록 합시다.

첫 번째는 환율 요인입니다. 달러-원 환율의 상승이나 하락 국면에서 외국인들이 주식을 매매하는 경우가 여기에 해당하지요. 외국인들의 관점에서 보면, 달러-원 환율이 오르는 달러 강세기에는 달러를 국내에 들여와 원화로 바꾸어 국내에 투자하면 환차손이 납니다. 강한 달러 대신에 약한 원화에 투자할 필요성을 느끼지 못하지요. 그래서 환율이 상승하는 기간에는 우리나라에 신규 투자를 꺼리게 됩니다. 또한 기존에 가지고 있던 주식이나 채권을 팔아서 달러로 바꾸어 본국으로 송금하는 수요가 많아지게 되지요(달러 강세 → 환율상승 → 외국인 주식매도 차익 실현 → 원화 매도 & 달러 매수).

반면에 달러-원 환율이 하락하는 원화 강세기에는 외국인들이 달러를 국내에 들여와 원화로 바꾸어 국내에 투자할 때 환차익이 생깁니다. 약해지는 달러보다 강해지는 원화에 투자할 유인이 생기지요. 따라서 환율이 하락하는 기간에는 외국인들이 우리나라에 신규 투자를 많이 하게 됩니다(원화 강세 → 환율하락 → 외국인 신규 주식투자 → 달러 매도 & 원화 매수).

두 번째는 주식 요인입니다. 국내 주식시장이 상승기 또는 하락기에 진입함에 따라 외국인들이 신규 유입 또는 주식을 매매하는 경우가 이에 해당합니다. 한국 주식시장 하락기에서는 외국인들이 주식을 매도하고 받은 원화를 다시 달러로 환전하는 경우가 많습니다(한국증시 하락 → 외국인 주식 매도→ 원화 매도 & 달러 매수→ 달러 강세).

　한국 주식시장 상승기에는 이와 반대로 외국인들이 국내 주식을 매입하고자 달러를 국내에 들여와 매도하고 원화를 매수하는 수요가 늘어나게 됩니다(한국증시 상승→ 외국인 주식 매입 → 원화 매수 & 달러 매도→ 원화 강세).

실제 외국인의 매매 패턴

물론 외국인들이라고 해도 투자자의 속성과 종류가 굉장히 다양하기 때문에 단정적으로 말할 순 없습니다. 투자자마다 투자 성향이 다르기도 하고 같은 투자자라고 해도 시장 상황에 따라 주식이 주요 매매 요인이 될 수도, 환율이 주요 매매 요인이 될 수도 있으니까 말입니다.

　실제로는 주식의 영향과 환율의 영향이 둘 다 있기 때문에 어느 영향이 더 크다고 콕 집어 말할 수는 없어요. 다만 환율이 상승하거나 하락하

환율에 따른 외국인 매매 증감-일반적인 경우

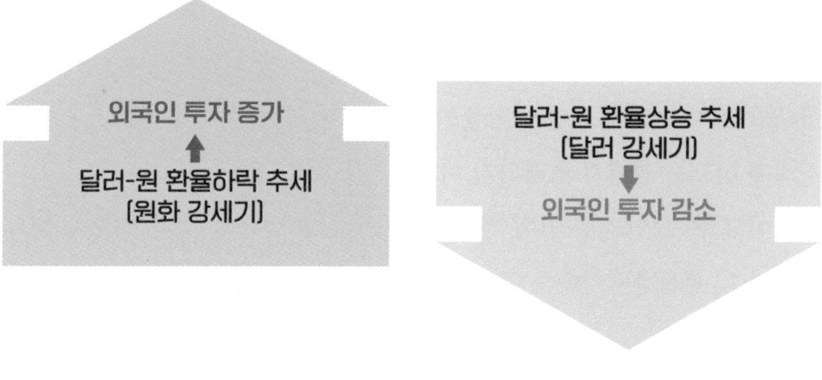

외국인 투자 증가
↑
달러-원 환율하락 추세
(원화 강세기)

달러-원 환율상승 추세
(달러 강세기)
↓
외국인 투자 감소

는 추세의 경우, 외국인들의 투자 패턴이 더 확실하게 나타나는 경향만은 존재합니다. 달러-원 환율의 추세가 상승하는 달러 강세기에는 환차손을 볼 수 있기에 일반적으로 외국인들의 한국 투자가 줄어들게 되고, 반대로 달러-원 환율의 추세가 하락하는 원화 강세기에는 환차익을 볼 수 있기에 외국인들의 한국 투자가 늘어나는 경향이 있지요.

외국인 거래는 환율의 변동성 심화 요인

위와 같은 외국인들의 한국 주식투자 유인으로 인한 환거래는 환율의 변동성을 심화시키는 요인이 되기도 합니다.

원화의 환율, 즉 달러-원 환율의 변동성은 다른 나라의 환율과 비교해서도 그 변동폭이 큰 편인데요, 외국인들의 자금 유입과 이탈은 달러-원 환율의 하락기와 상승기에 특정 방향으로의 변동성을 더욱 크게 키우는 하나의 요인이 됩니다.

증시하락기는 일반적으로 달러 강세기입니다. 왜 그런가 하면 외국인들이 주식을 매도하고 받은 원화를 팔아 달러를 매수하기에 달러 강세가 더욱 심화되기 때문이죠. 마찬가지로 증시 활황기는 통상 달러 약세기, 환율하락기입니다. 외국인들이 주식 매입 자금을 마련하기 위해 달러를 팔아 원화를 매수하게 되면서 환율이 추가 하락을 하게 되어 방향성을 더욱 강하게 만드는 결과가 초래되기 때문입니다.

이 같은 요인들로 인해 환율상승기에는 환율이 더욱더 탄력을 받아 상승하고, 환율하락기에는 하락폭을 더욱 키우는 결과를 낳게 됩니다.

외국인 주식매매는 환율의 상승과 하락 추세를 심화시킴

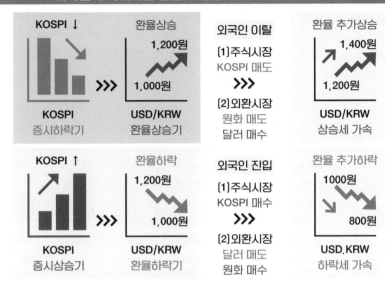

KOSPI ↓

환율상승
1,200원
1,000원

KOSPI
증시하락기

USD/KRW
환율상승기

외국인 이탈

[1]주식시장
KOSPI 매도
>>>
[2]외환시장
원화 매도
달러 매수

환율 추가상승
1,400원
1,200원

USD/KRW
상승세 가속

KOSPI ↑

환율하락
1,200원
1,000원

KOSPI
증시상승기

USD/KRW
환율하락기

외국인 진입

[1]주식시장
KOSPI 매수
>>>
[2]외환시장
달러 매도
원화 매수

환율 추가하락
1000원
800원

USD.KRW
하락세 가속

이것만 기억하자!

- 외국인 투자자는 2022년 현재 코스피의 약 30% 이상을 차지하는 큰 손입니다. 또한 외국인들의 한국 상장채권 투자 비중도 크게 늘어나 10%에 육박하고 있습니다.

- 따라서 이 같은 큰 투자 세력인 외국인들의 매매 패턴을 이해하는 것은 매우 중요한데, 이들은 특히 달러-원 환율에 민감하게 반응합니다.

- 달러-원 환율의 추세가 상승하는 달러 강세기에는 환차손을 볼 수 있기 때문에 일반적으로 외국인들의 한국 투자가 줄어듭니다.

- 반대로 달러-원 환율의 하락 추세가 이어지는 원화 강세기에는 환차익을 볼 수 있기 때문에 외국인들의 한국 투자가 늘어나는 경향이 있습니다.

- 또한 외국인의 자금 유입과 이탈은 달러-원 환율의 하락기와 상승기에 특정 방향으로의 변동성을 더 크게 키우는 하나의 요인이 됩니다.

제2장

환율이 사는 곳, 시장

—

시장에 발 담그기

글로벌 금융시장은
뭘 하는 곳인가요?

글로벌 금융시장은 국제간 거래인 글로벌 금융거래가 이루어지는 시장을 말합니다.

아시다시피 시장은 우리가 물건을 사고파는 곳입니다. 서울만 봐도 옷을 파는 동대문 의류시장, 생선을 파는 노량진시장, 축산물을 파는 마장동 축산시장, 악기를 전문적으로 파는 낙원동 악기시장(낙원상가)이 있고 잡화를 파는 남대문시장이 있습니다. 각각의 시장은 저마다 판매하는 품목들에 특색이 있어 우리는 "어느 시장에 가면 어떤 물건이 종류도 많고 가격이 싸다"고 알고 있죠. 우리가 생선을 사러 마장동에 가지 않고 노량진을 가고, 옷을 사러 마장동에 가지 않고 동대문으로 가는 것처럼 말입니다. 이처럼 큰 규모의 시장들은 저마다 특화된 거래 품목들이 있고 그 시장만의 경쟁력이 있습니다.

우리가 돈을 주고 물건을 사는 전통적 시장은 이제 오프라인을 넘어서 인터넷을 기반으로 하는 온라인 거래로 확장·변모하고 있습니다. 온라인 거래가 확대되면서 글로벌 상거래도 크게 늘어났죠. 우리가 자주 이

전통시장	금융시장

전통시장과 마찬가지로, 금융시장도 특화된 전문 거래 분야가 있다

용하는 아마존이나 이베이 같은 온라인 플랫폼들은 글로벌 상거래를 늘리는 데 큰 역할을 했습니다.

금융거래 또한 최근 글로벌 상거래의 확대와 더불어 글로벌화가 크게 진행되었습니다. 금융거래도 상거래와 마찬가지로 시장에서 거래가 됩니다. 이러한 글로벌 금융시장들은 우리나라 전통시장들이 그렇듯 저마다 특화된 경쟁력을 갖추고 있습니다. 미국을 예로 들어 보면 주식시장은 뉴욕의 월가가 유명하지만 농축산물 및 원자재 관련 금융시장은 시카고 선물거래소가 훨씬 유명한 것처럼요.

글로벌 금융거래는 왜 일어나나요?

글로벌 무역이 나라 간의 필요성에 의해 이루어지듯이, 글로벌 금융거래도 서로의 필요성 때문에 이뤄집니다.

　예를 들어 생각해봅시다. 여기 금리가 아주 낮고 자금이 넘치는 저금리 국가의 은행 A가 있습니다. 반대로 상대적으로 국내 금리 수준이 매우 높고 자금이 항상 부족한 고금리 국가의 기업 B가 있다고 해보죠. 국제 금융시장에서 이 둘이 만나 거래를 한다면 서로 윈윈입니다. 우선 A은행은 자국에서 빌려주는 것보다 이자수익을 더 올릴 수 있어 이득입니다. 금리가 높은 국가의 기업 B에 돈을 빌려주면 A은행은 본국에서 얻을 수 있는 이자보다 더 높은 이자를 받을 수 있지요. 반면 자금이 부족하고 금리가 높은 국가의 기업 B는 부족한 자금을 국내 금리보다 저렴하게 빌릴 수 있어서 이득입니다. B기업의 자금유치로 인해 B기업이 소재한 국가도 자금시장이 더 원활해지고 고금리인 자국의 시장금리를 낮추는 효과를 볼 수 있습니다.

　결국 위와 같은 국제 거래가 반복해서 일어나면 이자율이 높은 국가들은 낮아지고, 낮은 국가들은 높아져서 어느 중간에서 만나게 됩니다. 그리고 이 과정에서 A국가의 기업은 자국의 통화를 팔고 B기업이 소재한 국

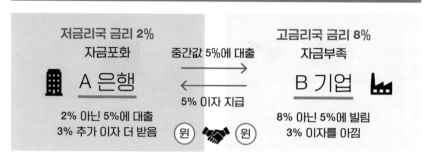

글로벌 금융거래의 예시

저금리국 금리 2%
자금포화

A 은행

2% 아닌 5%에 대출
3% 추가 이자 더 받음

중간값 5%에 대출

5% 이자 지급

고금리국 금리 8%
자금부족

B 기업

8% 아닌 5%에 빌림
3% 이자를 아낌

가의 통화를 사서 대출을 해주므로 A국가와 B국가의 상대적 가치인 환율 또한 변하게 됩니다.

결론적으로 A국가의 통화는 파니까 상대적으로 싸지고, B국가의 통화는 사니까 비싸지는 것이죠. 장기적으로 두 나라의 이자율은 거의 같은 수준으로 맞춰지며 환율도 이에 수렴할 것입니다. 바로 이것이 경제학에서 말하는 '이자율 평형이론'이지요. 전혀 어려울 것이 없습니다.

외환시장은 세계에서 가장 큰 글로벌 금융시장

외환시장은 외환의 수요와 공급이 연결되는 곳으로 네 가지 국제 금융시장 중 규모가 가장 큰 시장입니다. 얼마나 큰가 하면 2019년 말 BIS(국제결제은행) 기준 하루 평균 거래량이 약 6.6조 달러에 달합니다. 이는 주식시장의 거래 규모에 비해서도 월등히 크지요.

필자는 과거에 친구를 따라 점을 보러 용하다는 점집에 한 번 간 적이 있습니다. 그런데 그 점쟁이가 저를 보자마자 대뜸 "당신은 정말 돈이 많아. 정말 많아. 상상도 할 수 없을 정도로 많아"라고 말하는 게 아니겠어요? 같이 온 친구가 저를 보며 "완전 거짓말쟁이네. 맨날 돈 없다면서 그 많은 돈을 어디다 숨겨놓은 거야?"라고 한마디하자, 점쟁이가 이어서 이렇게 말했습니다. "그런데 당신 돈이 아니야. 다 남의 돈이야." 그 점쟁이는 정말 용했습니다. 남의 돈인 외환시장의 자금 거래 규모가 그렇게 큰 것을 알고 있었으니까 말이지요.

글로벌 외환시장은 시간 순서대로 오세아니아, 아시아, 유럽 그리고 미국 순으로 개장하는데, 권역별로 시드니, 도쿄, 런던, 뉴욕 등 네 개의 주요 거래 세션trading session으로 나뉘어 분류되고 있습니다.

외환은 뉴욕, 런던, 도쿄 등 세계 각지에서 토요일, 일요일, 해외 공휴일을 제외하고 시간대별로 돌아가면서 24시간 거래됩니다. 말 그대로 잠자는 시간 외에는 항상 거래가 가능한 시장인 것이죠. 반면 서울외환시장은 모든 외국환 은행이 참가하긴 하지만 글로벌 외환시장과 달리 24시간 거래가 아닙니다. 매일 오전 9시에서 오후 3시 30분까지(점심시간 휴장 없음)로 거래 시간이 정해져 있죠.

외환시장은 24시간 거래되는 시장[한국시간 기준]			
오세아니아 시장	**아시아 시장**	**유럽 시장**	**북미 시장**
· 호주 시드니 · NZ 웰링턴	· 도쿄, 홍콩 · 서울, 싱가폴	· 런던, 파리 · 프랑크푸르트	· 뉴욕, LA · 토론토
오전 6시 개시	오전 9시 개시	오후 4시 개시	오후 9시 개시

시장거래 개시 ——————————→ 시장거래 종료

거래량은 아시아시장이 상대적으로 적으며 런던이 개장하면서 거래량이 급속히 증가하게 됩니다. 거래량이 가장 크게 오르면서 외환 거래가 가장 활발한 시각은 우리나라 시간으로 런던과 뉴욕이 동시에 개장되어 거래가 일어나는 밤 11시~새벽 1시 사이입니다.

글로벌 금융시장의 종류

앞에서 본 바와 같이 글로벌 금융시장은 국제간 필요한 자금의 흐름을 용이하게 해주는 역할을 합니다. 이러한 글로벌 금융시장은 거래되는 상품에 따라 주로 네 가지로 크게 나눌 수 있습니다.

국제 금융시장에서는 서로 필요한 통화를 사고팔기도 하지만 여러 가지 통화의 돈을 빌리고 빌려주는 거래도 일어납니다. 어떤 기업이나 금융기관은 짧은 기간 돈을 빌리거나 빌려주고 싶어할 것이며, 어떤 기관은 반

글로벌 금융시장의 구분과 거래 종류		
	시장 구분	**거래 종류**
1	외환시장 Foreign exchange market	현물환, 선물환, 스왑
2	단기 금융시장 International money market	콜머니, 콜론
3	자본시장 International capital market	주식, 채권
4	파생상품시장 Derivatives market	파생상품 전반

대로 장기간 빌리거나 빌려주기를 원하기도 할 테지요. 즉, 국제 금융시장
에서는 외환 거래 외에 자본거래도 있습니다.

자본시장에서 글로벌 금융기관들은 이렇게 다양한 기간의 돈을 빌리
거나 빌려주는 회사들을 연결해주는 중개자 역할을 함과 동시에 최적의
방법을 조언해주는 어드바이저의 역할도 합니다.

단기 금융시장

1년 미만의 짧은 기간 동안 돈을 빌리거나 빌려주는 거래가 일어나는
시장을 단기 금융시장 혹은 실무적으로 '머니마켓money market'이라고 표현
니다.

우리가 친구에게 임시변통으로 자금을 빌릴 때 "돈 좀 빌려줘"하듯이
금융기관이나 기업들이 짧은 기간 돈을 빌릴 때도 다른 어려운 말을 쓰지
않고 그냥 머니money라고 지칭하는 것이죠. 그리고 이러한 단기자금을 관
리하는 딜러를 머니마켓 딜러money market dealer라고 부릅니다.

우리가 뉴스에서 흔히 듣는 하루 만기 콜금리overnight call 같은 단기대출도 단기 금융시장의 거래입니다. 한국은행의 기준금리로도 사용되는 레포repo 거래, 즉 환매조건부 거래 또한 단기 금융시장의 대표적인 거래입니다.

자본시장

돈을 빌려주고 빌리는 거래가 짧은 기간이 아닌 장기간에 걸쳐 일어나게 되면 거래의 방법과 거래가 일어나는 시장이 달라지는데, 이 같은 시장을 자본시장capital market이라고 합니다. 이러한 장기자본 거래는 인베스트먼트뱅크investment bank라고 불리는 투자은행들의 오랜 비즈니스 영역으로서, 기업들의 자금 조달을 도와주면서 수익을 얻습니다. 기업들은 필요한 장기자금을 조달하기 위해 주식을 발행하거나 채권을 발행하는데, 이 과정에서 투자은행들은 기업들의 채권과 주식의 발행 및 인수 등을 도와주면서 장기자금 조달을 지원합니다.

외환시장과 자본시장의 비교			
	거래 구분	외환시장	자본시장
1	거래 행위	매수, 매도	차입, 대여, 투자
2	거래 대상	항상 서로 다른 통화	하나의 통화 일반적
3	거래 가격	환율	이자율
4	거래 결과	환차익, 환차손	이자수익, 이자비용

파생상품시장

이외에도 선물, 옵션 등 여러 가지 파생상품을 거래하는 파생상품시장derivatives market이 있습니다. 농산물, 광물, 식료품 등 원자재를 거래하는 원자재 선물시장과 최근에 발전한 지적재산권 거래도 이러한 파생상품시장에 포함됩니다.

이것만 기억하자!

- 글로벌 금융시장은 외환시장, 단기 금융시장, 자본시장, 파생상품시장의 네 가지 시장으로 크게 나뉘어집니다.
- 외환시장은 글로벌 금융시장 중에서도 거래량이 가장 큰 최대 금융시장입니다.
- 외환은 주말과 각국의 공휴일을 제외하고 24시간 거래됩니다. 한국 시간으로 런던과 뉴욕이 동시에 개장하는 밤 11시~새벽 1시가 거래량 피크 타임입니다.

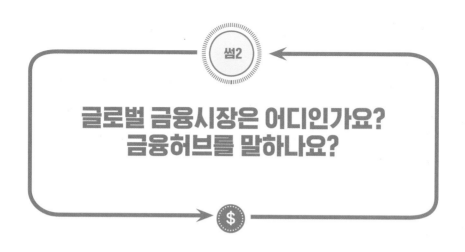

썸2

글로벌 금융시장은 어디인가요? 금융허브를 말하나요?

글로벌 금융시장과 금융허브

그럼 글로벌 금융시장은 어디를 말할까요? 글로벌 금융시장은 앞에서 살펴본 바와 같이 국제적 금융거래를 할 수 있는 금융 환경과 인프라 및 세제 지원 등이 잘 갖추어져 있어서 세계적인 금융기관들과 기업들이 자유롭고 편하게 효율적으로 거래를 할 수 있는 곳이어야 합니다.

국제금융 초창기에는 유럽이 국제 금융시장의 중심이었습니다. 런던, 브뤼셀, 암스테르담 등 서유럽을 중심으로 한 금융 도시들이 전통적으로 글로벌 금융시장의 중심 역할을 했죠. 이들 도시들은 아직도 국제적 금융 중심지 역할을 하고 있는데 이렇게 일정 지역이나 세계적 금융거래의 중심지 역할을 하는 주요 금융 거점들을 가리켜 금융허브financial hub라고 지칭합니다.

세계 최대 외환시장, 런던

런던은 현대 금융이 생겨난 이후 오늘날까지 유럽의 금융허브 역할을 하고 있지만 유로존 출범과 브렉시트Brexit 이후 독일의 프랑크푸르트에 허브의 역할을 많이 위협당하고 있습니다. 그리고 제2차 세계대전 이후에는 미국 금융의 중심인 월스트리트가 위치한 뉴욕이 런던을 뛰어넘어 명실상부한 세계 금융의 중심지의 역할을 하고 있지요.

하지만 영국 런던은 아직도 외환시장에 있어서는 거래 물량과 계약 건수로 봤을 때 명실공히 세계 최대의 시장입니다. 때문에 유럽 금융허브로서 런던의 위상은 아직도 건재한 상황입니다.

홍콩

아시아에서는 전통적으로 국제 금융시장의 중심지가 상품별로 나뉘어 있습니다. 채권, 주식 및 파생상품시장은 홍콩이 독보적인 반면, 외환 및 상품선물commodities 시장은 싱가포르가 아시아 국제 금융거래의 중심지 역할을 해오고 있죠.

이렇게 아시아의 금융허브는 홍콩과 싱가포르 두 개 도시로 양분되어왔는데, 그중에서도 홍콩은 영국의 식민 지배 이래 아시아 최대 금융허브의 지위를 누려왔습니다. 특히 2000년대 들어서는 중국이라는 거대 시장의 금융 교두보 역할을 겸하게 되면서 그 중요성은 더욱 커지게 되었죠. 하지만 최근 인권 문제와 연결된 중국 정부와 서구의 갈등으로 홍콩의 금융산업은 큰 위기를 맞이하고 있습니다. 여기에다 대기오염 등 환경적인 문제점들이 더해지면서 외국인 투자자들의 투자 유치가 저해되고 있는 실정이죠.

　아직까지는 홍콩이 아시아 최고의 금융 중심지이지만 언제까지 그 자리를 지킬 수 있을지는 알 수 없습니다. 싱가포르와 다른 아시아권 국가들이 지금 홍콩이 누리고 있는 채권과 주식 그리고 파생상품의 왕좌를 차지하기 위해 치열하게 경쟁 중이니까요.

싱가포르와 도쿄의 약진

오랜 영국의 식민 지배 이후 1997년 홍콩의 중국 반환은 국제적으로 큰 환영을 받았습니다. 반환 당시에 중국이 홍콩의 자치권을 약속하면서 홍콩이 중국이라는 큰 실물시장을 배경으로 명실공히 아시아 금융허브의 위상을 더욱 공고히 할 것으로 생각했지요. 하지만 정치 상황과 환경오염 등의 우려로 현재 홍콩은 아시아 금융허브로서의 위치가 불안해진 상황입니다. 금융회사들은 사회 및 정치적 불안을 극도로 싫어하는 성격을 가지고 있기 때문입니다.

　따라서 홍콩보다 금융 인프라는 상대적으로 뒤떨어져 있지만 정치적으로나 사회적으로 보다 안정된 싱가포르와 일본의 도쿄로 아시아의 금융 거점이 점차 옮겨 가고 있는 추세입니다. 특히 과거 홍콩이 누렸던 채권과 파생상품의 허브 역할이 최근에는 싱가포르로 조금씩 이동하는 조짐이 보이고 있습니다.

　싱가포르는 정치, 경제 및 사회적으로 매우 안정된 도시국가로, 차세대 아시아 금융허브로서 가장 앞선 상태라고 말할 수 있습니다. 특히 중국계, 인도계와 말레이시아계가 협력하며 공존하는 다원적인 문화는 다른

아시아의 금융허브-거래 종류로 나뉜다	
홍콩	**싱가포르**
· 주식 Equities · 채권 Fixed Income · 파생상품 Derivatives	· 외환 Foreign exchange · 원유를 포함한 상품 거래 Commodities

아시아 금융허브들은 갖지 못한 가장 큰 장점이죠. 그러나 역내 제조업이 거의 전무한 점, 인프라가 협소하다는 점이 금융산업 확장의 걸림돌로 작용하고 있습니다.

서울과 부산은 미래의 국제 금융허브

국제금융 도시들의 경쟁력을 발표하는 지수 중에 가장 많이 사용되는 지수가 국제금융센터지수GFCI입니다. 이 지수는 컨설팅 회사인 Z/Yen 그룹이 1년에 3월과 9월 두 번에 걸쳐 발표하고 있습니다.

　서울과 부산은 2010년 이후 이 순위가 꾸준히 상승해오고 있는데요, 가장 최근 지표인 2022년 3월 리포트에서 서울은 12위 그리고 부산 30위로 역대 가장 높은 순위를 나타냈습니다. 지수는 도시의 인프라, 금융 발전, IT 인력과 정부의 역량 등 여러 항목에서 점수를 매겨 총점을 매기는데, 서울은 도시의 인프라 등의 항목에서 높은 점수를 받았습니다. 서울과 부산의 순위가 계속 높아지고 있다는 것은 우리나라의 금융산업 발전 가

국제금융센터지수(GFCI)-2022.3 기준

순위	도시명	순위 변화	순위	도시명	순위 변화
1	뉴욕(미국)	-	11	파리(프랑스)	▼1
2	런던(영국)	-	12	서울(한국)	▲1
3	홍콩(중국)	-	13	시카고(미국)	▼2
4	상하이(중국)	▲2	14	보스턴(미국)	▼2
5	로스앤젤레스(미국)	▲2	15	워싱턴 D.C.(미국)	-
6	싱가포르	▼2	16	프랑크푸르트(독일)	▼2
7	샌프란시스코(미국)	▼2	17	두바이(UAE)	▲1
8	베이징(중국)	-	18	마드리드(스페인)	▲6
9	도쿄(일본)	-	:	:	:
10	심천(중국)	▲6	30	부산(한국)	▲3

출처: Z/Yen Group Ltd.

향후 2~3년 내 중요성이 커질 금융도시-서울 2위

GIFT CITY - GUJARAT	392
Seoul	274
Singapore	185
Shanghai	126
Hong Kong	103
New York	80

출처: GFCI 31 report_2022.03.24, Z/Yen Group. Ltd.

능성에 대해 글로벌 투자자들이 높이 평가하고 있다는 반증입니다.

특히 2~3년 내 가장 중요해질 금융 도시를 묻는 설문에서 서울이 싱가포르를 큰 점수 차로 제치고 2위로 선정되기도 했죠(1위는 인도의 신생 IT 도시인 구자라트)가 뽑혔습니다. 이러한 조사 결과가 국제 금융허브로서 서울의 발전 가능성을 더욱 크게 해주고 있습니다. 특히 국제금융 인력을 체

계적으로 양성하고 금융 관련 IT 기술과 핀테크 등을 활용한 글로벌 결제
망을 잘 건설한다면 향후 서울의 순위는 더욱 높아질 것으로 기대합니다.
또한 항만과 접하고 있는 부산과 서울에 인접하고 교통이 편리한 인천도
정책적 지원과 더불어 국제금융 도시로서 발전 및 육성 가능성이 큰 것으
로 평가받고 있습니다.

우리나라는 어느 때보다도 현재 금융허브가 될 수 있는 무한한 가능
성을 지니고 있으며 되고자 하는 그 열망 또한 그 어느 곳보다 강합니다.
미래에 서울, 부산과 인천 등이 동아시아의 금융 거점 도시로 성장할 수
있도록 관련 산업과 인재들을 집중 육성했으면 하는 바람입니다.

	금융허브가 되기 위한 다섯 가지 전제 조건
1	**금융시장이 양적, 질적으로 선진화(Advanced financial market)** 규모가 크며, 다양한 거래와 참여자로 선진화된 시장
2	**선진 금융회사들이 존재(Leading financial companies)** 수준 높은 선진 금융회사 필요
3	**높은 교육 수준과 풍부한 금융 인력(Education & Human capital)** 높은 교육 수준과 풍부하고 숙련된 금융 인력 풀(pool)
4	**국제적 인프라와 글로벌 환경(Infrastructure & Globalization)** 교통, 통신과 IT 등 인프라. 언어, 문화적 장벽 없는 글로벌 환경
5	**국가적 지원 및 정치적 안정(Political Stability & Incentives)** 각종 금융세제와 인센티브가 있으며 치안이 좋고 정치적으로 안정

이를 위해 현실적인 실행 방안으로 먼저 동북아 통화들의 외환 직거
래 중심지로서의 역할을 구축해야 합니다. 한·중 간 상거래에 있어서 세
제 지원과 다양한 인센티브를 통해 서울외환시장에서 거래되는 원화와 위

안화 간 직거래 규모를 획기적으로 늘려야 하는 것이지요. 이와 동시에 원화와 일본 엔화의 직거래인 엔-원 직거래 시장을 신설하고, 외국인의 엔화 거래도 늘려 서울외환시장이 동북아 통화들의 직거래 중심지로서의 발판을 공고히 해야 합니다.

이 같은 '동북아 외환 거래의 중심지 구상'은 지정학적으로나 경제적으로 한국의 이점을 가장 잘 살릴 수 있는 실현 가능한 구체적인 방안입니다. 이렇게 쌓은 동북아시아 외환 직거래 중심지로의 위상과 기반은 머지 않은 미래에 서울과 부산이 아시아를 넘어 세계의 금융허브로 도약하고자 하는 오랜 숙원을 실현시켜줄 기반이 되어줄 수 있을 것입니다.

금융 국제화와 세계화를 통해서 그동안 글로벌 금융시장에서 상대적으로 소외되어왔던 능력 있는 우리나라 젊은이들이 외국 전문가들과 어울려 경쟁하며 우리나라를 과거 홍콩과 같은 화려한 아시아의 금융허브로 발전시켜주기를 바랍니다. 머지않은 미래에 한국의 수도 서울이 아시아의 금융허브로 도약할 그날을 기대해봅니다.

서울은 미래 동북아 외환 직거래 중심

Центр восточноазиатского
валютного рынка

東北亞 外換 中心

SEOUL

CNY/KRW

東アジア 爲替 センター

JPY/KRW

RUB/KRW

Bobby Byun ⓡ

Seoul - the future East Asia FX Hub

이것만 기억하자!

- 런던은 세계 최대의 외환시장입니다. 아시아의 금융허브는 예로부터 홍콩과 싱가포르가 상품별로 나누어 중심지 역할을 해오고 있습니다.
- 하지만 홍콩은 최근 정치적 불안정과 대기오염으로 인해 아시아 최고 금융 중심지로서의 위상이 위협받고 있는 상황입니다.
- 서울과 부산은 국제금융센터지수에서 세계 30위 내에 위치하고 있으며, 미래 한국의 금융산업은 우리의 노력 여하에 따라 그 발전 가능성이 아주 큰 상황입니다. 이를 위해 그 첫 단계로 '동북아 외환 거래 중심지 구상'을 실천에 옮기는 것이 필요합니다.

세계에서 거래가 가장 많은 통화와 외환시장은?

세계에서 가장 많이 거래되는 통화는 달러

지구상에서 가장 많이 거래되는 통화는 미국달러입니다. 달러가 가장 많이 거래되는 첫 번째 이유는 무역과 금융에서 결제통화로 가장 많이 이용되는 기축통화이기 때문입니다. 세계의 기축통화로서 여타 세계 주요 통화들과 페어(쌍)로 매우 활발하게 거래되고 있어 거래량에서 다른 통화들을 압도하고 있지요.

달러가 가장 많이 거래되는 두 번째 이유는 이종통화 거래에서도 달러가 중간에 '매개통화'의 역할을 하기 때문입니다. 앞서 이종통화에 대해 설명한 것을 기억하실 겁니다. 달러 이외의 다른 외국통화 즉, 유로화, 엔화 등이 모두 이종통화에 포함되죠. 이종통화 거래, 예를 들어 유로-원 환율 거래를 하려면 원화를 달러로 바꾼 다음에 달러로 유로화를 매매해야 합니다. 한국에는 아직 유로화 직거래 시장이 없어서 원화를 바로 유로로 바꿀 수 없기 때문입니다.

달러가 많이 거래되는 세 번째 이유는 일부 국가들이 달러를 자국의 공식 통화로 사용하고 있거나 자국통화를 달러화 환율에 고정시켜놓고 있기 때문입니다. 그리고 마지막 네 번째는 원유와 금, 은, 백금 등 귀금속들과 원자재 거래에 있어서도 달러화가 표준통화로도 사용된다는 점을 꼽을 수 있습니다. 이러한 이유 때문에 귀금속과 원자재 상품들의 가격은 수요와 공급 외에도 달러의 가치 변동에 상당한 영향을 받지요.

미국달러가 통화들 중 가장 많이 거래되는 이유
1. 기축통화로서 무역과 금융의 결제통화로 가장 많이 이용됨
2. 이종통화 간 거래에서도 항상 달러가 중간에 매개통화의 역할
3. 많은 국가들이 달러를 자국통화로 사용하면서 달러에 환율 고정
4. 달러는 금, 은 귀금속과 원유, 가스 등 원자재 거래의 표준통화

두 번째로 거래가 많은 유로화

유로화는 달러 다음으로 전 세계에서 두 번째로 많이 거래되는 통화입니다. 1999년 1월 1일 처음 시장에 도입된(실제 화폐와 동전이 발행된 건 3년 후인 2002년 1월부터) 유로존 회원국들의 화폐지요.

2022년 현재 유로화는 유로존을 탈퇴한 영국을 제외한 17개 유로존 회원국들의 법정통화로 사용되고 있습니다. 회원국뿐만 아니라 다른 유럽 및 아프리카의 많은 국가들이 자국통화의 가치를 유로화에 고정시켜서 통화가치의 안정을 추구하고 있습니다.

미국달러, 유로와 함께 일본 엔, 영국 파운드, 호주달러 및 캐나다달러가 세계에서 가장 많이 거래되는 6대 통화입니다.

① 미국달러 USD

② 유로 EUR

③ 엔 JPY

④ 파운드 GBP

⑤ 호주달러 AUD

⑥ 캐나다달러 CAD

출처: BIS 2019

참고로 현존해서 쓰이고 있는 여러 가지 화폐들 중에서 가장 오랜 기간 쓰이고 있는 돈은 영국의 스털링 파운드British Sterling Pound입니다.

유로-달러는 거래가 가장 많은 통화페어

앞서 1장에서 외환 거래는 두 가지 통화의 교환 거래이기 때문에 항상 상대통화가 있다고 이야기했습니다. 이러한 두 통화를 '통화페어'라고 부른다고 했죠? 그렇다면 전 세계에서 가장 많이 거래되는 통화페어는 뭘까요? 당연히 가장 많이 거래되는 통화와 두 번째로 많이 거래되는 통화일 겁니다. 바로 달러 대 유로죠. 달러-유로 통화페어는 전체 외환 거래의 약 24%를 차지합니다. 달러-유로에 이어 달러-엔 거래가 약 13.2%, 달러-파운드 거래가 9.60%로 그 뒤를 잇고 있습니다.

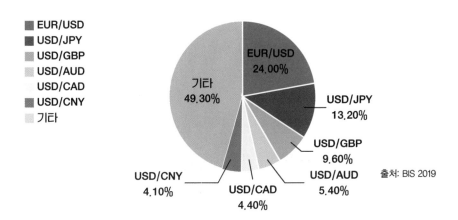

- EUR/USD
- USD/JPY
- USD/GBP
- USD/AUD
- USD/CAD
- USD/CNY
- 기타

EUR/USD
24.00%

USD/JPY
13.20%

USD/GBP
9.60%

USD/AUD
5.40%

출처: BIS 2019

USD/CAD
4.40%

USD/CNY
4.10%

기타
49.30%

세계에서 거래가 가장 많은 런던 외환시장

외환시장의 가장 중요한 특징 중 하나는 거래의 지역적 편중이 심하다는 점입니다. 거래 규모 면에서 세계에서 가장 큰 외환시장이지만 대부분의 거래가 몇몇 특정 지역을 중심으로 하여 이루어지고 있지요. 제일 많이 거래되는 통화가 달러이다 보니 당연히 거래도 미국에서 가장 많이 이루어 질 것 같지만 사실 지역적으로 거래가 제일 많이 이루어지는 곳은 뉴욕이 아닌 런던 외환시장입니다.

2019년 국제 결제은행 BIS의 자료에 따르면 세계 외환시장 거래의 약 43.1%가 영국에서 이루어집니다. 이런 압도적인 수치가 런던이 아직도 세계 외환 거래의 중심임을 보여주고 있지요. 영국 다음으로 미국(16.5%), 싱가포르(7.6%), 홍콩(7.6%), 일본(4.5%) 등 5개국에서 이루어지는 외환 거래가 전 세계 거래의 약 80%를 차지하고 있습니다.

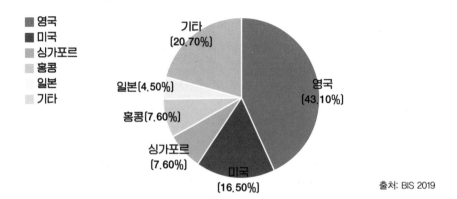

세계 외환시장 점유율 Top 5

- 영국
- 미국
- 싱가포르
- 홍콩
- 일본
- 기타

기타
[20.70%]

일본[4.50%]

홍콩[7.60%]

싱가포르
[7.60%]

영국
[43.10%]

미국
[16.50%]

출처: BIS 2019

이것만 기억하자!

- 지구상에서 제일 많이 거래되는 통화는 단연 미국달러입니다. 달러가 가장 많이 거래되는 이유는 크게 네 가지입니다. 세계 무역 결제의 기축통화이고 이종통화 거래의 매개통화로도 이용되며 미국이 아닌 여러 국가들도 공식 통화로 달러를 사용하며 원자재 및 귀금속 거래의 표준통화로 이용되기 때문입니다.
- 지역적으로는 뉴욕이 아닌 런던이 제일 외환 거래가 많은 반면, 환거래의 통화페어는 유로-달러가 전체의 24%로 제일 많습니다.

우리나라의 외환제도: 외국환거래법

우리나라 외국환 거래는 외국환 은행을 중심으로 설계되어 있어 외국환 은행을 통하는 것이 원칙입니다. 국내에서 해외로 환전하여 송금할 때는 항상 외국환 은행을 통해 나가게 되어 있죠.

특히 5만 달러 이상의 해외 송금은 그 목적을 명기하여 국내에 소재한 외국환 은행에 신고해야 합니다. 만약 우리나라 거주자(내국인)가 국내 소재 외국환 은행을 통하지 않고 물품의 대가를 비거주자(외국인)에게 지급한 경우에는 한국은행총재에 신고를 해야 하는 신고의무가 발생합니다. 하지만 해외송금과 반대로, 해외에서 수령하는 경우에는 국내 외국환 은행을 통하지 않아도 신고 없이 거래가 가능합니다. 신고의무의 목적이 외화의 불법 유출을 사전에 차단하기 위한 것이기 때문입니다.

또한 신용카드의 경우에도 크게 제약이 없습니다. 우리가 해외여행 중 신용카드로 물건 값을 치르거나 아마존 같은 해외 인터넷 쇼핑몰에서 신용카드로 결제를 하는 경우에도 신고 의무가 없습니다.

외국환거래법은 1999년 제정된 이래 우리나라 외환을 규율하는 가장 기본적인 법률입니다. 외국환거래법에서는 외국환의 범위를 대외지급 수단, 외화 증권, 외화 파생상품 및 외화 채권으로 규정하고 있습니다. 또한 증권이나 파생상품의 구체적인 범위에 대해서는 현행 자본시장법(자본시장과 금융투자업에 관한 법률)을 적용하게 되어 있기 때문에 증권의 범위에는 주식과 채권도 모두 포함됩니다.

하지만 외환거래법은 기본적으로 외화유출 방지를 목적으로 오래전에 제정된 것이기 때문에 현재의 상황과 맞지 않는 부분이 많고, 또한 자본거래 사전신고 등 불필요한 각종 규제들이 남아 있어서 새로 개편하기로 이미 정부가 공표한 상황입니다. 향후 외환거래법이 개편되면 해외송금 및 해외투자 절차가 한결 간소화될 것으로 기대하며, 외국인들의 투자 증가도 기대하고 있습니다.

외국환거래법상 외국환의 정의		
	범위	정의
1	대외지급수단	외국통화. 외국서 사용할 수 있는 지급수단
2	외화증권	외국통화로 표시된 지급받을 수 있는 증권
3	외화파생상품	외국통화로 표시된 지급받을 수 있는 파생상품
4	외화채권	외국통화로 표시된 지급받을 수 있는 채권

금, 통화에 해당하지 않음

우리나라 현행 외국환거래법상 금은 지급 수단에 포함되지 않기 때문에 외국환의 범위에 속하지 않고 귀금속으로 분류됩니다. 따라서 금의 매매는 통화의 매매 거래로 보지 않고 상거래 또는 무역 행위로 간주되지요.

하지만 우리나라와 달리 금을 화폐로 취급하는 나라와 체제도 있습니다. 예를 들어 제2차 세계대전 후 1944년에 연합국들이 체결한 국제통화 협정인 브레턴우즈Bretton Woods 체제는 미국 달러화를 기축통화로 하는 금 본위제를 기반으로 하였습니다. 우선 금 1온스를 35달러로 고정시킨 뒤 다른 국가의 통화를 달러에 고정하는 방식이었죠. 이러한 금본위 체제에서는 기본적으로 금을 화폐와 동일시합니다.

외국환 은행과 환전 영업자(환전상)

외국환거래법은 환거래의 주체를 거주자(내국인)와 비거주자(외국인)로 분류하고 있으며, 거래는 성격에 따라 경상거래와 자본거래로 나누고 있습니다.

현재 개인들과 기업들이 일반 상거래를 할 때 원칙적으로 거래 금액의 제한이나 금지되는 거래 형태는 없습니다. 1999년 외국환거래법 제정 이후, 경상거래가 전면적으로 자유화되었기 때문입니다. 또한 자본거래의 경우에도 2006년부터 자본거래 허가제가 완전히 폐지됨에 따라 신고만 하면 거래가 가능하도록 바뀌었습니다.

외국환 은행도 1999년 자유화 조치에 따라 인가제가 아닌 기획재정부장관 앞 등록제로 전환됐습니다. 그리고 기획재정부장관은 한국은행을 우리나라 유일의 외환정보 집중기관으로 지정했기 때문에 외국환 은행들은 외환 거래 정보를 한국은행에 통보해야 하는 의무를 집니다.

환전 영업자, 우리가 흔히 '환전상'이라고 부르는 이들은 외국통화의 매입·매도 및 여행자수표TC 매입을 영업으로 하는 사람을 뜻합니다. 서울의 명동이나 제주도와 같이 외국인들이 많은 곳이나 관광지에서 흔히 볼 수 있지요. 환전 영업자는 관세청장에 등록해야 하는데요, 필요한 시설을 갖추면 편의점이나 미용실과 같은 점포에서 겸하여 영업하는 것도 가능합니다.

외국환 은행과 환전 영업자	
외국환 은행	**환전 영업자(환전상)**
· 기획재정부장관에 등록 · 한국은행에 거래 보고 의무 · 외환 매수·매도 제약 없음 · 국제간 송금 및 수신 업무	· 관세청장에 등록 (감독관청) · 거래 외국환 은행을 지정해야 · 거주자에 외환 매도 원칙적 금지 · 1만 달러 초과거래 시 국세청 보고

서울외환시장

우리나라 외환시장에 참가하는 주체들로는 기업, 은행, 거래 브로커와 중앙은행인 한국은행이 있습니다. 외환 거래는 큰 물량을 거래하는 도매시장의 성격을 가지고 있기에 개인들은 외환시장에 참여하는 것이 사실상 불가능합니다.

이러한 외환시장은 크게 두 가지로 구분되는데 외국환 은행과 실수요

자인 기업 · 개인 · 정부 등 고객들과 외환 거래가 이루어지는 대고객 거래
시장과, 외국환 은행들 간에 거래가 이루어지는 은행 간 거래시장inter-bank
market입니다. 그리고 좁은 의미로 외환시장이라 말할 때에는 일반적으로
은행 간 거래시장을 지칭합니다.

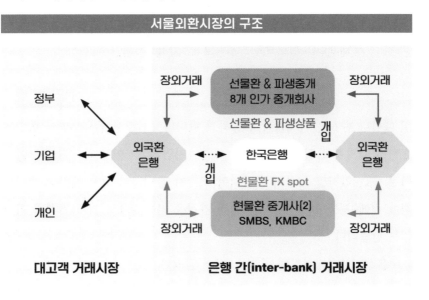

2018년부터는 은행 외에 증권사의 외환 거래시장 참여가 허용되면서
은행 간 거래시장에서 증권사들의 외환 거래도 활발해지고 있습니다. 개
인들과 기업들의 해외주식 투자가 급격히 늘어나면서 증권사들의 거래가
많이 늘었는데, 그중에서도 특히 외환시장이 열리기 전에 은행들과 가중
평균환율로 매매하는 MAR 거래가 많이 늘었습니다. 이는 당일 증권사의
고객들이 해외주식 거래에 필요한 외환 물량을 아침에 미리 확보하고자
하는 의도인 것이지요.

서울외환시장은 거래소가 아닌 장외에서 이루어지며, 거래가 이루어

질 때마다 환율은 시시각각 변동하게 됩니다. 거래 시간은 주말과 법정공휴일을 제외한 평일 9시부터 3시 30분까지인데, 그 이후에도 거래가 이루어질 수는 있지만 시장이 마감되어 호가가 존재하지 않기 때문에 매매를 원할 때에는 상대방이 원하는 비싼 가격을 지불해야 하기에 거래가 거의 없는 편입니다.

은행 간 거래시장에서 최소 거래 금액은 100만 달러이며 거래 단위 또한 100만 달러입니다. 다시 말해 100만 달러, 200만 달러, 300만 달러 식으로 거래가 이루어지죠. 또한 매매하는 상품의 종류에 따라 현물환 거래시장과 선물환 등을 거래하는 외환파생 거래시장의 두 가지로 크게 구분할 수 있습니다.

외환 중개기관

외환 거래는 최소 금액이 100만 달러 단위인 큰 거래이므로 당연히 수요자와 공급자를 잇는 중개기관이 존재합니다. 우리나라의 현물환 중개사로

우리나라 외환시장의 구분		
장내거래 & 장외거래	**현물환 & 선물환 시장**	**내국환/외국환 거래**
· 외환거래는 장외거래 · 선물계약은 장내거래 · 외국환 중개회사 존재	· 현물환 거래(FX spot) · 선물환 거래(Forward) · 외환파생상품 거래	· 내국환 거래 　(국내 자금 거래) · 외국환 거래 　(국제간 자금 거래)

는 서울외국환중개SMBS와 한국자금중개KMBC 두 회사가 지정되어 있습니다. 서울외국환중개는 금융결제원의 자금중개실을 승계받은 중개기관으로서 현재 현물환 거래 금액의 약 90% 이상을 소화하고 있습니다. 이에 반해 한국자금중개는 우리나라 금융기관들이 공동출자한 회사로서, MAR 거래 등에서 두각을 나타내고 있습니다.

　외환시장 거래의 과반수 이상을 차지하는 현물환 중개시장은 현재 이런 독과점 형태로 운영되고 있습니다. 향후 외환시장의 장기적 발전을 위해서는 이 같은 독과점 상황의 개선과 국제화가 필요하다고 봅니다.

　한편, 선물환을 포함한 파생 거래의 중개는 인가를 받은 툴렛 프레본Tullet Prebon, GFI와 BGC 등 여섯 개 회사와 현물환 중개기관인 서울외국환중개와 한국자금중개를 포함한 여덟 개 회사가 중개 역할을 하고 있습니다.

　통화의 종류에 따라서도 우리나라 원화가 달러 등 외국통화와 교환되는 내국환 거래와 달러-유로나 달러-엔 등 외국환끼리 교환되는 외국환 거래 두 가지로 다시 나눌 수 있습니다.

한국 외환시장의 규모

한국은행 통계에 따르면 우리나라 은행 간 시장의 일평균 외환 거래 규모는 2022년 3월 기준 하루 306.6억 달러로, 원화로는 약 40조 원이 넘습니다. 매우 큰 규모라고 할 수 있죠. 거래 종류별로 보면 외환스왑FX swap이 압도적으로 많은데, 이는 외국은행 국내 지점들과 국내 시중은행들의 달러 조달 거래가 많기 때문입니다. 국내 금융기관들이 외환스왑을 통해 외환 조달과 환헤지를 많이 하기에 규모가 특히 많은 것이지요. 기타 파생상품으로는 통화스왑currency swap과 통화옵션FX option 등이 거래되고 있습니다.

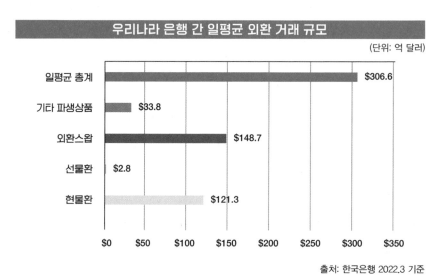

출처: 한국은행 2022.3 기준

원화의 글로벌 외환시장 비중

2019년 국제 결제은행 BIS가 발표한 자료에 의하면, 우리나라 원화가 글로벌 외환시장 거래 규모에서 차지하는 비중은 약 1%입니다. 또한 달러-원 페어가 세계에서 아홉 번째로 거래량이 많은 것으로 나타나, 원화는 지금 세계에서 가장 빠르게 사용량이 증가하고 있는 통화라고 할 수 있습니다.

여기서 재미있는 것은 거래 종류별 분석에서 한국의 원화는 다른 통화와 뚜렷이 구별되는 특징을 가지고 있다는 점입니다. 일반적인 통화들은 현물환 거래량이 선물환이나 여타 파생 거래보다 많은 데 비해 특이하게도 원화는 글로벌 거래량에서 선물환이 현물환보다 두 배 이상 많습니다. 이는 원화의 해외결제가 불가능하기 때문에 외국인들이 차액결제 선물환non-deliverable forward, NDF 거래를 많이 이용하기 때문입니다.

커지는 대한민국 원화의 글로벌 위상!
1. 1%: 원화 단일통화 거래 비중, 세계 외환 거래의 1% 상회
2. 9위: 달러-원(USD/KRW) 통화페어 거래량 세계 9위
3. 12위: 원화의 단일통화 거래 규모, 세계 통화 중 12위

기준 자료: 2019 BIS

서울외환시장 거래 시간 연장 논의

정부는 2022년 6월 서울외환시장의 거래 시간 연장을 검토하고 있다고 발표했습니다. 이는 현재 정부와 금융업계가 추구하고 있는 코스피의 MSCI 선진국 주가지수 편입에 원화 거래의 시간상 제약이 걸림돌이 되고 있다고 판단했기 때문입니다.

특히 외국인들의 투자를 적극 유치하기 위해 기존 3시 30분까지의 거래 시간을 외국인들이 거래하기 편한 새벽 2시까지로 연장하는 방안을 검토중입니다. 또한 발표에 따르면 향후 24시간 거래가 가능하도록 하는 것을 목표로 하고 있다고 합니다.

이 같은 외환시장의 거래 시간 연장에 따라 우리나라 외환시장이 양적 성장과 질적 성장을 동시에 이룰 수 있기를 기대합니다.

이것만 기억하자!

- 외국환거래법은 1999년 제정된 이래 우리나라 외환을 규율하는 가장 기본적인 법률입니다.
- 금은 현행 외환거래법상 통화의 범위에 들지 못하며 귀금속으로 취급됩니다. 하지만 브레턴우즈와 같은 금본위 체제 아래서는 금을 화폐와 기본적으로 동일시합니다.
- 서울외환시장은 대고객시장과 은행 간 거래인 인터뱅크시장으로 나뉘어져 있습니다. 좁은 의미의 외환시장은 은행 간 거래시장을 의미합니다.
- 일반적인 통화 거래에서는 현물환 거래가 선물환이나 여타 파생 거래보다 많으나, 우리나라는 역외결제가 불가능하기 때문에 선물환 거래가 현물환보다 약 두 배 이상 많다는 특징을 가집니다.

스위프트를 통한 국제간 결제는 어떻게 이루어지나?

국제간 외환결제의 증가와 그 이유

독자 여러분들께서는 '외환결제'라고 하면 무엇이 가장 먼저 생각나시나요? 아마도 아마존 같은 해외 인터넷 쇼핑몰에서 물건을 사며 결제하는 것을 떠올릴 겁니다. 어쩌다 한번 그렇게 자주 있는 일은 아니라고 생각할 수도 있죠.

　개인 차원에서는 그렇지만 국가 차원에서 우리나라의 외환결제는 매우 일상적으로 일어납니다. 한국이 무역의존도가 높은 나라이기 때문입니다. 환전 후 해외로 송금하는 수입업자들과 외화를 받아 환전을 하는 수출기업들의 규모가 커지면서 국제간 외환결제가 일상이 된 지는 이미 오래입니다. 여기에 인터넷의 발달로 쉽게 물건을 주문하고 배달할 수 있게 되면서 기업 및 개인 차원의 국제간 금융거래 또한 더욱 폭발적으로 증가했습니다.

　국제간 금융거래의 증가 요인으로는 다음 세 가지를 들 수 있습니다.

해외 외환결제 증가의 주요 이유

1. 글로벌 공급망 및 생산기지의 다원화
2. 스마트폰 사용의 증가
3. 아마존을 필두로 한 글로벌 e커머스의 발전

코레스 은행

국제간 금융결제에는 단일 시스템이 없기 때문에 은행들은 여러 은행들 및 기관들과 협력해야 하는 번거로움이 있습니다. 전 세계에 지점을 둔 글로벌 은행들은 주요 국가에 현지법인을 두면서 영업을 하기도 하지만 전 세계 모든 국가들에 자사의 지점을 가지고 있기는 현실적으로 어려움이 따르지요.

이런 문제를 해결하기 위해서 글로벌 은행들은 현지 은행들과 코레스 계약 correspondent agreement이라는 것을 맺습니다. 그리고 이러한 코레스 계약을 통해 제휴 관계를 맺은 은행들을 코레스 은행correspondent bank이라고 지칭하죠. 각국에 거미줄처럼 촘촘하게 연결된 코레스 은행 연락망은 국제간 결제의 네트워크가 됩니다.

스위프트

해외송금 등 결제를 할 때 은행들이 자사의 해외 지점들, 코레스 은행 및 상대방 은행들과 연락을 주고받을 정보소통 방법이 필요한데 이때 가장 많이 사용되는 것이 바로 스위프트SWIFT입니다. 스위프트는 'Society for

Worldwide Interbank Financial Telecommunication'의 약자로 간단히 말하면 유럽, 미국, 캐나다의 주요 239개 은행이 중심이 되어 설립한 협동조합입니다. 은행 간 통신 양식을 통일화함으로써 은행 간 거래를 더 효율적으로 하기 위한 목적으로 1973년 벨기에 브뤼셀에서 설립됐죠.

스위프트의 통신 양식은 기본적으로 메신저 코드로 이루어져 있습니다. 우리가 잘 아는 모스부호에서 탄생한 전신환이 현대화되어 발전된 형태인데, 현재 전 세계 200여 개국 1만 개 이상의 금융기관이 사용하고 있습니다. 즉, 스위프트는 그 자체로 결제 플랫폼이 아니라 쌍방 간 국제결제를 할 때 지시서 교환을 가능하게 하기 위한 통신시스템인 것입니다. 이렇게 전 세계 대부분의 금융기관들이 사용하고 있는 표준화된 통신시스템이기 때문에 스위프트 없이 국제결제를 하는 건 사실상 어렵다고 보면 됩니다.

스위프트는 거래 종류별로 메시지 타입MT이 있어서 통일된 형식으로 거래 정보를 교환하는 것이 특징입니다. 외환 거래의 경우 MT3번대를 주로 사용합니다.

MT 1XX 고객지불, 수표	MT 6XX 귀금속, 신디케이션
MT 2XX 금융기관 간 대체	MT 7XX 화환어음, 신용장
MT 3XX 외환, 파생 거래	MT 8XX 여행자 수표
MT 4XX 징수 거래	MT 9XX 현금 관리
MT 5XX 증권 거래	

최근에는 러시아의 우크라이나 침범을 계기로 미국과 유럽 등 서방이 스위프트를 금융 제제 목적으로도 사용함에 따라 스위프트에 대한 의존도

를 낮추기 위한 중국과 러시아의 노력이 가시화되고 있습니다. 자국 주도의 글로벌 결제 시스템 개발이 그것인데요, 중국 국제은행 간 지급시스템인 CIPS과 러시아 재무정보송신시스템ʂᴛꜰᴍ이 대표적입니다.

현행 국제간 결제 과정

현재의 국제간 결제는 코레스 계약을 맺은 코레스 은행들을 연계해서 결제하는 형태입니다. 그리고 결제 단계마다 스위프트를 통해 지시서를 발송하게 됩니다.

구체적 예시를 들어 어떤 흐름으로 결제가 일어나는지 보겠습니다. 한국의 수출업자가 미국의 수입업자와 수출계약을 맺으면 일반적으로 다음과 같은 단계를 거치게 됩니다.

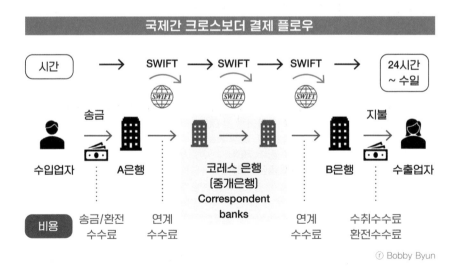

국제간 크로스보더 결제 플로우

ⓒ Bobby Byun

국제결제 방식에 일어날 변화

이 같은 현행 국제결제 관행에는 두 가지 커다란 단점이 있습니다. 하나는 스위프트 메시지를 통해서 지시서를 발송하기 때문에 시간이 많이 걸리는 불편함이 있다는 것이고, 다른 하나는 중개은행들인 코레스 은행을 거쳐 갈 때마다 수수료를 지불해야 하기 때문에 비용이 많이 든다는 점입니다.

그런 이유로 기존의 화폐가 중앙은행이 발행하는 디지털통화인 CBDC로 재편되면 국제결제의 과정에서도 큰 변화가 일어날 가능성이 매우 큽니다. 일단 가장 큰 두 가지 변화는 시간과 비용의 절약에 있겠지요. 코레스 은행을 통하지 않아도 되므로 비용이 크게 절감될 것이며, 스위프트 지시서가 필요 없어지기 때문에 시간적으로도 매우 빠르게(5~10초 이내) 결제가 이루어질 것으로 예상됩니다. 그리고 이 과정에서 스위프트의 역할은 사라지지 않고 대신 중간에서 수많은 거래기관들의 데이터를 보관하고 매칭해주는 메가 데이터베이스mega database 형태로 진화하리라 전망됩니다.

스위프트가 메가 데이터베이스로 진화한다면 코레스 은행의 역할은 향후 없어질 가능성이 크지만 각국의 법령과 준법감시 AML/CFT 등을 감시 감독하는 중개은행의 개념은 존속될 예정입니다. 중개은행은 현재의 노스트로 계좌 은행Nostro account bank의 개념을 좀 더 발전시킨 역할이라고 이해하면 되는데, 이에 대해서는 3장에서 더 자세히 설명하도록 하겠습니다.

정리하면, 이러한 CBDC의 등장은 결제 과정뿐만 아니라 외환시장 전반에 큰 변혁을 가져올 전망입니다. 국가 간 통화의 경계가 크게 허물어짐에 따라 누구나 자기가 원하는 종류의 화폐를 더 쉽고 안전하고 편리하게

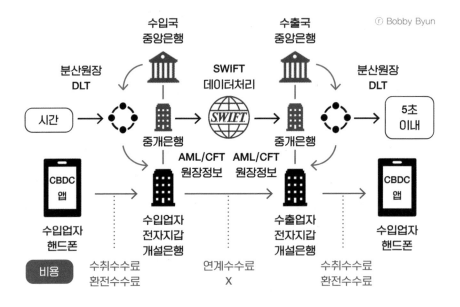

미래의 국제결제 과정 (분산원장 DLT를 이용한 예상도)

ⓕ Bobby Byun

소지하고 투자할 수 있게 될 것이기 때문입니다. 은행을 비롯한 금융권뿐만 아니라 외환시장의 변화에 따른 연관 사업도 크게 진화하고 변화할 것이며 그 흐름에 따라 국제 거래의 상거래 또한 크게 변화하리라 전망됩니다. 바로 이러한 글로벌 경제 변화의 흐름을 예측하고 그에 발맞춰 살아가며 미래를 대비할 수 있어야겠지요. 지금 우리가 외환시장을 공부하고 알아야 하는 이유입니다.

이것만 기억하자!

- 은행들은 전 세계 모든 국가에 현실적으로 지점을 가질 수 없기 때문에 현지 은행들과 코레스 계약을 맺습니다. 이렇게 코레스 계약을 맺은 협력 은행들을 코레스 은행이라고 부릅니다.
- 스위프트는 결제 플랫폼이 아니라 국제결제의 지시서 발송을 위한 메신저(통신)시스템입니다. 현행 국제간 결제는 스위프트를 이용해서 코레스들에게 지시서를 보내는 형태입니다.
- 향후 중앙은행의 디지털 통화인 CBDC의 발행은 국제결제 전반뿐만 아니라 국제 상거래 전반에 큰 변화를 가져올 전망입니다.

썸6

금리는 환율에
어떤 영향을 줄까?

$

국내외 금리 변동과 환율 변화

국내금리는 원화금리를 말하는데 한국은행이 금융통화위원회에서 결정하는 기준금리인 7일부 레포repo금리를 기반으로 형성됩니다. 반면 달러금리는 연준의 공개시장위원회인 FOMC가 결정하는 기준금리Federal fund rate에 바탕을 둔 미국금리를 말합니다.

일반적으로 달러금리보다 원화금리의 인상폭이 커지면 달러 대비 원화의 투자 매력도가 증가하여 국내투자가 늘어나게 됩니다. 이렇게 국내투자가 증가하면 원화 수요가 늘어나 원화는 달러 대비 강세를 나타내게 되죠. 그리고 달러-원 환율은 원화 강세에 따라 하락합니다.

반대로 달러금리의 인상폭이 원화금리 대비 더 크면 원화 대비 달러의 투자 매력도가 증가하여 해외투자가 늘어나게 됩니다. 해외투자 증가는 달러 매수 수요 증가로 이어져 달러 강세를 부르고 환율은 상승하게 됩니다.

> 미연준 빅스텝 0.5%p 금리인상, 자본유출 우려 고조.
> 환율 이틀째 상승…달러-원 1,300원 코앞   환율일보

위 기사는 미국 연준이 금리를 0.50%p 크게 인상함에 따라 환율이 상승하고 있다는 내용입니다. 기본적으로 국내외 금리차 변동과 환율은 반비례 관계를 갖습니다. 국내 원화금리가 달러금리 대비 상승하면 환율은 하락하고 국내금리가 달러금리 대비 하락하면 달러-원 환율에는 상승 요인이 됩니다.

주의! 퍼센트(%) vs 퍼센트포인트(%p)	
퍼센트(%)	**퍼센트(%p)**
기존 값에 '비해' 몇 % 올랐는지	기존 값에 '더해' 몇 % 올랐는지
상대적인 값 → 이전 수치에 %를 곱해줘야	절대값 → 이전 수치에 그냥 더하면 된다
(예) 종전 기준금리 5% → 이번에 5% 추가 인상 인상폭: 5% x 5% = 0.25% 새로운 기준금리 = 5% + 0.25% = 5.25%	(예) 종전 기준금리 5% → 이번에 5%p 추가 인상 인상폭: 5% 새로운 기준금리 = 5% + 5% = 10%

한국과 미국의 기준금리 변화

은행에서 돈을 빌릴 때 일반적으로 신용등급이 높은 기업들은 신용등급이 낮은 기업들보다 대출금리에서 우대를 받습니다. 개인도 마찬가지죠. 신용등급이 높은 사람이 낮은 사람들보다 대출금리가 낮습니다.

국가도 이와 다르지 않습니다. 선진국일수록 그리고 신용등급이 높은 국가일수록 기준금리는 낮아지는 경향이 있죠. 그래서 한국보다 신용등급이 높은 미국의 금리는 한국보다 낮은 것이 일반적인 상황이라고 이해할 수 있습니다.

하지만 한국의 금리가 미국보다 항상 높은 것은 아닙니다. 과거 사례를 보면 대부분의 경우에 한국의 금리가 미국보다 높았지만 한국의 기준금리가 미국보다 더 낮았던 시기도 몇 번 있었습니다. 이를 가리켜 '한 · 미 간 금리 역전'이라고 부르지요. 2000년대 들어서 2005~2007년, 2017~2019년 그리고 코로나19 이후 연준의 통화정책 정상화가 시작된

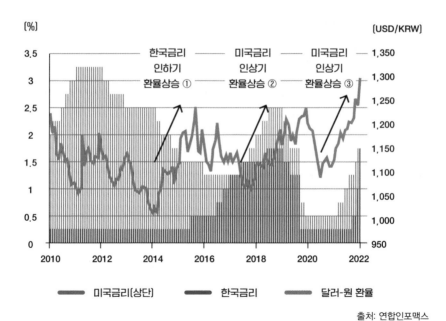

한국·미국 금리 vs 환율(2010년 ~2022년)

출처: 연합인포맥스

2022년부터 총 세 번에 걸쳐서 한·미 간 금리 역전이 이미 일어났거나 일어나고 있습니다. 다음의 그래프에서 이를 한눈에 살펴볼 수 있습니다.

그래프에서 보듯이, 2010년 이후 달러금리가 원화금리보다 빠르게 올랐던 시기(②, ③)와 원화금리가 하락하는 시기(①)에는 달러-원 환율이 상승했습니다.

그러면 한·미 간 기준금리가 역전되면 시장에서 거래되는 실제 시장금리도 같이 역전이 될까요? 꼭 그렇지는 않습니다. 한·미 간 기준금리가 역전되면 시장금리도 같이 역전되는 경우가 많이 있지만 반드시 달러금리가 원화금리보다 높아진다고 단언하기는 어렵습니다. 왜냐하면 시장금리는 중앙은행이 결정하는 기준금리에 '신용 프리미엄'과 '기간별 이자'라는 두 가지 가산금리가 추가로 더해진 금리이기 때문입니다.

> **시장금리 = 기준금리 + 신용 프리미엄 + 기간별 이자**

예를 들어 어떤 기업 A가 은행에서 대출을 할 때 신용도가 높으면 신용 프리미엄이 낮을 것입니다. 신용도가 높을수록 이자를 제때 내고 만기에 원금도 갚을 확률이 높기 때문이죠. 마찬가지 이유로, 미국의 신용등급이 한국보다 높기 때문에 설사 미국의 기준금리가 더 높아진다 하더라도 실제 거래되는 시장금리는 한국이 미국보다 더 높을 수 있습니다.

또한 신용 외에도 대출 기간도 고려를 해야 하지요. 대출 기간이 길수록 위험도 높아지게 됩니다. 친구에게 돈을 빌려줄 때 내일 돈을 돌려받는 것과 1년 뒤에 돌려받는 것은 많이 다릅니다. 1년 후에 갚지 않을 위험이 훨씬 더 크죠. 이를 '채무불이행 위험'이라고 하는데, 그만큼 먼 훗날에 갚을 때는 위험이 높아집니다. 따라서 일반적으로 대출 기간이 길수록 이자율은 높아지게 됩니다.

한·미 금리 역전이 환율에 주는 영향

하지만 기준금리 역전의 진정한 영향은 투자에 있습니다. 왜냐하면 역전된 기준금리는 시장금리 역전을 부를 가능성이 높고, 시장금리 역전은 결국 자본과 자산시장 구조에 영향을 주어 투자 패턴의 변화를 가져오기 때문이죠. 그리고 이 과정에서 환율의 변화를 동반하게 됩니다.

채권을 예로 들어봅시다. 채권은 현재의 시장금리 상황을 가장 잘 보여주는 거울과도 같습니다. 그리고 많은 채권들 중에서도 신용도가 가장 높으면서도 많이 거래되는 것이 바로 국가에서 발행하는 국채죠. 만약

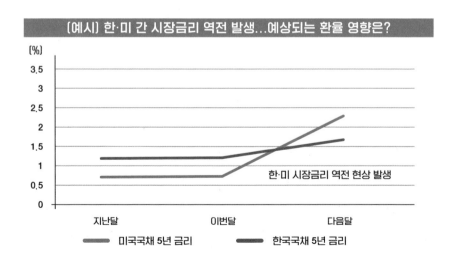

[예시] 한·미 간 시장금리 역전 발생…예상되는 환율 영향은?

한·미 간 기준금리 역전폭이 점점 심해져서 시장에서 거래되는 국채의 시장금리도 역전되면 환율에는 큰 영향을 미치게 됩니다.

여기에 동일한 5년 만기의 미국국채와 한국국채가 있다고 해보죠. 세금과 금융 비용 등을 전혀 고려하지 않고 절대금리만 본다고 가정합시다. 현재 5년 미국채의 시장금리는 1.5%, 한국채의 시장금리는 2.0%에서 거래되고 있습니다. 그런데 다음 달 미국 연준이 기준금리를 크게 인상하면서 미국채 시장금리(3.0%)가 한국채 시장금리(2.5%)보다 더 높아질 것으로 전망되는 상황이에요. 이런 경우, 다음 달 달러-원 환율에는 어떠한 변화가 생길까요?

시장금리 역전은 결국 투자 매력도의 변화를 가지고 오게 됩니다. 달러 자산에 대한 매력도 증가는 곧 달러 통화에 대한 강세로 연결되지요. 따라서 달러-원 환율은 상승하게 되는 것입니다.

달러와 원화 모두 화폐인 동시에 투자의 대상

바로 위에서 이야기한 투자 매력도라는 개념을 반드시 숙지하시길 바랍니다. 원화나 달러 같은 화폐는 우리가 물건을 매매할 때 사용하는 매개체인 동시에, 통화 그 자체로 투자의 대상이기도 하기 때문입니다. 그리고 이같은 투자를 결정하는 데 가장 큰 요인 두 가지가 금리와 환율인 것이고요. 투자 대상이 되는 세상의 그 어떤 자산도 원래부터 나쁜 자산과 좋은 자산인 것은 없습니다. 자산이 지닌 현재가치가 저평가되어 있어 미래가치 대비 현재 거래 가격이 낮으면 좋은 자산이고, 미래가치보다 현재 거래 가격이 높으면 투자하기에 나쁜 자산일 뿐이죠.

외국인 투자자뿐만 아니라 한국 투자자들도 원화 투자 매력도가 달러 대비 상대적으로 감소하면 달러에 더 투자하고 이렇게 되면 환율이 상승하는 것입니다. 또한 금리 역전 현상이 일어나면 해외채권에 대한 투자가 늘어나게 됩니다. 달러표시 채권이 국내채권보다 금리가 높으니 해외채권 수요가 늘어나게 되는 것이지요. 채권을 사기 위해 달러가 필요하니 이는 당연히 달러 수요 증가로 이어집니다. 한 · 미 간 금리 역전 현상이 한번 일어나면, 통상 달러-원 환율이 오르는 속도가 급속도로 빨라지는 이유가 바로 이러한 흐름 때문입니다..

결론적으로 한 · 미 간 금리 역전은 통화의 투자 매력도를 변화시켜 투자자의 투자 패턴을 변화시키고 이는 자본유출로 이어질 가능성이 있으므로 우리나라로서는 매우 조심해야 할 사항입니다.

이것만 기억하자!

- 국내외 금리차 변동과 환율은 반비례 관계에 있습니다. 국내 원화금리가 달러금리 대비 더 오르면 환율은 하락하고, 반대의 경우에는 환율이 상승하게 됩니다.
- 한국보다 미국의 기준금리가 높아진 상황을 '한 · 미 간 기준금리 역전'이라고 합니다. 한미 간 기준금리 역전이 심해져서 시장금리 또한 역전이 된다면 투자 매력도에 영향을 주게 됩니다. 통화는 매매의 매개체인 동시에 투자의 대상이기 때문입니다.
- 시장금리 역전은 달러의 투자 매력도 증가로 이어지고 달러의 투자 매력도 증가는 달러 수요 증가로 이어져 달러를 강하게 만듭니다. 결국 달러 강세로 인해 달러-원 환율은 상승하게 됩니다.

주가와 환율은 왜 반대로 움직일까?
그럼 채권과 환율은?

주가와 환율의 움직임은 통상 반대 방향

통화의 가치를 나타내는 것이 환율이라면 주식의 가격은 '주가'라고 합니다. 환율과 주가는 통상 반비례한다고 얘기합니다. 그럼 왜 환율이 내리면 주가는 상승하고 환율이 오르면 주가가 하락하는 것일까요? 금리와 마찬가지로 주가도 환율과 밀접한 연관성을 가지고 있기 때문입니다. 그런 이유로 주식 투자자들도 투자를 잘하려면 환율을 면밀히 살펴야 하지요.

나라마다 거래되는 주식의 종목은 다르지만 투자 상품군에서 금이나 미국달러는 안전자산으로 보는 반면, 주식은 위험자산으로 분류됩니다. 주식시장은 위험자산으로 분류되기에 리스크 오프risk-off, 즉 위험회피 심리가 강해지면 하락하지만 안전자산인 달러화는 일반적으로 강세를 보입니다. 달러 강세로 인해 상대적으로 위험자산인 원화와 대비해 달러가치가 상승하게 되고 이것이 달러-원 환율상승으로 이어지는 것이죠.

물론 이러한 안전자산 및 위험자산의 이분법적인 구분은 편의상의 분류입니다. 위험자산이라고해서 위험만 있지 않고, 안전자산이라고 해서

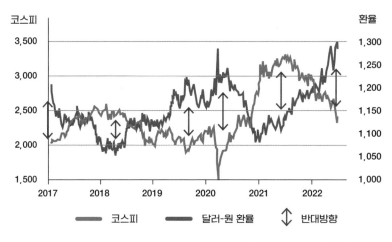

주식과 환율의 움직임: 통상 반대 방향(2017~2022)

코스피

3,500
3,000
2,500
2,000
1,500

2017 2018 2019 2020 2021 2022

환율

1,300
1,250
1,200
1,150
1,100
1,050
1,000

━━ 코스피   ━━ 달러-원 환율   ↕ 반대방향

출처: KOSPI- KRX 한국거래소, 환율- SMBS 서울외국환

위험이 전혀 없는 건 아니죠. 모두 상대적으로 이해해야 합니다.

뉴스에서 주가지수와 환율을 자주 같이 오버랩해서 보여주는 것, 주식시황에서 주가지수와 환율이 서로 반대로 움직이는 경우가 많은 것도 바로 위험성향에 대한 선호도가 다르기 때문입니다. 독자 여러분들은 '보

안전자산 및 위험자산 상품별 분류	
안전자산	위험자산
미국달러 금 정부가 발행한 국채	한국원화 암호화폐 주식

통 주가가 상승히면 달러-원 환율은 하락하고, 반대로 주가가 떨어지면 환율은 오른다' 정도의 개념만 가지고 가면 되겠습니다.

이렇듯 환율과 주가가 서로 반대로 움직인다는 것은 주식투자의 타이밍을 정할 때 환율을 참고하는 것이 도움이 된다는 말과도 같습니다. 그렇다면 지수가 어떨 때 투자를 하는 것이 좋을까요? 달러-원 환율이 대세 상승기에 있다면 주식 매수 타이밍을 연기하거나 쉬어가는 편이 좋습니다. 하지만 환율의 움직임이 큰 변곡점을 앞두고 하락 전환을 보이기 시작한다면, 주식을 매수할 좋은 매매 타이밍으로 인식해도 되겠지요. 이처럼 환율의 방향을 잘 예측할 수 있다면 주가의 움직임을 미리 예상하고 최적의 매수 및 매도 시기를 잡을 수 있습니다.

주가와 환율의 움직임은 반대 방향[일반적인 상황]

채권금리와 환율은 반대 방향으로 움직인다[일반적인 경우]

기준금리의 변화가 크게 없는 금리 안정기에는 채권이 주식에 비해 안전 자산으로 분류됩니다. 따라서 시장의 위험이 증가하여 위험회피 상황이 전개되면, 주가지수는 하락하고 대신 채권 가격이 강해집니다. 채권이 강

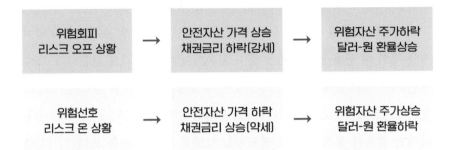

채권금리와 환율의 관계 ⇒ 반대 방향(일반적인 경우)

| 위험회피 리스크 오프 상황 | → | 안전자산 가격 상승 채권금리 하락(강세) | → | 위험자산 주가하락 달러-원 환율상승 |
| 위험선호 리스크 온 상황 | → | 안전자산 가격 하락 채권금리 상승(약세) | → | 위험자산 주가상승 달러-원 환율하락 |

해지면 금리가 하락하고 달러 강세로 환율은 상승하지요. 반대로 리스크 온risk-on 즉, 위험선호 상황에서는 주가가 상승하면서 채권은 약세를 보여 국채금리의 상승과 함께 달러-원 환율은 하락하는 경우가 많습니다.

> 미 연준 파월 "경기침체 가능성"에 안전자산 선호...
> 미 국채 가격 상승, 달러-원 1,290원대로 상승   환율일보

위 기사는 미국 연준 제롬 파월Jerome Powell 의장의 경기침체 가능성 발언으로 투자심리가 안전자산 선호로 돌아섰다고 전하고 있습니다. 안전자산 선호 현상이 대두되면서 대표적인 안전자산인 미국국채 가격이 오르고 달러-원 환율 또한 상승했음을 알려주고 있죠.

■ 경기침체 가능성 대두 → 안전자산 선호 대두 → 채권 가격 상승(채권 금리 하락) → 달러(안전자산) 가치 상승 → 달러-원 환율상승

채권금리와 환율이 같은 방향으로 움직인다(예외적인 경우)

하지만 기준금리가 일정 기간 동안 급격하게 한 방향으로 상승 또는 하락이 예상되는 금리 격변기의 경우에는, 예외적으로 채권금리와 환율이 같은 방향으로 상승 또는 하락하는 양상을 보일 수 있습니다.

만약 인플레이션으로 중앙은행이 기준금리를 급격히 올리는 긴축 상황에서는 시장금리가 급격히 상승합니다. 그러면 기존에 발행된 채권들의 금리도 따라 오르게 되므로 채권의 가치가 급락하지요. 시장금리 급등은

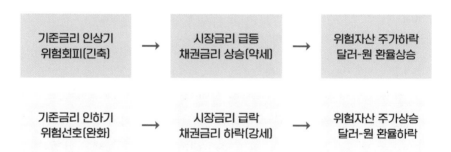

주식시장에도 악재이기 때문에 채권과 주가지수가 동반 하락하게 되는 것입니다. 특히나 이러한 경우는 시장의 변동성이 굉장히 커진 위험회피 상황일 때가 많기 때문에 달러-원 환율도 대부분 함께 상승하곤 합니다.

최근 2022년 미국 연준의 갑작스러운 고강도 금리 인상이 이 예외적인 경우의 좋은 예인데요, 다음의 기사를 한번 보시죠.

보도자료에 따르면 미국 연준이 2022년 코로나19 이후의 과도한 완화정책으로 촉발된 인플레이션을 잡기 위해 연속적인 금리인상을 예고했

미 연준 인플레에 자이언트 스텝 0.75%p 기준금리 인상
다음번도 0.75%p 가능성..미 국채 약세 흐름, 국채금리 급등

환율일보

습니다. 그러자 갑작스러운 금리인상을 반영하기 위해 채권시장의 금리도 급등하게 되었죠. 시장의 채권금리가 미래의 인상분까지 급히 반영하면서 채권이 급격하게 약세로 돌아선 것입니다. 달러금리가 갑작스럽게 상승함에 따라 달러-원 환율도 달러 강세를 반영해 상승하게 됩니다.

■ 인플레이션 위험 → 기준금리 인상 및 추가 인상 예고 → 시장금리가 기준금리

    인상분 반영 → 채권 가격 하락(채권금리 상승)

    이와는 반대로 만약 경기둔화로 인해 중앙은행이 기준금리를 급격히 내리는 완화적인 통화정책을 시행하면 시장금리가 급격히 하락합니다. 그러면 기존 발행된 채권들의 금리도 따라 내려가게 되므로 채권 가격이 급등합니다. 그리고 달러금리가 낮아지면서 달러 약세로 인해 달러-원 환율은 하락세를 보이게 되죠.

■ 경기침체 위험 → 기준금리 인하 및 양적완화 예고 → 시장금리가 기준금리

    하락분 반영 → 채권 가격 상승(채권금리 하락)

채권금리와 환율의 움직임: 통상 반대 방향(2017~2022)

출처: 채권금리-Bloomberg, 환율-SMBS 서울외국환

이것만 기억하자!

- 주가도 환율과 밀접한 연관성을 가지고 있는데, 일반적으로 주가와 환율은 같은 방향으로 움직입니다.
- 따라서 환율의 대세 상승기에서는 주식 매수 타이밍을 연기하거나 쉬어가는 편이 좋으나 반대로 환율이 변곡점을 앞두고 하락 전환을 한다면 주식의 매수 타이밍으로 볼 수 있습니다.
- 위험회피 상황에서는 안전자산인 달러와 국채의 가격이 상승하기 때문에 채권금리가 하락하고 달러-원 환율도 상승하게 됩니다.
- 반대로 위험선호 상황에서는 위험자산인 주식의 가격이 오르고 달러와 채권의 가격은 하락하기 때문에 채권금리는 상승하고 달러-원 환율은 하락하게 됩니다.

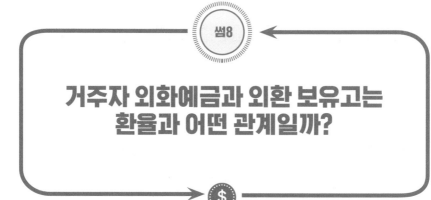

거주자 외화예금과 외환 보유고는 환율과 어떤 관계일까?

한국은행 거주자 외화예금 동향

한국은행은 매월마다 '거주자 외화예금 동향'이라는 것을 홈페이지를 통해 발표하고 있습니다. 이는 국내에 거주하는 개인들과 법인들이 국내 소재 은행에 예금한 달러 등 외화의 잔액을 집계한 것인데요, 통화별 그리고 예금 주체별로 외화 잔고의 변화를 알려줍니다. 다음 그래프를 보시면 매월 증감폭은 있지만 대체로 800억 달러, 우리나라 돈으로 약 100조 원 (2022년 기준)에 육박하는 금액이 외화예금으로 들어가 있음을 알 수 있습니다.

우리나라 거주자 외화예금 중 90% 이상이 미국달러로 이루어져 있습니다. 2022년에 일시적으로 감소하는 모습을 보이기도 했지만 달러 예금잔고는 해마다 증가하는 추세지요. 반면 중국 위안화 예금은 2013~2014년에 급증하여 한때 달러화 다음으로 예금 잔고가 많기도 했으나 이후 감소하여 2022년 기준 엔화와 유로화에 이어 4번째로 많은 잔고를 기록하고 있습니다.

예금 주체별로는 국내 은행과 외국 은행 지점의 잔고 변화, 기업예금의 변화 그리고 개인예금의 잔고 변화 세 가지로 구분하여 집계되고 있습니다. 외화예금의 예금주인 거주자의 범위에는 내국인과 내국법인 외에도 6개월 이상 거주한 외국인과 외국법인들도 포함됩니다.

여기까지 읽은 독자 여러분들은 문득 이런 의문이 들 수 있을 겁니다. "한국은행은 대체 왜 이 번거로워 보이는 일을 매달 하는 거지?"라는 의문이죠. 이유는 간단합니다. 거주자 외화예금의 잔고 변화가 외화 수급에 큰 영향을 미치기 때문입니다. 외화 수급은 달러-원 환율을 변동시키는 중요한 요인 중 하나이고요. 이외에도 거주자 외화예금은 여러 측면에서 중요한 역할을 하고 있습니다.

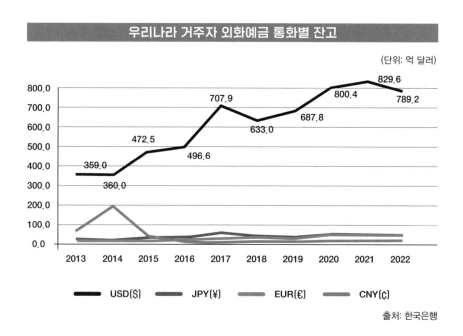

우리나라 거주자 외화예금 통화별 잔고

(단위: 억 달러)

출처: 한국은행

거주자 외화예금의 중요성

우리나라 거주자 외화예금은 글로벌 금융위기 이후 경상수지 흑자가 지속되면서 크게 늘어났는데 세 가지의 중요한 역할을 하고 있습니다.

첫째는 우리나라 외화 조달 창구로서의 역할입니다. 국내 은행들은 2000년 이전에는 해외에서 비싼 이자를 주고 달러를 빌려왔으나 2010년대 들어와 거주자 외화예금이 세 배 가까이 증가한 덕에 이 예금을 외화자금 조달원으로 활용을 할 수 있게 되었습니다. 이에 따라 국내 시중은행들의 달러 조달 상황이 현재 많이 개선되었죠. 은행들의 대차대조표를 분석해보면 과거 40%에 이르던 시중은행들의 달러 해외차입 비중은 약 20%대로 낮아진 반면, 외화예금 의존도는 20%대에서 30%대로 크게 늘어난 것을 확인할 수 있습니다.

달러에 대한 의존성이 큰 우리나라 수출기업들은 대외 상황에 따라 달러의 조달 환경이 자주 바뀌기 때문에 많은 어려움을 겪곤 합니다. 특히 지정학적 위험이 부각되는 등의 상황에서 어려움을 겪었던 적이 많았지요. 하지만 국내 시중은행들의 외화예금 잔고가 늘어남에 따라 이제 우리나라 역내에서도 기업들이 보다 쉽게 달러를 빌릴 수 있게 되었습니다. 이는 수출기업들의 외화 조달 비용 감소 등으로 이어져 기업들의 채산성 향상과 영업환경 개선에도 좋은 영향을 끼치고 있죠.

둘째, 거주자 외화예금의 증가는 우리나라 신용도 제고에도 중요한 역할을 하고 있습니다. 외환 보유고가 한국 정부가 들고 있는 외화 준비금을 의미한다면, 거주자 외화예금은 민간의 외화 보유고라고 생각하면 됩니다. 즉, 거주자 외화예금의 증가는 정부의 외환 보유고 증가와 함께 한국의 높은 국가 신용등급 유지와 대외 신인도를 유지하는 데에 도움을 주고 있는 것입니다.

셋째, 거주자 외화예금의 증가는 달러-원 환율을 안정시키는 기능도 합니다. 달러-원 환율이 일정 기간 계속 상승하여 높은 수준에 오르면 달러를 파는 개인이나 기업들이 늘어나게 됩니다. 달러 매도 물량이 늘어나면 환율상승세를 제어할 수 있으므로 환율 변동성을 안정시키는 데 도움을 주게 되는 것이지요. 이와 반대로, 달러-원 환율이 일정 기간 하락을 하여 사람들이 생각하기에 낮은 수준까지 이르렀다면 사람들은 달러를 팔지 않고 외화예금을 더 많이 고려하게 됩니다. 개인은 환차익을 노려 가지고 있던 비싼 원화를 팔아 싼 달러로 바꾸어 외화예금에 예치하는 수요가 늘어날 것이고, 수출기업들도 받게 되는 달러 대금을 환전하지 않고 외화예금에 넣어두는 경우가 많아질 테지요.

이와 같이 외화예금은 시장의 외화 수급을 자동적으로 조정함으로써 환율 변동성을 감소시켜 달러-원 환율을 안정시키는 순기능이 있습니다.

거주자 외화예금의 중요한 기능
1. 은행들의 국내 외화 조달 창구의 역할을 한다.
2. 한국의 국제신용도에 긍정적인 영향을 끼친다.
3. 달러-원 환율을 안정시키는 역할을 한다.

거주자 외화예금이 환율에 미치는 영향

거주자 외화예금과 환율의 관계는 거주자 외화예금의 변동이 환율에 미치는 영향과 반대로 환율의 변화가 거주자 외화예금의 잔고에 미치는 영향으로 나누어 살펴보겠습니다. 물론 서로 동시에 영향을 주는 부분도 있지만 이 두 가지로 나누어 파악해야 이해가 쉽고 편합니다.

거주자 외화예금 잔고 변화가 환율에 주는 영향(단기적 영향)

거주자 외화예금의 증가와 감소 중에서도 감소세는 특히 눈여겨봐야 하는 사항입니다. 거주자 외화예금이 줄어든다는 것은 예금주들이 외화를 팔아서 원화를 산다는 것이므로 외화예금이 줄어들면서 원화 강세 및 달러 약세를 유발합니다. 이렇게 달러 매도를 통해서 외화예금이 감소하므로 외화예금의 감소 현상은 달러-원 환율의 하락 요인입니다.

반대로 기업이 수출대금으로 받은 달러를 팔아 환전하지 않는다고 생각해볼까요? 여기에 더해 개인의 달러 매수 또한 늘어나게 되면 달러예금이 증가하기 때문에 거주자 외화예금의 증가는 환율상승 요인이 됩니다.

이처럼 거주자 외화예금의 증가로 인한 환율의 영향은 달러 매수 및 달러 매도의 과정이 일어날 때와 거의 동시에 일어나므로 그 영향이 주로 단기적입니다.

환율이 거주자 외화예금에 주는 영향(장기적 영향)

이제는 거꾸로 환율의 변화가 거주자 외화예금의 증가와 감소에 영향을 주는 경우를 살펴보겠습니다. 우선, 한국은행의 집계 중에서도 거주자 외화예금의 증감에 가장 큰 영향을 주는 요소는 바로 개인예금과 기업예금 두 가지입니다. 다음의 기사 제목을 보시죠.

2022년에 달러-원 환율이 1,300원을 넘어 고공행진을 하자 거주자 외화예금이 크게 감소했다는 기사입니다. 거주자 외화예금 증감은 환율 추세와 굉장히 밀접하게 움직이는데요, 달러 강세로 달러-원 환율이 오르면 개인들과 기업들은 차익실현을 위해 달러를 매도하기 때문에 외화예금은 감소하는 것이 일반적입니다. 쉽게 말하면 "환율이 올랐으니 이때 팔자"는 것이죠. 실제로 2022년 1월부터 7월까지 달러-원 환율이 120원 가까이 오르자 개인들을 중심으로 환차익을 실현하고자 하는 매물 때문에 거주자 예금이 크게 감소했습니다.

이렇게 환율이 상승하면 개인과 기업들의 외화예금이 감소하는 상황이 일반적인데요, 예외적인 경우가 발생하기도 합니다. 비슷한 시기에 이런 기사를 볼 수도 있습니다.

환율이 상승하면 외화예금이 감소해야 하는데 오히려 늘었네요. 왜일까요? 그만큼 우리나라에 수출기업들이 많기 때문입니다. 기업들의 수출 관련 외화예금이 증가해서 거주자 외화예금의 총액은 오히려 늘어나는 일이 발생하는 것이죠. 특히나 환율이 앞으로 더 많이 상승하리라 예상되는 달러 강세기에는 기업들이 수출해서 받은 수출 결제대금을 바로 환전하지 않고 외화예금에 예치하는 경우가 많습니다. 하지만 반대로 달러가 추가적으로 약세를 보이리라 예상되는 시기에는 기업들이 수출해서 받은 달러를 예치하지 않고 바로 환전해서 원화로 바꾸는 경우가 더 많지요.

이처럼 환율의 변화로 인해 거주자 외화예금의 잔고가 변화하는 데는 보통 수개월 이상의 시간이 걸리기 때문에 이는 장기적인 변화 요인으로 볼 수 있습니다.

외환 보유고와 환율의 관계

외환 보유고는 우리나라의 중앙은행인 한국은행이 보유한 외화 금액을 뜻합니다. 외화를 비축하기 이전 브레턴우즈 체제에서는 중앙은행들이 금을 보유했죠. 하지만 금은 가치를 담보하는 기능은 있지만 외화의 조달 상황이 변화했을 때 유동성을 개선하는 데는 어려움이 있었습니다. 그래서 금 대신 달러와 같은 기축통화가 더 선호된 것이었지요. 이자가 붙지 않는 금에 비해 달러는 시간이 지나면 이자수익도 생기니 더 좋은 선택지였습니다(물론 금의 역할이 끝난 것은 아닙니다. 오늘날까지도 중앙은행들은 금을 어느 정도 비축해놓고 있지요). 이처럼 외환 보유고는 대외적인 경제 상황에 대비하는 준비 자산의 성격이면서, 동시에 우리나라 기업들과 금융기관들의 외화 유동성을 잘 유지시켜줄 수 있도록 하는 정책적 안전장치라 할 수 있습니다.

또 다른 의미로 외환 보유고는 나라의 자산입니다. 우리 부모님이 돈을 많이 벌어와서 집에 돈이 넘치면 부자가 되듯이, 외환 보유고가 늘어나면 그만큼 우리나라가 부국이 되는 것이죠. 늘어난 외환 보유고만큼 한국은행은 새로운 원화 통화를 발행할 수 있으니까요. 외환 보유고라는 담보

가치가 늘어났기 때문에 추가로 돈을 찍어도 원화의 화폐가치는 떨어지지 않는 것입니다. 과거에는 금이 가치의 척도였기 때문에 중앙은행은 보유한 금의 가치만큼만 화폐를 찍어낼 수 있었습니다. 하지만 이제는 외환 보유고가 그 자리를 대신하게 된 것이죠.

따라서 외환 보유고가 줄어든다는 것은 장기적으로 우리나라 화폐가치가 떨어진다는 의미와 같습니다. 발행되어 있는 원화의 통화량은 같은데 담보가치가 줄어들었으니, 외국통화와 교환되는 우리나라 원화 화폐의 가치가 떨어지게 된다는 이야기지요. 다시 말해 외환 보유고의 감소는 장기적으로 원화 약세를 유발하고 이는 달러-원 환율상승을 야기합니다. 반대로, 우리나라 외환 보유고가 꾸준히 늘어나면 장기적으로 원화 강세를 촉발시키고 달러-원 환율은 하락하게 됩니다.

결국 외환 보유고가 늘어나서 우리나라가 더 부유해진다는 의미는 곧 우리나라 통화인 원화가 더 강한 통화가 된다는 것과 같은 말입니다. 나라가 부강해지면 그 나라의 통화도 같이 강해지는 것이죠. 부강한 미국의 통화인 달러가 세계의 기축통화가 됐듯이 말입니다.

외환 보유고와 환율의 관계

외환 보유고 증가 → 원화 강세(KRW↑) → 달러-원 환율하락

외환 보유고 감소 → 원화 약세(KRW↓) → 달러-원 환율상승

강국의 통화는 강하다

KOREA = KRW

부강한 국가   강력한 통화

이것만 기억하자!

- 거주자 외화예금은 국내 금융기관들의 국내 외화 조달 창구의 역할을 하는 등 매우 중요한 역할을 하고 있습니다.
- 또한 거주자 외화예금의 증가와 감소는 단기적으로 환율에도 영향을 줍니다. 거주자 외화예금의 감소는 원화 강세와 달러 약세를 유발하여 달러-원 환율하락을 야기하고, 반대로 거주자 외화예금의 증가는 원화 약세와 달러 강세를 유발하여 환율이 상승하는 경향이 있습니다.
- 외환 보유고는 우리나라의 준비자산이면서 동시에 외화 유동성을 유지시켜주는 안전장치입니다. 외환 보유고의 감소는 장기적으로 원화 약세를 유발하고 환율을 상승시키는 데 반해, 외환 보유고의 증가는 원화 강세를 가져와서 환율하락으로 이어지는 경우가 많습니다.

경제성장률과 경상수지는 환율과 어떤 관계?

경제성장률은 환율이 움직이는 방향과 반대

높은 GDP 경제성장률은 그 나라의 경기를 진작시키고 소비를 증가시킵니다. 예를 들어 그 흐름을 살펴보겠습니다. 우리나라 경제성장률이 높아지면 경기를 자극해서 여러 가지 물건들과 서비스에 대한 소비가 함께 늘어납니다. 이 같은 소비는 원화로 이루어지고 국내 소비가 늘어난 만큼 원화의 사용량 또한 늘어나 원화의 수요 증가를 불러옵니다. 원화의 수요 증가는 원화 강세를 야기하고 달러-원 환율은 하락하게 되죠.

반대의 경우도 마찬가지입니다. 한국의 경제성장률이 예상치보다 낮게 발표되면 경기가 둔화되고 이는 소비 감소로 이어져 통화의 사용량이 줄어듭니다. 원화 수요 감소로 인해 원화 약세가 이어지면 달러-원 환율은 상승하게 되죠.

이렇듯 우리나라의 경제성장률과 달러-원 환율은 반비례 관계에 있습니다. 즉, 경제성장률이 높게 나오면 환율은 하락하고, 성장률이 낮아지면 환율은 상승 압력을 받게 되는 거죠.

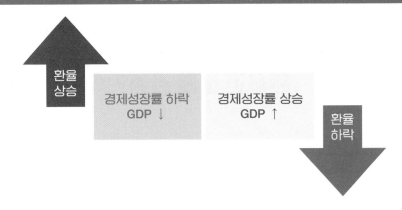

경제성장률과 환율의 관계

환율
상승

경제성장률 하락
GDP ↓

경제성장률 상승
GDP ↑

환율
하락

하지만 실제로 환율과 경제성장률의 관계는 개발도상국의 경우에 더 민감하게 나타납니다. 따라서 한 나라의 경제가 개발도상국인 경우와 선진국인 경우를 분리해서 생각해볼 필요가 있습니다.

경상수지가 환율에 주는 영향

코로나19 이후 늘어나던 우리나라 경상수지 흑자가 다시 줄어들고 있어 걱정이라는 기사를 요즘 많이 봅니다. 경상수지는 우리나라가 '경상적인 활동'을 통해서 '나가고 들어온 돈'을 합산한 수치를 말합니다. 여기에 투자를 하고 돈을 빌려주는 자본수지는 제외됩니다. 다시 말해 경상수지 흑자는 교역 및 기타 활동을 통해 우리나라로 들어온 달러가 나간 달러의 금액보다 많다는 뜻이지요.

외환 보유고를 쌓아 대외충격에 대비하고 국내 경기를 활성화하기 위해 적정한 수준의 경상수지 흑자는 유지하는 편이 좋습니다. 경상수지는 앞서 살펴본 경제성장률보다도 환율에 더 빠른 기간 동안 직접적인 영향을 주기 때문입니다.

어떠한 흐름으로 영향을 주는지 살펴보면 이렇습니다. 기업체들이 수출을 하고 달러를 받습니다. 그리고 그 달러를 외환 거래를 통해 원화로 환전합니다. 만약 벌어온 달러가 지불해야 하는 달러보다 많다면 외환시장에서 달러를 팔고 원화를 사려는 수요가 늘어나게 됩니다. 그렇게 달러 매도 후 원화 매수의 거래 수요는 외환시장에 달러 약세와 원화 강세를 유발하여 달러-원 환율하락의 요인이 되지요. 실제로도 2010년대 들어 한국의 경상수지 흑자 기조가 이어지면서 환율이 꾸준히 하락했습니다.

■ 경상수지 흑자 → 달러 매도 〉 달러 매수 → 환율하락 압력
■ 경상수지 적자 → 달러 매도 〈 달러 매수 → 환율상승 압력

이번엔 반대의 흐름입니다. 아까와 반대로 경상수지 적자가 이어지게 되면 지불해야 하는 달러 금액이 국내로 유입되는 달러 금액보다 많습니다. 이 경우에는 모자란 달러를 사려는 수요 때문에 달러 강세와 원화 약세를 유발하여 환율이 상승하지요.

환율이 경상수지에 미치는 영향

이와 같이 실제로 경상수지 흑자나 적자 기조가 이어지면 환율에 직접적으로 영향을 주게 됩니다. 그러면 거꾸로 환율이 경상수지에 주는 영향은 어떨까요?

달러-원 환율이 하락하면 원화가 비싸져서 우리나라 수출품의 수출단가가 상대적으로 비싸집니다. 따라서 한국산 수출품의 가격 경쟁력 약화를 야기하죠. 수출품의 단가는 비싸지는 반면, 수입품의 단가는 오히려 예전에 비해 싸지기 때문에 경상수지는 악화됩니다. 반대로 환율이 상승하면 우리나라 제품의 수출단가는 싸지고 수입품의 단가는 이전보다 비싸지기 때문에 수출이 증가하고 수입이 감소하여 경상수지가 개선됩니다.

■ 환율하락 → 수출 가격 경쟁력 약화 → 수출 감소 & 수입 증가 → 경상수지 악화
■ 환율상승 → 수출 가격 경쟁력 강화 → 수출 증가 & 수입 감소 → 경상수지 개선

이렇듯 경제는 한쪽으로만 가는 법 없이 환율을 매개로 하여 끊임없이 순환합니다. 우리가 사는 세계가 돌고 도는 것처럼요. 태어나고 성장하고 나이가 들면 새로운 후대가 태어나서 바통을 이어 받습니다. 인간의 역사가 이렇게 끊임없이 돌고 돌면서 진화하듯이, 글로벌 금융도 자연의 법칙 안에서 끊임없이 순환하면서 발전해나갑니다.

그러면 환율이 상승하면 반드시 경상수지를 개선시켜줄까요? 예전에는 '높은 환율=경상수지 흑자'가 사실상 공식처럼 작동했습니다. 하지만 근래에 와서는 환율이 하락하는데도 수출이 증가하는 등 환율이 경상수지에 주는 영향이 예전에 비해 많이 감소한 편입니다. 그 이유로는 두 가지를 꼽을 수 있는데 첫째는 2000년대 이후 기업들의 국제화 전략 및 위험 분산의 일환으로 생산공장 및 연구소를 해외에 많이 설립하거나 이전했기 때문입니다. 둘째는 한국산 제품의 경쟁력이 크게 향상되었기 때문입니다. 수출품들의 품목이 예전의 값싼 저마진 제품에서 고부가가치 상품으

로 많이 전환된 것이죠. 이렇게 국내가 아닌 해외에서 생산과 수출이 일어나고, 또한 수출하는 품목이 더 이상 저마진에 연연하지 않게 되면서 근래에는 원화 환율 변동에 예전만큼 크게 영향을 받지 않고 있습니다.

이것만 기억하자!

- 우리나라의 경제성장률과 달러-원 환율은 반비례 관계에 있습니다. 성장률이 높으면 환율은 하락하고, 성장률이 낮으면 환율은 상승합니다.
- 경상수지는 환율에 직접적인 영향을 줍니다. 경상수지 흑자는 환율하락을 가져오는 반면, 적자는 환율상승 압력을 주게 됩니다.
- 과거에는 환율 수준이 한국의 수출과 경상수지에 상당한 영향을 주었으나, 근래에는 해외공장 설립과 제품 경쟁력 제고로 환율 변동이 경상수지에 주는 영향이 상대적으로 많이 줄었습니다.

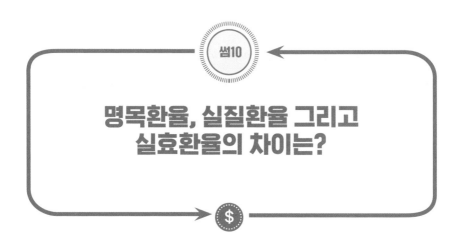

썸10

명목환율, 실질환율 그리고
실효환율의 차이는?

$

경제신문이나 뉴스에서 명목환율이니 실질환율이니 실효환율이니 하는 것을 한 번쯤은 들어봤을 것입니다. 자꾸 들어도 헷갈리기만 하는데 이번 기회에 확실히 구별해 알아두도록 합시다.

　명목환율nominal exchange rate, NER은 우리가 평소에 보고 듣는 환율입니다. 환율에 별다른 설명이 붙어 있지 않으면 명목환율인 것이죠. 반면에 실질환율real exchange rate, RER은 물가까지도 고려한 '실질 구매력인 환율'을 뜻합니다. 반면에 실효환율effective exchange rate, EER은 명목환율과 실질환율을 한 개의 상대통화가 아닌 여러 교역국의 가중치로 계산한 것입니다.

　그럼 지금부터 이들 환율이 어떻게 다르고 이런 개념들을 왜 알고 이해해야 하는지 살펴보도록 하겠습니다.

환율이 물가에 주는 영향

환율은 물가에 어떤 영향을 줄까요? 독자 여러분들이 소비자 입장에서 생각해보면 쉽게 이해할 수 있습니다.

　만약 환율이 한 달 만에 200원이나 훌쩍 올라서 환율 1,100원에 사올 수 있었던 물건을 이제는 1,300원에 수입해야 한다고 해봅시다. 수입업자들은 손해를 보지 않기 위해 200원 더 비싼 가격으로 판매할 것이고, 그러면 소비자들은 200원이나 더 비싼 가격으로 물건을 살 수밖에 없습니다. 특히나 식료품이나 석유 같은 원자재는 우리나라 국민들에게는 없어서는 안 될 필수품들입니다. 우리나라는 이러한 물품들을 대체로 수입에 의존하는데 수입할 때 환산되는 가격이 환율이지요. 따라서 환율이 높아지면 우리가 소비하는 제품들의 가격이 오르게 되고 이는 물가상승 압력으로 작용합니다. 국가적으로도 수입품에 지불해야 하는 금액이 커져서 우리나라의 수입액 또한 증가하지요.

　거꾸로 만약 환율이 200원 떨어지면 그만큼 외국 물건을 더 싸게 수입할 수 있고 소비자에게 더 저렴하게 판매할 수 있기에 국내 물가는 하락합니다. 우리가 자동차에 넣는 휘발유를 예로 들면 가장 쉽게 이해할 수 있습니다.

> ## 1,300원 고환율에 고유가…휘발유 리터당 2,000원 시대
> 환율일보

　2022년 환율이 오르면서 기름값이 크게 올랐습니다. 러시아-우크라이나 전쟁 여파도 있었지만 그보다는 달러-원 환율이 크게 올라 원유의 수입 가격이 오른 것의 영향이 가장 컸죠. 이렇게 환율이 상승하여 휘발유

가격이 오르면 국내 물가도 자연스럽게 오릅니다. 이런 기초 생필품은 국민 누구나 다 사용할 수밖에 없으므로 물가상승은 전반으로 확산되어 인플레이션으로 이어지게 되지요. 결과적으로 급격한 환율상승은 시간이 흐름과 함께 국내 물가상승으로 이어질 확률이 매우 높습니다.

명목환율과 실질환율

우리가 일반적으로 접하는 환율이 바로 명목환율입니다. 명목환율은 두 통화의 단순 교환 비율을 말합니다. 우리가 평소에 은행이나 뉴스에서 접하는 고시환율 또한 명목환율이지요. 이렇듯 환율을 지칭할 때 명목인지 실질인지 언급이 없다면 그냥 명목환율로 이해하면 됩니다.

이에 반해 실질환율은 양국 상품의 교환 비율인 교역 조건을 반영한 환율입니다. 구매력을 반영한 것이지요. 다시 말해 단순히 양국 통화의 비율뿐만 아니라 양국 간의 물가도 고려하여 실질적으로 A국가의 어떤 상품을 B국가에서는 얼마를 주고 살 수 있는지 교역 조건을 고려한 환율입니다.

만약 국내 물가 수준을 100으로 잡았을 때 외국 물가 수준이 10% 더 비싸다면 실질환율은 '명목환율 × 110/100'이 되는 것입니다.

실효환율이란?

그럼 실효환율은 또 무엇일까요? 명목환율이나 실질환율은 두 개 통화 간의 교환 비율이라서 이 두 개를 통해서는 주요 교역 상대국 전체에 대한

$$\text{실질환율} = \text{명목환율} \times \frac{\text{외국 물가}}{\text{국내 물가}}$$

자국통화의 가치변동을 알아보지는 못합니다. 다양한 국가들과 무역 거래를 하는 현대 글로벌 경제에서는 특정 통화에 대한 실질환율만으로는 자국통화의 글로벌 경쟁력을 파악하는 데 한계가 있지요. 특히 수출의존도가 높은 우리나라는 미국뿐만이 아니라 중국, 유럽, 일본 등 주요 국가들을 모두 고려하여 환율 변동이 우리나라 가격 경쟁력에 어떤 변화를 가져왔는지 알아볼 수 있어야 합니다.

실효환율은 이러한 점을 고려해서 자국통화와 주요 교역 대상국들 통화 간의 환율을 교역 비중이 큰 순서대로 가중치를 두어 평균한 환율입니다. 달러인덱스가 달러의 강세나 약세를 지수로 표현해주듯이, 실효환율도 우리나라 제품의 가격 경쟁력이 얼마나 되는지를 하나의 숫자로 알려주는 것이지요. 즉, 명목실효환율nominal effective exchange rate, NEER은 교역량만을 가중평균한 지표이며, 실질실효환율real effective exchange rate, REER은 교역량에 물가까지 고려한 실질 구매력 지표입니다.

국제 결제은행인 BIS는 2010년부터 60개 주요 교역국들 간의 명목실효환율과 실질실효환율을 발표하고 있습니다. 기준 년도인 2010년을

환율의 네 가지 종류
① 명목환율 = NER   ② 명목실효환율 = NEER
③ 실질환율 = RER   ④ 실질실효환율 = REER

명목환율 VS 실질환율 VS 실질실효환율

비교 대상	환율	정의
양국간의 환율	명목환율	양국 통화의 명목 교환 비율. 고시환율
	실질환율	물가 수준 고려한 양국의 교환 비율
여러 교역국을 고려한 환율	명목실효환율	주요 교역국과의 가중평균 교환 비율
	실질실효환율	명목실효환율에 물가 수준까지 고려

100으로 잡고, 수치의 높고 낮음에 따라 절상과 절하를 판단합니다. 즉, 수치가 100보다 높으면 우리나라 원화의 화폐가치가 주요 교역국들보다 비싸며 고평가(평가절상)되었다는 뜻이고 반대로 수치가 낮으면 원화의 교역환율이 싸져서 저평가(평가절하)되었다는 뜻입니다.

이같이 환율의 변동에 따른 우리나라의 수출품의 가격 경쟁력의 변화를 비교할 때는 명목환율에 교역 조건을 감안하고 실질 물가 수준까지 고려한 실질실효환율을 기준으로 판단하는 것이 제일 정확합니다.

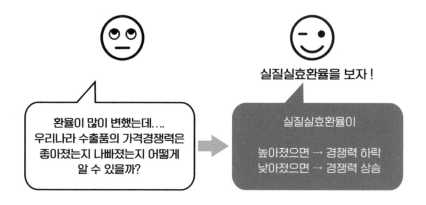

실질실효환율을 보자!

환율이 많이 변했는데....
우리나라 수출품의 가격경쟁력은
좋아졌는지 나빠졌는지 어떻게
알 수 있을까?

실질실효환율이

높아졌으면 → 경쟁력 하락
낮아졌으면 → 경쟁력 상승

명목실효환율과 실질실효환율 수치 변동의 의미

환율의 네 가지 종류와 그 개념에 대해 알았으니 이제 그 숫자를 보고 어떻게 해석해야 할지 살펴봅시다. 우리나라의 명목실효환율 수치가 증가했다고 했을 때 이는 정확히 무엇을 의미할까요? 변동의 의미를 해석해서 이해하는 것이 중요합니다.

예를 들어 1월 달 우리나라의 명목실효환율이 110이었는데 연말인 12월에는 100으로 내려왔다고 합시다. 그런데 같은 기간 동안에 달러-원 환율은 1,200원에서 오히려 1,150원으로 하락했습니다. 여기서 달러-원 환율이 명목환율입니다. 환율하락은 원화 강세와 달러 약세를 의미합니다. 한 해 동안 50원만큼 원화가 평가절상된 것이지요. 한편 실효환율을 보면, 110에서 100으로 낮아졌습니다. 1년 동안 원화가 주요 교역국들 통화와 비교해 10% 정도 가치가 하락한 것이지요. 실효환율은 지수 형태로 되어 있기 때문에 숫자가 높아지면 원화가 비싸진 것이고 낮아지면 약해진 것입니다.

그럼 이제 명목환율과 실효환율 두 가지를 종합해서 해석해보겠습니다. 달러-원 명목환율은 낮아져서 원화가 달러 대비 50원 내려 강해졌지만, 전 세계 모든 교역국들을 다 감안한 원화의 교역가치는 오히려 10% 하락했다는 것을 알 수 있습니다. 명목실효환율은 이렇듯 달러만이 아니라 주요 교역국들의 환율을 모두 포함해서 원화와 비교해줍니다. 더 나아가 이러한 명목실효환율의 수치에 물가의 영향까지 고려하면 실질실효환율이 되는 것입니다.

수출과 수입은 실질실효환율이 중요하다

명목실효환율에서 한 단계 더 나아가 물가까지 고려한 환율을 실질실효환율이라고 했습니다. 그러면 물가상승률의 변화는 실질실효환율에 어떠한 영향을 주게 될까요?

우선 물가상승률 또한 환율과 마찬가지로 다른 나라와 비교해서 생각해야 합니다. 이 때문에 주요 교역국들의 물가상승률에 비해 우리나라의 물가가 더 많이 혹은 덜 상승했는지를 비교하는 것이 중요합니다.

우리나라와 주요 교역국들 간 물가상승률의 차이를 계산한 뒤 명목실효환율에 더하거나 빼서 계산한 것이 실질실효환율인 것이죠. 이렇게 실질실효환율은 명목실효환율에 주요 교역국과의 물가상승률 차이를 감안해 계산합니다. 그러므로 우리나라의 물가상승률(인플레이션율)이 다른 나라들의 상승률보다 더 빠르게 상승했을 경우에는 실질실효환율이 상승하

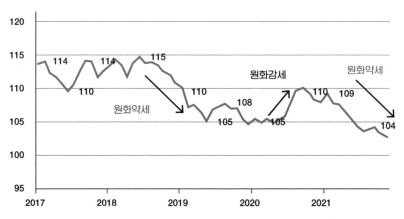

한국 실질실효환율[2017~2022]

출처: BIS 국제결제은행

는 효과를 가져오게 되는 것이죠.

> ## 한국 실질실효환율 110으로 상승. 코로나 이후 최고치
> 환율일보

위 기사와 같이 한국의 실질실효환율이 종전 105에서 110으로 상승했다고 해봅시다. 이러한 실질실효환율의 상승은 실질적인 원화의 가치가 다른 나라와 비교해 5% 이상 올랐다는 의미입니다. 원화의 가치가 올랐으니 다른 나라 통화와 교환할 때 수입은 유리하지만 수출은 불리해졌습니다. 우리나라의 수출단가가 종전보다 비싸진 반면, 수입 가격은 종전보다 저렴해진 것이죠. 이는 우리나라의 수출 경쟁력의 하락을 의미합니다. 반면 우리나라의 물가상승률이 다른 주요국들보다 낮은 경우에는 반대로 실질실효환율이 하락하게 됩니다.

■ 한국 실질실효환율상승 → 한국의 실질 수출단가 비싸짐 → 환율하락(원화 강세, 달러 약세) → 한국 수출 경쟁력 하락

이해를 돕기 위해 다음의 기사를 보겠습니다.

> ## 미국 5월 물가상승률 8.6%, 41년 만에 최고치…한국의 두 배
> 환율일보

교역 상대국인 두 나라 중에 한 나라는 물가상승률이 크게 일어나고 있는 반면, 다른 한 국가는 물가가 안정된 경우입니다.

미국의 전월 물가상승률이 최고조를 이어가고 있다는 내용이네요. 미국은 물가가 폭등하고 있는데, 정작 한국은 물가안정세를 이어가고 있는 모양입니다. 하지만 현대의 글로벌 경제는 서로가 얽히고설킨 하나의 생태계입니다. 우리나라의 물가가 안정되어 있다고 해서 우리나라에 아무런 영향이 없는 것은 절대 아니지요. 세계경제는 이미 얽일 대로 얽여서 서로 관계가 없는 나라는 없습니다. 결국 미국의 물가상승 여파는 '환율'이라는 연결 고리를 통해 우리나라에도 그대로 전달됩니다. 다시 말해, 미국과 같은 우리나라 주요 교역국들의 물가상승률이 한국보다 월등히 높아지면 환율에 변동을 가져온다는 말입니다.

미국의 쌀값을 예로 들어볼까요? 다음의 기사를 먼저 보시죠.

> 미국 물가 급등으로 달러 실효환율 10년 내 최고
> 미 교민들도 한국 수입 쌀 먹기 시작했다...   환율일보

한국의 물가는 그대로이고 달러-원 환율도 1,200원대로 큰 변화가 없지만 미국의 경기활황으로 미국 소비자 물가가 30% 이상 갑자기 크게 올랐다고 합시다. 이 때문에 LA 한인 교민들이 평소에 즐겨 먹던 저렴한 캘리포니아산 칼로스Cairose 쌀의 가격도 덩달아 30%나 올랐지요.

한국의 종합무역회사 L인터내셔널의 간부인 경기미 상무는 환율이 1,200원에서 큰 변화가 없는데도 갑자기 자사 프리미엄 쌀 브랜드 '광개토

대왕미'의 수출 주문이 몰려오는 것을 보고 의아해했습니다. 하지만 미국의 실효환율상승으로 우리나라 쌀이 더 잘 팔리게 됐다는 환율일보의 기사를 보고 난 뒤에 상황을 잘 이해하게 되었습니다. 미국의 물가상승으로 달러의 실질실효환율이 상승한 반면, 우리나라 원화의 실질실효환율은 하락한 것이지요. 교민들이 기존에는 저렴한 미국 캘리포니아 쌀을 먹었으나 물가가 30%나 오르면서 과거에는 비쌌던 한국산 수입 프리미엄 쌀의 가격이 상대적으로 저렴해진 것이죠. 역시 밥맛은 한국산 쌀이 최고지요!

이것만 기억하자!

- 우리가 평소에 접하는 환율은 명목환율입니다. 이 같은 명목환율에 물가를 고려해서 실질 구매력을 반영한 환율이 실질환율입니다.
- 명목환율이나 실질환율은 두 개국 간의 환율만 알려줍니다. 반면 실효환율은 우리나라 주요 교역국 전체의 환율을 가중평균한 수치이기 때문에 우리나라 교역의 가격 경쟁력을 보다 정확하게 파악할 수 있습니다.
- 달러인덱스와 마찬가지로 실효환율도 지수 형태로 표현되며 우리나라 제품의 가격 경쟁력이 얼마나 되는지를 하나의 숫자로 알려줍니다.
- 국제 결제은행 BIS가 발표하는 실효환율은 2010년도 수치를 100으로 하여 이를 기준으로 삼는데, 실효환율이 높아지면 원화가치가 평가절상된 것이며 반대로 하락하면 평가절하된 것으로 이해하면 됩니다.

환율이 오르면 우리나라 물건 가격이 저렴해져서 수출기업의 경쟁력이 강화됩니다. 그리고 수출이 늘어나면 기업들의 외화수입이 많아지고 기업들의 실적 또한 좋아져 국내 경기에도 호재로 작용합니다.

그래서 수출 주도 경제인 우리나라는 예전부터 높은 달러-원 환율을 미덕으로 생각해왔습니다. 그래서 환율이 조금이라도 하락해서 원화가 강해지면 수출기업들이 큰 걱정을 하던 시절도 있었죠. 환율하락은 수출품

환율의 변화에 따른 수출·수입 영향		
달러-원 환율상승 (원화가치 하락)	수출단가 하락	수출 증가
	수입단가 상승	수입 감소
	수입 원자재 가격 상승	물가 상승
달러-원 환율하락 (원화가치 상승)	수출단가 상승	수출 감소
	수입단가 하락	수입 증가
	수입 원자재 가격 하락	물가 안정

의 단가를 높이고 높아진 단가는 가격 경쟁력 하락으로 이어져 경제성장에 직접적인 영향을 주었으니까요.

환율이 수출에 주는 영향이 감소한 원인

하지만 2000년대 들어 한국의 경제구조가 다변화되고 선진화되면서 환율이 우리나라의 수출에 미치는 영향도 예전보다는 다소 감소하고 있습니다. 그 원인은 크게 세 가지 측면에서 일어난 변화에서 찾을 수 있습니다.

첫째로, 수출용 원자재와 반제품을 대부분 외국에서 수입하고 있어서 환율이 오르면 수입단가도 따라서 오르기 때문입니다. 그러나 수입단가가 오른다고 해서 제품의 가격을 바로 올리지 못하기에 이럴 경우 적자폭이 오히려 늘어나는 일도 생기게 되지요.

둘째로, 과거 우리나라 수출품들이 낮은 가격으로 승부했다면 현재는 선진국형 고부가가치 상품으로 많이 전환했기 때문입니다. 즉, 예전만큼 가격의 변화에 민감하지 않게 된 거죠. 산업화 이후 한국의 수출 품목은 의류 등 저가 제품 위주였지만 현대에 와서는 반도체 등 첨단제품으로 전환됐습니다. 환율 변동에 따른 수요의 변화가 예전만큼 크지 않게 된 것이지요.

셋째로, 국내 기업들이 해외로 눈을 돌려 생산기지를 많이 국제화했기 때문입니다. 2000년대에 들면서 많은 국내 대기업들이 해외법인 설립과 공장 증설 등을 꾀하며 다국적 기업으로 변모했습니다. 이러한 국제화에 따라 기업 전체적으로 통화가 다원화됐고 그 결과 달러-원 환율이 수출에 미치는 영향도 자연스럽게 줄어들게 된 것이지요.

위에서 열거한 여러 이유로 원화가치 하락이 수출품의 가격 경쟁력 제고로 이어져 우리나라 수출에 호재가 되던 1900년대와 달리, 2000년대에 들어서는 '환율상승=한국 상품의 경쟁력 상승'이라는 논리가 많이 약해진 상황입니다.

선진국형 환율상승의 문제점

한국은 이제 선진국형 경제 구조에 접어들었으므로 예전의 수출에 맞추어졌던 환율의 포커스를 다른 쪽으로 돌릴 필요가 있습니다. 우리나라도 이제 환율이 대외적으로 주는 영향뿐만 아니라, '대내적으로 미치는 영향'도 고려해야 하는 상황에 이르게 된 거죠. 환율상승이 미치는 대내적인 영향으로는 대표적으로 두 가지를 꼽을 수 있는데, 바로 국내 물가상승률과 외국인들의 국내투자입니다.

첫째로 물가상승률을 살펴보도록 하죠. 높은 환율상승은 국내 소비자 물가를 상승시키는 요인이 됩니다. 특히나 인플레이션 상황에서의 환율상승은 국내 경기를 둔화시키는 위험요소이기 때문에 더욱더 문제가 될 수 있습니다. 환율이 상승하면 우선 수입제품의 단가부터 높아집니다. 기존에 1만 원을 주고 수입하던 밀가루 한 포대의 가격이 2만 원으로 오른다면 어떻게 될까요? 빵집에서는 빵 가격을 줄줄이 올리고 피자나 파스타 등을 파는 외식업체들은 호떡집에 불 난 듯이 황급히 메뉴판의 가격을 올려야 할 테지요. 소비자들은 예전보다 훨씬 비싼 가격으로 빵과 피자와 파스타를 사 먹다 보니 호주머니가 얇아지게 됩니다. 높아진 물가와 얇아진 호주머니 탓에 소비자들은 외식을 덜하게 되고 더 곤궁하게 살아가야 하는 것이지요. 한편으로는 높아진 물가에 일부 기업들은 임금을 올려주기도 하지만 어떤 기업들은 높아진 임금에 인건비 부담을 덜고자 고용을 줄이려고 할 것입니다.

이렇게 기초 생필품의 가격이 오르면 국민들의 생활은 예전보다 힘들어지고 높아진 임금과 비용으로 기업들의 경영환경도 점점 악화되고 맙니다. 경기가 둔화되고 심한 경우 침체에 접어들기도 하지요.

이런 면에서 보면 환율이 오른다고 우리나라 경제에 마냥 좋은 것만은 아닙니다. 수출단가를 낮추어 수출기업들에게는 좋지만 수입 원자재나 물가를 상승시켜 국내 경제에 악영향을 줄 수도 있기 때문입니다. 더구나 앞서 설명했듯이 우리나라 수출산업의 구조 변화로 환율상승이 옛날만큼 호재로 작용하지 않죠. 이러한 이유로 너무 높은 고환율은 예전만큼 수출에 도움이 되지 않는 반면, 국내 수입물가를 높여 물가상승 우려를 불러오는 실정입니다.

다음의 기사에서 이 같은 사실을 잘 확인할 수 있습니다.

> 한은 "고환율이 물가 자극…
> 상반기 물가상승률 중 9%가 환율로 인한 상승" 환율일보

환율일보 기사는 한국은행의 2022년 8월 '통화신용정책 보고서'를 인용 보도한 것입니다. 보고서는 2022년 상반기 소비자물가 총상승률 4.6% 가운데 상당 부분인 9%가 환율인상 요인 때문이었다고 분석했습니다. 세계적인 인플레이션 상황에서는 이러한 물가상승이 장기간 고착화될 가능성이 있기 때문에 특히나 위험합니다. 또한 통화의 안정성이 훼손되기 때

문에 해당 통화의 신용도에도 문제가 생길 수 있습니다. 통화의 안정성이 훼손되어 변동성이 커지면 국제통화로서의 효용은 크게 떨어지기 마련입니다. 원화의 국제화를 위해서라도 향후 환율의 변동성을 줄일 수 있도록 노력해야 할 것입니다.

두 번째 환율상승의 대내적 악영향은 투자입니다. 한국이 글로벌 경제에서 차지하는 위치가 커졌고, 외국인들의 자본 및 시설 투자가 늘어났습니다. 하지만 지속적인 달러-원 환율의 상승은 외국인들의 자본투자에 부담을 주게 되죠. 달러-원 환율이 높은 수준을 유지하거나 계속 상승하면 외국인들은 환차손을 우려할 수밖에 없습니다. 그래서 신규투자를 망설이게 되는 것이지요. 환율상승이 지속되면 환차손 걱정 때문에 원화 자산을 매도하는 경우도 있습니다. 이러한 이유로 고환율은 외국인들의 증시 이탈을 가져오고 이어서 주가하락을 부르는 것입니다.

> ## 치솟는 환율에 주식 파는 외국인... 외국인 신규 매수 최저
> 환율일보

해당 환율일보 기사는 2022년 환율이 1,300원을 넘기면서 외국인들의 매매 행태를 보도한 내용입니다. 환율이 급등함에 따라 외국인들이 보유한 주식을 주식시장에서 팔고 있군요. 환율이 오르면 원화의 가치가 하락하고, 원화로 표시된 우리나라 주식에 투자한 외국인들은 환율이 오를수록 환차손을 보기 때문입니다. 이처럼 환율이 급하게 상승하는 국면에서는 신규 매수세 유입이 중단되는 경향이 있으며, 반대로 환율이 급하게

하락하는 국면에서는 외국인들의 신규 매수세 유입이 더욱 활발해지는 경향이 있습니다.

환율상승과 해외 자금 조달의 문제

환율이 상승하면 기업들의 해외부채에도 악영향을 끼칩니다. 우리나라 기업들은 자금을 국내에서 원화로 빌리는 경우도 있지만 해외 조달이 더 저렴한 경우에는 해외에서 외화로 빌리기도 하거든요. 특히나 우리나라의 많은 기업들은 이제 해외 일류 기업들과 견주어도 뒤지지 않는 탄탄한 기술력과 신용도를 갖추었기 때문에 해외 투자자들이 낮은 금리에도 선뜻 나서서 돈을 빌려주려 합니다. 우리나라 글로벌 기업들의 임직원들 한 사람, 한 사람이 쉬지 않고 땀 흘려 일한 노고 덕분에 우리가 해외에서 더욱 한국인의 긍지를 가지고 여행과 출장을 다닐 수 있게 되어 정말 감사한 마음이죠.

하지만 환율이 크게 오르면 국내 기업들의 해외부채 관련 이자 부담이 커지게 되어 자금 조달에 애로사항이 생기기도 합니다.

다음 페이지에 나오는 뉴스 헤드라인들을 살펴봅시다. 해당 보도들은 환율이 크게 상승하면서 배터리 업계가 힘들어하고 있다는 내용으로, 2022년 달러-원 환율이 1,300원을 넘어가면서 나온 산업 관련 기사들입니다.

뉴스를 통해 배터리 업계는 국내 자금 조달이 아닌, 해외에서 외화채권 발행이나 해외차입을 통해 자금을 조달했다는 것을 알 수 있습니다. 우리나라 배터리 업계가 세계적으로 기술력을 인정받고 있지만 환위험에는 많이 노출된 상태라고 판단할 수 있겠네요. 앞서 1장에서 공부했듯이 해외 자금 조달로 인한 익스포져, 즉 환노출이 큰 상황인 것이죠.

이렇듯 해외 자금 조달은 저렴하다는 매력이 있지만, 다음과 같은 두 가지 환위험을 유발합니다. 첫째로, 빌린 원금을 상환하는 원금 관련 환율 위험입니다. 이러한 원금을 금융권에서는 영어로 노셔널 금액**notional amount**이라고도 하는데, 환율이 오르면서 만기에 상환해야 하는 원금의 미래 가치가 지금 빌릴 때보다 훨씬 커져서 평가손이 나는 환율 변동 위험을 말합니다. 둘째로, 이자 관련 환율 위험입니다. 해외에서 조달한 원금뿐만 아니라 이자도 외화로 지불해야 하기 때문에 이자 비용도 같이 늘어나게 되는 것이지요.

그러면 이러한 환율 변동 위험에 무방비로 당할 수밖에 없는 걸까요? 미리 대응을 할 수는 없을까요? 물론 있습니다. 미리 환헤지 거래를 하면 됩니다. 해외 자금 조달 시 환헤지를 하는 구체적인 방법에 대해서는 이어질 3장에서 더 자세히 설명할 예정입니다. 여기서는 간단하게 '만기에 갚아야 할 원금과 미래에 지불해야 할 이자까지 현재 환율로 고정시키는 방법으로 환위험을 관리할 수 있다' 정도로만 알고 넘어가도록 합시다.

이것만 기억하자!

- 환율이 오르면 수출단가를 낮추어 수출기업들의 가격 경쟁력은 나아지는 긍정적인 측면도 있지만 부정적인 측면도 존재합니다. 무작정 오른다고 반드시 좋은 것이 아니지요.
- 환율이 오를 때의 부정적인 측면으로는 두 가지가 있습니다. 국내 소비자물가의 상승 그리고 외국인들이 환차손으로 국내투자를 망설이면서 외국인 투자가 감소한다는 점입니다.

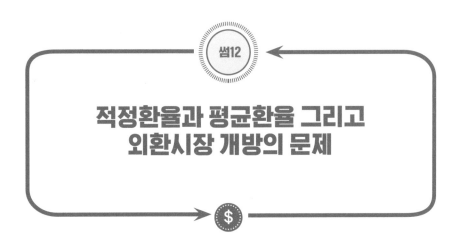

적정환율과 평균환율 그리고
외환시장 개방의 문제

나라마다 환율이 자국의 경제와 금융에 주는 영향은 모두 다릅니다. 한국과 미국의 경우가 다르고 사우디아라비아와 브라질의 경우도 많이 다르지요. 그러면 우리나라의 경우는 어떨까요?

　환율이 상승할 때는 원화의 가치가 떨어져서 한국산 제품들의 수출경쟁력이 높아집니다. 환율상승으로 수혜를 받는 대표적인 업종들이 자동차, 조선, 전자제품과 같은 우리나라 주력 수출품들이죠. 반면에 우리가 먹는 빵의 원재료인 밀이나 콩 등 식료품의 원재료들은 수입에 많이 의존하고 있습니다. 공장의 기계를 돌리거나 일상생활에 필수적인 전기와 같은 에너지를 만들어내는 석유와 석탄 등의 에너지원 그리고 철강과 같은 원자재 또한 거의 전량 수입에 의존하고 있지요. 그래서 환율이 너무 낮아도 수출에 문제가 생기지만 환율이 너무 높아도 수입물가가 비싸지는 악영향이 있습니다. 이제 선진국으로 발돋움한 한국 경제는 환율이 한쪽으로 치우치기보다는 적정한 환율 수준에서 안정세를 보이는 것이 가장 좋은 상황이라고 할 수 있겠습니다.

우리나라는 IMF 경제위기 이후 변동환율 제도를 운영하고 있습니다. 그리고 변동환율 제도에서 환율은 기본적으로 시장에서 수요와 공급에 의해 결정되지요. 하지만 중앙은행과 정부가 정책적으로 일정한 환율 수준을 유지하려고 개입하기도 합니다. 중앙은행과 정부는 적정환율을 유지하려고 노력하는 것이지요. 그러면 적정환율은 어떤 환율일까요? 보통은 일정 기간의 평균환율을 적정환율이라 칭합니다.

달러-원 환율은 2000년대 들어 평균 1,130원 선을 유지했습니다. 이는 2000년 이후 달러-원 환율의 일별 종가를 평균했을 때의 환율입니다. 하지만 2022년 이후의 평균환율은 과거보다 약 100원~150원 이상 올라 거래될 것으로 예상됩니다. 그 이유로는 크게 두 가지를 들 수가 있습니다.

첫째는 2021년부터 시작된 달러발發 통화가치 조정 때문입니다. 코로나19 이후 이루어졌던 엄청난 규모의 양적완화가 가격 혁명과 같은 수준의 인플레이션을 몰고 오자 미국 연준은 황급히 통화정책 정상화를 시작했습니다. 이 과정에서 달러의 가치가 다른 통화 대비 급격히 상승하면서 '달러 대 다른 통화'의 형식으로 통화가치의 재편이 시작됐죠. 그리고 이러한 통화가치의 조정은 해당 통화로 표시된 자산들의 투자가치 조정으로 이어졌습니다. 이는 곧 달러라는 통화의 선호도뿐만 아니라 달러 자산에 대한 수요도 훨씬 늘어나게 된다는 얘기입니다.

물론 미국의 금리인상과 긴축 기조가 종료되면 환율이 다시 하락 기조로 변할 수는 있겠지만 그런 경우에도 과거의 환율 수준으로 복귀는 어렵다는 뜻이지요. 때문에 향후 10~20년간 달러-원 평균환율은 이전의 1,100원대가 아닌 1,200원대나 그 이상에서 이루어질 가능성이 큽니다.

둘째는 일각에서 논의되고 있는 외환시장 개방에 대한 영향 때문입니다. 우리나라의 주식시장은 1990년대 개방 이후 질적으로나 양적으로 크게 성장하였습니다. 개방 이후 외국인들의 코스피 투자 점유율은 한때 40%를 넘기기도 했으니까요. 하지만 지금은 30%대로 많이 하락한 상태예요. 많은 이들이 미국의 금융기관 모건스탠리가 발표하는 MSCI 선진국 지수에 한국이 편입되지 못한 것을 두고 외국인 투자의 감소 및 외환시장 규제를 주요 이유로 들고 있습니다. 그래서 우리나라 고위 공무원들이 외환시장의 거래 시간 연장을 약속하고 역외결제가 제한되어 있는 원화 개방에 대한 의도를 피력하고 있는 상황인 것이죠.

하지만 MSCI는 일개 외국의 금융기관에 불과하고, 우리나라의 기업과 금융시장이 발전하면 원하지 않아도 선진국지수에 편입될 것입니다. 물론, 우리나라 원화는 국제결제 통화의 목적에 맞게 향후 개방되어야 하고 이는 필연적으로 가야 할 길입니다.

하지만 우리가 시기를 정해서 주도적으로 개방을 해야 하는 것이지 해외 금융기관의 요구에 끌려가는 모습은 외국인 투자자 입장에서 보더라도 그다지 긍정적이지 않습니다. 개방을 하더라도 우리 스스로의 계획에 맞추어 '적절한 시기'와 '치밀한 사전 준비'가 필요한 때입니다.

외환시장 전면 개방 발표 후 환율 전망 및 위험성

이것이 또 왜 중요하느냐 하면 외환시장 전면 개방에 대한 발표와 기사들이 전부 환율상승의 요인으로 작용하기 때문입니다. 준비되지 않은 외환시장 개방은 자칫 잘못하다 달러-원 환율을 순식간에 몇 백 원 이상 상승시킬 위험성이 있습니다.

"선무당이 사람 잡는다"는 말이 있습니다. 외국기관들의 요구에 끌려다니다 자칫 환율이 폭등하여 빅피겨가 바뀌는 상황은 상상하기도 싫은 시나리오일 겁니다. 의사의 잘못된 진료는 환자 한 명만 아프게 하지만 잘못된 금융정책은 국민 모두를 오랫동안 고통에 시달리게 하니까요. 특히나 이러한 관치적이고 포퓰리즘적인 정치적 발상을 금융시장에 주입하는 것은 자본주의를 생명으로 하는 주식과 금융시장에 투자하는 일반인 투자자들을 구렁텅이로 모는 일입니다. 조삼모사朝三暮四의 결과를 낳을 뿐인 것이지요.

환율은 우리나라 모든 기업과 경제 전반, 세계 각국의 투자자 그리고 글로벌 국제금융 상황과 긴밀하게 연결되어 있는 매우 민감한 동물입니다. 어떤 발표 하나라도 매우 신중하고 많은 준비를 하고 난 뒤에 해야 할 것입니다.

이것만 기억하자!

- 2000년대 들어 달러-원 환율은 평균 1,130원에서 움직였으나 향후 10년 동안의 평균환율은 과거 대비 100원 이상 높게 형성될 것으로 전망됩니다.

- 환율이 높게 형성되는 가장 큰 이유로는 2021년 이후 미국의 테이퍼링 이래 시작된 '달러발 통화가치 조정' 때문입니다. 달러가 다른 통화와 자산 대비 수요가 많아졌고 따라서 가치가 변화하게 되었습니다.

- 외환 전면 개방은 필연적인 방향으로 이루어져야 하나, 이는 우리의 계획대로 추진되어야 하며 MSCI나 여타 기관들에 휘둘릴 문제가 아닙니다.

- 또한 전면 개방 발표 후에는 환율의 폭등 가능성이 있으므로 이러한 문제들을 사전에 미리 면밀히 검토해서 준비를 철저히 해야 할 것입니다.

환율전쟁과 역환율 전쟁 - 실상은 모두 달러전쟁

우리 모두는 글로벌 경제의 주체

현대사회에서 우리는 모두 스스로의 의지와 관계없이 경제활동을 하면서 살아가게 됩니다. 오늘도 멋진 하루의 경제활동을 위해 해병대 출신 백만 불 과장은 기상 알람으로 설정한 〈멋진 사나이〉 군가 노랫소리에 잠에서 깼지요. 알람 소리에 반사적으로 일어나 칫솔에 치약을 묻혀 양치를 하고, 총알같이 눈과 코에만 물을 튀겨 고양이 세수를 완성합니다. 회사 앞에서 커피 한 잔을 사서 들고 가면서 핸드폰의 인터넷 서비스를 통해 간밤에 일어난 뉴스를 봅니다.

칫솔, 치약과 핸드폰 같은 인간 생활에 필요한 물품을 가리켜 경제학에서는 재화財貨라는 어려운 말로 표기합니다. 쉽게 말하면 형태가 있는 물건이라는 것이지요. 반면에 커피를 내려주거나 인터넷을 제공해주는 서비스에는 용역用役이라는 단어를 사용하지요. 형태가 없는 물건이라는 뜻입니다. 이렇게 우리는 매일매일 살아가면서 끊임없이 재화와 용역을 소비하고 만들어내기도 합니다. 자신도 모르는 사이에 글로벌 경제활동을 하고 있는 것이지요.

백만불 과장이 아침에 소비한 칫솔과 치약의 튜브, 핸드폰 케이스의 주된 원료인 나프타는 석유화학 제품으로서 석유에서 추출한 수입품입니다. 마찬가지로 커피의 원료인 아라비카 원두 또한 남미산 수입품이며, 커피를 내리기 위해 사용한 전력 또한 한국전력이 수입한 석탄과 석유를 에너지원으로 삼아 만들어낸 수입품입니다.

아침에 소비한 모든 재화와 용역이 외환시장에서 원화를 외화로 바꾸는 환전의 과정과 함께 일어났다고 할 수 있는 것이죠. 여러분이 이를 닦고 커피를 마시고 샌드위치를 먹는 하나하나의 모든 행동이 외환시장, 더 나아가 글로벌 경제와 연결되어 있다는 사실을 새삼 느낄 수 있습니다.

글로벌 경제전쟁

하지만 사람 사는 세상에는 언제나 경쟁이 있듯이, 모든 원자재나 완제품에도 경쟁자가 있기 마련입니다. 커피는 고소한 브라질산이 있는 반면 신맛 나는 콜롬비아산도 있죠. 원유에는 저렴한 중동의 두바이산이 있지만 저유황 고품질로 유명한 미국의 WTI도 있습니다. 완제품의 경우에는 경쟁자가 이보다 훨씬 더 많습니다. 치약과 칫솔이나 핸드폰뿐만 아니라 지구상의 모든 국가가 자국산 제품들의 가격 경쟁력을 높이기 위해 치열하게 노력합니다. 왜 그럴까요?

네, 맞습니다. 여러분은 이미 정답을 알고 있습니다. 자국 기업들의 수출이 잘 되어 더 많은 돈이 유입되고 결국 국민들이 풍족하게 더 잘살 수 있도록 만들기 위함이죠. 수출을 통해 자국의 부가 더 많아지면 국민들도 더 부유해지고 잘살게 될 테니까요. 그래서 모든 나라들은 자기네 주력 수출품의 수출이 잘 되도록 서로 경쟁과 협력을 하기 시작했습니다. 도움이 필요한 국가들끼리는 서로 세금을 깎아주기도 하고, 반대로 경쟁 국가 상품들이 자국에 수입될 때는 높은 관세를 부과하기도 하는 것이지요.

이는 자유무역협정이나 관세동맹과 같은 배타적인 경제블록을 통해 회원국 간에 교역에 대한 무역 장벽을 철폐하여 무역 특혜를 제공하는 방식이라 할 수 있습니다. 각국의 수출 경쟁이 전 세계적인 글로벌 경제전쟁으로 비화된 것입니다.

하지만 경제블록이나 무역협정만으로는 글로벌 경제전쟁에서 자국산 상품의 가격 경쟁력을 높이는 데에는 한계가 있었습니다. 특히나 특정 국가들을 대상으로 특혜를 주는 무역협정은 다른 국가들도 새로운 무역협정을 통해 대응하는 결과를 가져왔습니다. 뿐만 아니라 특정 국가나 상품에 매긴 높은 관세율은 해당 국가와의 외교 마찰을 일으키고 더 나아가 국제무역을 저해한다는 국제사회의 지탄도 받을 수 있지요.

경제전쟁은 환율전쟁으로 비화

경제블록과 국가 간 무역협정으로 촉발된 글로벌 경제전쟁은 이제 환율전쟁으로 이어져 불붙게 됩니다. 자국의 통화를 저평가시켜버리면, 반대로 자국산 제품의 가격 경쟁력이 올라가기 때문입니다. 관세를 높일 필요도 없고 무역협정을 따로 체결할 필요도 없죠. 불특정 다수의 국가들을 상대로 아주 효과적으로 자국 제품의 경쟁력을 높일 수 있는 초 간단 매뉴얼인 셈입니다. 이렇게 간단하고도 쉬운 환율의 치명적인 매력에 매료된 국가들은 너도나도 이 환율전쟁에 뛰어들었습니다. 마치 저녁에 참다 참다 결국은 치킨집 전화번호를 누르고 마는 우리 직장인들처럼 말이에요.

불붙은 환율전쟁은 트럼프 대통령 재임기에 최고조에 이르게 됩니다. 2016년부터 마이너스 기준금리를 도입한 유로존과 일본이 이를 이용해 자국의 통화를 평가절하시킨다면서 맹렬하게 공격했습니다. 이후 트럼프 대통령은 2017년에도 중국과 유럽연합이 환율을 인위적으로 조작해서 자국통화의 평가절하를 의도적으로 유도하고 있다고 공개적으로 비난합니다. 트럼프 대통령은 환율조작으로 미국의 경쟁력이 상실되고 있어 공정하지 못한 경쟁 상황이라고 주장했지요. 이로써 역사적으로 미국의 오랜 우방이던 유로존은 환율 문제로 트럼프 대통령 재임기에 미국과 최악의 외교관계를 유지하게 됩니다.

트럼프 대통령은 교역 상대국들에게 압력을 넣는 동시에 미국의 중앙은행인 연준과 파월 의장도 압박하기에 이릅니다. 이러한 이유로 트럼프 대통령 재임 당시 미국 재무부의 환율보고서 발표는 항상 초미의 관심사였으며, 미국과 세계 주요국들 간 환율전쟁을 촉발했습니다.

2019년 환율전쟁은 극으로 치닫게 됩니다. 미국은 중국산 제품에 징벌적 성격의 높은 관세를 부과하기 시작했고, 중국은 이에 대한 보복으로 달러-위안 환율이 더욱 높아지도록 방조하게 됩니다. 급기야 2019년 8월 4일 달러당 7위안을 넘는 '포치破七(위안화 가치의 마지노선을 뜻하는 말)' 현상이 나타나게 됐지요.

미국은 바로 다음 날인 8월 5일 중국을 환율조작국으로 지정하게 되고, 이를 중국에 통보합니다. 이를 계기로 미국과 중국 양국 간 환율전쟁은 유로존, 일본 그리고 세계 열강들의 글로벌 환율전쟁으로 비화됩니다.

中国의 의도적 위안화 약세-2019 미·중 무역분쟁

(단위: 위안)

8월 5일
7.0507위안
환율조작국 지정

━━ 달러-위안 환율   ━━ 포치: 1달러당 7위안

출처: Bloomberg

하지만 끝을 알 수 없었던 환율전쟁은 2019년, 전혀 예상치 못했던 초유의 감염병인 코로나19로 인해 일단락됩니다. 우선 코로나19 바이러스의 확산으로부터 자국민의 안전을 지키고 경제를 보호하는 것이 급선무가 되다 보니 각국은 환율에 신경 쓸 겨를이 없었던 것이죠.

거꾸로 가는 역환율 전쟁

코로나19 기간의 양적완화는 여태껏 보지 못한 높은 수준의 전 세계적인 물가상승을 야기했습니다. 미국과 유로존, 영국 등이 거의 10%에 달하는 물가상승률을 경험하게 되었지요.

2021년 미국 연준의 테이퍼링 발표 이후 글로벌 경제는 달러에 크게 휘둘리게 됩니다. 달러와 달러표시 자산들의 가치가 다른 여타 통화와 표시된 자산보다 가치가 우월해진 것이지요. 이른바 '달러발 통화가치 조정'은 달러의 선호도를 급속도로 끌어올렸습니다. 모든 통화들이 달러에 비해 약세를 나타내게 되었던 것입니다. 예전 같으면 호재로 여겨졌을 일인데 각국은 난리가 납니다. 그리고 미국의 전격적인 금리인상과 긴축으로 세계 각국은 미국의 인플레이션이 자국으로 전이되는 것을 막기 위해 혈안이 됩니다. 자국통화의 가치가 달러 대비 싸지면서 수입물가가 올라 가뜩이나 높은 물가상승을 더욱 부채질했기 때문입니다. 미국이 가치가 높아진 달러를 이용해서 미국의 물가상승률을 최대한 타국으로 넘기는 전략을 사용하고 있다고 생각한 것이지요.

따라서 이번에는 세계 각국이 경쟁적으로 통화정책 정상화를 단행하게 됩니다. 유로존은 2016년 이래 6년 넘게 마이너스였던 기준금리를 빠르게 인상하고 여타 국가들도 0.75%p 인상인 자이언트 스텝이나 0.5%p 빅스텝 금리인상 같은 가파른 인상 행렬에 동참하게 됩니다. 과거에는 자국통화의 가치를 상대방 통화에 비해 더 싸게 만들려는 했는데 이제는 물가상승으로 오히려 자국통화의 가치를 높게 유지하려고 안간힘을 쓰게 된 것이지요.

우리나라도 환율이 높아지면서 수입물가가 오르고 결과적으로 소비자물가가 크게 오를 가능성이 매우 커지게 되었지요. 이렇게 거꾸로 자국통화의 가치를 높게 유지하려고 노력하는 것을 가리켜 '역환율 전쟁'이라고 부릅니다.

출처: Bloomberg, 서울외환중개

통화전쟁은 모두 달러전쟁

하지만 이러한 환율전쟁이나 역환율 전쟁이나 그 근본은 모두 다르지 않고 같습니다. 거슬러 올라가면 통화전쟁의 원인은 모두 '미국달러'라는 시작점에서 출발하기 때문입니다.

　미국은 과거 막강한 군사력과 경제력을 이용해서 초강대국으로 군림해왔습니다. 21세기에 들어와서도 여전히 초강대국의 자리를 지키고는 있지만 중국과 여타 국가들의 경제적·군사적 성장에 힘입어 20세기에 누렸던 힘과 위상에는 미치지 못하는 상황이죠. 이런 상황에서 달러는 미국의 이러한 경제적·군사적 파워를 보완해주는 치트키 또는 만능칼의 역할을 합니다. 만능칼인 달러를 손에 쥔 미국은 언제 어디서나 쉽게 상황을 해결해나가는 슈퍼히어로로 변신할 수 있는 것이지요.

　현대사회의 가장 큰 특징 중 하나는 바로 정치나 이데올로기보다는 자국의 경제적인 이익이 중요해졌다는 것입니다. 과거 자유민주주의 진영의 수호자를 자처했던 미국은, 이제 달러라는 무기를 자국의 이익을 위해 최대한 사용하고 있습니다.

사람이 돈이 없으면 굶어 죽을 수 있듯이, 국가도 달러가 없으면 생존이 풍전등화의 위기에 다다를 수 있습니다. 이제 우리는 안보 위협뿐만이 아닌 소리 없는 무기인 통화 위험에도 무방비로 노출되어 있는 상황입니다.

이러한 면에서 달러전쟁이 일어날 때마다 우리가 미국과의 통화스왑에만 의존하려고 하는 생각은 매우 위험할 수 있습니다. 한국은 자생적인 금융 경쟁력을 키워나가야 하고 또한 우리는 그것을 실행에 옮길 수 있는 중요한 갈림길에 와 있습니다. 우리의 안보에 직결되는 국방이나 경제를 다른 나라에 맡길 수 없듯이, 우리나라의 통화인 원화 또한 우리가 발전시켜 힘 있는 통화로 만들어나가야 할 것입니다.

동시에 세계의 기축통화인 달러를 가장 효율적인 방법으로 활용하면서도, 우리나라 원화의 가치를 담보하기 위한 여러 가지 체계적인 장기 플랜을 만들어 추진해나가야 할 것입니다.

이것만 기억하자!

- 국가 간 무역협정으로 촉발된 글로벌 경제전쟁은 자국의 통화를 저평가시켜서 자국산 제품의 가격 경쟁력을 올리기 위한 '환율전쟁'으로 이어졌습니다. 환율전쟁의 결과, 미국은 유로존과 환율 마찰을 일으키고 급기야 중국을 환율조작국으로 지정하기에 이릅니다.

- 하지만 코로나19 이후 미국의 양적완화로 인해 전 세계가 인플레이션에 허덕이자 과거와는 반대로 각국은 서로 자국통화의 가치를 높게 유지하려고 애를 쓰게 됩니다. 이를 가리켜 '역환율 전쟁'이라고 하지요.

- 하지만 환율전쟁이나 역환율 전쟁이나 사실 따지고 보면 그 근본은 모두 같은 '달러전쟁'이라고 할 수 있습니다.

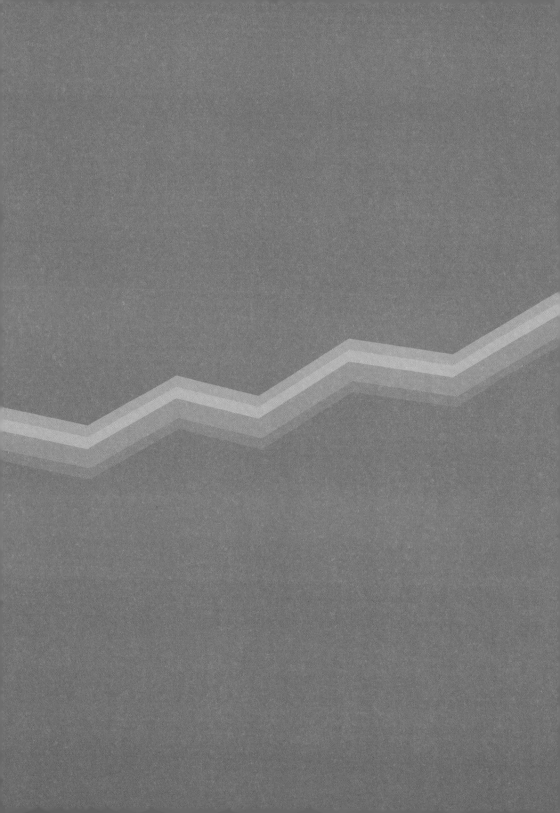

본격적인 환율과의 연애

—

외환 모태솔로 탈출하기!

백만불 과장

오억원 대리

천원만 대리

외환시장에서 가장 많이 거래되는 현물환

외환시장은 '거래'라는 다양한 꽃이 피어나는 정원

일반적으로 우리는 은행에 가서 여행이나 학비 목적으로 현찰을 바로 구입하는 거래에 익숙합니다. 이렇게 외국통화가 지금 바로 필요할 수도 있지만 경우에 따라서는 일주일 혹은 한두 달 또는 몇 년 후에 필요할 수도 있습니다. 상황마다 필요한 시기가 다 다르겠지요.

때론 일반적인 경상거래나 돈을 빌려주고 받는 자본거래의 과정에서 달러와 같은 외국통화를 일시적으로 가지고 있게 되는 경우도 있습니다. 이럴 때는 달러예금과 같이 예금을 할 수도 있지만 조금 더 높은 이자율을 받고 누군가에게 일정 기간 빌려줄 수도 있겠지요. 상대적으로 달러가 일시적으로 필요했던 사람이나 회사는 외환을 매수하고 다시 매도해야 하는 환위험에 노출되지 않고 일정한 이자만 부담하고 달러를 빌릴 수 있게 되어 다행입니다.

이같이 단순히 외환을 바꾸거나 일정 기간 동안 통화를 빌리고 빌려주는 것 외에도, 미래의 환율 움직임에 따라 지정된 외국통화를 여러 가지

복잡한 조건을 넣어 거래할 수도 있습니다.

거래去來라는 단어의 한자를 한번 잘 살펴봅시다. '거'는 간다는 말이고 '래'는 온다는 뜻입니다. 사람은 주는 것이 있어야 받는 것도 있는 법이지요. 옛말에 틀린 것이 하나도 없습니다. 영어에도 똑같은 말이 있습니다. 바로 '기브 앤 테이크give and take'입니다. 여러분이 편의점에서 조그만 껌 하나를 사도 돈을 주고 물건을 받는 것입니다. 이렇듯 세상은 거래를 통해 굴러갑니다. 그래서 거래의 매개체인 '돈'이 정말 중요해진 거예요. 이렇게 '거래'는 우리가 모르는 사이에 우리 생활의 중요한 일부분이 되어버렸습니다. 하지만 일반적으로는 물건을 사고팔기 위해 거래를 하지 돈 자체를 잘 거래하지는 않죠.

하지만 위에서 설명한 것처럼 자본거래의 과정에서 돈 자체를 거래해야 하는 경우들도 종종 발생합니다. 이때 거래의 매개체이자 수단인 돈을 거래하는 사람들이 바로 딜러dealer입니다. 외환시장이라는 정원에서 이루어지는 다양한 종류의 거래들이 외환시장의 꽃이라면 딜러들은 아름다운 여러 꽃들을 가꾸는 정원사의 역할을 합니다.

외환시장의 정원사들인 딜러들은 외환시장이라는 '금융 정원'에 매일

외환딜러는 외환시장이라는 정원에서 거래 꽃을 피우는 정원사

매일 사고파는 호가인 물과 양분을 주면서 다양한 '거래 꽃'들이 필 수 있도록 매일매일 가꾸고 발전시켜 나갑니다.

그러면 외환시장의 꽃과 같은 거래에는 어떤 종류들이 있는지 알아보도록 하겠습니다.

현물환 거래는 어떻게 이루어질까?

외환 거래는 시장에서 다양한 형태로 이루어지고 있는데, 결제일의 기간 차이, 즉 만기의 차이에 따라 크게 현물환과 선물환으로 나뉘어집니다. 결제일이 거래일로부터 2영업일까지인 거래를 현물환이라고 하며 3영업일부터는 선물환으로 구분됩니다. 여기서 '2일'이라고 쓰지 않고 '2영업일'이라고 표현하는 이유는 주말 같은 휴일이나 공휴일이 들어가면 날짜 계산을 그다음 날로 건너뛰기 때문입니다. 예를 들어 2일 후 결제일이 토요일이라면 토요일과 일요일을 건너뛰고 월요일에 결제가 됩니다. 금융시장이 노는 날에는 날짜를 카운트하지 않겠다는 뜻이지요.

현물환 환율은 바로 결제되기 때문에 영어로 '바로'라는 의미의 'on the spot'에서 따온 스팟spot 환율이라고 부르는 데 반해, 선물환 환율은 향후 미래에 결제된다는 의미로 포워드forward 환율이라고 부릅니다.

그렇다면 이러한 현물환 거래는 왜 생겨났을까요? 인간이 만들어낸 대부분의 것이 그렇듯 우리가 살아가면서 필요하니까 만들어냈겠지요. 오래된 관행부터 새로운 발명품까지 그게 무엇이든 사람이 만든 것은 인간의 필요에 의해 생겨난 것입니다. 세계에는 국가의 수만큼 많은 통화가 있고 국제무역을 원활하게 하려면 필요한 국가의 통화를 바로 사거나 팔 수 있어야 합니다. 현물환은 바로 이러한 국제무역의 과정에서 환전을 쉽게 하고자 하는 수요에 의해 생겨났습니다. 현물환은 외환시장에서 그 수와 물량이 가장 많은 거래로, 우리가 흔히 외환 거래라고 하면 대표적으로 이러한 현물환을 떠올리게 됩니다.

우리나라에서 현물환은 거래 후 다다음날인 2영업일 후에 결제가 이루어집니다. 하지만 거래의 필요에 따라 거래일인 당일결제나 거래 다음 날인 익일결제가 일어나는 경우도 있습니다.

현물환의 결제일: 2 영업일 이내
- 당일결제(value today): 거래 계약일에 금액 결제
- 익일결제(value tomorrow): 계약일 후 1영업일에 결제
- 익익일결제(value spot): 계약일 후 2영업일에 결제

현물환을 거래하는 가장 큰 목적은 어떤 화폐가 '지금 당장' 필요하기 때문입니다. 이를 "실제 수요가 있어서 거래한다"고 해서, 실수요 매매라고 합니다. 해외송금이나 수출입 그리고 해외투자 등으로 인하여 받거나 줘야 할 외국통화를 매매하는 것을 말합니다.

앞서 설명했듯 현물환은 기본적으로 우리가 흔히 말하는 환전과 같은 의미로서 외환시장에서 가장 일반적이고 오래된 거래 형태입니다. 그래서 현물환 환율은 선물환 등 다른 종류의 외환 거래 가격을 산출할 때의 기준이 되지요. 우리가 평소 일반적으로 TV나 뉴스에서 접하는 환율도 현물환 환율 즉, 스팟 환율입니다. 우리나라 일평균 현물환 거래 금액은 약 250억 달러 정도이며, 그중 달러-원 거래가 약 75%로 독보적으로 많습니다.

외국환 은행의 현물환 거래 규모

(단위: 일평균, 억 달러)

구분	2020	2021	2022.1Q	%
KRW/USD	147.2	170.6	186.1	74.5%
KRW/CNY	22.9	20.0	20.2	8.1%
KRW/기타통화	6.6	7.6	7.7	3.1%
이종통화 간 거래	26.4	28.9	35.7	14.3%
합계	203.2	227.1	249.6	

출처: 한국은행 외환 거래 동향

그렇다면 실제 주문과 결제까지의 과정은 어떻게 이루어질까요? 다음의 사례를 통해 한번 살펴보도록 하겠습니다.

M은행의 촉망받는 외환딜러 백만불 과장은 100만 달러 상당의 현물환을 오늘 매수하려고 합니다. 외환시장의 베테랑이자 탁월한 실력의 소유자인 백만불 과장은 백만불짜리 멋진 딜을 자주 체결하는 최고의 딜러로 시장에서 소문이 자자하지요. 백만불 과장은 외국환 중개시스템에 나와 있는 1,200원의 호가를 보고 브로커인 오억원 대리에게 사달라고 전화를 겁니다. 오억원 대리는 백만불 과장과의 통화를 끊자마자 중개시스템에 매도호가를 올린 A은행의 짠돌이 딜러 천원만 대리에게 확인을 한후 바로 매수 체결을 시킵니다. 혹시나 추후 생길 수 있는 분쟁의 소지를 막기 위해 매매와 관련된 모든 기록은 녹취 전화기에 기록되어 보관되게 되죠.

거래 주문이 완료되면 중개회사에서는 두 은행 앞으로 이메일이나 팩스 등으로 거래 확인서confirmation를 송부하게 됩니다. 거래 확인서에는 꼭 들어가야 하는 몇 가지 사항들이 있는데, 거래일, 계약 환율, 매수자와 매도자, 결제일과 각각 통화별 결제 금액 그리고 중개자의 이름과 연락처 등입니다.

<table>
<tr><td colspan="3" align="center">현물환 거래 확인서</td></tr>
</table>

거래일:	2022년 8월 8일	
계약 환율:	USD/KRW = ₩1200.00	
매수자/매수 금액:	M은행 USD $1,000,000	백만불 과장
매도자/매도 금액:	A은행 KRW ₩1,200,000,000	천원만 대리
결제일:	2022월 8월 10일	
중개기관/담당자:	○○ 외환중개 오억원 과장	

M은행과 A은행은 각자 거래 확인서를 확인한 뒤 하자가 없으면 2영업일 뒤인 결제일에 해당 거래를 결제하기 위해 상대방과 결제 계좌 정보를 교환하게 됩니다. 원화의 경우에는 한국은행 지급준비금 계좌나 시중은행의 원화 계좌 등을 통해 국내에서 바로 결제가 되지만 외화의 경우에는 노스트로 계좌nostro account라는 해외 계좌를 통해 결제가 진행됩니다.

노스트로 계좌는 무엇일까?

'노스트로 계좌'란 외국통화의 결제를 위한 계좌로서 해당 통화의 국가 내에 소재합니다. M은행과 A은행은 서로 달러 거래를 했기 때문에 미국은행에 개설되어 있는 두 은행들의 노스트로 계좌 간에 달러 결제가 일어나게 됩니다.

M은행의 달러 노스트로 계좌가 미국 밀크은행 뉴욕 지점에 개설되어 있고, A은행의 달러 노스트로 계좌는 미국 아몬드은행 뉴욕 지점에 개설되어 있다고 가정해봅시다. M은행은 밀크은행에 개설되어 있는 자신의 노스트로 계좌 정보를 A은행에게 알려줍니다. 그리고 A은행은 스위프트SWIFT와 같은 메신저 시스템을 이용하여 아몬드은행 뉴욕 지점이 100만 달러를 M은행의 밀크은행 노스트로 계좌로 이체하도록 지시서instruction를 발송합니다. M은행도 마찬가지로 아몬드은행으로부터 100만 달러가 8월 10일부로 들어올 것이니 받으라는 지시서를 밀크은행에 보내게 됩니다. 그리고 마침내 스위프트 상에서 두 개의 지시서가 매칭되면 결제가 완료됩니다.

노스트로 계좌(Nostro account)란?
· 외국통화의 결제를 위해 은행이 해당 국가 소재 은행에 개설한 해외통화 결제용 계좌
· 달러 노스트로는 미국, 파운드화 노스트로는 영국, 엔화 노스트로는 일본과 같이 해당국 은행 본점에 개설
· 달러, 유로, 파운드, 엔과 같은 국제 결제통화 국가 출신 은행들은 노스트로 개설 은행이라는 국제적인 지위를 누림

보통 쌍방 간에 물건을 교환할 때도 동시에 물건을 주고받으며 교환하게 되지요. 이것을 금융용어로는 동시결제 혹은 DVPdelivery versus payment라고 합니다. 하지만 한 국가 내에는 동시결제가 가능하지만 해외결제와 같이 동시결제가 물리적으로 힘든 경우도 생깁니다. 그래서 때때로 원화

가 먼저 결제가 되고 달러가 나중에 결제되듯이 시간적인 차이를 두고 결제가 일어나기도 하지요.

달러 헤게모니

러시아-우크라이나 전쟁을 통해서 스위프트라는 메신저 시스템의 중요성이 언론에 많이 홍보되었지만 실질적으로는 노스트로 계좌가 달러 결제에서는 훨씬 더 중요한 사항입니다. 스위프트는 결제를 위한 하나의 수단, 즉 도구이지만 노스트로는 계좌이기 때문입니다. 달러 계좌가 없으면 결제 자체가 불가능하게 되죠.

　만약 미국 정부가 특정 국가 은행들의 달러 노스트로 계좌들을 모두 폐쇄하도록 명령을 내린다면 해당 국가는 달러를 결제할 방법이 매우 제한됩니다. 얼마 지나지 않아 사실상 결제불이행 상황인 디폴트default에 이를 수도 있죠. 달러 계좌가 막혀버리면 아무리 큰 금융기관이라도 하루를 버티지 못하고 파산 선언을 당하기 때문입니다. 현재의 글로벌 금융체계에서 달러 결제를 못하는 은행은 시장에서 설 자리가 없어집니다.

　실제로 미국의 연방법과 제재명령을 어겨서 천문학적인 벌금을 납부하고 달러 거래 제재가 풀린 사례들도 상당수 있습니다. 미국 연준과 뉴욕주가 프랑스의 대형 투자은행인 S은행을 미국 자금세탁방지법AML 위반으로 고소한 적이 있었죠. 끝내 S은행은 2019년에 13억 4,000만 달러, 우리나라 돈으로 1조 5,000억 원이 넘는 천문학적인 액수의 벌금을 내고서야 달러 제재에서 풀려날 수 있었습니다.

　이보다 더 천문학적인 벌금 사례도 있습니다. 앞선 2015년에는 또 다른 프랑스계 투자은행인 B은행이 이란과 수단 등과의 불법 거래 판결을 받고 벌금을 내야만 했습니다. B투자은행의 벌금 액수는 지금까지 사상 최대 금액이었는데요, 자그마치 89억 7,000만 달러, 당시 우리나라 돈으로 11조 원에 달하는 어마어마한 금액이었습니다. 그러면 왜 이들 초대형 프랑스 은행들은 말 한마디 못하고 이렇게 천문학적인 액수의 벌금을 내야만 했던 걸까요?

그건 바로 '글로벌 기축통화'인 달러의 힘과 위상 때문입니다.

이것만 기억하자!

- 현물환은 현재 바로 환전하는 것을 말하는 데 반해, 선물환은 미래의 환전을 지금 환율로 미리 예약해놓는 것을 말합니다.
- 우리나라 현물환 시장에서 달러-원 페어의 거래 비중은 75%에 육박하고 있습니다.
- 외국통화의 결제를 위해서는 노스트로 계좌라는 것이 필요합니다. 은행들은 노스트로 계좌들을 해당 통화의 발행국에 가지고 있습니다.

선물환과 스왑포인트 이해하기

선물환과의 만남

선물환은 대체 무엇일까요? 선물환의 선물先物은 우리가 생일이나 크리스마스에 받는 기프트인 선물膳物과 한글은 같지만 어원은 다른 한자어입니다. 중국에서는 정월 같은 기념일에는 월병이라고 하는 달 모양의 과자를 선물로 교환한다고 하죠? 그래서 선물을 준다고 할 때의 '선膳' 자에는 달을 의미하는 '월月' 자가 들어가 있다고 합니다. 지금도 구정을 앞두고 홍콩이나 상하이의 백화점에 가면 여러 가지 모양과 색깔의 월병을 늘어놓고 파는 모습을 흔히 볼 수 있습니다. 그러나 여기서의 선물은 '현물現物'과 반대되는 개념의 단어입니다. 현물이 '지금 현재에 받는 물건'이라는 뜻이라면 선물은 '먼저 미리 받는 물건'이라는 뜻으로 미래의 것을 지금 미리 받는다는 의미죠.

어쨌든 크리스마스나 생일에 받는 선물이나 미리 환전을 하기 위해 거래하는 선물환이나 현대사회에서 바쁘게 살아가는 우리에게 소소한 기쁨과 도움을 준다는 점에서는 같습니다. 선물환은 그럼 도대체 우리에게 어떤 기쁨과 도움을 줄 수 있을까요? 다음의 사례를 한번 살펴봅시다.

고품격 자동차 브랜드인 H자동차 자금부의 똑 부러지는 직원인 차사라 과장은 회사의 자금 사정상 한 달 뒤에 1,000만 원 상당의 달러가 필요합니다. 최근까지도 강달러 때문에 달러-원 환율이 1,300원을 넘어 거래됐었는데 오늘 반짝 1,200원대까지 떨어졌습니다. 환율을 보면 지금 환율에 빨리 사고 싶은데 아직 한 달이나 남아서 고민입니다. 그녀는 어떻게 해야 할까요?

정답은 "한 달짜리 달러 선물환을 사면 된다"입니다. '미래에 사야 할 달러를 지금 환율로 미리 계약해놓는다'는 말이죠. 판단의 스피드가 치타만큼 빠른 차사라 과장은 재빨리 이를 알아차렸습니다. 그 즉시 거래 은행인 M은행의 백만불 과장에게 바로 전화를 했고, 1,000만 원 상당의 달러를 1,200원대의 좋은 선물환 환율에 살 수 있었습니다.

차사라 과장은 선물환 거래를 통해 앞으로 환율이 오르면 어쩌나 하는 걱정을 완전히 덜 수 있게 된 것이었죠. 덕분에 그녀는 하루 종일 기쁜 마음으로 일할 수 있었습니다.

선물환 환율은 어떻게 정해질까?

그렇다면 선물환의 환율은 어떻게 정해지는 걸까요? 선물환도 현물환과 마찬가지로 두 개의 통화를 교환하는 외환 거래라는 점에서는 같습니다. 하지만 현물환이 늦어도 2영업일 안에 결제되는 '환전'의 성격인 데 비해, 선물환은 이보다 긴 미래에 결제가 이루어지는 거래로 영어로는 '포워드'라고 부릅니다. 기업들이 미래의 환위험을 회피하기 위해서 이러한 선물환 계약을 주로 맺는데, 계약 기간은 보통 1년 내 단기입니다.

그럼 현물환 환율인 스팟 환율과 선물환 환율인 포워드 환율은 같을까요, 다를까요? 물론 다릅니다. 왜냐하면 현물환은 바로 결제되기 때문에 이자를 고려할 필요가 없지만 선물환 환율은 결제될 때까지의 기간이자 또한 환율을 책정할 때 고려해야 하기 때문입니다. 이렇게 선물환 환율은 두 통화의 기간이자, 즉 금리 차이를 조정해서 얻어지는 것이기에 거래 계약의 만기인 결제일이 달라지면 선물환의 가격도 달라집니다.

선물환 환율이 어떠한 과정을 거쳐 이루어지는지 쉽게 이해하기 위해서 다음과 같은 시장 상황을 가정해보겠습니다.

현재 시장 상황

· USD/KRW 스팟 환율 = 1,100원

· 1년 USD 대출금리 0.5%

　→ 1년 후 상환 금액 $1 × 0.5 = $1.005

· 1년 KRW 예금금리 2.0%

　→ 1년 후 상환 금액 ₩1,100 × 2.0% = ₩1,122

우선 1달러를 1년간 빌려서 우리나라 원화에 예금을 합니다. 달러의 대출금리는 0.5%이기 때문에 1년 후에 갚아야 할 금액은 1.005달러가 됩니다. 반면에 1년 동안의 원화예금 이자는 1,100원 × 2%= 22원이죠. 따라서 1년 뒤의 원화예금 총액은 1,100원 + 22원으로 1,122원이 됩니다.

그런데 선물환 환율은 미래에 두 통화를 교환하는 환율이라고 했죠? 교환하는 데 있어서 양쪽 상대방 모두 손해를 보지 않으려 할 것입니다.

그래서 선물환 환율은 어느 통화에 투자해도 투자 효과가 같게 되는 환율입니다. 즉, 선물환 환율은 1년 동안 달러에 투자했을 때나 1년 동안 한국 원화에 투자했을 때나 투자수익률이 같게 되는 환율을 말합니다.

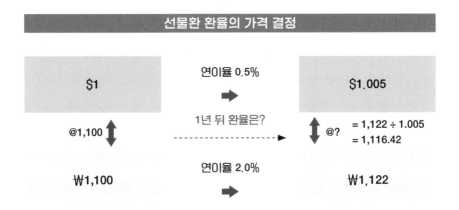

선물환 환율의 가격 결정

$1 → $1.005 연이율 0.5%
@1,100 @? = 1,122 ÷ 1.005 = 1,116.42
1년 뒤 환율은?
₩1,100 → ₩1,122 연이율 2.0%

따라서 1년 뒤의 1.005달러와 1년 뒤의 1,122원의 교환가치인 환율은 두 숫자를 나누어주면 됩니다. 그러면 선물환 환율은 1,116.42원이 되게 됩니다.

간단하지요? 1년 뒤에 이자를 고려해 늘어나 있을 달러와 원화 금액을 그냥 나눠주면 그것이 우리가 사용할 선물환율이 되는 것입니다. 이같이 미래에 결제되는 선물환에서는 환율을 책정할 때 이자를 고려해야 합니다.

선물환 환율 = 현물환 환율 + 스왑포인트

여기에 '스왑포인트'라는 말이 나오는데요, 선물환을 이해하는 데 있어서 매우 중요한 개념입니다. 왜냐하면 스왑포인트는 바로 선물환과 현물환의 차이를 말하기 때문입니다. 앞서 그림에서 선물환 환율 1,116.42원과 현물환 환율 1,100원의 차이 16.42원이 바로 스왑포인트인 것이지요. 다시 말하면 '선물환의 가격'이 스왑포인트인 셈입니다.

두 통화의 금리가 높고 낮음에 따라 선물환 환율이 현물환보다 높을 수도 있지만 현물환 환율이 오히려 선물환보다 높을 수도 있습니다. 이렇게 선물환 환율이 현물환 환율보다 높은 일반적인 경우(플러스)를 프리미엄premium이라고 하고, 현물환 환율이 오히려 선물환 환율보다 높은 예외적인 경우(마이너스)를 디스카운트discount라고 합니다.

통상 한국의 기준금리가 미국 기준금리보다 높은 상황이 일반적인 경우(프리미엄 상황)입니다. 하지만 예외적으로 글로벌 기준금리가 급격히 변하는 시기에는 연준의 기준금리가 한국은행의 기준금리보다 높은 경우(디스카운트 상황)도 발생합니다. 스왑포인트가 디스카운트인 경우는 미국의 달러 금리가 원화의 금리보다 상대적으로 높아지는 경우로서, 선물환 환율이 이미 달러 강세를 반영해주고 있음을 의미합니다.

- 스왑포인트 = 선물환 환율 - 현물환 환율
- 스왑포인트는 양국의 금리차와 환율의 영향을 동시에 받음

🔲 스왑포인트

+ 프리미엄   선물환율 > 현물환율, 원화금리 > 달러금리
- 디스카운트 선물환율 < 현물환율, 원화금리 < 달러금리

스왑포인트의 영향

이러한 스왑포인트는 외환시장의 자금 상황을 알려주는 신호등과 같은 역할을 합니다. 특히 스왑포인트가 갑자기 크게 하락하여 디스카운트 영역으로 들어가면 하루 종일 뉴스의 기사 거리가 되지요. 1년 이하 단기물 스왑포인트가 심한 디스카운트 영역에 있으면 현재 외환 자금시장의 달러 조달 사정이 좋지 않음을 암시하기 때문입니다.

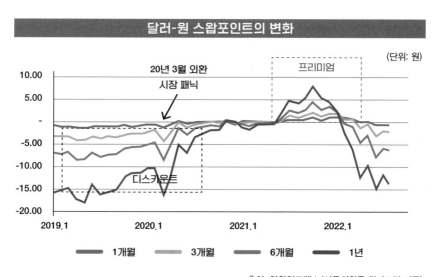

달러-원 스왑포인트의 변화

(단위: 원)

출처: 연합인포맥스/서울외환중개(미드값 기준)

특히나 정책적, 경제적, 사회적인 문제로 인하여 외환시장에 심한 외부충격이나 패닉이 발생하면 금리와는 별개로 달러의 수요와 공급 상황이 급격히 달라지면서 스왑포인트가 즉각적으로 반응하기도 합니다. 2020년이 바로 그런 경우였습니다. 2020년 3월 코로나19라는 예기치 않은 위협으로 인해 금융시장에서는 안전자산을 선호하는 경향이 나타났는데, 이 같은 안전자산 선호는 미국달러 수요 증가로 이어져 달러 매수가 급증하는 패닉 바이panic buy가 일어났습니다. 그리고 이 같은 달러 수요 폭증은 외환시장에서 달러-원 스왑포인트를 급락시켰던 것이지요. 하지만 다행히 미국 연준은 발 빠르게 미국의 기준금리인 연방기금금리FFR의 상단을 1.75%에서 0.25%로 전격적으로 인하하면서 무기한 제로금리를 선언하게 됩니다. 이후 외환시장은 미국 연준의 비둘기적인 모습에 반색하면서 스왑포인트가 다시 반등하는 모습을 보이면서 안정을 되찾게 되었습니다. 2020년 3월의 사례는 금리 변동 외에도 금융시장의 외부 충격 또한 외환시장과 스왑포인트에 순간적으로 큰 영향을 줄 수 있다는 사실을 아주 잘 보여줍니다.

독자 여러분들이 위에 나온 것처럼 스왑포인트를 일일이 계산하거나 깊게 공부할 필요는 전혀 없습니다. 단지 다음의 환율일보 기사를 이해할 수 있을 정도만 되면 충분한 것이지요.

> **미국 CPI 충격. 스왑포인트 폭락… 코로나19 이후 최저치 추락**
> 환율일보

기사는 정점을 찍고 낮아질 줄 알았던 2022년 미국의 8월 CPI(소비자물가지수)가 충격적으로 높은 8.3%를 기록한 뒤에 나온 보도자료입니다. 미국 CPI가 높게 나왔다는 것은 미국의 인플레이션이 아직도 우려할 수준이라는 뜻입니다.

인플레이션의 우려가 높으면 어떻게 될까요? 미국 중앙은행인 연준의 금리인상도 따라서 더 커질 가능성이 있겠지요. 시장은 연준의 매파적인 추가 금리인상을 예상하게 되고, 달러의 시장금리도 따라서 더 뛰게 됩니다. 그리고 달러의 시장금리가 높아지면 반대로 스왑포인트는 하락하게 됩니다. 스왑포인트가 하락했다는 것은, 달러금리가 높아지기 때문에 외국인들이 달러를 주고 원화를 빌릴 때 이자를 덜 줘도 된다는 말과 같은 의미입니다.

따라서 독자 여러분은 스왑포인트를 '외국인들이 한국에 달러를 들여와 맡기고 원화를 빌릴 때 지불해야 하는 비용'으로 생각하면 쉽습니다. '스왑포인트가 떨어지면 달러를 주고 원화를 빌릴 때 외국인들이 이자를 조금만 내도 되는구나'라고 말입니다.

이것만 기억하자!

- 스왑포인트를 "외국인들이 달러를 맡기고 원화를 빌릴 때 지불해야 하는 비용"이라고 생각하면 쉽습니다. "스왑포인트가 떨어지면 달러를 주고 원화를 빌릴 때 외국인들이 이자를 조금만 내도 되는구나"라고 말입니다.
- 스왑포인트가 오르면 달러 약세, 반대로 스왑포인트가 내리면 달러 강세입니다. 뉴스에서 '스왑포인트가 급락'했다고 하면 '달러가 초 강세 상황'이라고 정리하기 바랍니다.

썸3

외환스왑의
여러 가지 유용한 기능

$

외환스왑은 어떠한 거래인가?

스왑swap이란 용어는 보통 두 사람이 자신이 가지고 있는 물건을 상대방과 서로 바꿀 때 사용합니다. 외환스왑 또한 말 그대로 각자 가지고 있는 다른 통화를 상대방과 서로 바꾸어 교환했다가 일정 기간 후 다시 돌려받는 거래를 말합니다.

그렇다면 여기서 한 가지 의문이 생길 겁니다. "대체 통화를 왜 바꾸는 거지?"라는 의문이죠. 왜일까요? 그 이유는 회사마다, 은행마다 모두 사정이 다르기 때문입니다.

세상 모두가 다 같은 사정에 놓여 있다면 거래는 일어나지 않겠지요. 다행히도 세상은 굉장히 다양한 니즈needs를 가진 거래자들로 넘쳐나기 때문에 여러 종류의 거래가 활발히 일어나게 됩니다. 어떤 회사는 수출대금으로 달러가 쌓여 있는 반면에, 달러가 당장 너무 부족한 회사도 있을 테죠. 이러한 다양한 사정의 회사를 고객으로 둔 외국환 은행들도 덩달아 달러와 원화가 남기도 하고 부족하기도 합니다.

외환스왑이 어떤 거래인지 이해의 편의를 위해 다음과 같은 상황을 가정해봅시다.

국내 굴지의 대기업인 S전자는 1년 후에 해외 바이어로부터 수출대금을 달러로 받기로 했지만 달러를 받기 전에 우선 원자재 수입대금을 치러야 하기 때문에 향후 1년 동안 외화 유동성이 약 100만 달러가 부족한 실정입니다. S전자 자금부의 전도유망한 관리자인 반도채 차장은 1년간 단기 달러 유동성이 부족하다는 내부 직원의 보고를 받고 나서 A은행의 천원만 대리에게 전화를 걸었습니다. 1년 만기의 달러 대출금리를 알아봤지만 생각보다 비싼 금리에 놀라 눈물을 머금고 전화를 끊어야만 했습니다. 대출 이외에 다른 방법이 없을까 고민하던 반도채 차장은 결국 금융시장의 해결사 백만불 과장을 떠올렸습니다.

반도채 차장은 언제나 명쾌한 해결책을 주는 M은행의 백만불 과장에게 바로 전화를 걸어 사정을 설명하고 좋은 방법이 없는지 상의하게 됩니다. 백만불 과장은 "전화 정말 잘 하셨다"면서, "M은행은 외국계 은행의 한국 지점으로 현재 외화 유동성은 남아돌지만 원화 유동성이 더 필요한 상황"이라고 말합니다. 그러면서 S전자와 M은행이 서로 윈윈인 거래를 할 수 있다고 이야기합니다. 바로 1년짜리 달러-원 외환스왑 계약을 통해 서로 필요한 통화를 싸게 교환하면 어떻겠냐고 제안을 한 것이죠. 반도채 차장은 "바로 이거야!" 하며 무릎을 탁 치고 거래를 진행하게 됩니다.

이렇듯 서로 다른 통화가 필요했던 S전자와 M은행은 1년 동안 상대방과 통화를 교환하게 되었습니다. 그리고 1년 후에는 서로 빌렸던 통화를 다시 돌려주게 되는 것이죠.

외환스왑의 기능 1: 통화를 단기간 싸게 빌린다

외환스왑은 앞서 사례에서 살펴본 바와 같이 지금 두 통화를 교환하지만 만기에 원래대로 다시 재교환해서 돌려주기로 약조하는 거래입니다. 현물환이나 선물환은 한 번의 교환 과정을 거치고 나면 그 거래가 끝나는데 반해, 외환스왑은 지금 두 통화를 서로 교환하고 미래에 다시 두 통화를 재교환해서 원상 복귀하는 것이죠.

거래 형태로 본다면 이는 두 개의 거래로 나눠볼 수 있습니다. 지금 통화를 교환하는 것은 현물환 거래이며, 미래에 통화를 다시 재교환하는 거래는 선물환 거래입니다. 따라서 외환스왑은 현물환 거래와 선물환 거래를 한 개씩 합해놓은 성격의 거래입니다. 간단하지요. 어렵지 않습니다. 예를 들어 만약 현재의 시장 상황이 앞서 선물환 시장 상황과 같다고 가정해봅시다.

현재 시장 상황
- USD/KRW 스팟 환율 = 1,100원
- 1년 USD/KRW 선물환 환율 = 1,116.42원

이 경우 M은행과 S전자는 외환스왑 거래를 통해서 각각 원화 유동성 부족과 외화 유동성 부족을 해결할 수 있습니다. 지금 M은행은 S전자에 달러를 주고 원화를 받는 대신, 1년 후에 준 달러를 돌려받고 원화를 돌려주면 되는 것이지요. S전자 입장에서 보면 반대로 M은행에게 원화를 주고 달러를 조달해서 1년 동안 사용하다가 1년 뒤에 원화와 달러를 다시 맞교

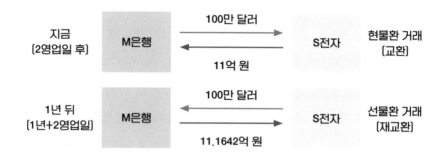

외환스왑 거래(FX Swap)

지금 (2영업일 후)	M은행	100만 달러 → ← 11억 원	S전자	현물환 거래 (교환)
1년 뒤 (1년+2영업일)	M은행	← 100만 달러 11.1642억 원 →	S전자	선물환 거래 (재교환)

환하면 됩니다.

이렇듯 외환스왑은 현재 보유하고 있는 통화를 빌려주는 대가로 자신에게 필요한 통화를 조달할 수 있게 해줍니다. 외환스왑의 이러한 기능은 은행과 기업들의 자금 조달을 원활하게 해주는 동시에, 시장에서 자금의 과부족을 해결해주는 역할도 합니다.

S전자처럼 수출입 거래가 빈번한 기업은 앞의 예시처럼 외환스왑 거래를 통해 1년 후의 수출대금과 지금 지출되는 수입 결제자금의 외화 흐름을 일치시킴으로써 외화 자금을 저렴하게 조달할 뿐만 아니라 환위험까지도 헤지할 수 있게 됩니다.

외환스왑의 기능 2: 자금 결제일을 앞당기거나 연기할 수 있다

앞서의 예를 계속 살펴보도록 합시다. 1년이 지나서 S전자와 M은행의 외환스왑 만기 결제일인 8월 30일이 하루 앞으로 다가왔습니다. 출근한 백만불 과장이 자리에 앉자마자 전화벨이 울렸습니다. 전화기 너머로 반도채 차장의 다급한 목소리가 들려옵니다.

"수출대금 지급이 하루 지연되어서 오늘 100만 달러를 상환하기 힘들 것 같아요!

계약불이행을 걱정하는 반도채 차장을 안심시키며 백 과장은 "걱정하지 말라" 말합니다. 그러고는 기존의 거래와 별개로 만기일인 8월 30일에 8월 31일 날 결제되는 하루짜리 외환스왑을 추가로 다시 계약하면 자금 결제일이 8월 31일로 하루 연기되는 효과를 가져온다고 설명해 주었습니다. 반도채 차장은 그제서야 놀란 가슴을 쓸어내리며 안도의 숨을 쉽니다.

이것이 바로 외환스왑의 두 번째 기능입니다. 결제 기간이 연기되거나 단축되었을 때 자금 흐름의 시차 문제를 해결해주는 유용한 역할을 하죠. 이렇게도 유용한 외환스왑이 서울외환시장에서 가장 많이 거래되는 외환 파생 거래라는 현실은 우연이 아니겠지요? 이렇게 도움이 되는 기능

외환스왑 거래의 기한 연장

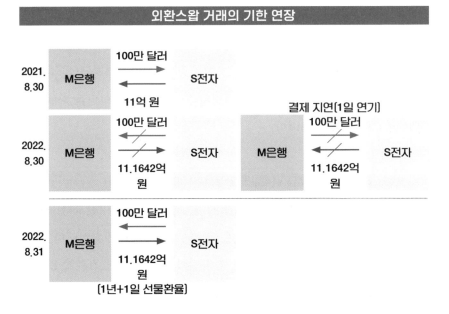

이 아주 많아서 그렇습니다.

서울외환시장 외환 파생상품 거래의 특징

우리나라 서울외환시장의 경우, 다른 나라에 비해 선물환 거래의 규모는 상대적으로 크지 않은 편입니다. 대신 외화 자금 조달을 목적으로 한 외국은행 지점들과 국내은행 간 외환스왑 거래는 매우 활발하게 이루어지고 있습니다.

2022년 1사분기 기준 외환스왑의 일평균 거래는 258.1억 달러로서 일평균 현물환 거래 금액 249.6억 달러보다도 거래 규모가 컸습니다. 반면, 대고객 거래시장에서는 기업들의 수출과 수입 관련 물량을 중심으로 국내 소재 외국은행 지점들 간 선물환 거래는 추세면에서는 빠르게 늘어나고 있죠. 그리고 차액결제 선물환인 NDF 거래는 비거주자와 국내 외국환 은행들 간에 주로 일어나고 있습니다. 반면 과거 리먼 브라더스Lehman Brothers 파산으로 촉발된 금융위기 이후 국내에서 크게 문제가 되었던 KIKO 사태나 최근의 DLS 사태 여파로 인해 통화를 기초로 한 옵션 규모는 아직 많지 않은 상황입니다.

외국환 은행 외환 파생상품 거래 규모

(단위: 일평균, 억 달러)

구분	2020	2021	2022.1Q	%
선물환	19.4	24.2	30.0	7.4%
NDF	79.8	88.1	101.9	25.1%
외환스왑	213.4	229.3	258.1	63.6%
통화스왑	10.4	12.1	13.6	3.4%
통화옵션	2.3	2.1	2.3	0.6%
합계	325.2	355.9	405.9	

출처: 한국은행 외환 거래 동향

이것만 기억하자!

- 외환스왑은 서로 다른 통화를 단기간 바꾸어 쓸 때 유용한 거래입니다. 우리나라 기업들이나 금융기관들은 주로 3개월이나 6개월 등 1년 이내의 짧은 기간 동안 달러를 빌릴 때 외환스왑을 사용합니다.
- 뉴스에서 '외환스왑'이라는 단어가 나오면 "우리나라 회사들이 외국 통화를 단기간 빌리는 거래를 했구나" 혹은 "짧은 기간 동안 원화를 주고 달러를 빌렸구나"라고 이해를 하면 편합니다.

썸4

통화스왑 금리는 무엇인가?

$

통화스왑은 외환스왑의 청출어람

통화스왑은 무엇일까요? 환율이 급등하면 뉴스에서 미국 중앙은행인 연준과의 '통화스왑 필요성'을 강조하는 얘기를 들어보셨을 겁니다. 통화스왑이 무엇이기에 그렇게 강력한 효과를 발휘해서 달러 강세를 억제할 수 있는지 한 번쯤은 궁금했을 것입니다.

원래 통화스왑이라고 하는 거래는 중앙은행들끼리 하는 것이 아닙니다. 외환시장에서의 거래 방식을 연준에서 2007년 처음 다른 주요 중앙은행들과의 형태로 인용했을 뿐이지요. 이번 챕터에서는 외환시장에서 이루어지는 또 하나의 대표적인 거래인 통화스왑이란 무엇이고 왜 사용이 되는지 알아보도록 하겠습니다.

외환스왑은 서로 다른 통화를 일정 기간 빌려주고 빌리는 데 아주 효과적이지만 한 가지 아쉬운 점이 있습니다. 이자를 교환하지 않기 때문에 1년 이하의 단기간 거래만 주로 가능하다는 것이죠. 이러한 외환스왑을 장기 거래가 가능하도록 발전시켜서 1년 이상 혹은 10년~수십 년 동안의 통화교환 거래도 가능하도록 설계한 것이 바로 통화스왑입니다.

청출어람靑出於藍이라는 말이 있습니다. 제자가 스승보다 더 뛰어나게 됐을 때 쓰는 이 말을 글자 그대로 해석하면 "파란색은 남색에서 유래했지만 남색보다 더 파랗다"는 뜻이 됩니다. 중국 전국시대에 성악설을 주장한 순자荀子가 한 말로 유명하죠. 아들이 아버지를 능가할 때도 자주 인용되는데, 한국 프로야구 최고의 스타인 키움 히어로즈의 이정후 선수가 마찬가지로 한국 야구의 전설인 아버지 이종범을 뛰어넘었다고 보도할 때도 기자들이 자주 사용했던 표현입니다.

통화스왑도 이와 같습니다. 외환스왑에서 생겨났지만 그보다 더 강력하고 파워풀한 기능을 제공하는 것이죠. 전설적인 아버지보다 더 뛰어나게 진화한 청출어람 아들인 셈입니다. 그렇다면 이 두 가지 스왑 거래가 어떤 면에서 서로 다른지 차근차근 알아보도록 하겠습니다.

통화스왑은 영어로 'cross-currency swap'인데 줄여서 CRS 또는 CCS로 표시합니다. 통화스왑도 외환스왑과 마찬가지로 당사자 간에 서로 다른 통화를 교환하고 일정 기간 후 원금을 재교환한다는 면에서는 같습니다. 하지만 통화스왑에는 외환스왑과 구별되는 다음과 같은 세 가지 큰 차이점이 있습니다.

첫째, 통화스왑은 보다 긴 기간 동안 자금을 조달하거나 환위험을 회피하는 데 많이 쓰입니다. 외환스왑이 통상 1년 이내의 자금 조달 및 환율 변동을 제어하는 데 사용된다면 통화스왑은 이보다 긴 3년, 5년, 10년 이상의 장기간 환율을 고정시키는 데 사용되죠. 통화스왑은 보다 긴 기간의 자금 조달이나 헤지 거래에 많이 이용됩니다.

둘째, 통화스왑에서는 원금뿐만 아니라 이자도 함께 교환됩니다. 두 개의 통화를 교환할 때 외환스왑처럼 단기적으로 서로 빌리게 되면 중간에 이자를 정산할 필요성은 낮아집니다. 하지만 그 기간이 수년 이상이라면 문제는 달라지겠죠.

돈에는 복리효과가 있어서 원금에서 불어난 이자에도 시간이 지나면 이자가 또 붙게 됩니다. 이러한 이유 때문에 1년이 넘어가는 거래는 이표일이라는 이자 지급 날짜를 정해서 정기적으로 이자를 정산하는 것이 원칙입니다. 안 그러면 계산이 더욱 복잡해지니까요. 단기 거래인 외환스왑은 스왑 기간 중 이자 교환을 하지 않는 대신 만기에 가서 두 통화의 금리 차이를 반영한 환율로 재교환합니다. 하지만 통화스왑은 만기까지 정해진 날짜에 맞추어 3개월이나 6개월 후에 정기적으로 이자 교환을 합니다.

셋째, 통화스왑 거래에서는 외환스왑과 달리 만기에도 거래 초기의 현물환 환율을 그대로 사용하여 원금을 재교환하게 됩니다. 외환스왑의 경우에는 계약 기간 중 이자 교환이 없기 때문에 두 통화의 금리 차이를 중간에 정산하지 않습니다. 따라서 외환스왑은 두 통화의 금리 차이를 만기 원금 교환 시 선물환 환율에 반영시키게 되지요.

하지만 통화스왑 거래에서는 스왑 거래 기간 중에 두 통화의 금리 차이를 정기적인 이자 교환을 통해 이미 해소했기 때문에 만기 청산 시에도 초기의 현물환 환율을 그대로 사용해 원금을 재교환하게 되는 것입니다.

차이점	통화스왑	외환스왑
거래 기간	1년 이상 장기계약	1년 이내 단기계약
이자 교환	정기적 이자 교환	중간에 이자 교환 없음
만기 환율	초기 교환 환율과 동일	초기 환율과 상이. 금리차 반영

통화스왑을 통한 자금 조달

통화스왑 금리는 간단히 말해서 외국인들이 한국에 장기투자를 할 때 드는 원화 조달 비용입니다. 장기간 달러를 맡기고 원화를 빌리면서 내야 하는 이자 비용이지요.

외국계 회사들이라고 해서 항상 달러를 쌓아 놓고 있지는 않습니다. 예금 금액을 어마어마하게 보유하고 있는 게 아니라면 말이지요. 외국인들도 달러를 외환 조달시장에서 빌려와서 투자하는 경우가 일반적입니다. 이때 외국인들은 해외에서 주로 변동금리 기준으로 달러를 빌려와서 한국에 투자를 하게 되죠. 때문에 국내에서 통화스왑은 달러 변동금리floating와 원화 고정금리fixed를 교환하는 형태로 이루어지게 됩니다.

외국인들은 해외에서 달러를 변동금리로 빌려왔기 때문에 국내에서도 빌려줄 때 변동금리로 빌려주는 것이지요. 하지만 원화 비용은 금리 변동 리스크를 지지 않고 고정금리로 냅니다. 달러가 더 우월한 기축통화이기 때문에 받는 대우라고 할 수 있어요.

만약 통화 조달 환경이 다른 두 은행이 달러-원 통화스왑을 체결했다고 가정하면 어떠한 거래 과정을 거치는지 알아보겠습니다.

외국계의 은행 한국 지점인 M은행의 백만불 과장은 국내 시중은행인 A은행의 딜러 천원만 대리와 현물환율 1,200원에 만기 3년의 달러-원 통화스왑을 체결하였습니다. 거래 당일 M은행은 A은행에게 100만 달러를 지급하고 대신 원화 12억 원을 받습니다(100만 달러 × 1,200원 = 12억 원).

이러한 거래를 통해 달러 유동성이 부족한 A은행의 천원만 대리는 M은행 백만불 과장으로부터 달러를 조달받을 수 있게 되었으며 반대로 M은행은 원화 자금을 저렴하게 융통할 수 있게 되어 서로에게 이득입니다.

CRS 통화스왑 거래 체결
· CRS 페이(pay): M은행(외국계 은행)
· CRS 리시브(receive): A은행(국내 은행)
· 현물환 계약 환율: USD/KRW = 1,200원
· 거래 내용: M은행과 A은행은 현물환율 @1,200원에 3년 통화스왑 체결

　통화스왑의 또 다른 이점은 환율 변동에서 오는 환위험뿐만 아니라 금리의 변동성 위험도 동시에 헤지하는 기능이 있다는 것입니다. 이 때문에 통화스왑을 매수한 M은행 백만불 과장은 3년 동안 원화금리 변동에 상관없이 고정금리 이자를 지불하고 원화를 차입할 수 있지요. 매수와 매도 방향으로 보면 M은행 백만불 과장은 이번 헤지 거래의 매수자가 된 것입니다. 일반적으로 CRS금리를 지불하는 쪽을 매수자, CRS금리를 받는 쪽을 매도자로 지칭합니다. 보통 원화 고정금리인 CRS금리를 지불하는 외국인들이나 외국계 기업들이 통화스왑의 매수자가 된다고 쉽게 생각하면 됩니다.

　스왑 거래 실무에서는 고정금리를 기준으로 삼는데, 고정금리를 지급한다는 의미에서 M은행은 CRS 페이pay 포지션이라고 합니다. 고정금리를 지급하고 변동금리의 리스크에서 벗어날 수 있어 위험 헤지를 할 수 있는 포지션을 매수했다는 의미입니다. 반면 달러를 조달해서 변동금리로 이자를 지급하고 고정금리로 이자를 받는 A은행은 CRS 리시브receive 포지션을 들고 있게 되는데 금리 변동성 위험을 안고 가게 되므로 헤지 거래의 매도자가 됩니다.

여기서 CRS 리시브와 CRS 페이는 누가 하게 되는지 짐작할 수 있습니다. CRS 리시브는 '원화는 있는데 달러가 필요한 거래자'이고 CRS 페이는 '달러는 있는데 원화가 필요한 거래자'가 되는 것이지요.

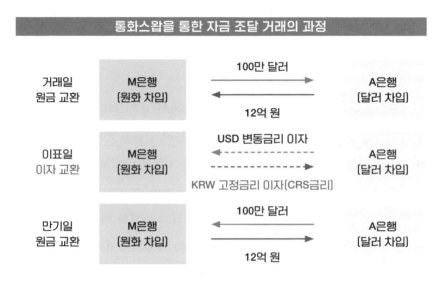

통화스왑 CRS금리의 의미

M은행과 A은행의 통화스왑 과정에서도 보듯이, CRS금리는 M은행과 같은 외국인들이 한국에 들어와서 달러를 맡기고 원화를 빌리면서 지불해야 하는 원화 이자 비용의 개념입니다.

3년 동안 달러를 빌린 A은행은 달러 이표일(지급일)마다 변동금리에 따른 달러 이자 금액을 M은행에 지급하고, M은행으로부터 원화 고정금리 이자를 받습니다. 그리고 해외에서 변동금리로 달러를 조달하는 M은행은 A은행에게서 받을 달러 변동금리 이자로 달러 금리 변동 리스크가 상쇄됩니다. 해외에서 변동금리로 조달한 달러금리가 올라도 시중은행 A로부터 받는 달러 변동금리도 따라서 오르기 때문이지요. 그렇기 때문에 통화스왑으로 원화를 조달하는 외국인들은 해외 금리 변동 위험을 상당 부분 헤지할 수 있게 되는 것입니다.

3년이 지난 만기일에는 최초 거래일의 반대 거래를 진행하여 원금을 상환하는 절차를 마치면 거래가 완료됩니다. 이렇듯 통화스왑은 두 개의 다른 통화를 상대방과 서로 바꿔서 조달할 때 유용하게 사용될 수 있습니다.

통화스왑의 방향-고정지불 or 고정수취

CRS 페이(pay)	CRS 리시브(receive)
· 원화 차입 포지션 · 원화 고정금리 지불(스왑 매수) · 달러 변동금리 수취 · 외국인 원화 자금 조달 용도 · 해외채권 발행 시 헤지 용도 · 부채스왑이라고도 한다	· 달러 차입 포지션 · 원화 고정금리 수취(스왑 매도) · 달러 변동금리 지불 · 국내 기관 달러 자금 조달 용도 · 해외채권 투자 시 헤지 용도 · 자산스왑이라고도 한다

이런 식으로 한국에 투자하는 외국 투자자들은 국내 투자 요인이 늘어나면 통화스왑(CRS 페이)의 과정을 거쳐 달러 자금을 원화로 교환해 국내 자산을 매입하게 됩니다. 그리고 CRS금리도 다른 거래와 마찬가지로 통화의 수요와 공급에 따라 변동합니다. 만약 외국인 투자자의 국내 투자가 늘어나서 원화의 수요가 늘어나게 되면 원화 강세로 인해 환율은 하락하지

만 CRS는 상승하죠. 외국인들이 내야 하는 CRS금리가 오른다는 뜻과 같습니다. 반대로 외국인들의 국내 투자가 부진하고 달러 수요가 늘어날 경우에는 환율은 상승하게 되고 CRS금리는 하락합니다. 외국인들이 원화를 빌리면서 지불해야 하는 CRS금리가 싸진다는 뜻이지요.

이것만 기억하자!

· 통화스왑은 외환스왑과 마찬가지로 두 개의 통화를 서로 빌리고 빌려주는 거래이지만 외환스왑보다 훨씬 장기간의 거래입니다. 따라서 중간에 이자 교환이 일어나는 것이 외환스왑과의 가장 큰 차이입니다.
· 우리나라 원화로 돈을 빌리고 빌려주는 대차 거래는 여신 대출 거래로 간단하게 이루어지는 반면 달러와 같은 외국 돈을 빌리고 빌려줄때는 외환 파생상품을 많이 이용합니다. 단기간에 이루어지는 외환의 대차 거래는 외환스왑, 장기일 경우에는 통화스왑 같은 외환 파생 거래를 이용한다는 것을 기억하기 바랍니다.

자산스왑과 부채스왑은
언제 사용되는가?

통화스왑의 제약 조건

통화스왑은 앞에서 살펴본 바와 같이 어떠한 장기간의 통화교환도 가능케 하는 강력한 기능을 가졌습니다. 하지만 이러한 강력한 기능을 가진 통화스왑이지만 외환스왑에 비해서 거래 건수가 확연히 적습니다. 왜 그럴까요?

바로 신용 리스크와 금리 변동 리스크가 커서 거래 비용이 상대적으로 크기 때문입니다. 통화스왑으로 장기적인 계약을 하면 좋겠지만 거래에 수반되는 비용이 만만치 않다 보니 "차라리 단기 외환스왑 몇 건으로 나누어 하는 편이 낫겠다"라는 생각이 드는 것이죠. 이 같은 현실적인 문제 때문에 통화스왑을 이용하여 외화를 조달하는 경우는 거의 없습니다.

통화스왑을 이용하여 환위험을 헤지하는 경우에도 마찬가지입니다. 실제 시장에서는 장기계약인 통화스왑을 체결하여 전체 기간 동안 풀헤지를 하는 경우를 거의 볼 수가 없습니다. 그보다는 단기간 부분 헤지를 실시한 후에 만기가 올 때마다 계속해서 외환스왑을 갱신roll-over하는 경우가 더 많이 있죠. 예를 들면 3년짜리 달러표시 외화채권에 투자했다고 했을 때, 3년 통화스왑으로 환위험을 헤지하는 대신 3~6개월 혹은 1년짜리 외환스왑을 체결해놓고 3년 만기가 될 때까지 계속 갱신하는 것입니다.

통화스왑 거래가 저조한 이유

다음의 달러-원 CRS금리 그래프를 보면 이런 상황이 더욱 이해가 됩니다. 그래프에서 보듯이 1년 이상의 장기로 가게 되면 금리가 크게 오르죠. 이 말은 기간이 길어질수록 비용이 계속 늘어난다는 의미입니다. 당연히 비용 문제 때문에 장기 통화스왑 거래는 힘들어지겠죠. 이런 비용 측면의 문제 때문에 1년 이상의 통화스왑보다 3개월이나 6개월의 외환스왑이 많이 사용되는 실정입니다.

하지만 이렇게 단기의 외환스왑으로 헤지를 계속 갱신하는 데에도 일정 부분 위험이 따릅니다. 갱신할 때의 외환시장 상황이 이전과 많이 변했거나 금리 상황이 달라져서 CRS금리가 급등할 수 있는 가능성도 배제할 수 없기 때문이죠. 이러한 위험으로 인해 외환스왑을 이용하여 부분 헤지를 했을 때 태초에 만기까지 통화스왑으로 한 번에 헤지를 했을 때보다 더 안 좋은 결과가 발생할 수도 있습니다. 이렇게 짧게 헤지 기간을 가져가는 경우에 갱신 시 금융 상황이 달라질 수 있는 위험을 '갱신 위험'이라고 하며 더 흔하게는 영어로 롤오버 리스크roll-over risk라고 말합니다.

통화스왑이 외환스왑에 비해서 거래량이 저조한 또 한 가지 중요한 이유는 바로 장기간 상대방의 신용 위험에 노출되기 때문입니다. 어떤 친구가 여러분에게 돈을 빌리면서 "내일 바로 갚을게"라고 말하는 것과 "3년

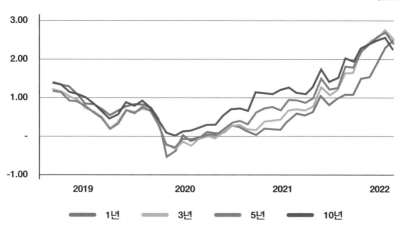

뒤에 갚을게"라고 말하는 것은 차원이 다르죠. 만기가 길어질수록 거래는 '계약대로 이행되지 않을 가능성'이 커지기 때문에 '계약불이행 리스크'라는 위험이 생기게 됩니다. 그래서 계약 상대방의 신용이 매우 중요한 것입니다.

그런 이유로 외국환 은행들은 내부적으로 거래 상대방의 신용 수준에 따라 통화스왑을 체결할 수 있는 금액의 상한선과 최대 기간을 정해놓고 있습니다. 이러한 금액과 기간은 보통 각 은행들의 신용 부서에서 결정하죠. 그리고 이렇게 정해진 스왑의 한도를 전문용어로 '스왑라인' 또는 '크레딧라인credit line'이라고 부릅니다. 독자 여러분들이 신용으로 대출을 얼마나 받을 수 있는지 기준이 정해져 있는 것처럼 회사들도 신용한도가 매겨져 있는 것입니다.

정말이지 통화스왑 거래를 하다 보면 현대사회가 신용사회라는 것을 뼈저리게 느낍니다. 그러면서 "내 주위 사람들 마음속에 나의 신용은 몇 점일까"라고 한 번쯤은 생각하게 되죠. 내 주변 사람들 중 어느 누구도 얼마나 나를 신뢰하는지 솔직하게 얘기해주지 않지만 은행은 무서울 정도로 나에게 솔직하게 얘기해줍니다. 회사의 경우에도 마찬가지입니다. 신용도 높은 회사와 은행들은 스왑라인의 기간과 금액이 크지만 반대로 신용이 낮은 회사들의 경우에는 스왑라인이 아주 적거나 제한적이며 아예 스왑 거래 자체가 불가능할 수도 있습니다.

통화스왑은 말 그대로 '상대를 봐가면서' 하는 거래입니다. "신뢰하지 않는 상대방과는 돈거래를 하지 않는다"는 자본주의 사회의 철칙을 그대로 보여주죠. 통화스왑은 이러한 이유들 때문에 뛰어난 기능에도 불구하고 실제로는 외환스왑보다 거래가 상대적으로 적은 편입니다.

자산스왑과 부채스왑

통화스왑은 앞서 살펴본 바와 같이 비용 부담과 신용공여의 문제가 있긴 하지만 그럼에도 뛰어난 기능 때문에 장기투자와 조달에 있어서 대표적인 헤지 수단으로 여겨지고 있습니다. 그리고 이러한 통화스왑이 장기간의 환율 위험 헤지에 어떻게 활용이 되는지를 잘 설명해주는 것이 바로 자산스왑asset swap과 부채스왑liability swap입니다.

자산스왑은 외화표시 자산에 투자할 때 환위험을 헤지하는 통화스왑을 말하며, 부채스왑은 외화표시 채권 등의 부채를 발행할 때 환위험을 헤지하는 통화스왑을 지칭합니다. 사실상 이 두 개는 방향만 다를 뿐 실제 형태는 같은 스왑 거래라고 할 수 있습니다.

자산스왑

해외채권은 외화표시 채권이기 때문에 외국통화로 투자가 되는 채권입니다. 해외채권도 여타 채권과 마찬가지로 투자 기간, 이자 금액 및 지급일이 정해져 있기 때문에 투자 시점에서 통화스왑을 이용하여 외화의 현금 흐름을 모두 원화로 바꾸어 고정시킬 수가 있습니다. 다음의 사례를 통해 이를 자세히 한번 살펴봅시다.

K자산운용사 최고의 펀드매니저 최고수 차장은 오늘 미국 애플사가 발행한 5년 만기 달러표시 채권에 투자했습니다. 애플사의 달러채권은 신용등급도 높은 데다 금리도 상당히 매력적이라 최고수 차장은 항상 관심을 가지고 있었죠. 하지만 최고수 차장은 원화로만 모든 자산을 운용하고 있었기에 애플사의 채권은 항상 그림의 떡이었습니다. 그런데 어제 학교 선배인 M은행 백만불 과장과 저녁을 먹으면서 통화스왑을 이용하면 모든 것이 해결된다는 말을 듣지 않았겠어요? 최고수 차장은 눈이 휘둥그레졌습니다. 통화스왑으로 애플사 채권투자에 필요한 달러 원금 조달도 가능할 뿐더러, 5년 동안 발생하는 달러 이자와 만기에 돌려받는 달러 원금까지도 모두 지금 환율로 미리 원화로 바꿔놓을 수 있다는 것이었습니다. 백만불 과장의 말에 아연실색 놀란 나머지, 최고수 차장은 부지불식중 들고 있던 젓가락까지 떨어뜨리고 말았습니다.

최고수 차장은 다음날 1억 달러어치 해외채권을 주문하면서 동시에 백만불 과장과 1억 달러 상당의 5년 만기의 달러-원 통화스왑을 현재 환율 1,200원에 체결하였습니다. 그렇게 환율과 금리 변동 위험을 모두 헤지

자산스왑: 달러자산 투자의 환리스크 헤지

거래일	M은행	1억 달러 → ← 1,200억 원	K운용	1억 달러 → 투자	애플사 발행 $채권

거래일: M은행 → 1억 달러 → K운용 → 1억 달러 투자 → 애플사 발행 $채권 / M은행 ← 1,200억 원

이표일: M은행 ← $이자 1% --- / M은행 --- CRS금리 → K운용 ← $ 이자 1% --- 애플사 발행 $채권

만기일: M은행 ← 1억 달러 / M은행 → 1,200억 원 / K운용 ← 1억 달러 만기회수 ← 애플사 발행 $채권

함으로써 결론적으로 최고수 차장의 투자수익률은 원화 CRS금리로 고정시킬 수 있게 되었습니다.

이렇게 해외 자산에 투자할 때 환헤지를 해주는 통화스왑을 자산스왑이라고 편리하게 말합니다. '달러를 지금 사고 나중에 만기에 판다'는 의미에서 실무에서는 바이앤셀buy & sell 스왑이라고도 하지요. 이렇게 통화스왑을 사용하면 채권의 원금과 이자 금액의 흐름을 모두 편리하게 원화로 바꾸어놓을 수 있습니다.

여기서 관건은 역시 비용이겠죠. 하지만 만약 원화를 달러로 바꾸는 통화스왑의 비용이 달러채권의 투자수익률에 비해 현저히 낮다면 '원화 자금 조달 → 통화스왑(원화 지급, 달러 수취) → 해외채권 투자'와 같은 투자가 가능해집니다. 그리고 이러한 과정에서 일어나는 통화스왑은 성격상 자산투자 시 환헤지가 목적이기 때문에 자산스왑 또는 에셋스왑asset swap이라고도 부릅니다.

부채스왑

　돈은 달러든 유로든 각 통화마다 이자율이 다르고 금리 상황도 계속해서 변합니다. 우리나라 기업들도 원화로 빌리는 것보다 해외에서 달러로 빌리는 비용이 더 싼 경우에는 국내로 달러를 들여와 통화스왑을 하게 되죠. 앞서 해외채권과 같은 해외 자산에 투자하는 것을 살펴보았다면 이번엔 반대로 해외에서 빌리는 경우를 한번 생각해보겠습니다.

　한국의 철강산업을 선도하는 P철강의 신제철 부장은 요즘 해외채권 발행 준비로 매우 바쁜 나날을 보내고 있습니다. 쉬지 않고 열심히 일을 하는 그를 두고 직원들도 혀를 내두를 정도입니다. 얼마 전에는 해외 투자자들에게 채권투자를 홍보하기 위해 시간을 쪼개 런던 로드쇼 출장도 다녀왔지요. 해외 투자자들은 P철강이 발행 예정인 1억 달러 상당의 5년 만기 달러표시 채권에 아주 큰 관심을 보였습니다. 금리도 국내 원화보다 훨씬 저렴한 1%대의 달러 금리로 빌릴 수 있을 것 같았죠.

　상황이 이렇게 되자 신제철 부장의 걱정은 이제 발행되는 채권 수요와 금리 수준에서 환위험으로 바뀌게 되었습니다. 제일 큰 걱정은 일단 1억 달러를 받아서 한국으로 가져와 어떻게 원화로 바꿀까 하는 걱정이었죠. 이자도 원화가 아니라 문제인데, 더 큰 문제는 5년이나 남은 만기 동안에 환율이 어떻게 될지 알 수가 없다는 것이었습니다.

　그렇게 몇날 며칠을 환율 걱정에 잠 못 이루던 신제철 부장에게 운명과도 같은 전화 한 통이 걸려옵니다. 바로 M은행의 백만불 과장이었죠. 백만불 과장은 P철강이 달러를 M은행에 주고 원화를 받는 5년 만기 통화스왑을 하면 달러-원 환율 위험뿐만 아니라 금리 위험까지 헤지가 가능하다고 알려주었습니다. 하늘은 스스로 돕는 자를 돕는 걸까요?

그렇게 P철강과 신제철 부장은 해외채권 발행과 동시에 스팟 환율 1,200원에 아주 좋은 CRS금리의 통화스왑으로 원금과 이자까지 달러 자금 흐름을 전부 원화로 바꾸어놓을 수가 있었습니다. 결론적으로 해외에서 달러로 빌린 P철강의 자금 조달 비용은 통화스왑을 사용해서 원화 CRS금리로 바뀐 것입니다.

부채스왑: 달러자산 차입의 환리스크 헤지

	거래일			
	M은행	← 1억 달러 / → 1,200억 원	P철강	← 1억 달러 차입 / P철강 $채권 해외투자자
이표일	M은행	$이자 1% ⤍ / ⤎ CRS금리	P철강	$이자 1% ⤍ / P철강 $채권 해외투자자
만기일	M은행	← 1억 달러 / → 1,200억 원	P철강	← 1억 달러 상환 / P철강 $채권 해외투자자

P철강의 사례처럼 통화스왑의 비용을 감안해도 해외에서 외화로 표시된 채권을 발행하고 이를 국내로 들여와 원화로 바꾸는 것이 더 저렴한 경우가 있습니다. 실제로 우리나라의 대기업들은 높은 신용도를 바탕으로 해외에서 외국통화로 저렴하게 빌려온 뒤에 서울외환시장에서 통화스왑으로 금리를 원화 고정금리로 바꾸는 작업을 많이 진행하고 있습니다. 아무나 할 수 없고 신용이 높은 회사만이 할 수 있는 거래죠. 역시나 신용은 살아가는 데 더없이 중요합니다.

해외 차입 때 일어나는 통화스왑은 부채의 환헤지를 위한 것이므로 부채스왑 또는 영어로 '라이어빌리티 스왑*liability swap*'이라고 말합니다. '해외채권 발행 → 달러 자금 조달 → 통화스왑(달러 지급, 원화 수취)' 형태로 아까의 자산스왑과 비교해 방향만 반대인 것이죠. 이렇듯 통화스왑은 원금과 이자가 함께 교환되기 때문에 해외채권에 투자할 때나 해외채권 발행을 통해서 조달할 때 특히 유용합니다.

자산스왑과 부채스왑은 그 거래 규모가 일반적인 현물환 및 선물환의 거래 규모에 비해 상당히 크기 때문에 시장환율에 많은 영향을 줄 수 있습니다. 따라서 이 같은 자산스왑과 부채스왑이 일어나는 시기에는 외환시장의 변동성이 커질 수 있기 때문에 외환 거래를 하기에 앞서 시장 상황을 먼저 잘 살펴야 합니다.

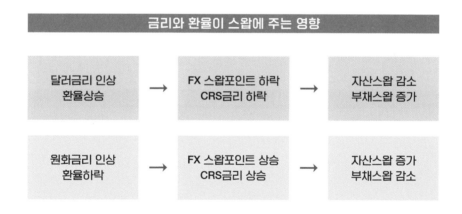

통화스왑 내용과 표현의 정리

현재까지 배운 통화스왑의 내용을 한번 정리해보도록 합시다. 다음의 개

넘만 잘 잡아두면 앞으로 뉴스에서 관련 기사가 나와도 어렵지 않게 이해할 수 있을 것입니다.

- **외화표시 자산의 헤지** 해외채권 등 외화표시 자산에 투자할 경우에 사용하는 헤지. 자산투자 헤지에 쓰이므로 자산스왑 또는 에셋스왑이라 부른다. 외화표시 자산에 투자해야 하므로 지금 달러를 빌리고 만기에 달러를 상환한다. 달러 순서 기준으로 바이앤셀 스왑이라고도 부른다. 우리나라 은행과 기업은 변동금리로 해외에서 빌려온 달러의 이자를 지불하고 대신 고정금리의 원화를 받는다. CRS 리시브 방향.
- **외화표시 부채의 헤지** 해외에서 장기 채권을 발행해 외화를 조달한 기업들이 한국으로 외화를 가지고 들어와서 원화로 바꾸는 스왑. 조달한 외화는 나중에 갚아야 할 부채이므로 외화 부채를 한국으로 가지고 와서 원화로 바꾸어 써야 할 때 사용되는 스왑이다. 달러를 맡기고 원화 빌릴 때 내는 고정금리가 CRS금리. 원화 고정금리를 지불하므로 CRS 페이 방향.

통화스왑 관련 표현들		
A은행 스왑 매도	· 자산스왑(asset swap)	외화표시 자산 투자 헤지 시 거래
	· 바인앤셀(buy & sell swap)	달러를 샀다가 만기에 되판다
	· CRS 리시브(receive)	고정금리 받고 변동금리로 지불
M은행 스왑 매수	· 부채스왑(liability swap)	외화표시 채권 발행 헤지 거래
	· 셀앤바이(sell & buy swap)	달러를 팔았다 만기에 되산다
	· CRS 페이(pay)	고정금리로 지불, 변동금리 수취

이것만 기억하자!

- 통화스왑은 달러와 같은 외국환을 빌리는 조달에도 사용되지만 외화표시 자산이나 부채의 환위험을 헤지할 때도 가장 흔하게 사용됩니다.
- 투자한 해외자산의 환율 변동 위험을 헤지하기 위한 통화스왑을 자산스왑, 반대로 해외부채의 환율 위험을 헤지하기 위한 통화스왑을 부채스왑이라고 부릅니다.
- 자산스왑은 우리나라 기관들이 달러표시 채권 같은 해외채권에 투자하고 난 뒤에 장기간의 환율 위험을 헤지하기 위해 많이 사용합니다.
- 부채스왑은 우리나라 기관들이 해외에서 저금리로 외화를 조달하고 난 뒤에 환율 변동 위험을 헤지하기 위해 많이 사용합니다.
- 통화스왑을 이용한 헤지의 두 가지 종류인 자산스왑과 통화스왑에 대해 이렇게 간단히 정리해놓으면 됩니다. 여기에 더해 둘은 같은 형태의 스왑이며 방향만 서로 반대라고 기억하면 퍼펙트입니다!

중앙은행 간
통화스왑

연준의 통화스왑

통화스왑을 활용하는 주체는 기업이나 은행뿐만이 아닙니다. 중앙은행들도 다른 나라 중앙은행들과 통화스왑을 곧잘 체결하지요. 중앙은행들의 통화스왑 기간은 일반 외환시장에 비해 기간이 짧지만 금액은 훨씬 더 크지요. 중앙은행들이 이렇게 큰 금액을 서로 교환할 수 있는 이유는 국가는 어떠한 기업이나 은행보다도 신용이 제일 좋기 때문입니다.

따라서 미국이나 유로존, 또는 일본이나 한국이 서로 통화스왑을 한다는 것은 국가 신용등급을 활용하므로 서로 간에 거래불이행 위험이 없는 '무위험 거래'나 다름이 없습니다. 물론 국가들의 신용등급은 제각각 다르지만 기업들의 신용과는 비교할 수 없을 정도로 높지요.

아마 여러분이 뉴스에서 가장 많이 들어봤을 통화스왑은 '한·미간 통화스왑'일 것입니다. 외환시장에서 시장 참가자들 간에 거래되는 일반적인 통화스왑과는 달리 중앙은행들 간 통화스왑은 특정 통화의 유동성이 부족할 때 해당 통화의 유동성을 적시에 제공하기 위한 정책적 목적에서 시행됩니다.

미국 연준의 통화스왑은 연방준비법Federal Reserve Act에 근거해 통화정책의결기구 FOMCFederal Open Market Committee가 설립한 절차에 의거하여 운영됩니다. 즉, 통화스왑의 계약을 진행하고 결정하며 운영하는 모든 것은 FOMC의 권한이며 관할 사항인 것이죠. 현재 연준의 가장 오래된 중앙은행 통화스왑은 나프타NAFTA 다자간 조약 아래 1994년부터 맺고 있는 캐나다 중앙은행 및 멕시코 중앙은행과의 통화스왑입니다.

하지만 중앙은행 간 통화스왑이 본격화된 진정한 계기는 리먼 브라더스 파산으로 촉발된 금융위기 때문이었습니다. 당시 금융위기로 FOMC는 2007년 12월, 유럽중앙은행ECB 그리고 스위스 중앙은행과 통화스왑을 체결하게 되죠(달러 유동성 제공이라는 분명한 목적이 있기에 실제로 통화스왑이긴 하지만 그 명칭은 달러 유동성 스왑라인dollar liquidity swap lines이라고 명시되었습니다). 이어 이듬해에는 호주, 뉴질랜드, 브라질, 캐나다, 덴마크, 영국, 일본, 노르웨이, 싱가포르, 스웨덴 및 한국은행과도 통화스왑을 승인합니다. 이후 리먼 금융위기의 여파가 가라앉은 2010년 2월 1일부로 이들 스왑은 전부 종료됩니다. 하지만 2010년 5월, 또다시 달러의 단기 유동성 문제가 불거지자 ECB, 캐나다 중앙은행, 영국 영란은행, 일본은행 및 스위스 중앙은행 등 5개국과 임시 통화스왑을 체결하지요.

결국 2013년 10월, 6개국 중앙은행들은 기존의 임시 통화스왑이 상설standing 스왑라인으로 전환될 것이라는 발표합니다. 이것이 현재까지 이어져 오면서 연준의 상설 통화스왑라인의 계기가 된 것이지요. 그래서 2022년 현재까지도 미국 연준은 이들 5개국 중앙은행들과 상설 통화스왑을 맺고 있는 상황입니다. 게다가 이들 5개국 중앙은행들끼리도 각각 개별적인 상설스왑을 맺고 있어서 통화 유동성이 필요할 때는 언제나 간단한 과정을 거쳐 필요한 통화의 유동성을 공급하고 있습니다. 즉, 6개국 중앙은행 간 상설 스왑라인이 전 세계 6대 주요 통화의 유동성을 담보하기 위한 안전편 역할을 하고 있는 것입니다.

일반적인 통화스왑과 연준의 달러 통화스왑 비교		
구분	일반적 통화스왑	연준의 달러 통화스왑
거래 기간	1년~10년 장기계약 10년 이상 계약도 존재	최소 1일~최대 3개월 한국은 상설 스왑라인 없음
거래 주체	시장 참가자	중앙은행
신용 위험	상대방 신용 위험 존재	국가(중앙은행). 무위험 거래.
거래 규율	ISDA 파생상품 계약서	중앙은행 간 계약서
이자 지급	정기적 이자 교환	만기에 정산
만기 환율	계약시 환율	계약시 환율
거래 동기	통화의 조달	통화의 조달, 환율의 안정

한국은행의 통화스왑

한국은행은 과거 미국과 두 차례 통화스왑을 체결한 바 있습니다. 리먼 금융위기 당시인 2008년 10월과 코로나19가 발발했던 2020년 3월입니다. 두 경우 모두 미국과의 통화스왑 이후 환율이 급격히 하향 안정되는 공통점을 보였습니다.

다음의 그래프를 한번 볼까요. 2008년 10월 30일의 스왑 체결 당일의 달러-원 환율은 전일 대비 170원 이상 하락하면서 1,250원으로 마감했습니다. 이는 2000년대 들어 하루 최대 하락폭이었습니다. 당일 코스피 지수도 10% 넘게 오르는 등 한·미 통화스왑은 금융시장 전반에 걸쳐 호재로 작용하였습니다.

다음의 그래프를 한번 볼까요.

이후 2008년의 한·미 통화스왑은 2010년에 종료되지만 2019년 말 코로나19 발생으로 경제 전반에 걸쳐 위험이 커지고 환율이 1,330원까지 오르자 2020년 3월에 다시 체결이 됩니다. 이번에도 체결된 다음날인 3월 20일 환율이 40원 이상 급락하는 모습을 보이면서 시장은 거짓말같이 안정화되는 모습을 보였지요. 당일 코스피 지수도 2008년도의 한·미 통화스왑 체결 이후와 마찬가지로 크게 반등하면서 7% 이상 급등하는 양상을 보였습니다. 2020년의 통화스왑도 환율이 안정된 이후에는 크게 사용되지 못하다가 2021년 12월 연장의 필요성이 없다는 판단에 따라 종료됩니다.

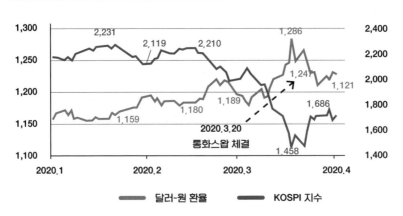

2020년 한·미 통화스왑의 영향

- 달러-원 환율   - KOSPI 지수

출처: Bloomberg

한국은행은 외환시장의 환율 변동성을 안정시키기 위해 미국 이외에도 현재 캐나다, 중국, 스위스, 호주와 말레이시아 등 8개국과 통화스왑을 맺고 있습니다. 환율이 급등할 때마다 한·미 통화스왑이 필요하다는 얘기는 끊임없이 나옵니다. 특히 환율 방어 과정에서 외환 보유고를 소진한 상황에서는 이러한 우려의 목소리가 커지는 경우가 많습니다.

물론 한·미 통화스왑이 체결되면 단기적으로는 환율을 안정시키는 데 도움이 될 수는 있겠죠. 하지만 연준과 통화스왑을 체결한다고 해도 이는 임시 스왑라인temporary swap line일 가능성이 큽니다. 임시 스왑라인은 당시의 목적이 끝나면 종료되고, 이후에 또 필요하다고 판단되면 통화스왑을 처음부터 다시 설정해야 하는 번거로움이 있습니다.

연준과 상설 스왑라인을 개설한 나라들은 이미 빌릴 수 있는 한도를 부여받은 상황입니다. 달러가 필요하다면 통보만 하고 바로 달러를 빌리고 난 후 상환할 때 이자와 함께 갚으면 되기에 임시 스왑라인과 비교해 절차가 상당히 편리하고 간단합니다. 환율 안정의 효과에 있어서도 상설 스왑라인을 보유한 국가는 달러 외환 보유고를 그만큼 더 추가로 가지고 있는 것과 같아서 임시 스왑라인과 비교해 훨씬 더 강력한 환율 안정 기능을 기대할 수 있습니다. 때문에 미국과 달러 상설 스왑라인을 가진 국가들의 통화는 헤지펀드와 같은 국제 외환 투기 세력들의 공격 대상이 되기 힘듭니다. 얼마나 큰 금액이 됐든 상관없이 달러를 사용하여 방어할 수 있기 때문이지요.

하지만 현재 상황에서는 한국이 미국과 상설 통화스왑라인을 개설할 가능성은 매우 낮습니다. 현재 미국은 유로, 파운드, 엔 등 세계의 주요 통화가 아닌 통화의 국가들과 상설 스왑라인을 개설하는 것을 주저하고 있기 때문입니다.

앞서 통화스왑은 상대방을 골라서 체결한다고 이야기했던 걸 기억하실 겁니다. 미국이 이렇게 주저하는 이유는 무엇일까요? 주요 통화들의 경우에는 연준이 서로 교환할 때 크게 부담이 되지 않지만 신흥국과의 상설 통화스왑은 유동성 공급의 목적이 아닌 불안정한 통화의 신용 위험을 달러가 대신 담보해주는 역할로 변질될 수 있기 때문입니다.

이 같은 이유들 때문에 미국과의 상설 통화스왑 체결은 우리가 원한다고 할 수 있는 것이 아닙니다. 그렇지만 가능성이 없는 건 아니죠. 한마음으로 경제를 살리고 기업들의 경쟁력을 제고하여 현재보다 더 국력을 부강하게 키우면 그 가능성이 조금은 더 높아지지 않을까요? 민족의 숙원인 평화통일을 앞당겨 미·중·일과 어깨를 나란히 하는 경제 대국으로 도약해 원화를 세계 5대 국제결제 통화로 만든다면 원화의 국제적 위상은 현재와 다른 상전벽해의 눈부신 발전을 이룰 것입니다. 우리나라의 원화가 국제적 기준통화로서 도약을 한다면 미국뿐만 아니라 서방 선진국들이 모두 국제 결제통화인 원화와의 상설 통화스왑라인의 필요성을 인지하고 먼저 요청해올 것입니다.

국제통화로 발전할 원화의 미래는 멀지 않습니다. 우리 모두의 끊임없는 노력과 의지가 있으면 해낼 수 있습니다. 모두 힘냅시다!

이것만 기억하자!

- 통화스왑은 서로 간에 다른 통화를 빌리고 빌려주는 거래입니다. 회사들 간에도 통화스왑을 통해 서로 필요한 통화를 교환하지만 중앙은행들 간에도 서로 필요한 경우에 통화를 교환하곤 합니다. 이것이 바로 중앙은행 간 통화스왑입니다.
- 특히 한·미간 통화스왑은 과거 우리나라 환율 변동기에 외환시장을 안정시키는 데 큰 영향을 주었습니다. 하지만 과거 한·미 통화스왑은 모두 임시적인 것으로 현재는 종료되었습니다. 미국 연준은 상설 통화스왑을 몇몇 주요 통화국하고만 체결하고 있는 실정입니다.

원화는 NDF 통화 – 해외에서 한국 돈은 결제가 안 된다?

원화는 왜 해외결제가 안 될까?

초보대학교 졸업반 4학년인 공부해 학생은 올해 동남아시아 리조트로 학교 친구들과 여행을 갔습니다. 화사하고 아름다운 해변을 구경하고 워터파크에서 여러 가지 맛난 음식들을 먹으며 즐거운 시간을 보냈죠. 코로나 이후 오랜만에 간 여행이어서 더 좋은 추억으로 남은 시간이었습니다.

하지만 단 한 가지, 여행 중 아쉬웠던 점이 있었습니다. 현지에서 우리나라 돈을 받지 않아 매우 곤란에 처한 적이 있었기 때문입니다. 친구들과 놀다가 목이 말라 코코넛 주스를 사먹기 위해 친구 식인이와 리조트 한편에 있는 매점 겸 환전소에 들렀을 때였습니다. 환전소에 달러, 유로, 엔 등 주요 통화와 일부 동남아 통화까지 적혀 있었지만 KRW라는 원화 표시는 아무리 찾아봐도 보이지 않았던 겁니다.

"왜 원화는 환전 목록에 없을까?" 공부해는 학교에서 '걸어 다니는 백과사전'이라고 불리는 친구 지식인에게도 물어봤지만 식인이도 알지 못했습니다. 공부해는 용기를 내어 1만 원짜리 지폐를 꺼내 환전소 직원에게들이밀어 봤지만 거절당하고 말았습니다. 직원은 달러 또는 환전 리스트에 적혀 있는 통화를 달라고 했지만 공부해는 당장 한국 돈 말고는 가진 것이 없었죠. 그녀는 결국 아빠가 준 카드로 결제할 수밖에 없었습니다.

No KRW! 한국 원화 안 받아요!

　　장래 한국 경제를 책임지고자 대학에서 경제학을 열심히 공부하고 있는 공부해의 마음속에 만감이 교차하는 순간이었습니다. 세계 경제 규모 10위권의 우리나라 원화가 그보다 경제력이 못한 통화들보다 위상이 낮은 것 같아 안타깝고 씁쓸한 마음이 들었지요.

　　왜 우리나라 돈은 해외에서 환전이 안 될까요? 이유는 우리나라 원화는 한국에서 외국으로 송금할 수 없고 마찬가지로 해외에서도 원화를 한국으로 송금할 수가 없기 때문입니다. 더 간단히 말하면 한국 정부와 중앙은행이 원화의 통제력을 강화하기 위해서 해외 사용을 막아놨기 때문입니다.

　　해외 사용을 막아놨다는 말에 "외국에서 카드로 물건 사면 원화나 외화 중에 어느 통화로 결제할지 물어보던데요?"라고 말씀하시는 분도 있을 것 같습니다. 이건 여러분의 신용카드가 한국에서 발행된 것이기 때문입니다. 여러분이 해외에서 원화로 결제한다 해도 그건 카드사가 국내 외환

취급 금융기관과 사전에 부과할 수수료율을 책정하고 그 당시의 환율을 적용해서 환전을 해주는 것이지 해외에서 거래가 원화 그대로 결제된다는 의미는 아닙니다.

　이를 달리 말하면 한국 원화는 해외에서 결제가 안 되고 한국 안에서만 통용된다는 말과 같습니다. 해외에서 결제가 안 되기 때문에 환전도 따라서 불가능한 것이죠. 글로벌 외환시장에서 환전이 안 되는 이러한 통화들을 일컬어 '교환 불가능 통화non-convertible currency'라고 합니다. 또한 결제가 불가능하기 때문에 '결제 불가능 통화non-deliverable currency'라고도 부르죠. 이렇게 한 국가의 통화를 국내 결제만으로 한정하는 주요 이유는 자본이 유출되는 것을 막고, 한편으로는 과도한 환율의 변동성을 통제하기 위해서입니다.

　과거 한국 경제는 선진국들에 비해 규모도 상대적으로 아주 작았을뿐더러 대외 여건의 변화에 매우 취약했기 때문에 원화의 거래와 결제를 국내로만 한정시켜놓았죠. 원화의 국제 결제를 막아놓은 것이 계속 이어져 지금에까지 이른 것입니다. 앞으로 가까운 미래에는 공부해 학생의 바람과 같이 우리나라 원화를 외국의 환전소에 당당히 제시할 수 있는 그날도 언젠가 올 것입니다. 그날을 준비하기 위해서라도 우리는 외환과 환율을 공부해 외환 지식인이 되어야 하는 것입니다.

차액결제 선물환

그러면 우리나라에 계좌를 가지고 있지 않은 비거주 외국인들이나 비거주 외국 법인들은 어떻게 원화 환위험을 헤지할 수 있을까요? 정답은 'NDF'라고 불리는 차액결제 선물환을 이용하는 것입니다.

비거주 외국인들은 우리나라에 결제가 가능한 계좌가 없기 때문에 원화 선물환 거래는 할 수가 없습니다. 달러-원 선물환 결제를 하려고 해도 원화를 결제할 수 있는 계좌가 있어야 하는데, 원화는 해외에서 결제가 안 되기 때문입니다. 한국 국내에 계좌를 열어야만 원화 선물환 결제가 가능하지요. 이럴 때 해외에서 달러로 차액만을 결제하는 차액결제 선물환인 NDF 거래를 통해서 원화의 변동성에서 오는 환위험을 헤지할 수 있습니다.

차액결제 선물환인 NDF는 일반적인 선물환 거래와 마찬가지로 장외 거래입니다. NDF는 선물환 거래의 일종으로 처음 계약 시점의 계약 환율과 만기 시점의 환율의 차이를 달러와 같은 통화로 결제하는 거래입니다. 한국에 밀가루를 수출하는 비거주 외국 법인인 C기업의 예를 들어 이 개념을 이해해봅시다.

미국의 대형 농산물 수출회사인 C기업은 한국에 사무소가 없는 비거주 외국 법인입니다. C기업은 한국 협력사인 D사의 판매망을 통해 한국에 밀가루를 판매하고 있습니다. 최근 한국에서 빵의 인기가 날로 높아지면서 작년부터 밀가루 매출액이 크게 신장되었으나 비거주자인 C기업은 달러-원 환율 변동성 위험을 선물환으로 헤지할 수가 없어서 원화 수익을 달러로 고정시키는 데 어려움을 겪고 있는 중입니다.

C기업은 매달 매출액이 발생하는데, 오늘 날짜인 8월 26일부터 한 달

뒤인 9월 26일에 한국에서 밀가루 판매대금으로 원화 12억 원의 수입이 발생할 예정입니다. C기업의 한국 담당 직원 휘트 씨는 협력사 D사를 통해 한 달 뒤(9월 26일)에 현물환 시장환율로 수익금 12억 원을 미국 계좌로 송금받기로 약정을 했죠. 문제는 현재 달러-원 환율이 1,200원이지만 향후 환율상승이 예상된다는 것이었습니다. 휘트 씨는 한 달 뒤에 받아야 할 12억 원이란 큰돈이 환위험에 노출되는 게 아닌가 싶어 노심초사 중입니다. 환율이 오르게 되면 실제로 달러로 받을 돈이 적어지게 되기 때문인데요, 별명이 '식스센스sixth sense'인 휘트 씨의 불가사의한 육감은 틀린 적이 없어 더욱 걱정입니다.

하지만 아무리 생각해도 비거주자로서 선물환 거래로 환헤지가 불가능한 상황이라 발만 동동 구르고 있습니다. 이 상황에서 C기업의 담당자 휘트 씨는 어떻게 해야 할까요?

정답은 간단합니다. 바로 NDF 거래를 하면 됩니다. C기업은 차액결제 선물환인 NDF를 이용해 한 달 뒤 달러를 매수하는 거래를 하면 12억 원에 해당하는 원화를 달러로 고정시킬 수 있습니다.

한 달 뒤에 원화를 팔아 달러를 사야 하지만 지금 환율이 맘에 들기 때문에 한 달 뒤의 환전을 지금 예약하는 선물환 계약을 하는 것이죠. 하지만 비거주자라 국내 선물환 계약이 불가능하기 때문에 차선으로 해외에서 결제되는 NDF라는 차액결제 선물환을 택하게 되는 것입니다.

휘트 씨는 머리에 NDF가 떠오르자마자 무릎을 탁 치며 곧바로 NDF 시장의 강자인 M은행의 백만불 과장에게 국제전화를 걸었습니다. 한 달 동안의 달러-원 환율 변동 위험을 NDF 거래를 통해 헤지하기 위해서지요. 영어도 네이티브 수준으로 유창한 글로벌 딜러 백만불 과장은 휘트 씨와 계약 조건을 다 조율한 뒤, 마지막에 영어로 '확정'이라는 의미의 '던done!'을 외칩니다.

이렇게 비거주 외국 법인 C기업의 담당자 휘트 씨는 아래와 같이 M은행의 백만불 과장과 1,200원의 계약 환율로 100만 달러를 매수하는 한 달 만기 NDF 계약을 체결했습니다.

NDF 거래 확인서

거래일:　　　2022년 8월 26일
결제일:　　　2022년 9월 28일
계약 환율:　　USD/KRW = 1,200원
거래 내용:　　1개월 100만 달러 NDF 거래 계약 @1,200원에 체결
매수자:　　　C기업, 거래 담당자: 휘트 러브(Wheat Love)
매도자:　　　M은행, 거래 담당자: 백만불 과장

물론 휘트 씨가 NDF를 이용한 헤지 거래를 했지만 지금 당장 일어나는 자금 이동은 아무것도 없습니다. NDF 거래도 선물환과 마찬가지로 계약 당일에는 아무런 통화의 결제가 일어나지 않기 때문입니다. NDF 거래의 특징은 만기에 있지요.

NDF 거래는 계약 만기에 그날의 환율과 계약했던 환율을 비교합니다. 두 환율의 차이가 평가손익이 되는 것이죠. 환율의 평가손익인 환율차에 원금을 곱한 달러 금액이 결제해야 할 정산 금액이 되는 것입니다. 양쪽이 만기에 다른 통화를 서로 주고받는 선물환과 달리, 만기에 환율을 비교해서 진 쪽이 이긴 쪽에게 차액만 달러화로 지급하는 방식이라고 생각하면 쉽습니다. 그래서 '차액결제 선물환'이라고 부르는 것이지요.

NDF 계약의 또 다른 하나의 특징은 결제 환율을 결정하는 픽싱fixing 이라는 과정이 있다는 것입니다. 만기 정산 시 어떤 환율을 쓸지 지정하는 것이죠. 그래서 이러한 환율을 지정 환율 또는 결제 환율이라고도 부릅니다. 보통 픽싱 과정에서 결정되는 결제 환율은 결제일 2영업일 전에 확정됩니다.

C기업의 휘트 씨가 M은행과 NDF 거래를 한 지 한 달이 지나고 결제일이 돌아왔습니다. 역시나 휘트 씨의 육감은 진리요 예언이자 도사의 경지입니다. 달러-원 환율은 휘트 씨의 우려대로 급등세를 이어 가며 한 달 동안 100원이나 올라 1,300원을 찍었습니다. 휘트 씨는 크게 안도하면서 이러한 거래를 가능하게 해준 M은행 백만불 과장에게 결제를 진행해달라고 요청합니다.

결제 환율을 결정하는 픽싱일에 기준환율이 1,300원으로 올랐다고 한다면 C기업은 계약 환율 1,200원에 달러를 샀기에 싸게 싼 것이죠. 이익이 난 것이기 때문에 M은행으로부터 그 차액을 지급받게 됩니다. 픽싱일 2영업일 뒤인 9월 28일에 M은행은 계약 환율과 픽싱된 결제 환율의 차액인 7만 6,923달러를 C기업에게 송금해주게 됩니다.

차액 결제 금액 계산
· 결제 환율: 1,300원
· 계약 환율: 1,200원
· 결제 금액: [(1,300-1,200) x $1,000,000] ÷ 1,300 = $76,923

한편 휘트 씨는 9월 26일에 판매법인 D사로부터 연락을 받았습니다. 달러-원 환율이 1,200원에서 1,300원으로 올라서 수익금 12억 원을 현물환 기준환율 1,300원으로 환전한 92만 3,077달러를 2영업일 후인 9월 28일에 송금하겠다고 말이죠.

당초 한 달 만에 환율이 올라 D사로부터 받을 판매 금액이 100만 달러에서 92만 3,077달러로 줄어들었지만 휘트 씨는 마냥 기쁘기만 합니다. 손실이 날 뻔했던 차액 7만 6,923 달러를 M은행과의 NDF 헤지 거래로 보전했기 때문입니다. 두 금액을 더하면 100만 달러가 되죠($76,923+$923,077= $1,000,000). 한 달 전 환율 1,200원으로 12억 원을 환전해서 받았더라면 100만 달러를 받았을 것이기에 휘트 씨는 NDF 헤지를 통해 손실을 피할 수 있었습니다.

NDF 차액 선물환 거래의 거래 과정

거래일 8월 26일	M은행 (외국환 은행)	1개월 NDF 계약 체결	B기업 (비거주자)	1달 선물 환율 1,200원
환율 확정 9월 26일	M은행 (외국환 은행)	결제 환율 확정(픽싱)	B기업 (비거주자)	현물 환율 1,300원
결제일 9월 28일	M은행 (외국환 은행)	차액 지급 $76,923	B기업 (비거주자)	결제 환율 2일 전 확정
	판매법인 (현물환 송금)	$923,077		

이렇게 우리나라 원화와 같이 해외결제가 불가능한 통화는 NDF라는 거래 방식으로 환위험을 회피할 수 있습니다.

그렇다면 거꾸로 환율이 1,100원으로 하락하게 되면 어떻게 될까요? 이럴 때는 위와 반대의 경우가 일어나게 됩니다. 휘트 씨는 환율이 떨어져서 판매사로부터 받는 원화가 환율이 1,200원이었을 때보다 많은 109만 909달러(12억 원÷1,100원)가 됩니다. 하지만 NDF 계약에 의해 이번에는 9만 909달러를 M은행에 지급해야 하죠. 결과적으로 받는 금액은 100만 달러($1,090,909-$90,909)로 환율이 1,300원으로 오른 경우와 총 수취 금액은 같아집니다.

이렇듯 NDF 거래는 선물환 거래이기 때문에 환율을 고정시키는 효과가 있지만 여타 선물환 거래와 마찬가지로 미래에 환차손 위험뿐만 아니라 환차익의 기회도 동시에 없애기 때문에 유의해야 합니다.

NDF 대상 통화

이렇게 해외에서는 결제가 안 되지만 NDF라는 차액결제 방식의 선물환을 통해 헤지가 가능한 통화들을 일컬어 편의상 'NDF 통화'라고 부릅니다.

특히나 여러 차례 통화 위기를 겪은 아시아에서는 통화의 해외결제가 안 되는 경우가 많습니다. 아시아권에는 총 여덟 개의 NDF 통화가 있습니다. NDF 거래도 거래소가 아닌 장외시장이기 때문에 베트남 동vnd이나 필리핀 페소php와 같이 유동성이 아주 적은 경우도 많습니다. 그래서 실제 거래가 가능한지는 상황에 따라 다릅니다. 또한 결제 통화는 대부분 달러를 사용하지만 상황에 따라서는 유로화나 엔화 등 다른 통화로 차액결제를 진행하는 경우도 있습니다.

NDF 거래가 가능한 대표적인 통화들은 다음과 같습니다.

아시아		아시아 이외의 지역	
KRW	한국 원화	ARS	아르헨티나 페소
CNY	중국 위안화	BRL	브라질 헤알
IDR	인도네시아 루피아	CLP	칠레 페소
INR	인도 루피	PEN	페루 누에보 솔
MYR	말레이시아 링깃	VEF	베네수엘라 볼리바르
PHP	필리핀 페소	EGP	이집트 파운드
TWD	타이완 달러	NGN	나이지리아 나이라
VND	베트남 동	UGX	우간다 실링

동남아시아 통화 중에서도 태국 바트화THB는 위의 통화들과 달리 해외결제가 가능한 통화이지만 NDF 거래도 가능한 이중 통화입니다.

해외에서 결제가 안 되는 NDF 통화라고 해도 각국의 외환 관리법 허용 범위 내에서 해외로 가지고 나가는 것이 불법은 아닙니다. 이러한 통화들은 해외로 송금은 불가능하지만 해외에서도 권종들이 있으면 지폐로 환전해주는 경우도 종종 있습니다. 우리나라 은행 창구에서도 NDF 통화인 말레이시아 링깃화나 중국 위안화 지폐를 구입할 수 있는 것처럼 말입니다.

이것만 기억하자!

- 원화는 우리나라 밖, 즉 해외에서는 결제가 되지 않는 통화입니다. 한국 국내(역내)에서만 사용할 수가 있죠. 그래서 국내에 원화 계좌가 없는 해외 투자자들은 NDF라고 하는 역외 선물환으로 원화의 환율 변동 위험을 회피하고 있습니다.

- 해외 직구나 해외여행 때 카드를 사용하며 원화 결제를 선택하더라도 원화가 바로 결제되는 것은 아닙니다. 해외에서 해당국의 통화로 결제가 일어난 후에 국내 연계 금융기관과 다시 원화로 환전 거래가 일어나는 것이라는 점을 꼭 기억하기 바랍니다. 이 때문에 해외에서 카드를 사용할 때에는 달러와 같은 외화로 결제하는 방법이 수수료가 조금 더 저렴할 수 있습니다.

외환 거래는 어떤 방식으로 이루어질까?
장내거래 vs 장외거래

외환 거래의 과정

금융기관 간에 일어나는 대규모 외환 거래는 어떻게 이루어질까요? 누구나 한 번쯤은 궁금해 하지만 그것이 실제로 어떻게 이루어지는지 정확히 아는 사람은 거의 없습니다.

수출업자가 달러로 수출대금을 받으면 어떤 방식을 거쳐 원화로 환전되는지 다음의 예시를 통해 알아보도록 합시다. 이 과정을 알고 나면 독자 여러분들의 외환시장에 대한 이해도가 앞으로 더욱 높아지리라 생각합니다.

전 세계적인 한류 열기로 한국산 제품에 대한 인기도 나날이 올라가는 덕분에 한국 최대의 제과업체인 L제과는 요즘 즐거운 비명을 지르고 있습니다. 자사의 대표 브랜드 '가다 초콜릿' 등의 해외 매출 증가로 매달 환전해야 할 달러가 점점 늘어가고 있기 때문입니다. 제조업체인 L제과는 수출대금을 외국환 은행인 M은행을 통해 팔아 환전하고 있는데 다음과 같은 과정을 거칩니다.

호리호리한 체격의 L제과 자금부 배배로 과장은 오늘도 수출대금으로 받은 달러 500만 달러를 좋은 가격에 팔기 위해 M은행 백만불 과장에게 전화를 합니다. 배배로 과장은 전화로 500만 달러를 팔고 그에 상당하는 원화를 사는 달러-원 매도 거래를 요청합니다. 백만불 과장은 곧장 외환 중개회사의 브로커 오억원 대리를 통해 은행 간 외환 거래시장에서 M은행 이름으로 팔자호가 주문을 냅니다.

성격이 급하여 별명이 '빨리빨리'로 시장에서 유명한 오억원 대리는 사자호가 중에서 최우선 호가를 바로 매칭시켜 500만 달러를 사주게 되지요. 달러 매수 거래를 마친 백만불 과장은 L제과 배배로 과장에게 전화상으로 해당 내용을 확인시켜주고 거래를 최종 확정합니다. 모든 거래는 매우 빠른 속도로 이루어져서 통상 적게는 수초에서 최장 1분이 채 되지 않습니다.

L제과의 외환 거래가 확정되면 거래를 확인하고 결제를 하는 절차가 남아 있습니다. 내부통제의 목적상 L제과와 M은행 모두 거래 담당자가 아닌 다른 직원이나 결제 부서에서 결제 금액과 가격 등의 거래 확인 작업을 실시합니다. 이런 확인 과정을 가리켜 '거래 컨펌'이라고 합니다. 확인을 하는 컨펌 절차가 문제없이 끝나면 L제과와 M은행의 결제 담당자는 서로 결제 지시서settlement instruction를 보내어 결제를 진행하게 됩니다.

이처럼 전화로 해오던 전통적인 외환 거래 방식은 최근 이트레이딩e-trading의 발전에 따라 고객과 외환 거래 은행을 연결해주는 시스템에서 고객들이 은행에 전자주문을 내는 형태로 진화되어 가고 있습니다. 이 같은 이트레이딩은 유럽과 미국 그리고 최근에는 아시아에서도 빠른 속도로 보편화되고 있죠. 블룸버그사의 FXGO, 레피니티브Refinitiv사의 FXall 그리

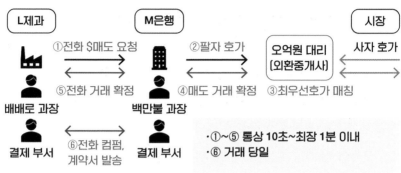

외환 거래의 과정

L제과　　　　M은행　　　　　　　　　시장

①전화 $매도 요청　②팔자 호가　오억원 대리　사자 호가
　　　　　　　　　　　　　　　　（외환중개사）
⑤전화 거래 확정　④매도 거래 확정　③최우선호가 매칭

배배로 과장　　백만불 과장

결제 부서　⑥전화 컴펌,　결제 부서　·①~⑤ 통상 10초~최장 1분 이내
　　　　　계약서 발송　　　　　　·⑥ 거래 당일

고 도이치 뵈르제Deutsche Borse 그룹의 360T 등이 대표적인 이트레이딩 시스템입니다.

장내거래와 장외거래

금융상품의 거래를 할 때는 KRX(한국거래소), NYSE(뉴욕 증권거래소), CME(시카고 상품거래소)와 같은 거래소를 이용해서 할 수도 있고 거래소 밖에서 당사자들끼리 매매를 할 수도 있습니다.

이렇게 거래소 플랫폼에서의 금융거래를 장내거래exchange trade라 하고 거래소 밖에서의 거래를 장외거래 또는 장외거래의 영문인 over-the-counter의 이니셜을 따서 OTC 거래라고도 부릅니다.

외환시장에서는 주로 거래소를 통하지 않고 중개 기관을 통하여 당사자 간에 거래가 됩니다. 그래서 외환 거래는 기본적으로 장외거래로 볼 수 있습니다. 장외시장에서는 딜러들이 주로 전화 또는 블룸버그나 로이터 단말기의 딜링머신dealing machine 등을 통해 외환 중개 기관과 사거나 팔려

장내거래	장외거래
거래소 / 중앙 청산소 / 정형화된 거래	청산소 없음 개별 정산 / 1:1 맞춤거래 / 1:1 맞춤거래 / 1:1 맞춤거래

는 통화의 가격을 제시하여 서로 일치하는 상대와 거래를 하게 됩니다. 장내거래는 거래소 내에서 진행되기 때문에 거래할 수 있는 시간과 규정이 정해져 있고 계약에 정형화된 데 반해 장외거래는 당사자 간의 거래이기 때문에 계약 자체는 매우 융통성 있는 편입니다.

주식, 채권, 파생상품 그리고 외환 거래는 모두 장내거래와 장외거래가 존재하지만 거래의 만기가 없는 주식만 장내거래가 보편화되어 있습니다. 이와 달리 채권, 파생상품과 외환 거래는 상품별로 거래 조건이 다양하기 때문에 장외거래가 보편적이죠. 물론 주식시장에서도 장외거래는 많이 일어납니다. 코스피KOSPI나 코스닥KOSDAQ에 상장되지 않은 비상장 주식들이 주로 장외에서 거래되며 대형 블록딜block deal의 경우도 당사자 간에 장외에서 주식양수도 계약을 진행하기도 합니다.

채권은 주식과 반대로 장외거래가 훨씬 더 많지만 한국거래소를 통해서 유통되는 채권들도 있습니다. 최근에는 이 같은 장내거래 채권들을 증권사의 개인 홈트레이딩 서비스인 HTS를 통해서도 거래가 가능하죠. 외환 거래 또한 장내거래 상품들이 있기는 하지만 장외거래 비중이 주식이

	장내거래 vs 장외거래		
구분		**장내거래**	**장외거래**
1	거래 조건	정형화(일률적)	맞춤 거래
2	청산과 결제	거래소 청산 및 결제	청산절차 없음. 양자 간 결제
3	거래 도구	거래소와 연결된 시스템	전화 또는 거래 단말기
4	거래 시간	거래소 개장 시간	제한 없음
5	거래 규정	거래소 규정에 따름	당사자간 합의
6	거래 계약서	상호 간 계약서 없음	상호 간 장외거래 계약서 작성
7	거래상품 종류	정해진 거래에 한정	어떤 종류의 거래도 가능

나 채권 등 다른 시장과 비교해서 월등히 높은 편입니다.

특히 장외에서 거래되는 선물환은 '선도환'이나 '포워드'로도 흔히 불립니다. 이에 반해 통화선물은 정형화, 규격화된 거래로서 거래소에 상장되어 있는 대표적인 장내 외환 파생상품입니다. 통화선물은 외환선물이나 선물계약futures contract이라고도 불리지만 다 같은 장내 외환 파생상품을 의미합니다.

장내 외환 거래

장내 외환 거래의 대표적인 예로는 국제적인 거래소에 개설되어 있는 통화선물을 들 수 있습니다. 가장 유명한 통화선물 거래소로는 미국의 시카고 선물거래소CME가 있지요. 우리나라 한국거래소KRX에도 달러 통화선물이 상장되어 있습니다. KRX에는 2022년 현재 미국 달러화, 일본 엔화, 유로화 및 중국 위안화 통화선물이 상장되어 있습니다. 거래 단위, 만기일

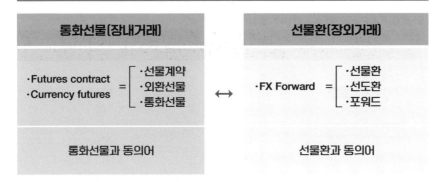

선물환과 통화선물을 구별하자!

| 통화선물(장내거래) | | 선물환(장외거래) |

선물환과 통화선물을 구별하자!

통화선물(장내거래) ↔ **선물환(장외거래)**

·Futures contract
·Currency futures = [·선물계약
·외환선물
·통화선물]

·FX Forward = [·선물환
·선도환
·포워드]

통화선물과 동의어   선물환과 동의어

등의 거래 조건이 표준화되어 있습니다.

반면 미국의 CME는 49개의 통화선물이 상장된, 하루 거래량 1,000억
달러, 한화 약 1,300조 원을 넘는 세계 최대의 통화선물 시장입니다. CME
는 세계에서 가장 많은 파생상품이 거래되는 거래소로 농산물과 에너지
그리고 통화 파생상품에 특화되어 있습니다.

KRX 미국달러 선물 계약명세

1	거래 대상	미국 달러화(USD)
2	거래 단위	US $10,000
3	결제월	분기월 중 12개, 그 밖의 월 중 8개
4	가격 표시	$1당 원화
5	최소가격 변동폭	0.10원
6	최소가격 변동 금액	1,000원 ($10,000 × 0.10원)
7	거래 시간	09:00~15:45(최종 거래일 09:00~11:30)

출처: KRX

CME-세계 최대 통화선물 거래소

EURO FX FUTURES - QUOTES　　　　　　　　⊕ **CME Group**

MONTH	OPTIONS	CHART	LAST	CHANGE	PRIOR SETTLE	OPEN
💼 **AUG 2022** 6EQ2	OPT	ıll	1.02625	-0.00035 (-0.03%)	1.0266	1.0265
💼 **SEP 2022** 6EU2	OPT	ıll	1.02695	-0.00205 (-0.20%)	1.0290	1.0283

출처: CME 홈페이지, 통화선물 거래 화면 캡처

FX마진 거래와의 구별

FX마진 거래는 증권사나 선물사 등의 중개 기관을 통한 장외거래로서 개인이 참여할 수 있는 대표적인 국제외환 거래입니다.

FX마진 거래에서 표준 계약 단위 1계약을 랏lot이라고 하며, 통화페어는 유로-달러, 달러-엔 등 주요 통화페어가 다 가능한데 주말을 제외한 24시간 거래가 가능합니다.

마진은 영어로 증거금을 뜻하는데 국내에서는 일반적으로 원금의 10% 정도를 증거금으로 납입해야 합니다. 통상 표준 계약이 10만 달러이므로, 증거금이 10%이면 레버리지leverage는 10배로써 투자금의 90%가 차입금으로 이루어지게 되죠. 이렇게 차입 비율이 높은 레버리지 전략을 사용하기 때문에 통상의 외환 거래보다 손익의 변동성이 극대화되는 위험추구형 거래라고 할 수 있습니다.

특히 FX마진 거래에서는 마진콜margin call이 걸리는 즉시, 열려 있는 모든 포지션이 청산되고 남아 있는 증거금도 반환되게 되므로 주의해야 합니다. 비용면에서도 은행 간 거래에서 거래되는 비드-오퍼 스프레드 외에도 FX마진 거래 중개회사가 부과하는 일정 금액의 수수료가 있을 수 있습니다.

이러한 FX마진 거래는 개인이 적극적으로 외환시장에 참여할 수 있는 상품이지만 레버리지 차입 비율이 굉장히 크기 때문에 전문적인 외환 지식을 가진 투자자들에 한해서 거래할 것을 조언합니다.

이것만 기억하자!

- 금융거래가 이루어지는 시장에는 크게 두 종류가 있습니다. 우리나라 한국거래소와 같이 거래소를 통해 거래하는 장내거래와 거래소 없이 그냥 양자 간에 계약을 진행하는 장외거래입니다.
- 대부분의 글로벌 외환 거래는 장외시장에서 이루어지고 있습니다. 그리고 장외시장에서 이루어지는 외환 거래의 대표적인 상품은 포워드 거래라고도 불리는 선물환입니다. 반면에 통화선물은 정형화된 계약으로 장내거래로만 이루어집니다.
- 수출입 업체들은 장외거래인 선물환을 통해 환율 변동 위험을 헤지하는 경우가 많습니다.

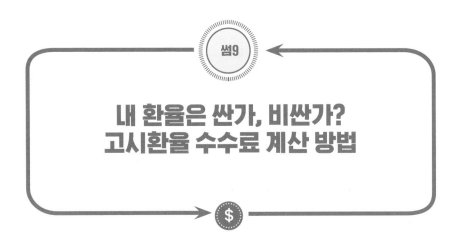

섬9

내 환율은 싼가, 비싼가?
고시환율 수수료 계산 방법

은행의 환율고시

개인이든 기업이든 환전을 하려면 은행이나 금융기관을 꼭 거쳐야 합니다. 아무리 돈을 많이 가지고 있어도 개인이나 기업이 주식시장같이 직접 외환시장에 참여하기는 힘들기 때문입니다. 그런데 앞서 환율도 주가처럼 매 시각 바뀐다고 했던 걸 기억하시나요? 그렇게 시시각각 바뀌지만 금융기관들은 현실적으로 매초 단위로 고객들에 환율을 고시할 수 없습니다. 그래서 고시하는 시간 간격을 정해놓거나 가격 변동이 크게 생겼을 때 새로 변경된 환율을 고시합니다. 이와 같은 고시환율은 외환 거래에 있어서 매매의 기준이 되는 역할을 하고 있습니다.

　은행 등 금융기관들은 하루 적게는 수십 번에서 많게는 수백 번까지 환율을 고시하게 됩니다. 환율을 고시하는 시간과 횟수는 금융기관마다 상이하기 때문에 은행마다 같은 시간임에도 불구하고 매매 기준율이 다른 경우가 생길 수 있습니다.

환율고시 게시판에서 알 수 있는 것

환율은 항상 변합니다. 주가가 초 단위로 바뀌는 것처럼 환율도 시시각각 변하죠. 그래서 매초 단위로 고객이 거래 가능한 기준환율을 업데이트하는 것이 불가능합니다. 따라서 은행 등의 금융기관이 고객들과 외환 거래를 할 때는 얼마간의 시간 동안 고정된 기준환율이 필요합니다. 이러한 필요에서 매매 기준율을 고시하는 것이죠.

다음의 그림을 보면 M은행 환율 게시판에서 중간에 가장 먼저 보이는 것이 바로 매매 기준율입니다. 각 통화별로 그 시간대별 매매 기준이 되는 금액이죠. 게시판의 달러, 엔, 유로 등 모든 외국통화들은 원화와 거래할 때 모두 기준통화가 됩니다. 따라서 '환율이 높으면 비싼 것'이고 '환율이 낮으면 싼 것'이라고 이해하면 편합니다. 예를 들어 달러-원 환율이 1,200원이 1,000원보다 20% 비싼 것이며 유로-원 환율 1,300원이 1,100원보다 비싼 환율입니다. 마찬가지로 엔-원 환율이나 위안-원 환율

M Bank	오늘의 환율 EXCHANGE RATE			2022.3.7. 14:06	
통화	현찰		매매 기준율	전신송금 T/T	
	사실 때	파실 때		보내실 때	받으실 때
미국 USD	1,221.50	1,179.50	1,200.50	1,212.10	1,188.90
일본 JPY	1,056.49	1,020.15	1,038.32	1,048.39	1,028.25
유럽 EUR	1,390.16	1,336.18	1,363.20	1,376.80	1,349.54
중국 CNY	199.52	178.82	189.17	190.11	186.35
스위스 CHF	1,332.74	1,280.74	1,306.74	1,319.80	1,293.68
홍콩 HKD	157.01	150.89	153.95	155.48	152.42

회차 132회 업데이트 일시: 2022-03-07 14:05:50
현재 고시된 환율은 일중 외환시장 상황에 따라 변경될 수 있습니다.

도 높은 것이 낮은 것보다 비싼 환율입니다. 환율을 이렇게 이해하면 간단하고 편리합니다. 참고로 모든 통화들은 해당 통화 한 단위당 원화 가격을 의미합니다. 엔화만 하나 예외인데 우리나라 은행 지점의 환율 게시판에서 보여주는 엔화는 100엔당 원화의 가격입니다.

매매 기준율은 해당 매매 시간의 기준환율로서 환율의 중간값 개념이기 때문에 매매 기준율로는 실제적으로 어떤 거래도 불가능합니다. 즉, 매매 기준율은 그 시점까지 은행의 해당 통화에 대한 원가의 가중평균, 통계로 말하면 평균값 개념이라고 이해하시면 편합니다.

은행 입장에서 보면 매매 기준율은 환전할 때의 원가 혹은 도매 가격 같은 것입니다. 이 매매 기준율에 시중은행들이 일정 수수료를 더해 실제 환전에 적용되는 수수료를 다르게 책정하는 것이죠. 그렇게 은행들은 고객과의 거래 시 매매 기준율이 아닌 매입률과 매도율 등 항목별로 세부적인 고시환율을 기반으로 거래하고 있습니다.

기본적으로 외화를 살 때와 팔 때 환율이 달라지는 이유가 바로 이 수수료 때문입니다. 은행 지점 창구에서 환전을 할 때 M은행 게시판과 비슷한 고시환율 게시판을 자주 보셨을 겁니다. "왜 이렇게 많은 환율이 있을까?"라고 궁금하셨을 텐데요, 이제부터 게시판에 보이는 각각의 환율 종류마다 어떤 차이가 있는지를 알아보겠습니다. 더 나아가 환전을 할 때 은행이 부과하는 수수료에는 어떤 것들이 있는지, 실제로 M은행 고시환율 게시판을 보면서 수수료가 얼마인지 쉽게 계산할 수 있는 방법을 설명하겠습니다. 이를 통해 앞으로 환전할 때 내가 적용받는 환율이 싼지 비싼지 그리고 비싸면 어떤 수수료가 얼마나 책정이 되었는지를 비교해서 알 수 있게 될 것입니다.

환율 거래에는 기쁨과 슬픔이 함께한다

높은 환율 = 비싼 환율

 내가 팔았을 경우
"아주 비싸게 잘 팔았다"

 내가 샀을 경우
"너무 비싸게 사 버렸다"

낮은 환율 = 싼 환율

 내가 팔았을 경우
"너무 싸게 팔아 버렸다"

 내가 샀을 경우
"아주 싸게 잘 샀다"

현찰 매도율과 현찰 매입률

M은행 환율고시 스크린에서 고객들은 원화를 주고 달러를 현찰로 살 때 달러당 1,221.50원을 주고 사게 됩니다. 게시판은 은행 입장에서 팔고 사고 하는 환율이라고 보면 됩니다. 따라서 1,221.50원에 달러를 현찰로 매도하는 것이기 때문에 '현찰 매도율'이라고 지칭하죠.

현찰 매도율은 고시환율 중에서 제일 비싼데(환율 레벨이 가장 높음), 그 이유는 '외화취급 수수료'가 있기 때문입니다. 본래 은행은 고객들에게 줄 현찰을 보유하기 위해 많은 비용을 지불합니다. 여기에는 수송 비용, 보험료, 기회금리 등의 비용이 포함되는데 이 모든 비용들을 감안한 것이 바로 '외화취급 수수료'입니다. 그런 이유로 개인이나 기업들이 은행에서 외환을 현찰로 받을 때 외화취급 수수료를 추가로 부담해야 하는 것이죠. 통상 시중은행들의 외화취급 수수료는 0.5~1% 정도입니다.

또한 은행은 해당 외국통화를 현찰로 보유하는 동안 이자 수익도 포기해야 하지만 해당 현찰 금액만큼의 환율 변동 리스크에도 노출되게 됩니다. 현찰로 보유하고 있는 외국통화의 가격이 오르면 이익이지만 반대로 내리면 손해를 보게 되기 때문이죠. 이러한 이유 때문에 은행들은 되도록이면 외국환 현찰을 많이 보유하지 않으려고 합니다.

A. 현찰 매도율(cash selling rate)

- 고객이 외화를 현찰로 살 때 적용되는 환율
- 은행이 현찰로 외화를 팔(매도) 때 적용하는 환율

B. 현찰 매입률(cash buying rate)

- 고객이 외화를 현찰로 팔 때 적용되는 환율
- 은행이 현찰로 외화를 살(매입) 때 적용하는 환율

전신환 매도율과 매입률

전신환Telegraphic Transfer, TT이란 금융회사에서 자금을 송금하는 전자수단을 지칭하는 용어입니다. 오래전 지금과 같은 전자결제 네트워크가 존재하기 전, 은행 간에 직접 연결되어 있던 텔렉스telex라 불리는 초창기 메시지 시스템에서 유래한 단어지요. 흔히 영문 약자로 줄여서 TT 또는 T/T로 씁니다. 오늘날 전신환 결제 시스템은 현대화되어서 과거 텔렉스에서 스위프트라고 하는 국제 전자결제 시스템으로 발전했습니다.

은행 지점에 있는 고시환율을 보면 TT 또는 T/T라고 적혀진 칸을 볼 수 있는데 이것이 바로 전신환입니다. 전신환은 전자송금이기 때문에 환전 후 송금을 할 경우에는 현찰 환율 대신 전신환 환율이 적용됩니다. 송금환율인 전신환 환율은 은행이 현찰을 보유하지 않기 때문에 현찰 매입·매도율보다 더 저렴합니다.

전신환 매도율 환율은 매매 기준율에 환전 수수료를 더해서 계산되고, 반대로 전신환 매입률 환율은 매매 기준율에서 환전 수수료를 차감해서 계산됩니다. 이같이 환전 수수료에는 송금 수수료와 기타 부대 비용들이 포함됩니다.

A. 전신환 매도율(TT selling rate)

- 고객이 외화로 환전해서 해외송금 시 적용되는 환율
- 은행이 원화를 외화로 바꿔 송금해줄 때 적용하는 환율

B. 전신환 매입률(TT buying rate)

- 고객이 해외송금을 받아 원화로 환전할 때 적용되는 환율
- 은행이 외화를 송금 받아 원화로 환전해줄 때 적용하는 환율

주요 고시환율의 종류

	고시환율의 종류			
	명칭	환율의 계산	환율 레벨	M은행 환율
매도율	현찰 매도율	전신환 매도율 [+]외화취급 수수료	가장 높음	1,221.50
	전신환 매도율	매매 기준율 [+]환전 수수료	높음	1,212.10
기준	매매 기준율	고시환율의 기준율 해당 시각 평균환율	중간	1,200.50
매입률	전신환 매입률	매매 기준율 [-]환전 수수료	낮음	1,188.90
	현찰 매입률	전신환 매입률 [-]외화취급 수수료	가장 낮음	1,179.50

지금까지 매매 기준율, 현찰 매입·매도율과 전신환 매입·매도율 등 은행 환율 게시판의 주요 고시환율의 종류에 대해서 알아봤습니다.

이렇게 여러 종류의 환율에 대해 아는 것도 좋지만 가장 중요하게 생각해야 할 것은 어떻게 해야 은행에서 환전할 때 환율 우대를 크게 받을 수 있느냐겠지요. 환율 우대는 개인의 거래 실적과 신용에 따라 차등적으로 받을 수 있습니다. 하지만 환율 우대라고 다 되는 것은 아닙니다. 일반적으로 환전 수수료 범위 내에서만 할인을 해주니까요. 다시 말하면 외화취급 수수료는 할인이 어렵다는 얘기입니다. 앞서 공부한 바와 같이 외화취급 수수료는 은행이 외화를 현찰로 보유할 때 발생되는 여러 비용과 가격 변동 위험에 기인한 것으로 '원가'에 포함되는 개념이기 때문입니다.

또한 환율 우대율이 더 높다고 해서 다른 은행보다 환율이 좋다는 보장은 없습니다. 환전 수수료가 훨씬 높다면 우대율이 높다 해도 다른 은행의 환율보다 더 비쌀 수 있으니까요. 그러니 환전 시에는 앞에서 말한 여러 조건들을 꼼꼼히 따져보는 게 좋겠습니다.

M은행의 통화별 수수료율 계산

이제는 앞에서 배운 내용을 바탕으로 M은행의 수수료율은 얼마인지 계산해봅시다. 통화별 수수료율을 알게 되면 M은행이 소비자인 여러분 입장에서 거래하기에 좋은 은행인지 아닌지를 판별할 수 있게 됩니다. 다음의 설명을 보면서 현재 거래 중인 은행들이 어떤 수수료를 얼마나 많이 혹은 적게 책정하고 있는지 알아보시기 바랍니다. 그러고 나면 지금 실제로 거래 중인 은행들의 통화별 환율 경쟁력이 얼마나 되는지를 판단할 수 있을 것입니다.

가장 우선적으로 외화취급 수수료와 환전 수수료를 계산해볼까요? 그러려면 두 단계의 간단한 계산 과정을 거쳐야 합니다. 첫 번째로 각 통화의 외화취급 수수료를 구하기 위해서는 현찰 매도율 환율에서 전신환 매도율 환율을 차감하면 됩니다. 예를 들어 M은행 달러의 현찰 매도율 1,221.50원에서 전신환 매도율 1,212.10원을 차감하면 환율 차이는 9.40원이 되고, 이를 다시 전신환 매도율의 백분율로 나누면 0.78%가 계산됩니다. 이로서 우리는 M은행의 달러 매도율의 외화취급 수수료율이 0.78%라는 것을 알 수 있습니다. M은행의 손님들이 달러 현찰을 사기 위해서 0.78%의 외화취급 수수료를 낸다는 의미입니다.

두 번째로 환전 수수료를 계산하기 위해서는 전신환 매도율에서 매매기준율을 차감하면 됩니다. M은행의 달러 전신환 매도율 1,212.10원에서 매매 기준율 1,200.50원을 차감하면 11.60원이 계산되고 이를 매매 기준율 1,200.50의 백분율로 나누면 환전 수수료율은 0.97%가 나옵니다.

생각보다 아주 간단하지요? 독자 여러분들도 이제 실무적으로 여러 은행들을 비교하면서 각각의 은행이 어떤 업무와 통화에 경쟁력이 있는지

M은행 통화별 수수료율 계산				
USD	**환율**	**환율차**	**수수료율**	**수수료 내역**
현찰 매도율	1,221.50	₩9.40	0.78%	외화취급 수수료
전신환 매도율	1,212.10			
전신환 매도율	1,212.10	₩11.60	0.97%	환전 수수료
매매 기준율	1,200.50			
JPY	**환율**	**환율차**	**수수료율**	**수수료 내역**
현찰 매도율	1,056.49	₩8.10	0.77%	외화취급 수수료
전신환 매도율	1,048.39			
전신환 매도율	1,048.39	₩10.07	0.97%	환전 수수료
매매 기준율	1,038.32			
EUR	**환율**	**환율차**	**수수료율**	**수수료 내역**
현찰 매도율	1,390.16	₩13.36	0.97%	외화취급 수수료
전신환 매도율	1,376.80			
전신환 매도율	1,376.80	₩13.60	1.00%	환전 수수료
매매 기준율	1,363.20			
CNY	**환율**	**환율차**	**수수료율**	**수수료 내역**
현찰 매도율	199.52	₩9.41	4.95%	외화취급 수수료
전신환 매도율	190.11			
전신환 매도율	190.11	₩0.94	0.50%	환전 수수료
매매 기준율	189.17			

를 판단하고 선별적으로 이용할 수 있습니다.

NDF 통화의 외화취급 수수료율은 높다

여기서 한 가지 짚고 넘어가야 할 부분이 있습니다. 바로 M은행의 위안화 외화취급 수수료율이 4.95%로 다른 통화와 대비해서 매우 높게 나타났다는 것인데요, 왜 그럴까요?

앞에서 배웠듯이 위안화는 NDF 통화로서 해외결제가 되지 않는 통화입니다. 또한 가격 변동성도 큰 통화에 해당하지요. 그래서 중국 위안화를 지폐로 보유하게 되면 외화취급 수수료가 아주 높아질 수밖에 없습니다. 이 때문에 위안화는 통상 현찰 매도율이 많이 비싼 편입니다. 따라서 중국에서 사용할 위안화가 많이 필요한 경우라면 미국 달러화를 가지고 가서 중국 현지에서 환전하면 더 쌉니다.

앞의 표를 보면 이러한 차이를 더 쉽게 비교할 수 있습니다. 앞으로는 은행들이 제시하는 환율에서 외화취급 수수료와 환전 수수료를 구분해내면서 조금 더 똑똑하게 환전을 하시길 바랍니다.

이것만 기억하자!

- 은행 입장에서는 현찰을 가지고 있으면 그만큼 보관 비용과 기회비용 등이 많이 들게 됩니다. 또한 환율 변동 위험에도 노출되죠. 따라서 은행이 고객에게 달러를 팔 때 적용하는 현찰 매도율이 가장 비쌉니다.
- 이에 비해 달러를 사서 송금을 하는 경우에는 현찰이 개입되지 않기 때문에 현찰 매도율보다는 조금 저렴합니다.
- 외환을 매매할 때 고객이 지불하는 수수료는 크게 환전 수수료와 외화취급 수수료 두 가지입니다. 매매 기준율을 중심으로 현찰 매입·매도율과 전신환 매입·매도율의 차이를 구하면 손쉽게 은행들이 제공하는 호가의 수수료율을 비교할 수 있습니다.
- 이제부터는 내가 무슨 수수료를 얼마나 내면서 환전하는지 알 수 있습니다. 은행별로 비교해서 현명하고 싸게 환전하세요.

외환 거래를 하는 목적은 다양하다

외환 거래는 현물환, 선물환 같은 '거래 형태'로 분류할 수도 있지만 어떤 '목적'으로 하느냐에 따라서도 분류가 가능합니다. 거래 목적이 다양할 수 있다는 얘기는 외환 거래를 하는 이유가 개인마다 혹은 회사마다 차이가 날 수 있다는 말과 같죠.

외환 거래의 종류는 크게 거래 참가자가 갖는 목적에 따라 실수요 거래, 차익 거래, 헤지 거래, 조달 거래 그리고 투기 거래의 다섯 가지로 분류할 수 있습니다.

외환 거래의 종류-거래 목적별		
거래 목적	**거래 내용**	**사례**
1 실수요 거래	실제 수요로 인한 대금결제 목적	수출입 거래
2 헤지 거래	환노출에 따른 환위험 회피 목적	선물환 거래
3 차익 거래	환차익과 이자차익 목적	무위험 재정 거래
4 조달 거래	외화 또는 원화를 조달(funding)	외환스왑
5 투기적 거래	위험을 감수하고 이윤 취득 목적	포지션 거래

실수요 거래

먼저 가장 일반적이며 가장 많이 일어나는 실수요 거래에 대해 알아봅시다. 실제 쓸 데가 있고 필요에 의해 외환 거래를 하는 것을 실수요 거래라고 하는데요, 개인이나 기업들이 하는 대부분의 거래는 실제 필요에 의한 외환 거래, 즉 실수요 거래라 보면 됩니다. 여러분이 해외여행이나 해외출장을 가서 쓰기 위해 돈을 바꾸는 것 또한 실수요 거래 목적에 해당하지요.

그렇다면 기업이 달러로 수출대금을 받은 뒤 원화로 환전을 하거나 원자재나 부품 등을 수입하는 과정에서 달러가 필요해 해외로 송금하는 등의 거래는 어떻게 봐야 할까요? 이것 또한 모두 다 실수요에 의해서 일어나는 거래이니 실수요 거래입니다. 여타 다른 목적의 현물환 거래도 있기는 하지만 대부분의 현물환 거래들은 실수요 목적의 거래로 봐도 무방합니다.

실수요 거래의 사례

| 해외여행 경비 | 수출입 대금 |

헤지 거래

일반적으로 기업들이 수출이나 수입을 마치고 대금의 결제가 바로 일어나는 경우는 거의 없습니다. 실제로는 항상 시차를 두고 일어나죠. 거래가 발생하고 실제 수출대금을 받거나 수입대금을 지불하는 결제는 적게는 며칠에서 몇 달 또는 경우에 따라서는 1년이 넘어서 일어나는 경우도 종종 발생합니다.

이렇게 시간이 지나다 보면 당연히 그사이에 환율도 변동하겠죠? 환율이 크게 움직일수록 기업의 환율 변동성 위험은 커지게 됩니다. 이때 이러한 환율 변동 위험을 제거하는 거래를 '헤지 거래'라고 합니다.

일반적으로 경상거래 활동이 환율 위험에 정기적으로 노출되거나 그 노출 금액이 큰 기업일수록 환위험을 미리 계획된 시기와 방법에 의해서 기계적으로 헤지를 하는 경우가 많습니다. 이러한 수출입 관련 기업들의 환위험 헤지는 주로 외환 파생상품으로 하는데요, 앞에서 설명했던 선물환, 외환스왑과 통화스왑이 가장 일반적입니다.

헤지 거래에 사용하는 파생상품의 종류는 선물환이 가장 많고, 외환스왑이나 통화스왑 등을 사용하는 경우도 있습니다. 일부 회사에서는 헤지를 위해 다양한 통화 옵션을 사용하는 경우도 있지요. 이를테면 평균행사가격 옵션average strike option이나 평균가격 옵션average rate option처럼 일정 기간의 평균 환율을 헤지 환율로 사용하는 방법은 좋은 선택지가 될 수 있습니다. 하지만 레버리지를 목적으로 하는 여타 통화 옵션들은 환율 위험을 헤지하기 위한 목적을 벗어난 좋지 않은 결과를 가져올 수 있기 때문에 아주 조심해야 합니다.

환율 변동 위험	FX 헤지(Hedge)
	· 선물환(FX forward) · 외환스왑(FX swap) · 통화스왑(Currency swap)

차익 거래

앞에서 설명했다시피 외환시장은 24시간 늘 열려 있습니다. 그런 이유로 때로는 차익을 얻기 위한 목적의 거래가 일어나기도 합니다. 이론적으로 차익 거래는 무위험 재정 거래risk-free arbitrage로서 위험이 전혀 없어야 합니다. 다음과 같이 달러-엔 차익 거래를 예로 들어 설명해보겠습니다.

London 08:40 USD/JPY = ¥115 엔화가 도쿄보다 싸다	 LONDON TOKYO	Tokyo 17:40 USD/JPY = ¥110 엔화가 런던보다 비싸다

한국은 현재 오후 5시 40분입니다. 같은 시각, 도쿄 외환시장과 런던 외환시장에서도 활발한 외환 거래가 이루어지고 있는 중입니다. 그런데

만약 같은 시간인데도 불구하고 도쿄에서는 엔화 환율이 1달러에 110엔, 런던에서는 1달러에 115엔으로 다르다고 해봅시다.

이렇게 차이가 나는 경우에 바로 차익 거래가 일어납니다. 같은 통화지만 가격이 다르면 비싼 곳에서는 팔고 싼 곳에서는 사면 이익이 자동으로 생기는 차익 거래가 가능해지는 것이죠. 실제로도 같은 상품이 시장에 따라 가격이 일시적으로 차이가 나는 경우가 있습니다. 그럼 실제로 거래해보면서 어떻게 차익을 만드는지 살펴볼까요?

우선 엔화가 상대적으로 비싼 도쿄시장에서 엔을 팔고 달러를 삽니다. 110엔을 주고 1달러를 받는 것이지요. 이후 지체 없이 바로 런던에서 1달러를 주고 엔을 사면 115엔을 받을 수 있게 됩니다. 기존 110엔보다 많은 115엔을 받은 것이지요. 앉아서 5엔에 해당하는 무위험 차익을 거둔 것입니다. 하지만 이러한 차익 기회는 정말 순간적으로 나타나기 때문에 사실상 전문가인 딜러의 영역으로 볼 수 있습니다.

반면 우리가 흔히 보는 개인 간 외환 거래인 FX마진 거래는 이러한 무위험 차익 거래와는 전혀 다른 거래이니 유의해야 합니다. 왜냐하면 FX마진 거래는 대표적인 투기적 위험추구형 거래이기 때문입니다. FX마진 거

래는 개인 투자자가 10%가량의 필요 증거금만 선물회사에 맡기고 증거금의 수배나 수십 배에 해당하는 통화 금액을 거래하는 레버리지 거래입니다. 따라서 위험이 증폭되어 수익과 손실이 커질 수 있으니 개인 투자자들은 각별히 조심해야 하겠습니다.

조달 거래

그다음으로는 '조달 거래'에 대해 알아봅시다. 조달 거래는 말 그대로 금융기관들이나 기업들이 원화로 혹은 외화로 자금이 필요한 경우에, 즉 돈을 조달하기 위한 목적으로 하는 거래를 뜻합니다. 다음의 예를 들어 한번 살펴봅시다.

우리나라 굴지의 상사인 S물산 건설 부문의 안래미 부장은 3주일 뒤에 수출대금으로 1만 달러를 받게 될 예정입니다. 그런데 내일 당장 해외로 1만 달러를 송금해야 하는 외화 자금 수요도 함께 잡혀 있습니다. 들어올 달러가 있지만 그보다 더 빨리 나가야 할 달러가 있는 것이지요. 다행스럽게도 최근 매출이익이 커져서 원화 충당금은 많이 쌓여 있는 상황입니다. 이런 상황에서 S물산이 외화를 조달하려면 안래미 부장은 어떻게 해야 할까요? 크게 세 가지 방법이 있습니다.

첫 번째 방법은 은행에 이자를 내고 달러를 대출받는 방법입니다. 가장 간단하지만 가장 비싼 방법이기도 합니다. 원화 자금도 풍부한데 굳이 비싼 이자를 내고 싶은 사람은 없겠죠. 두 번째는 환전을 하는 방법입니다. 원화를 간단하게 달러로 바꾸어서 송금해버리는 것이죠. 그런데 3주일 뒤에 또 달러를 받는데 그걸 원화로 또 환전을 하게 되니 번거롭고 수수료도 두 번 들어 아깝긴 합니다.

세 번째 방법은 앞서 배운 외환스왑을 이용해서 달러를 잠깐 빌리는 방법입니다. S물산 입장에서는 은행에 원화를 맡기고 3주 동안 달러를 빌려오는 외환스왑이 제일 간단하면서도 비용도 저렴한 가장 좋은 방법입니다. 굳이 이자를 낼 필요도 없고 번거롭게 이번에 환전을 하고 3주일 뒤에 또다시 환전을 할 필요도 없는 것이죠. 풍부하게 가지고 있는 원화를 3주일 동안 은행에 빌려주고, 원화를 주는 대가로 달러를 빌리면 일반적인 상황에서는 훨씬 편리하고 비용도 저렴합니다. 이처럼 외환스왑은 실무적으로 외화나 원화를 단기간 조달할 때 자주 쓰입니다.

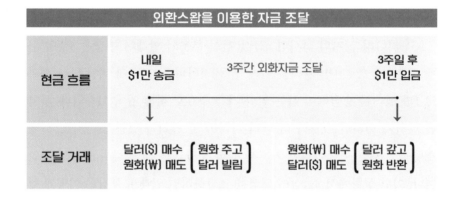

투기적 거래

마지막으로 투기적 목적의 거래가 있습니다. 주식투자와 마찬가지로 투자를 통해 돈을 벌기 위한 목적이지요. 이러한 목적의 거래를 투기적 거래라고 합니다.

주식시장과 마찬가지로 외환시장에도 돈을 벌기 위한 통화 거래가 많이 있습니다. 통화는 교환의 매개체로 사용되지만 투자의 대상이기도 합니다. 주식이나 채권에 투자하듯이 달러, 유로화나 엔화에 투자해서 돈을 버는 것도 가능하니까요. 투기적 거래에서 돈을 버는 것 또한 외환딜러들의 중요한 임무 중 하나입니다.

고객을 담당하는지 아니면 시장 거래만 하는지에 따라 은행 딜링룸의 딜러들은 세부적으로 둘로 나뉩니다. 고객들의 업무를 맡아 처리하는 세일즈 딜러sales dealer와 은행 간 거래시장에 투기적 거래를 통해 돈을 버는 인터뱅크inter-bank 딜러인 트레이더trader죠. 외환 딜링룸에 소속된 인터뱅크 딜러들은 각자 세부적인 포지션 한도를 부여받으며 각자 이윤을 창출하기 위한 투기적 목적의 외환 거래들을 매일 실행하고 있습니다.

- 투기적 거래는 통화를 매수 또는 매도한 후 일정 기간 동안 포지션을 유지하였다가 실현하는 전략을 말한다.
- 가장 대표적인 투기적 거래 전략으로 매수 후 보유(buy & hold) 전략이 있다.

매수 시점　　　매도 시점

이것만 기억하자!

- 외환 거래를 하는 목적은 매우 다양한데 크게 다섯 가지로 나눌 수 있습니다. 해외여행이나 수출입 대금 결제 등과 같은 실수요 거래, 환율 변동의 위험을 회피하기 위한 헤지 거래, 24시간 거래되는 외환시장 간의 가격 차이를 이용한 차익 거래, 외화가 필요해서 빌리기 위한 조달 거래와 금융기관의 딜러들과 같이 돈을 벌기 위한 목적의 투기적 거래입니다.

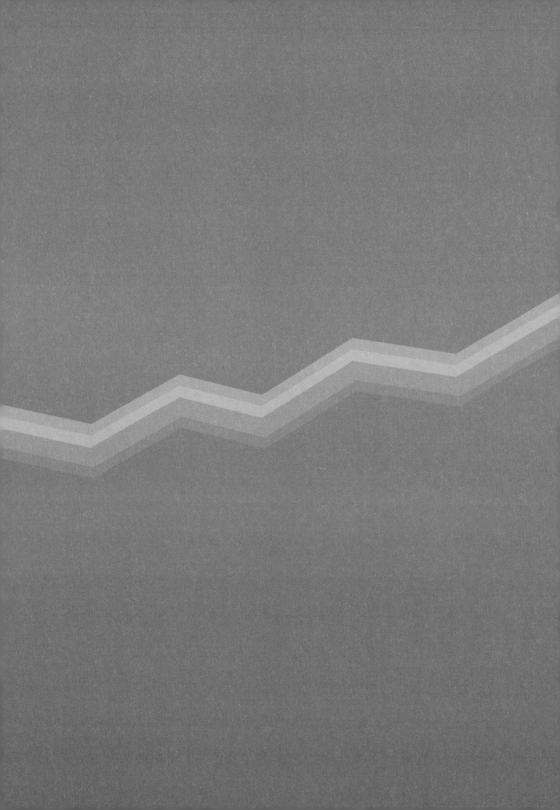

제4장

통화들 사이의 최강 '인싸'
미국달러 만나보기

미국의 넘버원 수출품은 아이폰이 아닌 달러

브레턴우즈 체제, 달러패권의 시작

브레턴우즈는 미국 뉴햄프셔주의 지명으로, 아름다운 미국 동부 단풍 관광지인 화이트마운틴에 위치한 리조트입니다. 다보스 회의가 열리는 다보스Davos 또한 알프스에 위치한 휴양도시이며, 캔자스시티 연준이 1년에 한 번씩 심포지엄을 여는 잭슨홀Jackson Hole도 그랜드 티톤 국립공원과 옐로

잭슨홀 전경 (출처: 캔자스시티 연준)

스톤 국립공원 근처에 위치한 와이오밍주의 리조트입니다. 역사적으로 유명한 회의는 대체로 이러한 스키 리조트나 유명한 휴양지에서 이루어졌는데, 이 같은 전통은 지금까지도 이어지고 있습니다.

제2차 세계대전이 끝날 무렵인 1944년 연합국은 미국 북동부 브레턴우즈에 소재한 한 호텔 리조트에서 회의를 여는데 이때 브레턴우즈 체제가 시작되었습니다. 이 회의는 국제금융의 역사상 두 가지 큰 의미를 가지는데요, 하나는 회의의 결과로 국제통화기금과 세계은행 같은 금융 관련 국제기구들이 처음으로 탄생하게 되었다는 것입니다. 두 번째는 국제 외환시장 안정을 위해 미국의 달러를 세계의 기축통화로 사용하게 된 역사적 계기가 된 회의였다는 점입니다. '기축통화로서의 달러'가 탄생한 회의였지요.

여기서 시작된 브레턴우즈 체제의 가장 큰 특징은 첫째, 금의 가격을

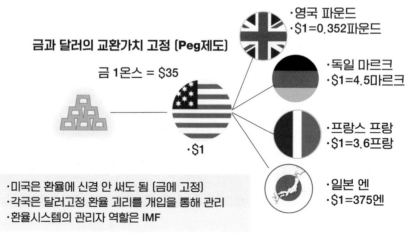

브레턴우즈 체제의 외환 구조 (환율: 1950년 기준)

금과 달러의 교환가치 고정 (Peg제도)

금 1온스 = $35

·$1

·영국 파운드
·$1=0.352파운드

·독일 마르크
·$1=4.5마르크

·프랑스 프랑
·$1=3.6프랑

·일본 엔
·$1=375엔

·미국은 환율에 신경 안 써도 됨 (금에 고정)
·각국은 달러고정 환율 괴리를 개입을 통해 관리
·환율시스템의 관리자 역할은 IMF

기준으로 하는 금본위제라는 점이었습니다. 금 1온스를 35미국달러와 동일한 가치로 정하고 금과 달러가 서로 교환이 되도록 했죠. 둘째는 고정환율 제도를 사용했다는 점입니다. 달러는 금에 고정시키고, 영국 파운드나 프랑스 프랑 등 다른 선진통화의 환율은 달러에 다시 고정시킨 거죠. 그리고 이 같은 브레턴우즈 체제를 지지해주는 양대 기관이 바로 국제통화기금 IMF와 세계은행이었습니다.

금태환 중지 선언과 변동환율제의 시작

그러나 달러가 기축통화로 쓰이게 되자 세계적으로 운용해야 할 막대한 양의 달러가 필요해지면서 달러 지폐를 엄청난 양으로 찍어내게 되었습니다. 공급이 많아지면 가치가 떨어질 수밖에 없지요. 베트남 전쟁 이후 달러가치가 폭락하고 금 보유고가 떨어지자, 결국 1971년 미국의 리처드 닉슨Richard Nixon 대통령은 더 이상 달러와 금을 교환해주지 않겠다고 발표하게 됩니다. 바로 이 '금태환 중지 선언'으로 달러의 금본위제와 고정환율제가 막을 내리게 됩니다.

금태환 중지 선언을 계기로 달러에 고정되어 있던 선진통화들의 환율 또한 변동환율 제도로 바뀝니다. 하지만 브레턴우즈 체제가 종료된 후에도 달러는 미국이라는 세계 최강국의 강력한 힘을 등에 업고 세계의 기축통화로서의 위상을 오히려 더 키워나가게 되죠.

이때부터 세계 180개가 넘는 통화들의 자산가치를 환산할 때 달러로 표시하는 관례가 생겨났습니다. 국제무역 결제에 달러를 이용하여 결제금액을 주고받는 관례가 정착한 거죠. 이러한 과정에서 달러는 명실상부한 글로벌 기축통화로의 위치를 차지하게 됩니다.

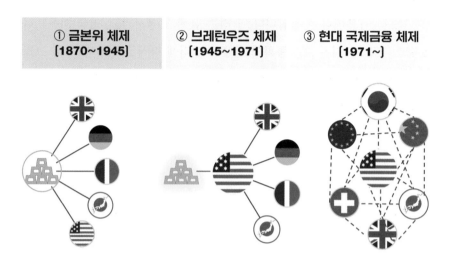

국제통화체제의 역사적 진화와 발전

국제 상거래의 중심이 되는 기축통화, 달러

세계에는 수많은 나라들이 존재하고 국가마다 사용하는 돈이 다릅니다. 유엔에 의하면 세계에는 약 180여 개의 독립된 화폐들이 있다고 합니다. 그렇게 많은 화폐들이 있지만 세계 어느 곳에서든 아무 제약 없이 사용할 수 있는 돈은 아쉽게도 없습니다.

하지만 국제 상거래에 있어서 가장 많이 쓰이고 외환 거래에서도 중심적인 역할을 하는 통화는 있지요. 바로 기축통화입니다. 기축통화란 국제간 결제나 금융거래에 있어서 가장 중요하고 많이 쓰이는 국제 상거래의 중심이 되는 통화를 의미합니다.

현재 글로벌 경제에서 기축통화의 역할을 하고 있는 통화가 바로 달러입니다. 미국달러는 전 세계 외환 거래 금액의 약 45%를 점유하고 있는데, 이는 단일 통화로서는 가장 큰 금액입니다. 제2차 세계대전 이후 영국 파운드의 뒤를 이어서 달러가 세계의 기축통화로 사용되고 있으며, 세계 각국 중앙은행들도 준비통화reserve currency로 달러를 가장 많이 보유하고 있습니다.

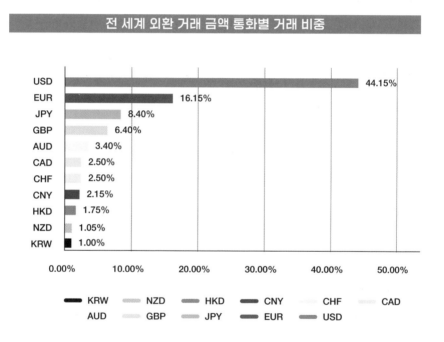

그러면 기축통화는 어떠한 역할을 하는 것일까요? 달러는 기축통화로서 두 가지의 큰 역할을 하고 있습니다. 첫째, 수많은 통화들 간 거래의 '매개체' 역할입니다. 앞서 우리가 살펴봤듯 달러가 개입되지 않은 거래,

유로-엔, 유로-원과 같은 이종통화 거래에서도 달러가 중간에 들어가서 매개통화 역할을 합니다. 그렇다 보니 달러의 외환 거래 금액이 여타 통화 대비 압도적으로 커지는 원인 중 한 가지가 되는 것이지요.

둘째, 안전통화, 나아가 안전자산으로서 가치 저장수단으로의 역할입니다. 각국 중앙은행들이 보유하고 있는 외환 보유고도 미국달러의 비중이 가장 크기 때문입니다. 국제통화기금 IMF는 세계 중앙은행들이 가지고 있는 외환 보유고의 통화 비중을 분기마다 집계하여 발표하고 있는데, 이것을 COFER라고 부릅니다. 다음 COFER 지표를 보면 안전통화로 인식되는 화폐들을 확연히 구분할 수 있습니다. 2021년 3분기 기준, 세계 중앙은행들이 보유한 전체 외환 보유고 중 약 60%가 미국달러이며 그 뒤로 유로화와 엔화가 자리함을 알 수 있죠.

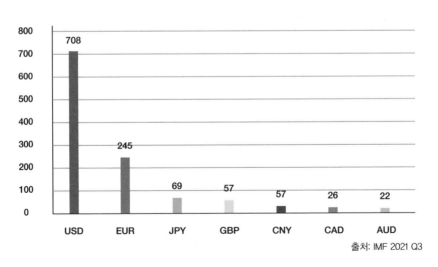

세계 중앙은행들의 외환 보유고 구성 통화(COFER)

(단위: 100억 달러)

출처: IMF 2021 Q3

여러분은 이 그래프를 보면 어떤 생각이 드시나요? 미국이 가진 가장 큰 힘은 군사력이나 국제 정치력이라고 보는 사람들도 있지만, 사실상 현대에 와서 미국이 가진 최고의 무기는 달러를 앞세운 '국제금융 장악력'이라고 보는 것이 제일 타당하지 않을까 생각됩니다. 미국의 최대 수출품은 전투기도 아이폰도 테슬라도 아닌 '달러'인 것이지요. 달러는 현재 세계 최강 국가인 미국의 가장 강력한 무기이자 최고의 효자 수출품인 셈입니다.

기축통화 vs 기준통화

기준통화와 기축통화는 엄연히 다른 말입니다. 기축통화는 전 세계 통화 중에서 가장 널리 쓰이고 기본 축이 되는 미국달러를 의미합니다. 반면, 기준통화는 외환 거래에서 두 통화 중 기준이 되는 통화를 뜻하는 용어입니다. 예를 들어 유로-달러 거래에서 기준통화는 유로화를 가리키는 것이죠.

기축통화	기준통화
의미 · 국제무역과 국제 금융거래에서 가장 많이 쓰이고 · 외환거래에서 중심적 역할을 하는 통화 해당 통화 · 미국달러(USD)	의미 · 외환 거래에서 두 통화 중 기준이 되는 통화 · 환율을 표시할 때 두 개 통화 코드 중 앞쪽에 위치한 통화 해당 통화 · 통화 서열에 따른다

이것만 기억하재!

- 1944년 시작된 브레턴우즈 체제의 두 가지 큰 특징은 금본위 체제와 고정환율 제도입니다. 그러나 1971년 닉슨 대통령의 금태환 중지 선언으로 브레턴우즈 체제는 막을 내렸고 변동환율 제도가 시작됐습니다.
- 달러는 세계의 기축통화로서 국제결제의 금융거래에서 가장 많이 사용됩니다. 또한 수많은 통화 거래의 중간 매개체 역할을 하는 동시에 안전자산으로 세계 중앙은행들의 외환 보유고 통화의 60%를 점유하고 있습니다.
- 기준통화는 기축통화와 전혀 다른 의미로 쓰이니 잘 구분해야 합니다.

미국도 아닌데
달러가 자기네 돈인 나라들

달러를 법정화폐로 사용하는 나라

미국만 자기네 나라 돈으로 달러를 사용할까요? 아닙니다. 자국통화로 달러를 쓰는 나라는 세계에 아주 많이 있습니다. 현재 다섯 곳의 미국령과 11개의 독립국가들이 달러를 공식 통화인 법정화폐로 인정하고 있죠. 이렇게 달러를 법정화폐로 사용하는 나라들을 미국령과 그 외의 곳으로 나눠 살펴보겠습니다.

우선 현재 미국령인 다섯 지역들입니다. 아메리칸 사모아, 괌, 북마리아나 제도, 푸에르토리코 및 버진 아일랜드가 여기에 속합니다. 이들은 우수한 휴양지와 관광자원을 보유한 곳들로, 관광 수입이 경제의 큰 부분을 차지하기 때문에 달러를 공식 통화로 사용하면 이점이 많다는 공통점을 가지고 있습니다. 필자 또한 그림같이 아름다운 바다로 둘러싸인 아메리칸 사모아의 수도 파고파고Pago Pago에서 어린 시절을 보냈습니다. 때 묻지 않은 자연 그대로의 해변과 1년 내내 각종 열대 과일들과 참치회를 먹을 수 있는 지상 낙원과 같은 곳이었지요.

미국달러(USD)를 법정화폐로 사용하는 나라들	
국가	**지역**
아메리칸 사모아	폴리네시아
미국	북아메리카
에콰도르	남아메리카
엘살바도르	중앙아메리카
영국령 인도양 식민지	동아프리카
괌	미크로네시아
마샬 제도	미크로네시아
미크로네시아 연방공화국	미크로네시아
팔라우	미크로네시아
북마리아나 제도	미크로네시아
터크스 케이커스 제도	카리브 해
푸에르토리코	카리브 해
영국령 버진아일랜드	카리브 해
미국령 버진아일랜드	카리브 해
보네르, 세인트 유스타티우스 및 사바	카리브 해
동티모르	동남아시아

한편, 미국령은 아니지만 자국의 사정 때문에 달러를 공식 통화로 사용하는 나라들도 있습니다. 에콰도르, 엘살바도르 같은 나라는 과거 살인적인 인플레이션으로 고생한 국가들이었고 동티모르와 같이 정치적 안정을 위해 미국달러를 도입한 나라들도 있습니다.

자국통화를 달러로 지칭하는 나라들

미국만 자기네 통화를 '달러'라고 부를까요? 그렇지 않습니다. 자국의 법정화폐를 '달러'라고 부르는 나라들도 있습니다. 자국통화를 달러로 부르는 나라가 미국 외에도 많이 있는 거죠. 달러 명칭을 사용하는 나라는 세계에 20개국 이상이나 됩니다.

다시 말하면 미국은 자국통화를 '달러'라고 이름 지은 수많은 국가 중 하나일 뿐입니다. 따라서 달러를 말할 때는 어느 나라 달러인지 정확히 표현해야 헷갈리지 않습니다. 미국달러인지, 호주달러인지 아님 다른 나라의 달러인지 정확하게 구별해 쓰는 것이 중요하지요.

또 하나 재미있는 사실은 이렇게 달러라는 명칭을 쓰는 국가들 중 다수는 과거 영국 식민지였거나 영연방 국가들이라는 점입니다. 제2차 세계대전 이후 독립을 하면서 세계에서 가장 강력한 국가의 통화인 미국달러를 따라서 자국통화를 달러라고 따라 부르게 되었던 것이지요. 이 같은 국가의 예로 홍콩달러, 호주달러, 뉴질랜드달러, 자메이카달러, 피지달러, 짐바브웨달러 및 솔로몬제도달러 등을 들 수 있습니다.

한편, 싱가포르와 브루나이는 독특한 화폐경제를 공유하고 있습니다. 이들 두 국가들은 지역적으로도 서로 인접하지만 역사적으로도 과거 영국의 식민통치를 겪었다는 공통점이 있습니다. 이러한 공통점 때문에 싱가포르와 브루나이는 1967년 양국 간 통화교환 협정을 통해서 1:1 고정환율

SGD		BND
FIFTY DOLLARS	1:1 상호 교환	
1싱가포르달러		1브루나이달러

협정을 맺었습니다. 양국간 통화협정으로 브루나이 국민들과 싱가포르 국민들은 서로 상대방 국가에서 아무 제약 없이 서로의 화폐를 법정화폐로 자유롭게 사용할 수 있습니다. 싱가포르달러는 브루나이에서도 법정화폐이며, 브루나이달러 또한 싱가포르에서 법정화폐로 인정되는 것이죠.

호주, 뉴질랜드, 피지 등 오세아니아 지역 나라의 통화들도 영국과의

통화 단위가 달러(dollar)인 나라들		
통화	**통화코드**	**통화 특성**
가이아나달러	GYD	
나미비아달러	NAD	남아공 랜드화에 고정. 1NAD=1ZAR
뉴질랜드달러	NZD	국조 키위새를 따라 키위달러라 부름
라이베리아달러	LRD	
미국달러	USD	
바베이도스달러	BBD	미국달러에 고정. 1USD=2BBD
버뮤다달러	BMD	미국달러에 고정. 1USD=1BMD
바하마달러	BSD	미국달러에 고정. 1USD=1BSD
벨리즈달러	BZD	미국달러에 고정. 1USD=2BZD
솔로몬제도달러	SBD	
수리남달러	SRD	
대만/뉴타이완달러	TWD	
싱가포르달러	SGD	브루나이달러와 1:1 호환. 1SGD=1BND
브루나이달러	BND	싱가포르달러와 1:1 호환. 1BND=1SGD
자메이카달러	JMD	
짐바브웨달러	ZWL	살인적 인플레이션으로 네 번의 화폐개혁
캐나다달러	CAD	가장 예쁜 별명, 캔디 CANDY로 불림♡
투발루달러	TVD	호주달러에 고정, 1AUD=1TVD
피지달러	FJD	
호주달러	AUD	
홍콩달러	HKD	미국 달러에 고정. 1USD=7.8HKD

깊은 유대관계에도 불구하고 달러로 이름이 지어졌습니다. 호주와 뉴질랜드는 오세아니아 지역 경제권의 맹주이지요. 그래서 오세아니아에 위치한 폴리네시아 군도의 몇몇 나라는 호주달러나 뉴질랜드달러에 자국 환율을 고정시키고 있습니다. 투발루 공화국의 투발루달러가 대표적입니다.

달러 환율에 고정되어 있는 통화들

달러라는 명칭을 사용하는 통화들 중에서 바베이도스달러, 버뮤다달러, 바하마달러, 벨리즈달러, 자메이카달러 등 카리브해 연안 중미 국가들 중 상당수의 달러화가 미국달러에 환율이 고정되어 있습니다. 예를 들어, 바베이도스달러는 미국달러에 고정, 즉 페그되어 있어서 미국달러와 대비해서 가치가 변동하지 않습니다.

이들 국가뿐만 아니라 전 세계 3분의 1에 가까운 65개국이 미국달러에 자국통화 환율을 고정시켜놓고 있습니다. 이런 통화들의 대달러 환율은 당연히 변화할 리 없지요. 이렇게 보면 얼마나 많은 국가들이 미국달러화에 고정되어 있는지 새삼 놀라게 됩니다. 물론 이들 통화들도 대달러 환율은 고정되어 변화하지 않지만 유로나 파운드, 엔처럼 여타 통화 대비 환율은 똑같이 변동합니다.

앞서 1장에서 환율 제도에 대해 짚어봤던 것을 기억하실 거예요. 이렇게 특정 국가의 통화에 자국의 통화 환율을 고정시키는 정책을 고정환율 제도라고 하며 통화페그currency peg라고도 부릅니다. 고정환율 제도는 자국의 통화를 주요 통화 환율에 고정시킴으로써 자국의 환율을 안정시켜서 금융의 안정을 도모할 수 있다는 장점이 있었지요.

이것만 기억하자!

- 미국달러를 자기네 나라의 법정화폐로 사용하는 나라도 있는 반면, 자국통화의 이름을 달러로 명명한 경우도 있습니다.
- 또한 미국달러 환율에 자국통화의 환율을 고정시켜서 움직이지 않게 한 경우도 많습니다. 현재 세계 60개국 이상이 미국달러에 자국의 환율을 고정시켜놓고 있습니다.

달러 이불에 자보면 어떨까?
달러의 유래

달러 이불을 덮는 꿈

독자 여러분은 혹시 돈을 많이 벌어서 달러로 된 돈다발을 꾸러미로 머리 맡에 쌓아놓거나 이불처럼 덮고 자고 싶다는 생각을 해본 적이 있나요? 필자가 대학원 졸업을 앞둔 1998년은 한국이 IMF의 칼바람 속에서 신음하고 있을 때였습니다. 신입사원 공채가 막힌 상태라 취업도 어려웠으며 수중에 가진 돈도 거의 없었죠. 유학은 꿈도 못 꾸는 상황에서 소주 한잔을 마시고 남산 밤길을 걸어 올라가면 깨알같이 수많은 집들과 아파트들이 눈에 들어왔습니다. 하지만 그중 제것은 아무것도 없었습니다.

그러던 중 외국계 금융회사에 들어가 일을 하고 싶다는 생각을 했고 어렵사리 미국계 J은행에 입사를 했습니다. 그리 많은 돈은 아니지만 취업 후 월급을 받으며 생활이 차츰 나아졌고, 금융이 무엇인지를 알아가던 중에 해외 근무의 기회도 얻게 되었습니다. 해외 근무 중에는 퍼디엠per diem (하루 단위로 지원되는 일일 경비)이라는 일당도 받았는데, 가난한 학생의 처지를 벗어난 지 얼마 되지 않은 저에게는 일당 하나도 정말 피 같이 소중한 돈이었지요. 그리고 드디어 1999년, 꼭 해보고 싶었던 일을 실천에 옮겼습니다.

1999년 10월, 저는 싱가포르에서 일하고 받은 첫 월급을 미국달러 지폐로 환전했습니다. 그리고 자기 전, 침대 옆 방바닥에 달러를 하나하나 깔았습니다. 큰돈은 아니었지만 달러로 요와 이불을 만들었던 것이죠. 그러고는 그 달러 요 위에서 달러 지폐들을 이불 삼아 잠을 잤습니다.

수많은 사람들의 손을 거친 때 탄 돈들이라 위생상으로도 좋지 않고 잠자리도 침대가 아닌 불편한 카펫이었지만, 기분은 날아갈 듯이 좋았습니다. 이 돈들이 얼마나 많은 사람들의 손을 거쳐 내게로 왔을까 하는 생각을 하면서도 지금 이 돈들을 영원히 내가 가지고 싶다는 상상을 했었죠. 무소유를 겪어봐야 소유의 기쁨을 알 수 있는 것이 자연의 섭리인 듯싶습니다. Y2K라는 2000년을 맞이하기 두 달 앞둔 시점이었습니다.

달러를 깔고 자보는 기분은 어떨까?

돈은 있다가도 없고, 없다가도 갑자기 생기는 이상한 친구입니다. 부자가 되는 일념만이 인생의 목표는 아닌 것 같습니다. 돈만 보고 일하지 말고, 우리가 환율과 썸을 타듯이 지금 하는 일을 좋아해보면 어떨까요? 각자 하는 일을 좋아하고 그 일에 열심히 정진하고 매진할 수 있다면, 큰 부자는 못 되더라도 자신만의 성공을 이뤄낼 수 있으리라 생각합니다.

아무리 힘들거나 어려워도 절대 포기하지 마시길 바랍니다! 항상 긍정적이고 진취적인 마음으로 자신이 하는 일에 한발 한발 정진한다면, 언젠가는 여러분이 달러를 깔고 자는 그날이 오리라 저는 확신합니다.

그리고 달러를 그토록 열망한다면, 이번 기회에 달러와 외환시장이 어떻게 움직이는지 확실하게 공부합시다. 외환의 전문적인 지식까지는 필요 없습니다. 환율 기사나 뉴스만이라도 이해해서 온전히 내 것으로 만들어놓으면 여러분들이 생활하는 데 앞으로 많은 도움이 될 것입니다.

달러의 기원, 요아킴스탈러

'달러dollar'라는 돈의 단위는 미국의 통화 단위로 쓰이기 이전부터 존재한 훨씬 오래된 단어입니다. 달러의 역사를 짚어보자면 16세기까지 거슬러 올라가야 합니다. 달러라는 단어가 1519년 보헤미아 지방에서 발행된 요아킴스탈러Joachimsthaler라는 은화에서 처음 유래했거든요.

당시 보헤미아의 슐릭 백작이란 영주가 요아킴스탈Joachimsthal이라는 지역에서 은화를 주조하였는데 지역 이름을 따서 그 은화를 '요아킴스탈러'라고 불렀습니다. 여기에서 유래해 이후에 발행된 비슷한 동전들에도 '탈러'의 영어식 이름인 '달러'라는 명칭이 흔히 사용되었던 것이죠. 독일

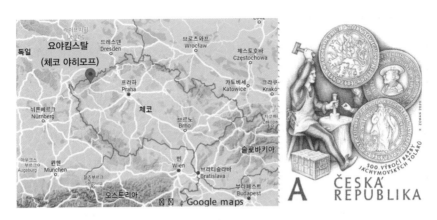

요아킴스탈과 체코의 요아킴스탈러 발행 500주년 기념우표

에서는 'Thaler' 대신 독일어식 표기인 'Taler', 네덜란드에서는 'Daalder'
로 명명되면서 달러는 바야흐로, 가장 인기 있는 화폐의 명칭으로 유럽 전
역에서 널리 사용되기에 이릅니다. 독일의 전신인 프러시아의 공식화폐도
탈러로 쓰이다가 1873년이 되어서야 마르크로 바뀌었지요.

마리아 테레지아 탈러

1741년 처음 발행된 오스트리아 신성로마제국의 마리아 테레지아 탈러
는 탈러 중에서도 가장 유명했습니다. 마리아 테레지아 탈러는 영국 식민
지 당시 미국에서 가장 먼저 사용된 은화 중 하나였으며, 스페인달러Spanish
dollar와 더불어 미국이 자국통화를 '달러'라고 이름 짓는 데 가장 큰 영향을
준 화폐였습니다.

영국의 BBC 방송은 이 마리아 테레지아 탈러를 '역사상 가장 아름다
운 동전'으로 선정하기도 했지요.

World's Most Beautiful Coin Maria Thaler

스페인 달러

한편 17세기 스페인의 남미 식민지에서 가져온 막대한 은을 바탕으로 주조된 동전들도 탈러와 닮았다고 해서 스페인달러로 불렸습니다. 스페인달러는 달러라는 명칭이 유럽을 벗어나 글로벌 인지도를 쌓는 큰 계기가 되었지요.

당시 스페인달러는 아주 대규모로 발행되었을 뿐만 아니라 주조 방법의 통일성과 발행 규격의 일정함 때문에 유럽과 남미 등 전 세계적으로 사용되었고 '세계 최초의 국제통화'로 인식되게 됩니다.

셰익스피어 작품에도 등장한 달러

재미있는 사실은 영국이 인도와도 바꾸지 않겠다고 한 대문호 윌리엄 셰익스피어의 작품에서도 달러가 등장한다는 것입니다. 달러가 등장하는 셰익스피어 작품은 〈맥베스Macbeth〉와 〈템페스트The Tempest〉인데요, 그중 〈맥베스〉의 1장 2막에 보면 이러한 대사가 나옵니다.

이제 노르웨이의 왕인 스웨노가 칭송을 갈망하는구나. 하지만 우리는 스웨노가 그의 부하들을 매장하는 것을 우러러보지 않을 것이다. 세인트 콜메 인치(Saint Colme's Inch)에 돈을 뿌리기 전까지 1만 달러(dollar)는 우리가 일용하는 데 사용할 것이다.

셰익스피어 4대 비극 중 하나인 〈맥베스〉가 처음 공연된 것은 1611년이었고, 최초의 탈러들이 주조되기 약 100년 전이었습니다. 그러므로 셰익스피어의 희곡 〈맥베스〉에서 '달러'라는 용어가 나타난 것은 셰익스피어 사후에 후대 사람들에 의해 각색되었을 가능성이 큽니다.

하지만 이것은 1620년 영국인 청교도도들이 메이플라워 Mayflower 호를 타고 미국으로 출항하기 전에 이미 영국에서 달러라는 용어가 사용되고 있었음을 보여주는 좋은 증거입니다. 메이플라워호에 타고 있던 청교도들도 돈을 달러로 얘기했을 수 있었다는 것으로, 미국달러는 메이플라워호가 미국 동부로 출항할 때부터 벌써 잉태되고 있었던 것입니다.

셰익스피어의 작품 〈템페스트〉에도 '달러 dolour'가 나옵니다. 다만, 〈템페스트〉에 나오는 달러는 고통을 함께 의미합니다. 여기서의 달러는 고대 영어로 돈을 의미하는 동시에 스페인어로 고통, 슬픔이라는 뜻도 담고 있거든요. 이미 400년 전 셰익스피어는 현대 문명에서 돈과 긴밀하게 살아가는 우리 후대인들의 모습을 예견하고, 고통이라는 단어를 이용하여 돈에 대한 경각심을 주려고 의도했는지도 모릅니다. 역시 돈은 편리하고 좋은 것이지만 잘못 다루면 없는 것보다 못한 고통이나 슬픔을 가져준다는 것을 스페인 사람들과 셰익스피어는 일찍부터 알고 있었던 것입니다.

이것만 기억하자!

- 달러라는 말은 1519년 보헤미아 지방에서 발행된 요아킴스탈러라는 은화에서 처음 유래했습니다.
- 요아킴스탈러 덕분에 이후에 발행된 비슷한 동전들에도 탈러의 영어식 이름인 달러라는 명칭을 흔히 사용하게 되었습니다.
- 오스트리아의 마리아 테레지아 탈러는 스페인달러와 더불어 미국이 자국통화를 달러로 이름 짓는 데 가장 큰 영향을 주었습니다.
- 재미있게도, 셰익스피어의 작품 〈맥베스〉와 〈템페스트〉에도 달러가 등장합니다.

미국달러의 탄생

미국에서 달러의 명칭은 영국에 대한 반감에서 사용되기 시작했습니다. 영국과 치른 독립 전쟁 이후, 미국의 정서는 영국에 호의적일 수가 없었죠. 대륙회의가 영국 통치하에서 사용되었던 파운드화의 사용 중단을 강하게 추진하면서 새로운 화폐를 고안하게 되었습니다. 이러한 노력에 따라 1792년 초대 대통령인 조지 워싱턴이 서명을 한 '미국 동전법'이 제정됐습니다. 그때부터 동전의 명칭을 '달러'로 결정하게 되었던 것입니다.

미국 동전법은 달러 은화silver dollar를 미국의 화폐 기준으로 규정하였으며, 당시 미국의 수도였던 필라델피아에 미국 조폐국United States Mint을 건설하도록 승인하였습니다. 1794년 발행된 최초의 은 달러 동전은 약 11%의 은을 함유하고 있었다고 하네요. 또한 동전법은 동전 디자인도 규율했는데 전면에는 미국의 독립정신을 기리기 위해 자유liberty라는 단어를 엠블럼과 함께 새겨놓도록 했으며, 뒷면에는 미국을 상징하는 독수리와 함께 국가명인 'United States of America'를 새기도록 명문화했습니다.

이같이 자유를 상징하는 엠블럼을 새기려는 시도는 당시 유럽 국가들이 국왕이나 전제군주들의 초상을 전면에 새기던 관행에 비추어보면 매우 파격적이었습니다. 미국의 달러 동전은 '자유'라는 문구를 전면에 새김으로써 당시 억압받고 핍박받는 전제군주 치하에 있던 시민들의 우상이 되었지요. 이상으로만 존재했던 자유주의 사상을 동전이라는 실물에 새겨 넣어 계속 보게 함으로써 계몽된 프랑스와 여타 국가 시민들이 자유민주주의 물결을 일으키는 데 보이지 않는 큰 역할을 했던 것입니다.

이러한 미국의 자유주의 정신은 200년이 지난 오늘날까지도 미국 동전에 그대로 새겨져 전해지고 있습니다. 독자 여러분들도 미국 동전을 접할 때마다 이것을 만든 사람들이 지향하고자 했던 숭고한 자유민주주의 정신을 한 번씩 기억해보면 좋겠습니다.

미국달러는 자유민주주의 정신의 상징

25¢ 앞면
Liberty
(자유)

25¢ 뒷면
USA와
독수리

미국달러의 발행

미국 조폐국 본사는 초기 수도였던 필라델피아에서 지금의 워싱턴 D.C.로 이전했지만 아직도 필라델피아에는 동전 주조 지사가 남아 있습니다. 필라델피아와 샌프란시스코, 덴버, 웨스트포인트 등 네 곳의 조폐 공장에서 동전을 주조하고 있으며, 켄터키의 포트녹스는 금을 보관하는 역할만을 담당하고 있습니다. 미국연방정부가 가진 금 보유량의 50% 이상이 바로 이곳에 보관되어 있지요.

한때 포트녹스 금 보관소의 보관량은 1941년 말 기준 6,496억 온스에 달할 정도로 많았지만 현재는 1,473억 온스 정도입니다. 2022년 4월 기준 금값으로 1온스당 2,000달러로 계산하면 약 3,000억 달러, 우리나라 돈으로 400조 원에 이르는 어마어마한 양의 금괴입니다.

미국 조폐 공장 소재지

- 미 전역 6개 지역에 소재
- 초대 조폐국은 필라델피아
- 현재 조폐국은 워싱턴 D.C.
- 포트녹스에는 금괴 보유

미국 동전이 조폐국에서 만들어지는 데 반해, 지폐는 미국 재무부u.s. Treasury 산하 연방인쇄국Bureau of Engraving and Printing에서 발행됩니다. 연방인쇄국이 설립되면서 이전에는 각 은행들이 지폐를 발행해 유통하던 방식에서 중앙정부가 지폐를 발행 및 유통하는 방식으로 바뀌게 됐지요. 미국연방 달러는 1963년 1달러 지폐가 가장 먼저 발행되었으며, 현재는 1달러

외에도 2, 5, 10, 20, 50, 100까지 일곱 가지 권종이 발행되고 있습니다. 과거에는 500달러, 1,000달러 같은 고액권도 발행되었으나 개인 수표의 등장으로 거의 사용되지 않자 1969년 발행이 중단되었습니다.

미연방 달러 지폐의 종류와 특징

	$1	· 첫 발행년도: 1963년 · 초대 대통령 조지 워싱턴 · 지폐 발행량 두 번째로 많음
	$2	· 첫 발행년도: 1976년 · 3대 대통령 토마스 제퍼슨 · 뒷면은 유명한 존 트럼블의 독립선언서
	$5	· 첫 발행년도: 2008년 · 16대 대통령 에이브러햄 링컨 · 세 번째로 많은 발행량과 유통량
	$10	· 첫 발행년도: 2006년 · 초대 재무장관 알렉산더 해밀턴 · 지폐 인물 중 유일하게 미국 태생 아님
	$20	· 첫 발행년도: 2003년 · 7대 대통령 앤드류 잭슨 · 재임 당시 종이화폐 불가론. 동전만 고집
	$50	· 첫 발행년도: 2004년 · 18대 대통령 율리시즈 그랜트 · 지폐 중 발행 비용이 가장 비쌈
	$100	· 첫 발행년도: 2013년 · 미 건국의 아버지 벤자민 프랭클린 · 발행량 최고. 코로나19 이후 유통량 두 배 증가

출처: 미국 조폐국

달러 기호 '$'의 기원

달러라는 단어가 '탈러'에서 유래한 것이라면 달러를 표시하는 '$'라는 기호는 대체 어디에서 유래한 걸까요? 혹자는 십자가에 뱀을 그려넣은 것이라고도 말하는데 그건 설일 뿐이고요, 실제로는 1770년대 북아메리카에서 교환된 비즈니스 서신에서 미국령 스페인달러를 지칭하는 'ps'라는 약어가 사용된 것이 그 기원으로 알려져 있습니다.

그리고 미국 독립전쟁 전후 18세기 후반부터 19세기 초반의 필사본들은 점차 P 위에 S를 덮어쓰기 시작했습니다. 이후 이 같은 기호가 현재의 '$'로 쓰이게 되면서 사람들 사이에 미국달러를 지칭하는 표시로 인식이 된 거죠. 1785년 미국달러가 공식적으로 도입된 이후에 이 달러 기호도 함께 채택되었습니다.

그런데 한 가지 재미있는 사실은 아무리 유심히 찾아보아도 어떤 달러 지폐에도 그 '$' 기호를 찾아볼 수 없다는 것입니다. 이유는 알 수 없지만 어떤 달러 지폐에도 '$'가 들어가 있지 않다는 것만은 분명합니다.

또한 중요한 사실은 현재 발행되어 통용되는 달러 지폐의 약 3분의 2가 미국 밖 역외에서 통용되고 있다는 것입니다. 이 같은 해외 통용 달러화의 거대한 규모는 글로벌 기축통화인 미국달러의 위상을 다시 한번 확인해주고 있습니다.

이것만 기억하자!

- 1792년 '미국 동전법'의 제정에 따라 미국 동전의 명칭을 '달러'로 결정하게 됩니다. 미국연방 달러 지폐는 1963년에야 처음 발행되었습니다. 그 이전에는 각 은행들이 지폐를 발행해서 유통하던 시기였기 때문입니다.
- 자유민주주의 정신을 뜻하는 'Liberty'와 독수리 엠블럼은 200년이 지난 오늘날까지도 미국 동전에 새겨져 전해오고 있습니다.

미국의 중앙은행 연방준비제도(Fed)

미국 연방준비제도(Fed)의 조직과 기구

미국의 중앙은행
: 연방준비제도

1
U.S.
Central Bank

The Federal
Reserve System

세 가지
주요 기구

연방준비제도 이사회	12개 연방준비 은행	FOMC 공개시장 운영위원회

3
Key
Entities

| Federal Reserve Board of Governors | 12 Federal Reserve Banks | Federal Open Market Committee |

다섯 가지
주요 기능

미국 통화정책 수행	금융시스템 안정화	금융기관 건전성 감독	달러 거래 및 결제 지원	소비자보호 및 지역사회 발전

5
Key
Functions

| Conducting the nation's monetary policy | Helping maintain the stability of the financial system | Supervising and regulating financial institutions | Fostering payment and settlement system safety and efficiency | Promoting consumer protection and community development |

출처: 미국 연준

연방준비제도의 조직과 기구

경제 뉴스, 환율 관련 뉴스들을 보다 보면 '연준'이라는 단어가 정말 많이 나오는 걸 볼 수 있습니다. '연준Fed'의 정식 명칭은 연방준비제도Federal Reserve System로서 미국의 중앙은행을 이야기합니다. 1913년 우드로 윌슨 대통령이 서명한 연방준비법Federal Reserve Act은 현재 우리가 사용하는 현대 미국 달러화를 탄생시켰을 뿐만 아니라 미국 중앙은행 시스템인 연방준비제도 또한 탄생시켰지요.

중앙은행에 제도system라는 단어를 쓰는 게 우리에게는 매우 어색한데요, 미국은 우리나라와 달리 여러 연방정부의 합의체이기 때문에 그렇습니다. 각 지역마다 연방준비은행들이 있어서 이들 연방준비은행들의 협의체인 연방준비제도가 중앙은행의 역할을 하고 있는 것이죠. 연방준비제도

미국 연준의 다섯 가지 주요 기능
1. 미국의 통화정책 수행 기능
· 미국 경제의 최대 고용, 물가 안정, 적정 장기금리 수준 유지 목적
2. 금융시스템의 안정화 기능
· 미국 및 해외 금융시장의 체계적 리스크 최소화 목적
3. 금융기관들의 건전성 감독과 모니터링 기능
· 개별 금융기관들이 금융시장 전체에 주는 영향 주시 목적
4. 미국달러 거래 촉진 및 결제 안정성 지원 기능
· 미국 정부 및 은행들의 달러 거래 촉진 및 결제 안정화 목적
5. 소비자 보호 및 지역사회 발전 촉진 기능
· 소비자 중심의 조사와 감독, 지역경제 사회 개발 활동 지원 목적

는 일반적으로 줄여서 'Fed' 또는 '연준'이라고 지칭합니다.

　연준은 미국 경제의 효과적인 운영 그리고 공공의 이익을 증진하기 위해 다음과 같은 다섯 가지 중요한 기능을 수행하고 있습니다.

연준의 세 가지 주요 기구

연방준비제도에는 세 가지 주요 기구들이 있는데, 연방준비제도이사회 Federal Reserve Board of Governors, FRB와 12개의 연방준비은행 Federal Reserve Banks 그리고 공개시장운영위원회 Federal Open Market Commettiee, FOMC가 그것입니다. 이 세 가지 기구들은 연방준비제도와 헷갈리면 안 되니, 그 역할과 차이를 확실하게 구분해놓는 것이 좋습니다.

연방준비제도이사회

　연방준비제도이사회는 흔히 줄여서 '이사회' 또는 'FRB'라고 불립니다(이하 FRB). 이사회는 연준을 관리하는 최고 의사결정 기구이자 통치 기구입니다. 이사회는 연준에 부여된 기능과 목적을 달성하기 위해 미국 대통령이 지명하고 상원에서 인준한 일곱 명의 이사들 governors에 의해서 운영됩니다. 이사들은 대통령이 임명하고 상원의 인준을 거쳐 임명되지요.

　연준 의장의 임기는 4년인데, 일곱 명의 이사 중에서 대통령이 임명합니다. 이사회는 상원과 하원 등 의회에 보고할 책임을 지고 있으며, 12개 준비은행들을 관리 및 감독하면서 중앙은행의 전반적인 지침을 제공하는 역할도 수행하고 있습니다. 이사회는 정치적으로 독립적인 기구로서, 미국 행정부 및 의회와 긴밀히 소통은 하지만 중앙은행으로서의 결정은 독립적으로 이루어집니다.

연방준비제도이사회 FRB의 역할과 책임

1	연준의 다섯 기능 감독	· 미국 연준의 다섯 가지 주요 기능 관리 · 미국 경제와 금융시스템의 안정성 증진
2	금융기관 감독과 규제	· 개별 금융기관들의 시장 영향 감시
3	통화정책 조율	· FOMC(통화정책의 의결, 실행기구) 개최 · 1년 8회의 연방공개시장위원회 개최
4	할인율 결정	· 은행들에 제공하는 연준 대출금리 결정 · 한국은행(BOK)의 여·수신제도와 유사
5	지급준비제도 운영	· 은행의 지급준비율과 지급준비금 결정 · 연방기금금리 결정

연방준비은행

12개의 미국 연방준비은행들은 지역적 특색과 정치적 색채에 따라 전통적으로 매파적이거나 비둘기파적인 성향이 강한 곳으로 나뉩니다. 연준은 이들 은행들을 식별하기 위해 일련번호와 대표 도시명을 부여했지요. 예를 들어 12개 연방은행을 보여주는 그래프에서 1번은 보스턴 연방준비은행을 지칭하는데, 보스턴 외에도 매사추세츠, 메인 등 미국 동부 뉴잉글랜드New England에 포함된 주들을 총괄하는 은행입니다.

그림에서 색으로 표시된 된 주들이 각 연방준비은행들이 관할하는 지역들인데, 본토와 떨어진 주들과 자치령들도 이들 12개 연방준비은행들에 할당되어 있습니다.

12개 연방준비은행 [번호, 도시, 관할지역]

Federal Reserve Banks

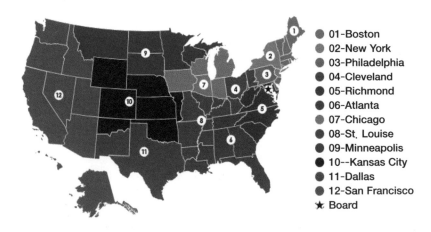

- ● 01-Boston
- ● 02-New York
- ● 03-Philadelphia
- ● 04-Cleveland
- ● 05-Richmond
- ● 06-Atlanta
- ● 07-Chicago
- ● 08-St. Louise
- ● 09-Minneapolis
- ● 10--Kansas City
- ● 11-Dallas
- ● 12-San Francisco
- ★ Board

출처: federalreserve.gov

연방은행	자치령 및 주
2번 뉴욕은행	푸에르토리코, 미국령 버진아일랜드
12번 샌프란시스코은행	하와이, 아메리칸 사모아, 괌, 북마리아나 제도, 알래스카(시애틀 지점 관할)

　　이들 12개의 연방은행들은 서로 독립적으로 운영되며 각 은행별로 아홉 명으로 구성된 이사회를 가지고 있습니다. 연준 회원인 상업은행들이 아홉 명 이사 중 여섯 명을 지명하고, 세 명은 FRB에서 지명을 합니다.

　　12개 연방준비은행들의 이사들은 대부분 공무원이 아닌 민간 금융기관 출신이기 때문에 연준과 민간 금융기관 간 연결고리 역할을 합니다. 민

336

간에서 터득한 경험과 전문성을 바탕으로 해당 지역 연방은행들의 금융과 경제에 필요한 도움을 주는 것이지요. 하지만 연방준비은행들은 세입과 세출에 있어서 미국 정부 및 연준과는 별개로 운영되고 있어 의회로부터 따로 재정 지원을 받지 않습니다. 그런 이유로 연방준비은행들의 주된 운영 재원은 공개 시장 운영 과정에서 투자된 채권과 금융기관들이 예치하는 준비금에서 얻어지는 이자소득에 주로 의존하고 있습니다.

각 연방은행들의 운영 비용과 특수 목적의 적립금을 제외하고 난 순수익금 전액은 미국 재무부로 이체됩니다. 연방준비제도의 모든 순이익은 미국 재무부로 이전되기 때문입니다.

연방공개시장위원회

연방공개시장위원회(이하 FOMC)는 1913년 연준이 처음 만들어질 당시에는 존재하지 않았지만 약 20년 후인 1935년에 새로 신설된 기구입니다.

처음부터 만들어지지 않았던 이유는 중앙은행 역할을 하는 연방준비제도라는 시스템 구조를 만들 당시 연준 입안자들이 단일 중앙은행의 설립에 강한 거부감을 가지고 있었기 때문입니다. 따라서 초창기에는 원래 입법의 의도대로 중앙은행의 개념 없이 12개의 연방준비은행들이 각기 독립적으로 운영되었습니다. 하지만 중앙은행의 역할을 하는 구심점이 없다 보니 효율적인 정책 실행이 어려웠죠. 이에 따라 1935년 연방준비법을 개정해서 FOMC라 불리는 연방공개시장위원회가 신설되었던 것입니다.

한국과 미국 간 통화스왑의 필요성에 대한 논의가 이루어질 때 이 FOMC가 자주 등장하는데요, 외국 중앙은행들과의 통화스왑 프로그램이 실제로는 미국 정부가 아닌 FOMC의 승인 사항이기 때문입니다.

FOMC는 12명의 위원으로 구성되어 있는데, FRB의 이사 일곱 명과 뉴욕연방준비은행 총재 여덟 명은 고정 멤버들입니다. 나머지 네 명의 위원은 뉴욕을 제외한 11개 연방준비은행의 총재들이 번갈아 가며 맡고 있습니다.

연준의 세 가지 주요 통화정책 수단들 중 FOMC는 공개시장운영을 책임지고 있고(할인율 정책 및 지급준비제도는 FRB가 관할), 이를 위해 1년에 8회

FOMC 회의 관련 주요 문서

구분	발표 일시	내용과 중요성
성명서 Policy Statement	매 회의 종료 후, 동부시각 ET 2:00	· 정책결정에 관한 FOMC의 공식 성명서 실행전문
실행전문 Implementation note	매 회의 종료 후, 동부시각 ET 2:00	· 지급준비금에 대한 IORB금리 명시
기자 회견서 Press Conference Transcript	매 회의 종료 후, 동부시각 ET 2:30	· 성명서 발표 30분 후 · Fed 의장 공식 기자회견서
경제전망 요약보고서 Summary of Economic Projections (SEP)	1년 중 4회, 매분기 말월 (3,6,9,12월)	· 위원들의 경제전망 예측치 · 경제성장률(GDP), 실업률, 인플레(PCE) 예측치 · 금리전망인 점도표 (dot plot)도 SEP에 포함
의사록 Minutes	성명서 발표 3주 후 동부시각 ET 2:00	· 회의 논의사항 요약정리 · 참여 위원들의 정책 이슈들에 대한 견해
베이지 북 Beige Books	FOMC회의 개최 약 2주 전	· 지역연방은행들이 만든 미국 지역별 종합경제동향 · 차기 FOMC회의에 영향
통화정책 보고서 Monetary Policy Report	연 2회 의회 보고 1) 2월~3월 중 2) 6월~7월 중	· 상원 은행, 주택, 도시문제 위원회 보고 · 하원 금융위원회 보고 · 연준 의장의 증언 첨부

의 정기회의를 개최하며 필요시에는 추가로 회의를 소집하기도 합니다. FOMC 회의는 이틀에 걸쳐 열리는데, 회의 마감 직후에는 정책 결정에 따른 성명서와 이를 어떻게 구체적으로 이행해 나갈지에 대한 실행 전문이 발표되고 이후 연준 의장이 기자회견을 갖습니다. 의사록은 성명서가 발표되고 3주일 후에 공개되는데 의사록에는 성명서에 담기지 않은 보다 구체적이고 세부적인 회의 내용들이 포함되어 있어서 의사록 공개 날은 성명서 발표 때와 맞먹는 긴장이 흐르곤 하지요.

한편 미국 연준은 FOMC 회의와 별도로 '베이지 북'이라는 지역별 경제 상황 보고서를 발간하고 있습니다. 또한 연방준비법에 의거하여 1년에 두 번 연준 의장의 증언testimony을 동반한 통화정책 보고서를 상원과 하원에 제출, 발표해야 합니다.

이것만 기억하자!

- 미국 중앙은행인 연방준비제도(연준)는 1913년 연방준비법에 의해 탄생하였습니다.
- 연준의 이사회인 FRB와 12개 지역 연방준비은행 그리고 공개시장운영위원회 FOMC는 연준을 구성하는 세 가지 주요 기구들입니다.
- FOMC는 1년에 8번 정기회의를 개최하며 외국과의 통화스왑도 FOMC의 승인사항입니다.
- FOMC 회의 마감 후에는 성명서와 실행 전문이 발표되고 의장의 기자회견이 뒤따릅니다. FOMC 의사록은 성명서 발표 3주 후에 공개됩니다.

연준의
통화정책 운영

연준 통화정책의 수단

1913년의 연방준비법에 따라 연준은 미국의 통화정책을 수립하고 운영하는 책임을 부여받았습니다. 연준이 사용하는 통화정책 수단은 크게 공개시장운영open market operations, 할인율 정책discount rate 및 지급준비제도의 세 가지로 나눌 수 있습니다. 이 중 할인율 정책 및 지급준비제도는 이사회인 FRB가 관할하며 FOMC는 공개시장운영을 담당하고 있습니다.

공개시장운영

줄여서 OMO라고도 불리는 공개시장운영은, 연준이 시장에서 국채 등의 유가증권을 매매하면서 미국의 통화정책을 조절하는 것을 의미합니다.

주된 유가증권 매매 대상은 1일을 콜부터 환매조건부채권인 레포Repo 그리고 미국국채와 모기지채입니다. 이러한 공개시장운영은 연준의 통화정책을 실행하는 데 있어서 핵심적인 도구 역할을 하고 있습니다.

시중에 통화량이 과도해 경기과열이 우려되면 연준은 보유 채권을 시장에 매도하여 시중 자금을 흡수하지만 반대로 시장에 유동성이 부족한 경우에는 채권을 매수하여 시중에 자금을 공급하게 됩니다. 시장에서 채권을 사면 돈(유동성)을 시장에 풀게 되고 역으로 채권을 팔면 시장에서 돈(유동성)을 회수하는 방식인 것이지요. 연준은 이 같은 방식을 통해서 통화량을 조절하고 시장금리도 올리거나 내리는 등의 조절을 합니다.

2008년 리먼 브라더스 사태로 금융위기가 터진 적이 있었죠. 이때 연준은 공개시장운영을 통해 채권시장에서 30년 만기 미국채를 대량으로 매수했습니다. 이러한 장기 국채매입으로 미국의 장기금리는 하락했으며, 채권 매입자금이 시장에 풀리면서 유동성이 공급되어 시장을 안정시킬 수 있었지요. 이런 식으로 연준의 공개시장운영은 통화량을 조절해서 시장금리를 변화시키고 결국에는 연방기금금리와 신용시장 전반에 영향을 미칩니다.

할인율 정책

우리나라 한국은행이 사용하는 세 가지 통화정책 수단들과 비교하면 공개시장운영과 지급준비제도는 동일합니다. 반면에 한 가지가 다른데, 한국은행은 '여수신제도'인 반면에 연준은 '할인율 정책'으로 조금 다르게 표현하고 있습니다.

하지만 대출금리를 규정하는 여수신과 마찬가지로 할인율도 연준의 은행 대출금리를 규정하는 것이기에, 연준의 할인율 정책은 기본적으로 한국은행의 여수신제도와 동일한 통화정책 수단이라고 볼 수 있습니다.

그리고 여기서 또 한 가지 유의하여 구분해야 하는 것이 있습니다. 연방할인율 FDR^{federal discount rate}은 미국의 기준금리인 연방기금금리 FFR^{federal fund rate}와는 다른 금리이기 때문에 그 차이점을 정확하게 이해해야 합니다. 할인율은 시중은행들이 12개 연방은행으로부터 직접 자금을 빌릴 때 적용하는 금리인 데 반해, 연방기금금리는 지급준비금을 시중은행들이 서로 간에 빌리고 빌려줄 때 적용하는 금리입니다.

할인율과 연방기금금리 비교		
구분	할인율(FDR)	연방기금금리(FFR)
금리의 성격	시중은행이 연방은행에서 자금을 빌릴 때의 대출금리	연준 지급준비금을 빌릴 때 적용되는 금리
용도	통화정책의 중요 수단	미국 기준금리의 역할
금리 수준	연방기금금리보다 높음	할인율보다 낮음
결정 주체	연방준비제도이사회(FRB)	연방준비제도이사회(FRB)

지급준비제도

시중은행들은 혹시나 모를 극단적인 대규모 인출 사태가 발생하는 경우에도 예금주에게 안전하게 예금을 반환할 수 있어야 합니다. 이러한 상황에 미리 대비하기 위해 중앙은행인 연준은 시중은행들에게 예금의 일정 비율을 연준 계좌에 반드시 예치하도록 합니다. 이것이 바로 지급준비제도입니다.

연방준비법에 의거한 지급준비율은 일반적으로 10%인데, 이렇게 지급준비율에 따라 예치하는 금액을 지급준비금이라고 합니다. 시중은행의 예금액은 계속 변하므로, 예금의 증가나 감소에 따라 시중은행이 연준에 예치해야 할 지급준비금 또한 달라집니다. 그러다 보니 은행들은 종종 지급준비금이 모자라거나 남는 경우가 생기지요. 이때 지급준비금이 초과 예치된 은행은 모자라는 은행에 지급준비금으로 사용할 수 있도록 빌려줄 수가 있습니다. 이렇게 은행들 간에 남거나 부족한 지급준비금을 서로 빌리고 빌려줄 때 기준으로 적용되는 금리가 바로 미국의 기준금리로 사용되는 연방기금금리입니다.

재미있는 사실은 시중은행들이 연준에 예치한 지급준비금에도 이자가 지급된다는 것이지요. 시중은행들은 지급준비금을 12개의 연방준비은행의 계좌에 예치하기 때문에 연방준비은행들은 준비금 잔액에 대해 이자를 지급합니다. 12개 연방준비은행들이 시중은행에 이자를 지급하는 것이죠. 준비금 잔액에 대한 이자금리는 IORBinterest rate on reserve balances금리라고 부르는데, 이사회인 FRB에 의해 결정됩니다. 이 같은 IORB금리는 연준의 통화정책 실행에 있어서 매우 중요한 도구 중 하나입니다.

미국 재무부의 환율정책 보고서

미국 재무부는 매년 4월과 10월 두 번에 걸쳐 '경제 및 환율정책 보고서'를 발행하고 있습니다. 미국의 주요 교역상대국들의 환율정책 운용에 있어 불공정한 면이 있는지 관찰함으로써 환율조작국 여부에 대한 평가를 내리고 있지요. 실제 발표 시기는 한두 달 차이가 있기도 한데, 이 보고서를 통해 환율조작국 및 관찰대상국을 지정해 발표해오고 있습니다(참고로 한국은행 역시 환율 개입의 투명성을 높이기 위해 개입 결과를 매년 공개하고 있습니다).

재무부 환율정책보고서를 통해 2019년 8월 미국 재무부가 중국을 환율조작국으로 지정했다가 2020년 1월 미-중 무역합의 서명식 직전에 해제한 적도 있었죠. 당시 무역합의에서 미국과 중국은 환율 문제에 대해 투명성을 높이기로 서로 약속했습니다.

보고서는 특히 대미 무역수지 흑자 규모가 크면서도 중앙은행이 외환시장에 개입하는 국가들을 중점적으로 분석합니다. 한국을 비롯해 독일, 중국, 일본과 인도 등의 국가들이 관찰대상 국가에 속해 있지요. 미국 재무부가 이렇게 환율에만 특화된 정책 보고서를 만들고 발표하는 것만 봐도 환율이 얼마나 현대 글로벌 경제 시대에 중요한지 알 수 있습니다.

환율정책 보고서는 미국 의회에 보고되는데 환율조작국과 관찰대상국을 명시하고 있기에 미국 수출액이 큰 비중을 차지하는 한국에게도 매우 중요한 보고서입니다. 그러면 실제 2021년 12월 환율보고서를 예로 들어 어떤 내용들을 담고 있는지 이해해보겠습니다.

재무부 환율정책 보고서

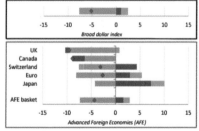
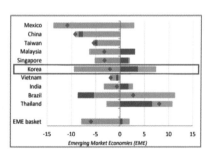

출처: 미국 재무부

해당 보고서는 2020년 7월 말을 기준으로 2021년 10월 말까지 각국의 환율이 미국달러에 대해 어떻게 얼마나 변했는지를 보여주고 있습니다. 빨간색 마름모 모양의 'Net change'가 플러스이면 기간 동안 해당 통화 대비 달러의 평가절상, 마이너스면 달러의 평가절하를 의미합니다.

한국을 보면 'Net change'의 마름모가 마이너스 구간에 위치한 것을 볼 수 있습니다. 이를 통해 한국의 원화에 대비해 달러가 마이너스 즉, 평가절하되었다고 이해할 수 있지요. 또한 아직까지 한국은 미국의 환율보고서상에 선진국이 아닌 개발도상국EME에 포함되어 있지만 향후에는 선진국 통화군AFE에 편입될 가능성이 있습니다.

이것만 기억하자!

- 연준의 세 가지 통화정책 수단 중 할인율 정책 및 지급준비제도는 이사회인 FRB가 관할하고 있으며, FOMC는 공개시장운영을 담당하고 있습니다.
- 연방기금금리 FFR은 연방할인율 FDR과 다른 금리이기 때문에 명확히 구별해야 합니다.
- 연방기금금리는 시중은행이 서로 지급준비금을 빌릴 때 적용하는 금리인데 반해, 연방할인율은 시중은행들이 연방은행으로부터 직접 자금을 빌릴 때 적용하는 금리입니다.
- 연방은행들은 시중은행들이 예치하는 지급준비금에도 이자를 지급하는데, 이때 적용하는 금리를 IORB금리라고 합니다.
- 미국 재무부는 반기별 환율정책 보고서를 통해 주요국의 환율조작 여부를 관찰하고 있습니다.

한국과 미국의 기준금리 비교

시중은행들 간 지급준비금의 여수신에 적용하는 금리가 미국의 기준금리로 쓰이는 연방기금금리라고 배웠습니다. 이러한 연방기금금리는 FOMC 회의에서 결정이 되는데 한국은행 기준금리와 어떤 차이가 있을까요? 한번 비교해보도록 합시다.

첫 번째 차이점은 기준금리로 사용되는 금리가 다릅니다. 한국은행은 우선 기준금리로 '7일물 레포금리', 즉 환매조건부채권 금리를 사용합니다. RP로도 불리는 레포는 쉽게 말하면 일정 기간 동안 채권을 담보로 주고 돈을 빌리는 것을 뜻합니다. 그리고 만기에는 채권과 돈을 재교환합니다. 담보인 채권은 돌려받고 빌린 돈을 돌려주는 것이죠. 이에 반해 연준의 기준금리는 시중은행들 간의 지급준비금의 여수신금리인 연방기금금리를 사용하고 있습니다.

두 번째 차이점은 연준의 기준금리는 하나의 금리가 아니라 '밴드'라는 점입니다. 미국의 연방기금금리는 금리의 상한과 하한의 '금리밴드'로 정해져 있는 것이 특징인데요, 왜 그럴까요? 돈을 빌려주는 주체가 연준이 아니기 때문이죠. 시중은행들이 서로 간에 빌리고 빌려주는 지급준비금 잉여 금액에 대한 대출이기 때문입니다. 따라서 연준은 적정 금리 구간을 제시할 뿐 강제하지 못합니다. 시중은행들 간의 준비금 여신 거래 또한 비드와 오퍼 가격으로 거래되기 때문에 실제적으로 거래 금리가 반드시 연방기금금리 밴드 구간 내에 있다는 보장은 없습니다. 연준은 금리 구간을 정함으로써 일종의 가이드만 줄 뿐이죠.

세 번째 차이로 한국은행은 금융통화위원회를, 연준은 FOMC를 금리 결정 기구로 두고 있습니다.

한국과 미국의 기준금리 비교		
구분	**한국은행(BOK)**	**미국 연준(Fed)**
정책금리명	기준금리(Base rate)	연방기금금리 (Federal fund rate)
실제 적용금리	7일물 RP(환매조건부채권) 금리	연준 지급준비금 대출시 적용되는 1일물 금리
금리의 성격	단일금리(예: 1.50%)	금리하한과 금리상한의 밴드 (예: 1.75%~2.00%)
금리결정 회의	금융통화위원회	FOMC

연준이 발표하는 점도표란?

FOMC의 매 분기 말 회의에는 성명서와 더불어 경제전망 요약보고서인 SEPSummary of Economic Projections도 함께 발표됩니다. SEP에는 경제성장률과 실업률 그리고 인플레이션에 대한 FOMC 참가 위원들의 개별 전망치가 포함되어 있습니다. 이 같은 FOMC 위원들의 구체적인 전망치는 금융기관들에게 미국 경제를 전망하는 매우 중요한 자료가 됩니다. 그러다 보니 FOMC 회의 중에서도 분기 말인 3월, 6월, 9월, 12월 회의는 특히 주의 깊게 봐야 하지요.

SEP의 자료 중에서도 관심의 초점이 되는 것이 바로 점도표dot plot라고 하는 향후 금리 전망 자료입니다. 여기서 개별 FOMC 위원들은 향후 금리가 어떻게 될지를 구체적인 % 단위로 적어내는데, 연준이 언제 얼마나 금리인상이나 인하를 단행할지 들여다볼 수 있는 단서가 되기 때문에 매우 중요합니다.

그럼 점도표를 통해 구체적으로 어떤 정보를 얻을 수 있을까요? 2022년 3월 16일에 발표된 FOMC 점도표를 한번 살펴보도록 합시다. 해당 점도표에서 우리는 미국 기준금리 전망에 대해 다음의 네 가지 중요한 질문에 대한 답을 얻을 수가 있습니다.

1. 금리의 추세와 속도: 인상기인지 또는 인하기인지? 또 얼마나 빠른지?

2. 금리 인상의 정도(폭): 향후 금리가 몇 퍼센트나 오를지?

3. 금리 인상의 시기: 금리인상은 언제 얼마 동안 오를 것인가? 언제 끝날 것인가?

4. 연준의 적정 연방기금금리: 장기적으로 기준금리는 얼마가 될 것인가?

그럼 각 질문에 대한 답을 해보죠. 첫 번째 질문에 대한 답변은 추세는 '인상기', 속도는 '급속한 상승'이라고 할 수 있습니다. 점도표의 ①에 잘 나타나 있듯 2022년의 금리 수준이 2023년으로 가면서 급속히 높아지

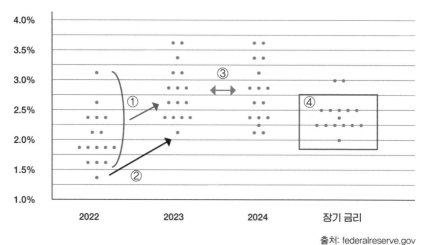

Figure 2. FOMC participants' assessments of appropriate monetary policy: Midpoint of target range or target level for the federal funds rate

출처: federalreserve.gov

면서 금리 인상기의 추세를 명확하게 보여주고 있지요.

두 번째 질문에 대한 답변은 '1% 이상의 상승폭'입니다. 2022년의 금리 전망 하한과 2023년의 금리 전망 하한을 비교해보면 ②와 같이 무려 1% 가까운 기준금리 인상이 예상되면서, 금리인상의 폭 역시 크게 이루어질 것을 예상할 수 있습니다.

세 번째 질문에 대한 답변은 '2022~2023년까지 1년간 오르며 2024년에 완료된다'입니다. 2022년에서 2023년까지 금리인상이 급속도로 이루어지며 ③과 같이 2024년에는 금리인상이 거의 완료될 것으로 전망하고 있습니다.

마지막 네 번째 질문에 대한 답변은 '2.0%~2.5%'입니다. FOMC 위원들이 장기적으로 적정한 미국 기준금리를 2.0~2.5% 사이 구간으로 생각하고 있다는 점을 ④를 통해서 알 수 있지요. 이렇게 점도표는 미국 연준의 기준금리 결정을 전망할 수 있도록 해주기 때문에 중요한 자료로 인식되고 있습니다.

3월 16일의 점도표와 같이 FOMC가 금리인상을 강력하게 암시하고 난 후에는 어떻게 될까요? 금리인상 예측에 따라 달러 강세가 유발되고 그 결과 달러-원 환율은 상승하게 됩니다.

FOMC 점도표, 금리인상 가시화, 달러인덱스 90선대 상승

환율일보

해당 점도표가 발표되고 난 후의 기사입니다. 점도표는 연준의 금리인상을 강하게 암시하고 있죠. 이러한 미국의 금리인상 전망은 달러 강세를 유발하여 달러인덱스를 상승시키고 달러-원 환율을 상승시키는 요인이 됩니다.

■ 점도표 금리인상 가시화 → 달러 강세 유발 → 달러인덱스 상승 → 달러-원
　 환율상승

점도표의 문제점과 유의점
점도표는 FOMC 위원들이 가진 향후 금리에 대한 생각을 읽을 수 있어 매

우 중요하고 편리한 자료이지만 몇 가지 유의할 사항들이 있습니다.

첫째로, 전망치의 정확성 문제입니다. 점도표가 도입된 2012년 이후 지난 10년간 연준 위원들의 금리 예상은 사실 많이 빗나갔습니다. 특히 그 인상폭이나 인하폭에 있어서 실제 수치와 많은 오차를 보인 탓에 점도표 무용론자들의 공격 대상이 되기도 했지요.

둘째로, 점도표는 선행지표라고 하기에는 부족한 면이 많습니다. 점도표는 물가와 GDP 등 여러 가지 지표들을 보고 나서 위원들이 사후적으로 생각하는 수치를 적어내는 방식입니다. 그런 이유로 시장금리가 움직이고 나서 사후적으로 반영되는 경우가 많아 선행지표로 이용되기에는 한계가 있다는 지적들이 나오곤 했지요. 실제로 2022년 3월 16일 해당 점도표가 발표되기 며칠 전 이미 달러-원 환율은 최고치인 1,240원을 넘겼습니다. 하지만 발표된 후에 오히려 10원 이상 하락한 모습을 보였습니다. 연준의 점도표는 이미 예상됐던 부분이고 이 같은 예상이 시장에 미리 선반영됐던 것이지요.

이러한 한계가 존재하긴 하지만 연준 위원들의 생각을 읽을 수 있다는 점에서는 점도표는 여전히 유용하고 많은 도움을 주는 자료입니다. 따라서 시장지표의 움직임을 기준으로 삼으면서 점도표도 함께 참고하는 방식이 환율과 경제를 읽는 데 가장 도움이 될 것으로 보입니다.

FOMC 기준금리 예측

시카고상품거래소 홈페이지의 '페드와치 툴FedWatch Tool'을 이용하면 다음 번 FOMC의 금리 결정에 대한 현재 시장의 예상을 알 수 있습니다.

아래 캡처된 페드와치 툴은 2022년 8월 13일 현재, 다음번 FOMC인 9월 21일의 시장 예측치를 보여주고 있습니다. 2022년 8월 13일 현재 연준의 기준금리는 2.25~2.50%이며 9월 13일 결정될 기준금리를 가능성에 따라 세 가지 경우로 분류해서 보여주고 있지요. 또한 한 달 전부터 오늘까지 전망치의 시간적인 변화도 함께 보여주고 있습니다.

시장 참가자들은 한 달 전만 하더라도 기준금리를 최고 3.50%까지 인상하리라 전망했지만 현재는 그 예상폭이 많이 줄어들었다는 것을 알 수가 있습니다. 현재는 FOMC 회의 후 금리가 2.75~3.00%로 인상될 것이라는 예상이 55%로 제일 많고, 3.00~3.25%로 인상되리라는 예상이 그다음을 차지하고 있네요.

이처럼 CME의 페드와치 툴은 시장의 시각에서 다음 FOMC에서 연준이 얼마나 인상할지를 예상하기 때문에 유용한 정보로 활용 가능합니다.

현재 연준의 기준금리

CME FedWatch Tool ⦿ CME Group

TARGET RATE PROBABILITIES FOR 21 9 2022 FED MEETING

Current target rate is 225-250 ◀

TARGET RATE (BPS) 2022/9/21 FOMC에 대한 시장 예측치	PROBABILITY(%)			
	NOW *	1 DAY 11 8 2022	1 WEEK 5 8 2022	1 MONTH 13 7 2022
275-300	55.0%	57.0%	32.0%	2.8%
300-325 ▲	45.0%	43.0%	68.0%	28.2%
325-350	0.0%	0.0%	0.0%	69.1%

* Data as of 13 8 2022 01:14:45 CT

2022/8/13 현재 0.50%p 인상 가능성이 55%로 가장 큼

출처 : cmegroup.com

연준의 정책 결정 찾아보기

연준은 공개 회의와 비공개 회의 그리고 공개자료 목록을 정해놓고 있습니다. 또한 공개 회의와 자료들은 일반이 쉽게 보고 참고할 수 있도록 연준의 홈페이지 보도자료Press Releases에 발표됩니다. 연준의 정책적 결정이 궁금하면 연준의 보도자료 웹사이트로 들어가서 해당 문건을 찾아보면 됩니다.

이것만 기억하자!

- 연준의 기준금리는 시중은행들 간의 지급준비금의 여수신금리인 연방기금금리를 사용하고 있습니다.
- 연준의 기준금리인 연방기금금리는 금리의 상한과 하한의 금리밴드로 정해져 있는 것이 특징입니다.
- FOMC의 매 분기 말 회의에는 경제전망 요약보고서인 SEP가 발표됩니다.
- SEP에는 향후 금리 전망 자료인 점도표도 포함되는데, 연준의 향후 기준금리 결정을 예상해볼 수 있기 때문에 매우 중요합니다.

미국은 외환 보유고가 필요 없는 나라?

외환 보유고의 의미

외환 보유고는 긴급상황이나 국제수지 불균형이 왔을 때 대처하기 위하여 중앙은행과 정부가 준비해 보유하고 있는 외화준비 자산입니다.

준비자산인 외환 보유고가 충분하면 그만큼 그 나라의 지급 능력이 충실하다는 의미이기에 국가 신용도에도 좋은 영향을 미치게 되죠. 한편으로는 기업들의 해외자본 조달 이자 비용을 낮추어 주면서 다른 한편으로는 해외 투자자들의 국내투자를 촉진하는 촉매제 역할도 합니다. 반면에 외환 보유고가 충분치 않다면 외채를 상환할 때 어려움을 겪기도 하고, 경제위기 시 중앙은행의 원활한 대처를 힘들게 만들지요.

외환 보유고는 또한 환율을 통제하는 데 사용되는 주요 수단이기도 합니다. 이 때문에 중앙은행은 원하는 환율 수준에 도달하기 위해 필요에 따라 외환 보유고를 늘리거나 줄이는 등의 조치를 취하곤 합니다.

한편 국제통화기금 IMF는 외환 보유고를 '국가가 국제금융 수요 충족과 환율 조절 등을 위한 목적으로 사용할 수 있는 외부자산'으로 규정해놓고 있지요. 따라서 민간은행이나 기업들이 보유한 외환은 국가의 외환 보유고에 포함되지 않습니다.

외환 보유고에는 외국통화만 포함될까?

중앙은행과 정부가 사용할 수 있는 외환 보유고에는 외국통화만 있는 것이 아닙니다. 한국은행은 외환 보유고를 유가증권, 예치금, SDR, IMF포지션 그리고 금 이렇게 다섯 가지로 나누어 집계하고 있습니다.

유가증권은 한국은행이 외화의 기금 운용을 하면서 외국환으로 표시된 채권에 투자한 것을 의미하며, 예치금은 외화를 예금 형태로 예치한 것을 말합니다. 한국은행은 직접 운용하는 것과 별개로 한국투자공사 KIC에

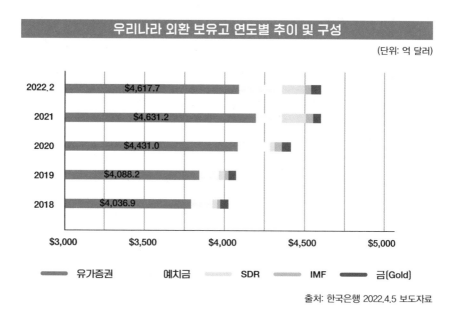

우리나라 외환 보유고 연도별 추이 및 구성

(단위: 억 달러)

출처: 한국은행 2022.4.5 보도자료

외화자산의 일정 부분을 위탁 운용하고 있습니다. 또한 SDR은 IMF에 한국이 가지고 있는 특별인출권을 뜻하는데, 이는 앞서 1장에서 자세히 설명한 바 있습니다. IMF포지션은 해당 국가가 IMF에 출자한 출자금 등을 포함한 준비금을 말합니다. 마지막으로 금도 상당량 보유하고 있으며 이또한 외환 보유고에 포함됩니다.

우리나라의 외환 보유고는 경제 발전과 맞물려 매년 증가 추세를 보이고 있으며 특히 SDR은 2021년을 기점으로 33억 달러에서 153억 달러 규모로 증가한 반면, 금 보유고는 47.9억 달러로 수년간 변함이 없는 상태입니다.

국가별 외환 보유고 순위

외환 보유고를 일정 규모 이상 유지하는 것은 해당 국가의 경제 건전성 유지에 필수적인 사안입니다. 그럼 전 세계에서 가장 많은 외환 보유고를 가진 나라는 어디일까요? 중국의 외환 보유고가 단연 제일 많습니다. 미국 달러로 환산한 외환 보유고가 3조 달러가 넘는데, 이는 2위인 일본보다도 2.5배 이상 많은 액수입니다.

2022년 2월 기준 외환 보유고 상위 10개국은 9조 3,000억 달러의 외화준비 자산을 보유하고 있으며, 이 중 중국과 홍콩이 40%에 육박하는 3조 7,000억 달러를 기록했습니다. 한국의 외환 보유고 규모는 2022년 기준 4,600억 달러로 세계 8위 수준입니다.

미국과 영국의 외환 보유고는 이와 달리 아주 적습니다. 주로 유로와 엔으로 이루어진 미국의 외환 보유고는 2022년 2월 현재 2,522억 달러로 평가되고 있으며, 영국의 외환 보유고는 이보다 더 적은 약 2,300억 달러를 기록하고 있습니다.

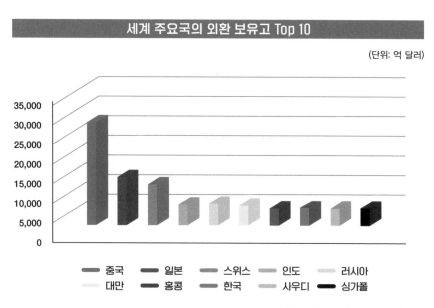

세계 주요국의 외환 보유고 Top 10

(단위: 억 달러)

- 중국
- 일본
- 스위스
- 인도
- 러시아
- 대만
- 홍콩
- 한국
- 사우디
- 싱가폴

출처: 한국은행 보도자료 2022.2월 말 기준

미국, 영국과 유로존은 왜 외환 보유고가 적을까?

하지만 외환 보유고의 크기는 각국의 필요성이 따라 달라지므로 어떤 게 좋다고 일률적으로 말할 수는 없습니다. 각 나라의 사정에 따라 많이 필요할 수도 있고 아예 필요가 없을 수도 있다는 말이죠.

미국과 영국 두 나라는 공히 국제 금융시장의 큰손임에도 외환 보유고가 적은데, 그 이유는 자국통화가 기축통화이거나 통화의 영향력이 커서 다른 나라의 통화로 준비금을 보유할 유인이 적기 때문입니다. 기축통화인 달러의 발권국인 미국은 굳이 다른 통화를 외환 보유고로 많이 가지고 있을 필요가 없는 것이지요. 포트녹스에 있는 금만으로도 충분한 대비가 될 테니까요. 유로화를 사용하는 유로존 국가들의 외환 보유고도 크지 않습니다. 유로존의 주요 국가들인 독일, 프랑스 및 이탈리아의 외환 보유고도 10위 안에 찾아볼 수 없습니다.

그러나 스위스만은 예외에 속합니다. 스위스는 2015년 1월, 유로화에 고정되어 있던 스위스프랑의 고정환율제를 폐지한다고 발표하면서 외환 시장에 큰 파장을 일으켰습니다. 고정환율 제도 아래에서 유로당 1.20스위스프랑으로 고정되어 있던 통화가치가 이후 20% 가까이 급등했었죠. 하지만 스위스 기업들의 수출과 자본 유입이 계속 늘어나면서 외환 보유고는 지속적으로 증가했습니다. 스위스 중앙은행은 계속 늘어나는 외환 보유고를 처분하려 했지만 외환을 매각할 경우, 스위스프랑의 가치가 더욱 높아질 우려가 있었지요. 그렇게 처분을 미루면서 현재에 이르게 된 것입니다.

미국, 유로존 국가들과 달리, 러시아와 사우디는 국가 경제에 비해서도 외환 보유고가 큰 편입니다. 러시아는 가스, 원유 및 천연자원의 수출이 매우 크고, 사우디 또한 원유 수출이 국가 경제의 큰 비중을 차지하고 있기에 그렇습니다. 그리고 이 같은 천연자원을 사고파는 원자재 거래는 절대적으로 미국달러에 의존하고 있지요. 원유나 천연자원의 가격 변동성이 클 경우를 대비해서 달러를 준비금을 쌓아 놓다 보니 외환 보유고가 큰 것입니다. 브라질이나 멕시코도 마찬가지로 자원에 많이 의존하는 국가이면서 또한 자국통화의 변동성이 매우 큰 통화에 속합니다.

스위스 프랑과, 러시아 루블 및 브라질 헤알과 같은 통화들의 환율에

글로벌 통화국 - 미국, 영국, 유로존
외환 보유고가 많이 필요치 않다

변동성이 큰 통화
통화 변동성 때문에 더 많은 외환 보유고가 필요하다

관해서는 뒤에 5장에서 더 자세히 살펴보겠습니다.

결론적으로, 자국통화가 글로벌 통화인 나라들은 외환 보유고가 적은 반면, 자국통화의 변동성이 큰 나라들은 외환 보유고가 상대적으로 많다는 공통점이 있습니다.

경제의 무역의존도가 큰 우리나라도 예외는 아닙니다. 이러한 이유 때문에 현재까지도 외환 보유고가 한국 경제의 펀더멘털fundamental 즉, 기본 체력을 규정하는 하나의 바로미터가 되고 있습니다.

외환 보유고는 나라마다 상황이 다르다		
외환 보유 적음	미국	달러는 세계의 기축통화. 외환 보유고 의미 없음. 연준은 약간의 유로와 엔을 보유 중
	유로존	유로는 국제통화. 외환 보유고 많이 필요 없음
	영국	파운드도 국제통화. 외환 보유고 많이 필요 없음
외환 보유 많음	스위스	프랑:유로 고정환율 제도 포기 이후 외환 보유고 증가
	러시아	주요 수출품인 가스, 원유 및 원자재의 가격 변동성 대비
	사우디	세계최대 원유 수출국으로 가격 변동성에 대비
	브라질	원유 및 천연자원 수출국. 헤알화 가격 변동에 대비

외환 보유고는 무조건 많을수록 좋을까?

그렇다면 외환 보유고가 많으면 많을수록 좋은 걸까요? 반드시 그렇지만은 않습니다. 외환 보유고가 많아지면 국가 신용도에도 긍정적이고 경제위기 시에 정부나 중앙은행이 적절한 대처를 하는 데 편리한 수단을 제공합니다. 특히 1990년대 말 외환위기를 겪은 우리나라로서는 외환 보유고가 줄어들면 굉장히 민감해하기도 하지요.

하지만 외환 보유고가 갑자기 너무 많아져도 국제수지에 악영향을 미칠 수 있습니다. 외환 보유고가 급증하면 달러-원 환율하락 압력이 작용하게 되고 환율하락은 수출 가격을 상승시켜 한국산 물품의 가격 경쟁력을 떨어뜨려 수출 감소로 이어져 국제수지가 나빠질 수 있는 것이지요.

따라서 이렇게 외환 보유고가 급격히 증가할 경우에 정부와 중앙은행은 환율과 국제수지의 안정화를 위해 대외투자나 해외원조를 실시해야 합니다. 실제로 우리나라도 외환 보유고가 급증하던 시기에 민간에 해외투자를 장려하기도 했는데 바로 이런 이유 때문이었습니다.

- ■ 〔시장〕 외환 보유고 급증 → 원화 강세 → 달러-원 환율하락 → 수출 경쟁력 하락
- ■ 〔정책〕 정부와 민간 해외투자 장려 → 외환 보유고 감소 → 달러-원 환율상승

반대로 외환 보유고가 갑자기 줄어들게 되면 국가신용도에 부정적인 영향을 주게 되고 외환 조달에 따른 금리가 상승하게 되면서 환율이 급등할 수 있습니다. 이런 경우에는 반대로 외국인들의 국내투자를 장려하고, 정책적으로는 해외에서 외평채(외국환 평형기금 채권)를 발행하기도 합니다.

- [시장] 외환 보유고 금감 → 달러 강세 유발 → 달러-원 환율상승 → 신인도 하락
- [정책] 외평채 발행, 외국인 투자 장려 → 외환 보유고 증가 → 달러-원 환율하락

이렇듯 외환 보유고가 갑자기 증가하거나 감소하면 외환시장에 큰 부담을 주기에 여러 가지 방법으로 시장 개입이 일어나게 됩니다. 따라서 제일 바람직한 방향은 외환 보유고가 일정액만큼 꾸준히 증가하는 것이라고 할 수 있겠습니다.

이것만 기억하재!

- 외환 보유고는 환율을 통제하는 데 사용되는 주요 수단이지만 외환 보유고의 크기는 각국의 필요성이 따라 다릅니다.
- 기축통화 달러의 발권국인 미국은 다른 통화들을 외환 보유고로 많이 보유할 필요성이 없습니다.
- 국가별 외환 보유고는 중국이 제일 많고, 일본과 스위스 등이 그 뒤를 잇고 있으며 한국은 세계 8위 수준입니다.
- 외환 보유고가 일정액만큼 꾸준히 증가하는 경우가 제일 바람직합니다. 갑자기 증가하거나 감소하는 경우에는 외환시장에 큰 부담을 주게 됩니다.

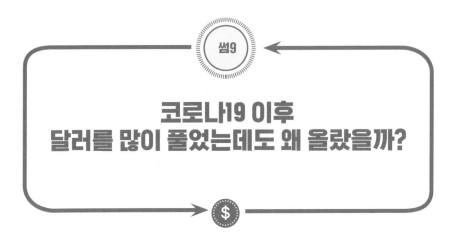

코로나19 이후
달러를 많이 풀었는데도 왜 올랐을까?

코로나19 이후의 양적완화와 인플레이션

2020년 1월 코로나19라는 새로운 바이러스가 세계로 무섭게 퍼지기 시작했습니다. 코로나19는 여타 경제위기와는 차원이 다른 문제들을 야기했습니다. 일단 전염병이 창궐하는 상황에서 사람들이 모여서 이야기를 나누거나 경제활동을 할 수가 없었기 때문에 급격한 경기둔화가 불가피했습니다.

전 세계적인 경기침체 국면에서 중앙은행들과 정부는 여러 가지 방법으로 경제를 살리고자 노력했습니다. 2008년 금융위기를 겪고 난 뒤의 학습효과까지 더해져 전 세계 중앙은행들은 엄청난 돈 풀기 경쟁에 돌입하게 됩니다. 영어로 QEquantitative easing이라 불리는 양적완화입니다. 미국뿐 아니라 유럽과 일본 등 주요 열강들은 일제히 양적완화 정책을 시행하면서 통화 유동성을 늘렸지요.

연준은 2020년 4월 사상 최초로 투기등급 회사채 매입까지 포함한 2.3조 달러에 달하는 대출지원 방안을 발표하게 됩니다. 이러한 조치로도 모자라 별도로 매달 1,200억 달러에 달하는 국채와 모기지채를 매입하기로 합니다. 2019년부터 이미 양적완화를 실시해온 유로존 또한 추가적인 대출지원을 했고, 이미 마이너스금리 상태라 추가적인 금리인하의 여력이 없는 일본 또한 2020년 3월에 108조 엔 상당의 ETF 매수 부양책을 발표하게 됩니다.

하지만 이러한 코로나19 이후의 양적완화는 2008년 금융위기 때와 비교해보더라도 너무 빠르고 크게 이루어졌습니다. 훨씬 짧은 기간 내에 몇 배의 유동성을 공급한 결과, 인플레이션이 크게 일어날 수밖에 없었던 것이지요. 향후 미국 연준의 대차대조표 B/S_{balance sheet}가 코로나19 이전보다 두 배 이상 증가한 9조 달러에 이를 것이라는 우려에 인플레이션 기대치도 더욱 높아지게 됩니다.

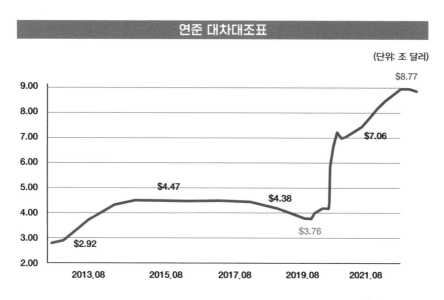

연준 대차대조표

(단위: 조 달러)

출처: Bloomberg

연준의 대차대조표 수치는 양적완화 전후에 매우 중요한 의미를 가집니다. 왜냐하면 그동안 얼마의 유동성이 풀렸는지를 알아볼 수 있는 가장 간단한 자료이기 때문입니다. 연준의 대차대조표가 전보다 늘어나면 늘어난 만큼 양적완화가 이루어진 것으로 볼 수 있으며, 반대로 줄어들면 긴축의 규모로 받아들여지기 때문입니다.

통화정책 정상화와 달러가치 폭등

2021년 말 인플레이션 문제가 지속적으로 대두되자 연준은 양적완화를 줄이는 테이퍼링tapering 정책을 발표하게 됩니다. 테이퍼링은 영어로 '점점 가늘어지다'라는 뜻인데, 2013년 벤 버냉키Ben Bernanke 연준 의장이 처음

통화정책의 단계별 구분

1. 양적완화 → 시장에 통화를 풀어 유동성을 제공하는 단계
2. 테이퍼링 → 양적완화 진행 중이나 그 정도를 줄이는 단계
3. 긴축 　　 → 시장 유동성 줄이는 단계. 연준 대차대조표 축소

연준 대차대조표 수치 변화의 의미

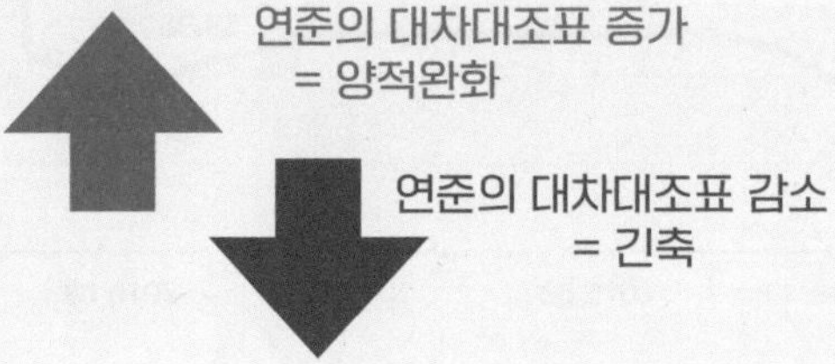

연준의 대차대조표 증가
= 양적완화

연준의 대차대조표 감소
= 긴축

사용하였습니다. 이후 테이퍼링이란 말은 점진적으로 양적완화를 줄이는 출구전략을 의미하게 되었습니다.

테이퍼링은 양적완화의 규모를 줄이는 것이기 때문에 긴축과는 구별을 해야 합니다. 긴축은 시중의 유동성을 흡수하여 자금의 절대량을 줄이는 것인데, 긴축을 하려면 우선적으로 양적완화의 종료 과정인 테이퍼링을 거쳐야 합니다.

2021년 연준의 테이퍼링 발표는 미국의 통화인 달러의 가치를 변화시키는 결정적인 계기가 됩니다. 달러발 통화가치 조정이 일어나게 된 거죠.

과거 역사적으로 달러와 여타 주요 통화들 간의 교환가치, 즉 환율 조정이 일어난 경우는 여러 번 있었는데요, 이들의 공통점은 모두 연준의 극단적인 통화정책 정상화, 즉 긴축 과정에서 일어난 금리인상에서 기인한

달러발 통화가치 조정의 사례

것이었습니다. 앞의 그래프를 보면 언제, 어떤 사건이 원인이 되어 통화가치 조정이 일어났는지 알 수 있습니다.

첫 번째 폭등은 1980년대에 일어났습니다. 1970년대 미국의 스태그플레이션 위기 극복을 위해 당시 폴 볼커 **Paul Volcker** 연준 의장은 긴축정책을 실시하기에 이릅니다. 긴축은 달러 강세를 유발하고 그렇게 달러화의 가치가 1980~1984년 사이에 폭등하게 되었습니다. 위 그래프에서 1980년 86에 머물던 달러인덱스가 1984년 역대 최대치인 161까지 올라간 것을 볼 수 있죠.

두 번째 달러가치 폭등은 1990년대 말 닷컴버블 이후 연준의 긴축 과정에서 일어납니다. 2000년 연준이 금리를 연속적으로 올려 미국 기준금리의 상단이 6.5%에 이르자 이듬해인 2001년 달러인덱스가 120선까지 오르게 됩니다.

연준의 긴축 과정에서 통화가치 조정이 일어난 것은 이번 코로나19 이후 2022년이 세 번째입니다. 2021년 중반부터 시장은 인플레이션 가능성에 주목하면서 조기 테이퍼링과 그에 이은 금리인상과 긴축을 조심스럽게 예측했습니다. 파월 연준 의장이 연내 테이퍼링을 공식화한 8월 이후에는 달러인덱스가 더 가파르게 상승했지요.

테이퍼링 전후의 환율 변화

2022년 초반부터 인플레이션에 대한 우려가 증폭되고 조기 테이퍼링에 대한 필요성이 조금씩 대두되기 시작하면서 달러-원 환율은 상승 기조로 바뀌게 됩니다. 그러나 완만했던 상승 기조는 2022년 8월 테이퍼링 공식화로 인해 곧 급등세로 전환합니다. 테이퍼링은 달러와 여타 통화들의 가치를 근본적으로 변화시키는 결정적인 계기로 작용합니다. 우리나라 원화뿐만 아니라 세계의 거의 모든 통화가 달러 대비 가치가 평가절하되면서 통화가치 조정이 연속적으로 일어나게 되었죠.

달러 유통량

또 한 가지 달러화의 가치에 영향을 주는 것은 달러의 통화량입니다. 시중에 유통되는 통화량을 계산하는 방법에는 여러 가지가 있습니다. 영어로 돈을 의미하는 'Money'의 앞 글자 M을 따서 가장 좁은 의미의 통화량인 M0부터 가장 넓은 의미의 통화량인 M3까지로 통상 분류합니다.

M0는 시중에 유통되는 현금만을 말하고, M1은 M0에 보통예금 통장처럼 언제든지 빼서 쓸 수 있는 요구불 예금과 현금 등가물을 합한 수치입

니다. M2는 가장 일반적으로 쓰는 통화량 기준인데, 저축성 예금과 증권사의 MMA까지를 포함해 계산하고 있습니다. 반면에 M3는 가장 넓은 의미의 통화량을 지칭하며 정기예금과 단기 유동자산까지도 합한 수치입니다. 현재 연준은 M0~M2까지만 집계하고 M3는 공식적으로 집계하지는 않고 있는 실정입니다.

이 중 가장 좁은 의미인 M0는 지폐와 동전만을 포함하는데, 2020년 말 기준 미국 연준에서 발표한 시중 유통 통화량은 아래와 같습니다(M0에는 중앙은행의 지급준비금도 포함되나 편의상 여기서는 제외합니다). 수치는 미국 내뿐만 아니라 미국 외에서 통용되는 통화량까지도 포함한 것입니다.

달러지폐 유통량 (2020년 말 기준)

지폐 권종	유통량	유통 금액
$1	131억 장	$0.013조
$2	14억 장	$0.003조
$5	32억 장	$0.016조
$10	23억 장	$0.023조
$20	117억 장	$0.234조
$50	23억 장	$0.115조
$100	164억 장	$1.640조
	총 유통 금액	$2.044조

출처: 미국 연준

표를 보면 현재 통용되는 달러지폐의 금액이 2조 달러가 조금 넘는 것을 알 수 있죠. 이를 우리나라 원화로 환산하면 2,500조 원가량 되는 금액입니다. 반면 미국의 M2는 2020년 말 기준 약 20조 달러로 지폐 유통량의 10배가 넘습니다. 다시 말해 달러 현금 유통량은 통상 우리가 말하는 달러 유동성의 10%에 불과한 실정입니다.

전 세계적으로 달러의 유통량은 40조 달러 정도로 추정되는데, 그렇게 많이 유통되는 달러화폐는 그럼 도대체 어디서 만들어지는 것인가요? 사실 통화를 만들어내는 가장 중요한 기관들은 시중은행들과 민간 금융기관들입니다. 세계에 유통되는 대부분의 달러 유동성은 은행과 같은 금융기관들이 만들어낸 '신용'에 기반한 것이지요. 특히나 전자 거래가 보편화되면서 은행들이 창출한 디지털화폐 유통량이 더욱 커지게 되었습니다.

이는 우리나라 원화도 마찬가지입니다. 우리가 쓰는 신용카드는 모두 은행과 카드사들이 만들어낸 '신용'입니다. 모든 거래를 현금으로 해야 한다면 시중에 현재 유통되고 있는 지폐보다 훨씬 많은 양의 지폐와 동전이 필요할 테지요.

달러의 유통량과 발행량

1. 전 세계적 달러의 유통량 → 약 $40조 달러
2. 발행되어 유통 중인 달러 → 약 $2조 달러   그러면...?

3. $38조 달러는 누가 만들었나?

 사기꾼들인가?   😊   → 아니다. 은행이 신용으로 만들었다

달러의 유동성 문제

글로벌 경제가 발전하고 규모가 급속도로 커지면서 기축통화의 수요도 같

이 커지게 되었습니다. 세계경제의 GDP는 2000년 기준 약 40조 달러에서 2020년 기준 약 80조 달러로 두 배 이상 늘어났습니다. 이러한 달러 중심 시대에서 정작 '달러 현금'은 크게 늘어나지 않았던 것입니다.

　이렇게 신용 대비 실제 유통되는 현금의 양은 적기 때문에 위험회피 현상에 따른 안전선호가 일어나는 상황에서는 달러지폐 소유 욕구가 더욱 높아지게 됩니다. 최근의 달러 강세도 이와 같은 흐름에서 이해할 수 있습니다. 코로나19 이후 미국의 통화 유동성이 늘었지만 연준이 통화정책 정상화를 위해 테이퍼링을 시도했고, 그에 따라 안전자산인 달러를 확보하기 위해 달러선호 현상이 일어나면서 달러 공급 대비 수요가 급격히 늘어났죠. 그 결과 유동성이 줄어들게 되어 달러 강세가 쉽게 일어난 것입니다.

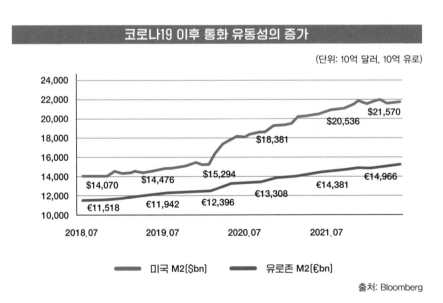

코로나19 이후 통화 유동성의 증가

(단위: 10억 달러, 10억 유로)

이것만 기억하자!

- 테이퍼링이란 점진적으로 양적완화를 줄이는 출구전략을 의미하는 말로 긴축과는 구별해야 합니다.
- 달러발 통화가치 조정은 역대로 세 번 있었는데, 1980년대 스태그플레이션 당시와 2000년대 닷컴버블 그리고 2022년 코로나19 이후 이루어진 통화정책 정상화 과정에서 일어났습니다.
- 달러의 유통량도 달러가치에 영향을 주는 요소입니다. 연준에서 발행해 통용되는 달러지폐는 약 2조 달러 정도입니다.
- 전 세계적인 달러의 유통량은 달러 발행량보다 훨씬 많은 40조 달러로 추산되며 유통량의 대부분은 은행이 만들어낸 신용으로 구성되어 있습니다.

금은 화폐와 가장 성격이 가까운 자산

달러 환율을 얘기할 때 꼭 빠지지 않고 언급되는 것이 바로 금의 가격입니다. 안전한 통화인 달러는 또 다른 안전한 자산인 금과 비교가 될 수밖에 없는 운명인 것이지요. 금은 반지나 귀고리 등 우리가 사용하는 액세서리나 생활용품의 재료로도 많이 활용되기에 생필품의 성격이 큽니다. 예로부터 돌반지도 금으로 만드는 등, 금은 우리 생활의 일부분이 되어왔죠.

그러면 우리는 금을 무엇으로 봐야 할까요? 화폐로 봐야 할까요? 아니면 귀금속으로 분류해야 할까요? 아니면 원자재에 포함해야 할까요? 곰곰이 생각해보면 정말 애매합니다. 사실 금은 우리가 흔히 아는 산소, 탄소, 질소 등 지금까지 알려진 118종류의 원소 중 하나로 당당히 이름을 올리고 있으며, 원소기호는 Au입니다. 금은 아무리 분리하려고 해도 더 이상 쪼개지지 않는 지구의 기본 성분인 원소 중 하나인 것이지요.

이렇듯 금은 인류가 가장 오랫동안 귀하게 여겨온 물질로서 화폐가 만들어지기 오래전부터 돈의 역할을 해왔습니다. 그래서 현대사회 이전에는 금이나 은이 바로 돈을 의미했죠. 왜냐하면 금과 은이 세상에서 가장 가치 있는 물건이었으니까요.

금은 이상하리만큼 옛날부터 동서양을 막론하고 모든 지역에서 보편적으로 귀중하게 여겨졌습니다. 흔치 않은 것이라는 희소성도 작용했겠지만 영롱한 황금빛 색깔이나 고급스러워 보이는 외양이 사람의 마음을 유혹하기에 충분했던 모양입니다. 이처럼 금이 가진 아름다운 매력은 인간의 탐욕을 자극해 소유욕으로 이어졌고, 소유욕은 수요 증가로 이어져 금에 높은 가치가 매겨지게 된 것이지요. 이렇게 오래전부터 인간의 사랑을 독차지해 온 금은, 어떠한 자산보다도 가치를 담보해주는 역할을 확실하게 해주었습니다.

이런 이유로 중앙은행 화폐가 발행되기 전까지 금은 귀금속으로서의 지위와 화폐로서의 지위를 함께 가졌습니다. 특히 근대사회 유럽 국가들은 동전을 발행할 때 그 자체로서 가치를 부여하기 위해 금이나 은과 같은 귀금속을 넣어 주조하기도 했죠.

금이 돈 즉, 화폐와 분리된 시기는 현대사회 들어 각 국가들이 금과 은을 사용하지 않은 지폐와 동전을 발행하기 시작하면서부터입니다. 하지만 문제가 또 있었습니다. 미국의 달러나 영국의 파운드같이 열강의 중앙은행들은 자국의 신용을 바탕으로 공식 화폐를 발행했는데, 문제는 명칭도 다르고 단위도 다른 수많은 화폐의 가격을 어떻게 매기느냐는 것이었어요. 그래서 또 금이 등장하게 됩니다.

이렇게 금은 인류 역사상 수천 년 동안 화폐를 대신해왔었고 각국 정부들은 금의 가치를 굳게 믿었기 때문에, 제2차 세계대전 이후 세계 각국의 중앙은행들은 자국의 통화가치를 담보하기 위해 금을 대규모로 보유하게 되었습니다. 여기에 미국도 예외는 아니라서 1940년대 이후 한때 미국은 전 세계 금의 무려 70%가량을 보유하기도 했었죠.

　미래 우주시대가 열려서 인류가 금으로 이루어진 행성을 발견하면 어떻게 될까요? 과연 금의 희소성이 떨어져도 현재와 같은 귀한 대접을 받을 수 있을까 하는 생각도 해봅니다.

달러와 금은 대체재 관계

이 책에서는 실무와 관련이 적거나 불필요한 경제학 원리나 복잡한 이론들은 배제하고 있는데요, 대체재와 보완재 정도는 상식으로 알아두면 편리합니다.

　보완재는 구두와 양말, 커피와 설탕, 햄버거와 콜라처럼 서로 없으면 불편할 정도로 상호 보완해주는 두 재화를 말합니다. 커피를 마실 때 설탕이 있으면 좋고 햄버거를 먹을 때 콜라가 없으면 허전하듯이, 둘이 만나서

둘이 더해지면 효용을 높여주는 보완재

구두와 양말

구두를 신으려면
양말의 보완이 필요하다

햄버거와 콜라

콜라는 햄버거 맛을
더욱 좋게 보완해준다

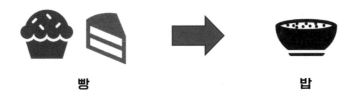

밥은 빵을 대체하는 대체재

빵

우크라이나 전쟁으로 밀가루 값 상승
빵값이 미친듯이 비싸짐

밥

빵 대신 좋은 우리나라 쌀로
만든 밥으로 식사를 대체한다

효용이 더욱 늘어나는 것이 보완재의 특징입니다. 그래서 햄버거의 수요가 늘어나면 콜라의 소비도 함께 늘어납니다. 보완재는 수요가 같이 늘어나고 같이 줄어들기 때문에 가격 또한 같은 방향으로 움직이죠.

반면 대체재란 우리가 필요로 하는 무언가가 없을 때 다른 것으로 대체할 수 있는 재화를 말합니다. 예를 들어, 러시아와의 전쟁으로 인해 우크라이나산 밀가루 가격이 폭등해서 빵 가격이 너무 올랐다고 합시다. 밀가루 값이 올라 빵 값이 비싸지면 대신 더 저렴한 쌀로 만든 밥을 먹으면 됩니다. 밥은 빵의 거의 완벽한 대체재인 것이지요.

수요와 가격 측면에서 보면, 밀가루의 수요가 줄어들어 가격이 하락하는 반면, 쌀의 수요는 늘어나서 가격이 오르게 됩니다. 대체재들의 수요와 가격은 서로 반대 방향으로 움직이는 것이죠.

금과 달러의 가격은 반대 방향으로 움직인다

금과 달러의 관계도 대체재의 성격을 가집니다. 글로벌 경제가 위험자산을 회피하는 리스크 오프 상황이 되면 안전자산을 선호하게 되어 금과 달러 같은 안전자산의 수요가 늘어납니다.

금과 달러 둘 다 안전자산이기 때문에 이 둘 중에서 상대적으로 저평가된 자산에 수요가 몰리게 됩니다. 그래서 달러에 투자자가 몰리면 달러 가격이 높아지지만, 그만큼 금의 수요는 상대적으로 줄어들어 금 가격은 상대적으로 하락하는 것입니다.

그러면 우리는 금의 가격 변동을 통해 어떤 정보를 알 수 있을까요? 그리고 이 정보를 어떻게 주식이나 여타 자산의 투자에 활용할 수 있을까요? 다음 표는 과거 5년간 1온스당 금 가격을 달러-원 환율과 비교한 금 가격 추세 그래프인데, 우리는 여기서 금의 특징을 몇 가지 알 수 있습니다.

첫 번째로, 달러 가격과 금값은 주로 반대로 움직인다는 것입니다. 빨간색 달러-원 환율이 올라가면 달러 강세, 떨어지면 달러 약세인데 파란색인 금값과 거의 반대로 움직였습니다. 2017년도를 살펴보면 달러는 약세인 데 반해 이 시기에 금값은 오히려 올랐네요. 또한 달러가 초강세를 보인 2022년에는 금값이 오히려 하락했습니다. 금과 달러는 서로 대체재라는 것을 확인해주고 있습니다.

두 번째로, 금은 물가상승에 대한 위험 헤지 기능이 있다는 점입니다. 그래프에서 지난 5년 동안 금은 40% 이상 올랐습니다. 특히 2018년은 미국이 금융위기 이후 긴축을 시작한 시기인데, 안전자산 선호로 2019년까지 2년 동안 두 자산 모두 크게 상승하였습니다. 이는 금이 단기간에는 달러와 반대 방향의 가격 성향을 보이지만 장기적으로는 안전자산으로서 물가상승에 대한 위험 헤지 기능이 있다는 것을 확인해주고 있습니다.

금과 달러 가격은 반대 방향

2,200 — 1,400
2,000 — 1,300
1,800 — 1,200
1,600 — 1,100
1,400 — 1,000
1,200

2017 2018 2019 2020 2021 2022

━━ 금값($)   ━━ 달러-원 환율

출처: Bloomberg

금과 달러의 가장 큰 차이점은 이자

금과 달러의 가장 큰 공통점은 둘 다 가치의 '담보력'이 큰 안전자산이라는 점입니다. 반면에 둘의 가장 큰 차이점은 달러에는 이자가 있지만 금은 이자가 없다는 것입니다. 그러므로 이자율이 높아지면 금의 선호도는 당연히 떨어지겠죠. 이자율이 높은 상황에서 안전자산을 택해야 한다면 모두가 달러를 선택할 것이기 때문입니다. 반대로 금리 상황이 저금리 기조로 변하고 약달러와 경기둔화에 대한 우려가 대두된다면 달러를 대체할 수 있는 안전자산인 금의 선호도는 늘어날 겁니다.

　역사상 금리 상승기에는 일반적으로 금값이 떨어졌습니다. 바로 이자 때문입니다. 2022년에 전 세계 중앙은행들이 금리를 급격히 올리기 시작하면서 금값도 크게 떨어졌지요. 반면에 코로나19가 막 퍼지기 시작하던 2020년 초반에는 낮아진 기준금리와 경기침체 우려로 인해 금값이 고공

행진을 하는 모습을 보였습니다.

정리하면 금리가 올라가는 금리 상승기에는 달러 가치가 오르는 경향이 크고, 상대적으로 저금리로 하락하는 기간에는 금값이 상승하는 경향이 있습니다.

금은방 사장님은 환전상?

서울 시내 귀금속 상점들이 몰려 있는 종로3가를 지나가다 보면 수많은 금은방과 귀금속 상가를 볼 수 있습니다. 돌반지를 하거나 커플링을 맞추려면 무조건 종로에 가야 하지요. 종로는 명실상부한 우리나라 귀금속의 메카입니다. 그런데 반짝거리는 액세서리 말고 거기에 계신 금은방 사장님들을 유심히 보신 적 있나요? 열심히 고객들과 매매 상담을 하는 분도 계시지만 몇몇 사장님은 모니터를 계속 뚫어져라 보고 있기도 합니다. 아무것도 모르는 사람이 보면 그냥 딴짓을 하는 것처럼 보여지기도 하죠. 금은방 사장님들은 대체 무엇을 보시는 걸까요?

사실 그분들은 달러-원 환율을 보고 있는 것입니다. 금은 달러로 표시되기 때문에 달러에 의해 가격이 결정되거든요. 금의 가격을 보는 것이 환율을 보는 것과 마찬가지인 셈입니다. 사실상 석유나 철강 등의 원자재나 금, 은, 백금, 다이아몬드 등 모든 귀금속 거래는 미국 달러화로 이루어진다고 해도 과언이 아닙니다. 달러로 가격이 책정되기 때문에 달러-원 환율이 낮을수록 금의 원가는 싸지는 반면, 환율이 상승하면 금 시세는 비싸지게 됩니다.

사장님이 금을 사고 고객 주문이 바로 일어나 매출로 이어진다면 환차손이나 환차익을 걱정할 필요가 없겠지만, 소매상의 성격상 금을 사와서 판매하기까지는 시차가 생기기 마련입니다. 사장님 입장에서 금을 환율이 낮을 때 사서 환율이 높을 때 팔면 이익이 나겠지만, 거꾸로 높을 때 사와서 고객에게 낮을 때 팔게 되면 손해가 날 수도 있습니다. 그러다 보니 금은방 사장님은 환율에 민감해질 수밖에 없죠. 그래서 매일매일 체크하는 것도 부족해서 실시간 환율 추이를 모니터링하는 것입니다. 외환딜러만큼이나 환율의 방향에 귀를 기울이는 것이죠. 이렇듯 금은 기축통화인 달러와 밀접한 불가분의 관계에 있습니다.

이것만 기억하자!

- 금과 달러는 둘 다 안전자산이지만 서로 대체재 관계입니다.
- 따라서 달러의 가격과 금값은 반대로 움직입니다. 또한 금은 물가상승에 대한 헤지 기능이 있습니다.
- 금과 달러의 가장 큰 차이점은 금에는 이자가 붙지 않는다는 것입니다. 그런 이유로 역사상 금리 상승기에는 일반적으로 금값이 하락했습니다.
- 금의 시세는 달러화로 표시되기 때문에 금과 달러는 불가분의 관계에 있습니다.

한국은행이 금 보유를 늘리면 달러전쟁에서 유리할까?

통화의 가치는 왜 중요할까?

우리는 해당 지역 경제에서 발행된 통화를 사용하고 있습니다. 미국에 사는 미국 시민들은 평상시에 달러를 사용하고, 유로존의 시민들은 유로화를 사용하며 우리나라 국민들은 원화를 사용하지요.

하지만 현대사회의 화폐는 평소 유통의 매개체로 사용되기도 하지만 동시에 투자의 대상도 된다는 것을 명심해야 합니다. 사용할 때는 지역화폐를 사용할지라도 투자할 때는 손쉽게 다른 통화나 자산에 투자가 가능한 세상에 살고 있다는 얘기죠. 이 같은 투자 통화의 다변화는 향후 미국의 중앙은행 디지털통화인 달러 CBDC가 발행되면 더욱 본격적으로 전개될 가능성이 큽니다. 다른 나라 사람들도 더 손쉽게 달러에 투자할 수 있을 테니까요. 물론 미국의 중앙은행인 연준의 달러 발행량도 그만큼 더 늘어날 전망입니다.

물건을 고르듯이 어떤 통화로 자신의 부를 저장할지도 결정할 수 있게 되었다는 의미입니다. 그리고 이런 투자를 결정하는 요인은 바로 어떤 통화의 가치가 변동이 적고 안정적이며 가치를 담보하기에 좋은지에 달려 있겠지요. 1920년대 나타났던 독일의 살인적인 물가상승은 통화의 가치가 얼마나 중요한지 보여주는 중요한 사례입니다.

제1차 세계대전 당시 국민들에 대한 소득세 부과로 전쟁 비용을 충당하려는 프랑스와 달리, 독일은 전적으로 부채에 의존했습니다. 독일 국채를 무한정 찍어냈던 것이지요. 하지만 전쟁 패배 이후 1920년대 당시 독일 정부인 바이마르 공화국은 막대한 전쟁 배상금을 지불할 재원이 없었습니다. 독일 마르크화의 가치를 담보해줄 수 있는 재원은 바로 금이었는데, 패전으로 금 보유량이 거의 바닥이었습니다. 천문학적인 전쟁 배상금도 지불해야 했고, 또한 기존에 발행된 엄청난 액수의 국채도 상환해야 했지만 금은 하나도 없었던 것이지요. 달리 방법이 없던 독일은 자국통화인 마르크화를 마구 찍어냈습니다. 이는 마르크화의 역사적 폭락으로 이어지고 말았지요.

사람들은 독일 정부가 금도 없이 돈을 찍어내는 것을 알고 놀란 나머지 마르크화를 팔아 파운드화나 달러화로 바꾸기 시작했습니다. 사람들은 시간마다 무섭게 떨어지는 마르크화의 가치하락 공포에 질려 무조건 내다 파는 '패닉 셀panic sell'을 하기 시작했고, 결국 마르크화의 가치는 얼마되지 않아 말 그대로 휴지조각이 되어버리고 맙니다. 마르크화의 가치하락은 독일의 소비자물가를 폭등시켰고 독일 국민들은 가난과 굶주림에 극도로 피폐해졌습니다. 독일 국민들의 극심한 생활고는 이후 국민들의 불만을 증폭시켜 결국 독재자 히틀러가 정권을 잡게 되는 계기를 만들어줍니다.

이런 시각에서 보면 잘못된 바이마르 공화국의 통화정책이 제2차 세계대전을 야기하게 된 단초를 제공하여 근대 역사를 바꾸어놓았다고도 할 수 있지요. 통화정책의 결과는 이렇게나 무서운 것입니다. 한 나라의 운명을 결정할 수도, 역사를 바꾸어놓을 수도 있습니다.

제1차 세계대전 이후 마르크화의 폭락은 우리에게 두 가지 큰 교훈과 시사점을 주고 있습니다. 우선 가치가 담보되지 않은 통화가 얼마나 쉽게 위험에 직면할 수 있는지를 알려줍니다. 경제력이 뒷받침되지 않는 통화의 무리한 발행은 급격한 통화가치 하락을 유발할 수 있다는 얘기지요.

또 다른 교훈은 단기간의 급격한 통화가치 하락이 가져오는 인플레이션의 영향입니다. 짧은 시간 동안에 이루어지는 통화가치 하락은 엄청난 물가상승을 가져오고 이로 인해 국민들의 생활이 급격하게 악화될 수 있다는 것이지요. 화폐가치의 급락은 국내의 인플레이션을 유발하여 심각한 물가상승을 야기하고, 이는 결국 국민들을 극심한 생활고의 절벽으로 떨어뜨리는 무서운 결과를 낳을 수 있습니다.

원화 환율의 문제점

그러면 우리나라 원화의 경우는 현재 어떠할까요? 우리나라는 세계 10위권 선진국으로 펀더멘털은 튼튼합니다. 하지만 금융 분야의 경쟁력은 제조업이나 여타 서비스업 등에 비해서는 아직 조금 부족한 수준이죠. 앞으로 더욱 발전의 여지가 많은 상황입니다.

우리나라 원화의 환율은 일반적으로 두 가지 큰 문제가 있습니다. 우선 첫째로 다른 통화에 비해서 변동성이 너무 큽니다. 선진 통화가 되기 위한 핵심 조건은 변동성이 작아야 한다는 점입니다. 변동성이 작아야 투자자들이 원화를 거래할 때 덜 불편하기 때문이죠. 반대로 변동성이 커지면 시장의 외환 유동성 변화도 커지고 외환시장의 호가도 불안정해지기 때문에 원하는 시기와 가격에 거래를 하기가 매우 힘들어집니다. 오를 때는 무섭게 올랐다가 떨어질 때는 크게 폭락하는 통화는 국제결제 통화로서 사용되기 어렵습니다.

두 번째 문제는 한국의 경제 위상 대비 원화의 신뢰도 자체가 너무 낮습니다. 원화를 다른 통화와 거래하다 보면 안전통화라는 느낌을 받기 힘듭니다. 평상시에는 큰 문제가 없지만 위험회피 심리가 커지는 리스크 오프 상황이 전개되면 원화의 가치가 달러의 가치에 비해 형편없이 떨어지는 경향이 있지요. 위험회피 상황에서 선진국이 아닌 다른 신흥국 통화와 대비해도 원화의 가치하락 폭이 상당히 크기 때문에 안전하다는 느낌을 잘 못 받는다는 얘기입니다.

그러면 왜 이런 현상이 일어날까요? 원화 환율의 변동성을 줄이면서 동시에 원화가 더욱 안전하다는 느낌을 줄 수 있는 방법은 없을까요?

한국은행의 금 보유

현재 우리나라의 외환 보유고에는 달러와 같은 외환이 가장 높은 비중을 차지하고 있습니다. 한국은행은 외환을 그냥 예금 형태인 예치금으로 가지고 있기도 하지만 외화채권과 같은 유가증권에 투자하는 경우가 더 많습니다. 그러나 미국은 달러를 자국의 이익을 위해 활용하고 있기 때문에 원화의 가치를 담보하기 위해 달러에만 전적으로 의존할 수가 없다는 해석도 가능합니다.

그러면 원화는 달러 외에 무엇에 더 의지할 수 있을까요? 사실 달러 외 다른 통화에 담보력을 의지할 수도 없는 실정입니다. 다른 통화들도 나름대로의 문제점을 갖고 있기 때문이죠. 또한 달러의 가치는 원화와 상대적으로 움직이므로 달러 외환 보유는 논리적으로 원화 변동성 헤지에 좋은 방법입니다.

그러면 여기에서 "금은 어떨까?"라는 질문을 던져봅니다. 금은 그 자체적으로 내재적 가치를 지니고 있으며 절대 변하지 않는 원소이면서도 인류가 보편적으로 가장 가치 있다고 생각하는 자산이니까요. 우리나라 중앙은행인 한국은행이 가치를 담보할 수 있는 금을 더 보유한다면 상황이 나아질 수 있지 않겠냐는 말이지요.

한국은행 외환 보유고 항목별 규모

(단위: 억 달러)

구분	2020.12	2021.12	2022.08	%
외화증권과 예치금	4,301.2	4,383.2	4,128.4	94.6%
IMF SDR	33.7	153.7	144.6	3.3%
IMF 포지션	48.2	46.3	43.3	1.0%
금	47.9	47.9	47.9	1.1%
합계	4,431.0	4,631.2	4,364.3	100%

출처: 한국은행 ECOS 경제통계시스템

현재 한국은행은 외환 보유고 중 극히 일부인 약 1%에 해당하는 47.9억 달러 상당의 금을 전량 영국 영란은행에 보관하고 있습니다. 무게로는 104.4톤이고 금괴의 개수로는 약 1만 개 정도로 알려져 있습니다.

한국은행은 2013년을 마지막으로 더 이상 금을 매입하지 않고 있는

데 그 이유는 보관 비용도 들지만 이자수익도 없어서 기회비용이 더 크기 때문입니다. 달러와 같은 통화자산의 가치가 크게 떨어질 가능성이 없다면 굳이 금을 실물자산의 형태로 들고 있을 필요가 없는 거죠.

따라서 중앙은행인 한국은행이 이러한 금을 보유할 때는 장단점이 분명히 있는 것이지요. 미국국채와 같은 외화자산과 비교했을 때 금리수익을 기대할 수는 없지만 세계경제의 위기 상황이나 금융 불안정기에는 안전자산의 역할을 해주는 장점이 있습니다. 더군다나 오랫동안 인간이 가치의 척도로 여겨왔기 때문에 신용 위험도 전혀 없으며 가격 변동이 크지 않다는 가장 큰 장점이 있죠. 준비자산으로의 금은 달러의 의존도를 줄이면서도 위기 상황에서 외환 변동성을 제어하는 데 어느 정도 도움이 됩니다.

미국의 경제학자 제임스 토빈James Tobin 교수가 강조한 "계란을 한 바구니에 담지 말라"는 포트폴리오 투자 원칙을 여기에도 적용할 필요가 있습니다. 특히나 금은 안전자산에 속하면서도 달러와 가격이 반대로 가는 특성이 있죠. 또한 금은 달러 변동성에 대한 헤지 기능도 가집니다. 그러므로 외환 변동성 감소를 위해 달러자산에 전부 투자하기보다는 금의 보유량을 늘려서 포트폴리오 전략을 수행하는 것이 장기적으로 도움이 되는 방법이라고 하겠습니다.

이것만 기억하자!

- 독일의 물가상승이 주는 교훈은 두 가지입니다. 첫째, 가치가 담보되지 않은 통화는 쉽게 위험에 직면해 무너질 수 있다는 것입니다. 둘째, 화폐가치의 급락은 국내에 심각한 인플레이션을 유발하여 국내경기를 위험에 빠뜨릴 수 있다는 것입니다.
- 우리나라 원화는 크게 두 가지 아쉬운 문제점을 지니고 있습니다. 환율의 변동성이 상대적으로 너무 크다는 것 그리고 국가 경제력에 비해 통화의 신뢰도가 너무 낮다는 점입니다.
- 금은 달러와 달리 이자수익은 없지만 포트폴리오 전략 차원에서 외환보유고를 다변화시키는 역할을 할 수 있습니다.

한국 금융시장의
금융허브 도약을 위한 리모델링

국내 금융시장의 리모델링 필요성

사실상 원화의 변동성을 낮추고 안전통화로서의 위상을 강화하기 위한 방안이 무엇이냐는 질문은 다음 질문과 동일합니다. 바로 "한국의 글로벌 경제적 위상에 비해 현격하게 저평가된 원화의 위상을 어떻게 하면 조금이라도 더 높일 수 있는가?"라는 질문이지요.

그런데 이를 실천에 옮기려면 우리나라 사람이 아닌 외국인의 눈높이에 맞추어 우리 외환시장과 국내금융 여건이 개선되어야 합니다. 한마디로 말해서 국내 금융시장을 '리모델링'해야 하는 것이지요. 낡은 아파트를 리모델링해서 감쪽같이 새 아파트처럼 만들듯, 한국의 금융시장도 글로벌 금융허브가 될 수 있도록 새롭게 리모델링을 해서 변화시켜야 합니다. 해외 금융사들과 다국적기업들이 영업을 하기 좋게 말이지요. MSCI 등 해외 민간 금융기관들에 사정하듯 부탁할 필요가 없습니다. 투자하고 싶어서 줄을 서게 할 정도로 우리 시장을 매력적으로 변모시켜 새롭게 정비하는 것만이 정답인 것이죠. 아무것도 가지지 못한 싱가포르가 해냈던 것처럼 말입니다.

그렇게 새롭게 정비하려면 원화가 가진 보다 근본적인 문제들을 체계적으로 해결해나가야만 합니다. 물론 다음의 사항들을 실천하기 위해서는 여러 가지 포기해야 하는 것들도 있습니다. 예를 들어 통화를 글로벌화하면 예전과 같은 통제력을 그대로 가질 순 없겠지요. 하지만 그건 글로벌 통화로 거듭나기 위해 견뎌야 할 작은 어려움에 불과합니다. 원화는 이제 세계적으로 도약해야 할 시기를 맞이했습니다. 이슈들을 차근차근 해결해나가다 보면 조금씩 발전하는 과정에서 우리나라의 금융산업과 원화도 같이 성장하고 발전하는 모습을 반드시 볼 수 있을 것입니다.

달러전쟁에서 이기기 위해 개선해야 할 사항들

1. **원화의 전면 개방을 위한 치밀한 계획 필요**
- 원화의 해외결제가 가능하도록 제도와 규정 정비
- 원화 노스트로 계좌 운영 지침과 실무적 논의 시작 필요
- '금융허브'를 위한 특구 지정해 전면 개방 시범 실시 필요

2. **국내 외환시장 운영의 개선**
- 현물환 거래 중개사의 국내 기관 독점 해제
- 호가의 다양성과 국제화 필요
- 유관기관 직원들이 가진 문제점 해결(잦은 순환, 전문성 결여 등)

3. **글로벌화를 위한 국내 연기금과 대형 운용사들의 전폭적인 지원**
- 운용 인력들의 처우 및 근무 조건 개선

- 국민연금 기금운용본부의 여의도 등 금융 중심지 이전 시급

4. 21세기 신산업으로서 금융산업에 대한 투자와 육성 필요

- 은행업에 대한 산업자본의 과도한 규제 정비
- 대형화와 글로벌화를 위한 진취적 산업 육성 방안 모색
- 은행들의 외환 포지션 관리 제도의 획기적 보완

5. 금융허브들에 비해 너무나 많은 운영상의 규제 완화

- 금융시장 노동법과 주 52시간 근무 적용의 예외조항 검토 필요
- 외국인의 국내자본 투자 시 적용 규정의 간소화

6. 외국인 자금의 유입과 유입에 대한 제약 완화

- 배당금 송금 및 자금 유출입의 유연성 제고 필요
- 채권과 파생상품의 장내거래 활성화 필요. 거래의 투명성 제고

7. 국내 금융업 라이선스의 경계와 효용의 불분명 문제 개선

- NDF 등 중개 거래의 경우 해외사는 국내 라이선스 없음
- 개방에 앞서서 역차별이 일어나지 않도록 정비가 필요함

8. 금융 관련 기준과 규정의 불명확성 개선

- 투명성이 결여되고 해석이 불분명한 조문 및 규정의 개선
- 대형 로펌 도움 없이도 영업이 가능토록 기준과 규정 명확화 필요

9. 보여주기식 금융 해법이 아닌 실질적 소비자 보호로 전환 필요

- 금융소비자법 등 기관 거래 관련 항목 수정 및 개선
- 포퓰리즘적 대응이 아닌 진정한 보호 대책으로의 전환 필요

10. 외국인 투자등록증(IRC) 제도 및 투자 대리인(Proxy) 문제 해결

- 현대적 목적에 맞게 외국인 등록증 제도 개선
- 외국인 금융실명제 적용 예외 조항으로 투자 대리인 면제 검토

11. 열악한 외국인 투자자의 인센티브 제고

- 아시아의 금융허브로 도약하는 싱가포르 벤치마크 필요
- 과감한 인센티브와 세금 혜택 지원으로 투자유치 필요

12. 국내 금융시장 문화와 환경의 글로벌화

- 금융특구존을 조성하여 영어 공용어 시범 사업 추진
- 국제적으로 공인된 금융 용어 확립. DLS와 같은 콩글리시 용어 정비

13. 북한과 대치하고 있는 지정학적 특수성 개선

- 향후 경제적 교류 때 통화 간 협력의 필요성 검토

이것만 기억하자!

- "한국의 글로벌 경제적 위상에 맞게 우리나라 통화인 원화의 위상을 더 높일 수는 없을까요?" 이에 대한 답을 우리는 이미 알고 있습니다. 한국 금융시장을 새롭게 리모델링해서 유수의 금융기관과 기업이 활발하게 거래하는 금융허브가 될 수 있도록 변화시키는 것입니다.

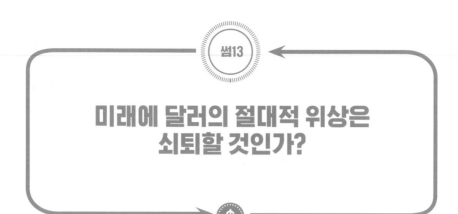

섬13

미래에 달러의 절대적 위상은 쇠퇴할 것인가?

통화가 붕괴하는 원인

통화가 '붕괴'한다는 것은 어떤 통화의 가치가 급락하여 더 이상 통화로서의 역할을 하지 못하는 상황을 의미합니다. 역사적으로 적지 않은 국가들이 통화가치의 급격한 하락으로 통화가 붕괴하는 경험을 했지요. 바로 앞서 설명했던 제2차 세계대전 이후 독일이 그랬고요, 현대에 들어와 아르헨티나, 헝가리, 아이슬란드, 가장 최근에는 아프리카의 짐바브웨가 끔찍

통화 붕괴의 예-100조 짐바브웨 달러

짐바브웨 Zimbabwe

통화가치 급락
살인적 인플레이션

무려 100조 짐바브웨 달러 !!

한 통화위기를 겪었습니다.

이 같은 위기가 촉발된 이유는 해당 화폐의 안정성에 대한 믿음이 갑자기 떨어지면서 수요가 급락했기 때문입니다. 어떤 사람에 대한 신뢰도가 떨어지면 더 이상 그 사람을 믿고 거래할 수가 없듯이, 돈에 대한 믿음, 즉 화폐의 신뢰도가 떨어지면 화폐는 더 이상 예전의 구실을 못하게 됩니다.

화폐에 대한 신뢰도는 신용도로 평가가 되는데, 이 같은 신용도가 추락하면 해당 화폐에 대한 필요성이 줄어들고 그 결과 돈이 돌지 않으면서 가치가 급락하는 과정을 겪는 것입니다. 이러한 통화가치 급락은 해당 국가 경제의 만성적인 인플레이션을 야기하면서 저성장이 고착화되는 악순환을 불러오는 경우가 많습니다.

전형적인 통화 붕괴의 과정

통화 신용도 하락 → 통화 수요 감소 → 통화 가치 하락 → 만성적 인플레 → 저성장 고착화 → 통화 붕괴

최근 통화 붕괴를 겪은 짐바브웨처럼 극단적으로 통화가 붕괴되는 경우는 특수한 케이스지만 화폐의 신용도가 변하는 것은 사실 매우 흔합니다. 세계 3대 신용평가사들은 정기적으로 국가와 기업들의 신용등급을 발표하는데, 개발도상국뿐만 아니라 선진국들의 신용등급이 떨어지기도 합니다.

심지어 2011년 미국의 S&P 신용등급도 최고등급인 AAA에서 한 단계 낮은 AA+ 등급으로 하락하였으며, 2020년에는 영국의 신용등급도 코로나와 브렉시트의 여파로 무디스에 의해 Aa3에서 Aa2로 한 단계 강등되었습니다. 최근 2022년 10월에는 리즈 트러스(Liz Truss) 영국 신임 총리가 파운드화 추락의 책임을 떠안고 45일 만에 물러나 최단기 총리의 불명예를 안기도 했습니다. 이렇듯 통화가치 하락의 문제는 비단 신흥국만의 문제가 아니라 선진국도 예외가 아님을 보여주고 있습니다.

미국달러의 강점

1944년 금본위제가 폐지된 브레턴우즈 협정 이후, 세계 각국의 정부와 중앙은행들은 자국통화의 가치를 담보하기 위해 달러에 의존해왔습니다. 달러 외환 보유고를 통해 국가와 중앙은행들은 충분한 재원을 확보하였다는 '신용의 합법성'을 인정받아왔던 것입니다. 한국도 예외는 아니었죠.

이렇듯 미국 달러가 외환 보유 통화로 가장 보편화되어 있지만, 국제통화기금인 IMF는 미국달러 외에도 유로존의 유로화EUR, 영국 파운드화GBP, 일본 엔화JPY 그리고 중국 위안화CNY를 국제 준비통화인 SDR로 승인하였습니다.

그리고 이 같은 IMF의 결정은 달러를 기축통화로 이용하는 세계 여러 국가들에게 중요한 의미를 전해주었습니다. 미국의 통화정책 입안자들이 잘못된 방향으로 달러화를 운영해서 행여나 달러화가 붕괴되더라도 다른 준비통화에 의지할 수 있다는 대안을 제시한 것이기 때문입니다.

하지만 아직도 미국은 건재하며 세계경제를 이끌어 나가고 있습니다. 제2차 세계대전 이후 미국이 세계경제에서 차지하던 비중은 거의 절반 이 상이었죠. 물론 유럽과 일본, 중국을 필두로 한 신흥국들의 발전으로 그 비중이 많이 줄어들긴 했습니다. 미국의 경제성장률이 2000년대 들어 과 거 대비 크게 둔화된 것도 사실이고요. 하지만 여전히 유럽과 일본 등 선 진국들의 경제력을 능가하고 있습니다. 또한 국제결제 통화의 관점에서 보더라도 새로운 도전자인 중국의 위안화와 비교해 달러는 아직까지 사용 빈도나 국제적 인지도 및 편리성에서 크게 우위를 점하고 있습니다.

이런 이유들 때문에 지금까지 이어져온 미국의 달러패권은 가까운 장 래에는 적어도 변하지 않을 것으로 보입니다. 결국 미국의 경제력과 군사 력이 뒷받침되는 한, 미국 달러화의 기축통화로서의 위상은 21세기에서도 계속될 것으로 전망됩니다.

미국달러의 약점

미국의 경제력과 군사력은 기축통화인 달러의 지지 기반임과 동시에 근본 적인 약점이기도 합니다. 왜냐하면 달러는 미국의 강력한 위상이 유지될 경우에만 그 가치가 유지될 수 있다는 의미이기 때문입니다.

이 같은 약점은 예전의 금본위 체제와 달리 가치를 측정해줄 수 있는 금과 같은 '물질적인 담보'가 없는 현재의 상황에서 더 큰 우려를 낳을 수 있습니다. 이는 결국 미국이 만약 자국의 정치적 필요성에 의해 혹은 전쟁을 수행하기 위해 너무 많은 돈을 찍어내면 어떻게 할 것이냐는 우려로 귀결되지요. 그리고 실제로 이 같은 우려는 2000년 이후 종종 일어나고 있는데, 2008년 금융위기와 2020년 코로나19를 겪으면서 더욱 심화되는 중입니다. 1944년 당시 국제통화기금인 IMF가 설립된 주요 이유 중의 하나도 미국 연준이 브레턴우즈 협정을 잘 이행하는지 감시하기 위한 것이었죠.

만약 진짜로 달러가 가진 기축통화로서의 위상이 갑자기 추락한다면 어떤 일이 벌어질까요? 추락하는 달러에서 벗어나고자 시장은 달러를 앞다투어 내다 팔 것이고 이는 달러자산 가격의 폭락으로 이어질 것입니다. 그러한 경우에 IMF는 다른 여타 준비통화를 이용해서 국제적인 불안 상황을 진화하려고 노력할 테지요.

국제금융 자산의 가장 큰 부분을 차지하는 달러가치의 폭락은 세계를 공황으로 몰고 갈 수 있을 정도의 큰 파급력을 지닌 사건이 될 것입니다.

글로벌 기축통화의 요건

1. 강력한 군사력

2. 글로벌 경제력

3. 안정된 정치상황

4. 첨단 과학기술력

5. 자유민주적 사회

6. 발전된 금융시장

그리고 이 같은 만일의 상황을 방지하기 위해 IMF는 미국달러 외에도 여러 다른 준비통화를 정해놓은 것입니다.

미국달러 체제 붕괴에 대한 가상 시나리오

달러화에 갑작스러운 위기를 초래할 수 있는 가능성 높은 상황들을 가정해보겠습니다.

첫 번째 달러화 가치 폭락 시나리오는 미국연방정부의 막대한 부채와 관련이 있습니다. 만약 미국이 미국의 성장률보다 훨씬 빠른 속도로 채권을 찍어낸다면 미국의 경상수지가 계속 적자인 상황에서 적자국채로 인한 부채 위험 경고등이 켜질 수 있습니다. 또한 이렇게 부채 규모가 미국의 경제를 위협할 정도로 커진 상황에서 중앙은행인 연준이 달러를 계속 찍어내 재무부가 발행한 채권을 사준다면, 미국달러의 가치는 미래에 굉장히 빠른 속도로 하락할 가능성을 배제할 수 없습니다.

일명 '부채의 화폐화'인 것이죠. '부채의 화폐화'란 연방정부가 발행한 달러 국채를 중앙은행인 연준이 새로이 돈을 찍어서 매수하는 것이기 때문에, 중앙은행이 발권력을 이용해 정부 부채를 떠안는다는 의미입니다. 특히나 연준은 달러 발권국의 중앙은행으로서 달러 발행 및 유통량을 조절할 수 있는 권한과 책임이 있기에 발권력을 악용할 경우, 달러의 가치에 심각한 타격을 초래할 수도 있는 것이죠.

특히나 현재 미국은 코로나19 팬데믹 이후 부채 규모가 사상 최고치로 커진 상황입니다. 이 같은 과다 부채는 국가 신용도에 악영향을 줄 수 있고 이는 달러가치를 하락시킬 수 있는 잠재적 위험 요소입니다.

두 번째로 생각 가능한 시나리오는 높은 인플레이션과 소비자물가 상승으로 인해, 연준이 금리를 짧은 기간 내에 급격히 올릴 수밖에 없는 시나리오입니다. 향후 미국 정부가 늘어난 부채와 급격히 높아진 금리로 이자 부담이 크게 가중되면, 신용평가사들은 미국의 신용등급을 언제든 강등시킬 수 있습니다. 미국국채의 신용이 예상치 못하게 떨어지면 놀란 채권 보유자들은 시장에서 달러를 투매하고 이는 달러가치의 급락을 초래할 수 있습니다. 이럴 경우 글로벌 기축통화로서 달러의 위상이 큰 타격을 받아 다른 통화들이 달러의 지위를 잠식하는 결과가 나타날 수도 있습니다.

필자는 코로나19 이후 세계 각국의 급격한 양적완화 과정에서 일어난 유동성 과잉이 과거 17세기 가격 혁명Price Revolution에 필적할 만한, 현대사회에서 이전까지는 볼 수 없었던 거대한 인플레이션 폭풍을 가져올 것이라고 계속적으로 그 위험성을 경고해오고 있습니다. 16세기 스페인을 거쳐 남미에서 들어온 금과 은이 유럽을 부유하게 해줄 것이라는 믿음과 달

2020년 코로나19는 4세기 만에 21세기 가격혁명을 소환했다.
21세기 가격혁명의 파장은 17세기의 그것보다 훨씬 막강할 것이다.

리, 17세기부터 100년이 넘는 기간 유럽에는 살인적인 물가상승이 일어나 많은 시민들이 궁핍에 떨어야 했죠. 인플레이션이 현실화된 지금, 미국 연준과 정부가 어떤 통화정책을 선택하는가에 따라 앞으로 달러의 미래와 위상은 크게 달라질 수 있습니다.

세 번째 시나리오는 독일을 필두로 한 유로존이나 새로운 강자로 부상한 중국이 경제적으로 크게 발전을 하면서 달러화의 지위를 잠식하고 결국에는 기축통화의 지위를 차지하는 경우입니다.

하지만 아직까지 유로존의 경제는 미국보다 견고하지 못하며 2020년 브렉시트 이후 많은 문제점을 노출하고 있어 유로화가 달러화를 대체하기에는 역부족으로 보입니다. 중국의 경우에도 제조업 역량을 바탕으로 국제무역의 거래량과 기술력에서 상당한 업적을 이룩했지만 아직 위안화의 국제화는 중국의 국가적 역량에 비해 크게 부족한 면이 없지 않아 있지요. 또한 경제력과 군사력, 기술력뿐만 아니라 기축통화로서 갖추어야 할 자유민주적 경제체제와 금융산업 구조가 미흡하다는 점은 위안화 국제화의 약점이자 선결 과제입니다.

마지막 네 번째 시나리오는 디지털화폐의 변화에 제대로 대처하지 못

미국 달러 체제 붕괴의 가상 시나리오
1. 미국 연준을 통한 부채의 화폐화가 대규모로 이루어질 경우
2. 미국 경상수지 적자에 따른 연방정부 부채와 이자 부담 급증
3. 중국과 유로존의 비약적 경제발전으로 인한 통화패권 실기
4. 미국달러의 디지털화 실패로 인한 국제 기축통화 위상 하락

하는 경우를 생각해볼 수 있습니다. 현재 전 세계가 앞다투어 뛰어들고 있는 디지털 화폐전쟁의 과정에서 미국달러가 변화에 빠르고 적절하게 대응을 하지 못하는 경우에도 기축통화로서의 위상이 추락할 수 있습니다. 연준이 발행할 디지털화폐는 아직 연구개발 단계에서 벗어나지 못한 상태라 현재 중국 등 다른 국가들에 비하면 그 진척도에서 많이 뒤져 있는 것이 사실이죠. 하지만 그럼에도 연준이 달러의 디지털화에 박차를 가하고 있으므로 앞으로 예의 주시해야 할 것으로 보입니다.

아직은 공고한 달러의 위상

우리가 달러의 지배력에 대해 애기할 때 그건 정확히 무엇을 의미하는 걸까요? 대부분은 브레턴우즈 체제 이후 공고해진 미국달러의 기축통화로서의 힘을 이야기할 겁니다. 외국에서 물건을 사고팔 때 달러로 주고받고, 국제적인 자산 가격을 책정할 때도 달러로 평가하며, 심지어는 국가들의 외환 보유고도 가장 많은 부분이 미국달러로 이루어져 있으니까요.

그럼 이러한 미국의 달러 체제가 붕괴되기 위해서는 무엇이 필요할까요? 이는 바꾸어 말하면, "미국 정부와 연준은 달러 체제가 붕괴되지 않도록 무엇을 조율하고 신경 써야 하는가?"라는 질문과도 같습니다.

2000년대 이후 세계는 여러 번의 통화위기와 그에 따른 양적완화, 그리고 긴축을 반복했습니다. 이 같은 위기들을 겪으면서 달러화의 패권이 위험에 직면했다는 우려의 기사들도 종종 흘러나왔지요. 이렇게 달러를 중심으로 하는 기축통화 체제가 갑자기 붕괴될 것이라든가, 아니면 결국에는 미국 경제와 함께 몰락의 길을 걸을 것이라는 말은 표면적으로는 그

럴듯해 보이는 흥미로운 제언들입니다.

하지만 결론적으로 말하자면 미국달러의 위상은 크게 변할 것 같지 않습니다. 또한 아이러니하게도, 인플레이션이 커지면 커질수록 미국 부채의 실질적 부담은 낮아지게 됩니다. 따라서 앞에서 상정한 첫 번째 시나리오와 두 번째 시나리오는 서로 역의 관계를 가지고 있습니다. 즉, 인플레이션이 커질수록 미국의 부채 부담은 작아지는 반면에 물가상승률이 낮을수록 미국의 부채 부담은 커질 수 있다는 의미로 해석됩니다. 현재 인플레이션과 부채는 서로 상충적인 관계이므로 미국 정부와 연준은 둘을 적절히 조합해나가는 해결책을 모색할 것으로 보입니다. 동시에 같은 방향으로 나빠지지는 않기에, 앞서 우려했던 상황들이 미국 경제에 안 좋을 순 있지만 생각보다는 그렇게 심각하지 않을 수 있다는 것이죠.

따라서 전술한 달러의 잠재적인 문제들에도 불구하고, 달러화의 붕괴 가능성은 매우 낮습니다. 계속된 높은 수준의 장기적 물가상승률을 제어하고 크게 높아진 부채 문제만 해결할 수 있다면 미국 달러화의 패권은 21세기에도 이어질 것으로 보입니다.

미국의 저명한 경제학자인 폴 크루그먼 Paul Krugman 교수가 2022년 4월 15일 《뉴욕타임스 New York Times》에 기고한 바와 같이, 필자도 유로나 위안이 당장은 달러를 대체할 대안이 될 수는 없으리라 생각합니다.

"달러는 전 세계 금융체계에서 가지고 있는 특별한 위상을 잃을 위기에 직면한 것인가? 하지만 나의 답변은 여전히 같다. 여러 가지 이유들이 있겠지만 아직도 유로나 위안은 달러를 대체할 수 있는 현실적인 대안이 되지 못한다."

이것만 기억하자!

- 미국 달러화의 약점은 중국과 유럽 등 외부보다는 내부에 있습니다.
- 현재 달러가 직면한 가장 큰 두 가지 약점은 미국의 막대한 부채와 높아지는 인플레이션 수준입니다.
- 하지만 이러한 잠재적인 문제에도 불구하고 달러화의 붕괴 가능성은 매우 낮으며, 달러의 패권은 21세기에도 이어질 것으로 보입니다.

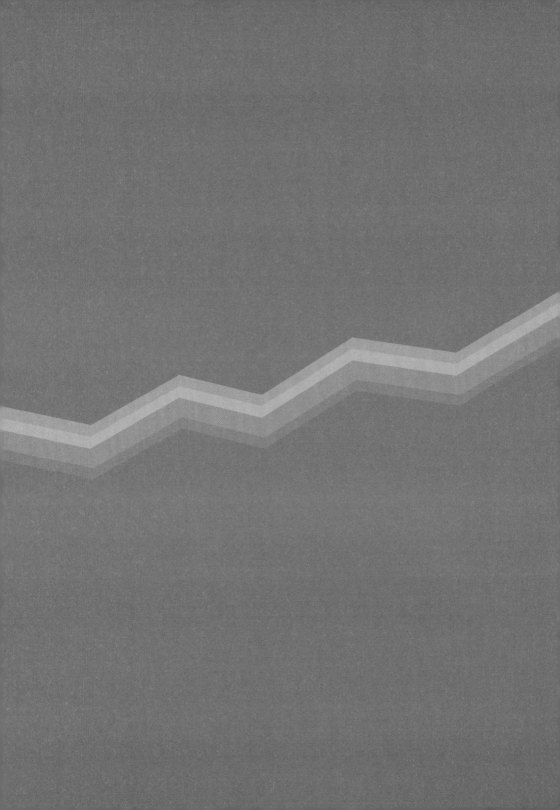

제5장

오래 사귀어야 알 수 있는
변덕쟁이 환율의 성격

환율, 너 좋아하지만
너무 자주 변해서 힘들어

만드릴의 얼굴과 닮은 환율

이제 외환과 썸도 타고 연애도 시작했지만 아직도 얘는 알다가도 모르겠다는 생각이 많이 듭니다. 실제로 외환시장은 올랐다가 내렸다가, 기뻤다가 슬펐다가를 하루에도 수없이 반복하는 천의 얼굴을 보여줍니다.

외환시장의 얼굴과 가장 닮은 동물이 있는데, 바로 만드릴Mandrill입니다. 만드릴은 원숭이와 같은 영장류인데, 수컷은 키가 180센티미터 정도로 인간과 비슷합니다. 만드릴의 코는 돼지코에 말코를 합해놓은 듯한 모양을 하고 있어요. 만드릴의 얼굴은 언뜻 보면 너무 색깔이 많고 복잡해서 정신이 없을 지경입니다. 외환시장의 그것과 너무 흡사하죠. 하지만 침착하게 '내 사람이다' 하고 보면 의외로 귀여운 데가 많습니다.

외환시장도 만드릴처럼 '색깔'과 '끼'가 있기 때문에 처음에 친해지려면 어색하고 이해하는 데 조금 시간이 걸립니다. 하지만 천천히 시간을 들여 가까이 다가가 보면 재미있고 도움이 되는 친구가 될 수 있지요.

가까이서 보면 더욱 귀여운 얼굴 만드릴

ⓜ 만드릴 얼굴은 만 가지 색조 화장품
ⓐ 썩은 달걀노른자 색깔의 눈동자
ⓝ 주황색 딸기코
ⓓ 파란 라벤더색 코 받침 액세서리
ⓡ 새빨간 립스틱 입술
ⓘ 있어 보이는 황금색 수염
ⓛ 얼굴을 보면 정신이 없음
ⓛ 외환시장의 얼굴과 똑 닮은꼴

　　환율을 이해하고 환율과 친해지기 어려운 가장 큰 이유는 환율이 항상 시시각각으로 바뀌고 종잡을 수 없다고 생각되기 때문입니다. M은행 본점 1층 영업점의 환율 게시판은 같은 숫자를 보여주는 법이 없지요. 수많은 사람들이 비즈니스와 개인적인 이유로 달러를 사고파는 통에 달러-원 환율 게시판은 고시할 때마다 올랐다 내렸다 하며, 여타 통화들의 환율 상황도 수시로 변하는 것을 볼 수 있습니다. 정말 변덕쟁이가 따로 없지요.

　　연인들도 오랫동안 깊게 사귀어 만나보지 않으면 그 사람의 진짜 내면이 어떤지 잘 알 수가 없듯이, 외환시장과 환율도 오랫동안 관찰하고 공부해야만 변덕쟁이 성격의 실체를 파악할 수 있습니다.

환율이 계속 변하는 변동환율 제도

증권가 객장의 주가와 마찬가지로 환율이 이렇게 시시각각 변하는 근본적인 이유는 무엇일까요? 바로 우리나라 및 주요 선진국 통화의 환율 제도

외환 수급 요인 (통화의 수요와 공급)

· 해외유입 자금의 변화: 수출과 수입, 외국인 투자 금액
· 거주자 외화예금의 변동: 달러예금 잔고의 변동

시장의 투자심리 변화

· 위험자산 선호 : 리스크 온(Risk-On)
· 위험자산 회피 : 리스크 오프(Risk-Off)

각종 경제지표

· 대외 경제지표 : GDP 성장률, 수출증가율
· 대내 경제지표: 고용지표, 물가상승률

중앙은행과 정부의 통화정책

· 한국은행 금융통화위원회, 미국 연준(Fed) FOMC 회의
· 정부와 외화 당국의 시장 개입(market intervention)

달러인덱스의 변화

· 달러인덱스(DXY) 지수 레벨의 변동
· 유로, 엔, 위안 등 이종통화 가치 변동의 영향

가 기본적으로 변동환율 제도에 근거하고 있기 때문입니다.

이 같은 변동환율 제도에서는 많은 요인들이 환율에 영향을 주는데,

영향을 주기까지 걸리는 시간에 따라 크게 장기적인 요인들과 단기적인 요인들로 나눠볼 수 있습니다. 우선 주요한 단기적 요인들로는 외환수급 요인, 시장의 투자심리 변화, 각종 경제지표, 중앙은행과 정부의 통화정책 그리고 달러인덱스의 다섯 가지를 들 수가 있습니다.

장기적 요인들은 단기적 요인들에 비해 서서히, 오랜 시간 동안에 변화를 야기합니다. 대표적인 장기적 요인들로는 경상수지의 변화, 금리의 변화 그리고 국가 간 신용의 변화를 들 수 있습니다.

환율이 변하지 않는 고정환율 제도

변동환율 제도와 달리 고정환율 제도의 국가에서는 미국달러나 유로화 같은 다른 나라의 통화에 가치가 고정되어 환율이 움직이지 않게 되죠. 예를 들면 홍콩달러는 미국달러에 가치가 고정되어 있습니다. 홍콩은 1983년부터 국제금융 중심지로의 역할 등을 이유로 고정환율 제도의 하나인 통화위원회제도Currency Board System를 시행하고 있어요. 그래서 홍콩금융관리국HKMA은 1미국달러에 7.8홍콩달러로 환율을 고정시키고, 시장환율이 올라가거나 내려갈 때만 개입을 통해 0.05홍콩달러 범위 내에서 움직이도록 관리하고 있습니다.

$$1USD = 7.80HKD \pm 0.05$$

홍콩달러는 1USD에 7.80HKD로 고정돼 있음

홍콩과 같이 고정환율 제도를 채택한 국가의 환율 그래프는 다음과 같이 거의 움직임이 없는 일정한 수준의 모습을 보여줍니다.

고정환율 제도에서 환율의 추이

(단위: 홍콩달러)

USD/HKD 환율

2000년대 달러-원 환율 변화 추이

환율 변화가 한 국가에 미치는 영향은 대외 의존도가 높거나, 대외 개방의 수준이 높을수록 대체로 커집니다. 대외 의존도가 클수록 환율의 변화가 국내 경제에 미치는 파급력이 커지기 때문입니다. 따라서 교역 의존도가 높은 우리나라와 같은 국가에서는 환율이 국가 경제에 미치는 영향이 상당히 클 수밖에 없습니다.

이 같은 이유 때문에 과거 달러-원 환율이 어떻게 변동해왔는지를 살펴보는 것은 매우 의미 있는 일입니다. 적어도 굵직한 변동의 사이클이라도 알고 있으면 환율을 접할 때 많은 도움이 될 수 있지요.

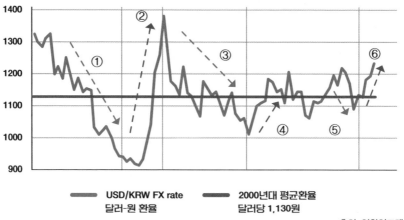

2000년대 우리나라 환율 변화 추이(분기말 환율 및 평균)

```
1400
       ②
1300          ③                    ⑥
    ①
1200
1100
         ④      ⑤
1000
900
```

USD/KRW FX rate **2000년대 평균환율**
달러-원 환율 달러당 1,130원

출처: 연합인포맥스

2000년대 이후 분기 말 환율을 평균해보면 달러-원 평균환율은 약 1,130원 정도로 계산이 됩니다. 달러를 장기투자하는 기업이나 개인이라면 이 평균환율 레벨을 참고하면 좋겠습니다.

① 2001년~2007년: 닷컴버블 이후 환율하락기. 미국 연준의 금리인상이 있었지만 미국 정부의 재정적자 우려로 달러 약세가 지속됨

② 2007년 후반~2009년 중반: 2007년 초 대형 주식중개사 베어스턴즈의 파산 이후 채 1년이 되지 않아서 미국 3대 투자은행 중 한 곳인 리먼 브라더스가 파산함. 달러-원 환율이 급등하며 1,300원대 후반까지 상승

③ 2009년 중반~2014년 중반: 리먼 금융위기 이후 세계적인 경기회복을 배경으로 달러-원 환율하락

④ 2014년 중반~2019년: 미국 연준의 금융정책 정상화에 따라 완화정책에서 긴축

으로 전환됨. 달러-원 환율이 하락 추세를 접고 다시 반등

⑤ 2020년 초반~2021년 초반: 코로나19 확산과 세계적 경기둔화에 대한 경계감에 달러-원 환율이 2020년 초반 다시 1,200원을 돌파, 이후 2021년 초반까지 다시 하향세

⑥ 2021년~2022년 말: 미국 연준의 통화정책 정상화와 초인플레이션에 대한 우려로 달러-원 환율 다시 급격히 상승. 2022년 2월 러시아의 우크라이나 침범이라는 지정학적 리스크 고조로 환율이 2022년 말 1,400원대 중반까지 상승

정부와 중앙은행의 외환시장 개입

외환 당국인 정부나 중앙은행은 외환시장의 안정화를 도모하기 위해 필요하다고 판단될 경우 외환시장에 개입을 합니다. 환율이 수요와 공급에 따라 자유롭게 변화할 수 있는 변동환율 제도를 채택했더라도 외부충격이나 단기적으로 과도한 움직임에 노출이 될 경우에 한해서는 당국이 조절할 필요성이 있는 것이지요.

개입의 방법은 중앙은행이 직접 시장에서 외환을 매입하거나 매도함으로써 실제적으로 거래에 개입하는 것과 실제적 거래 없이 언론이나 보도를 통해 시장을 중재하려는 구두 개입의 두 가지로 나뉩니다. 우리나라 역시 변동성이 커지면 재정경제부가 구두로 경고 메시지를 보내기도 하고, 중앙은행인 한국은행이 실제적으로 외환매매를 하면서 환율 안정화 조치를 취하고 있습니다.

이 같은 외환시장 개입은 인위적으로 환율 수준에 영향을 주기 때문에 미국 등 우리나라에 대해 오랜 기간 무역수지 적자를 보이고 있는 국가

들은 이를 매우 예민하게 받아들이지요. 그런 까닭에 한국은행은 국제통화기금 IMF와 미국 등 서방국들의 권고에 따라 2019년부터 외환시장 개입 내역을 홈페이지를 통해 공개하고 있습니다.

외환시장 개입의 사례

> **3월 외환 보유고 40억 달러 감소…**
> **환율급등에 당국 달러 매도 개입 증가**   환율일보

위 기사는 한국은행이 매달 외환 보유고를 발표하는데 2022년 3월 외환 보유고가 이전 달 대비 40억 달러가 줄었다는 내용입니다. 문장의 주체인 외환 당국이면서 중앙은행인 한국은행이 환율급등을 진정시키기 위해 외환 보유고를 사용하여 달러를 매도했다는 얘기지요. 달러를 매도하면 시장에서는 환율상승을 억제할 수 있기 때문입니다.

환율이 일시적으로 급격하게 내려가거나 오르게 되면 경제에 큰 부담을 가져오기 때문에 당국은 개입을 통해 일시적으로 외환시장을 진정시키게 됩니다. 달러-원 환율이 급격히 상승하면 달러 매도를 통해 환율을 하락시키고, 반대로 환율이 급히 하락하면 달러 매수를 통해 환율을 지지합니다. 그리고 그 달러를 매매하는 과정에서 달러를 포함한 외환 보유고를 변동시키게 됩니다.

2022년 3월 환율상승을 방어하기 위해 한국은행이 달러 매도를 통해

시장에 개입을 했고 이 같은 개입 과정에서 외환 보유고가 줄어들게 된 것입니다.

이것만 기억하자!

- 하루에도 수없이 모습을 달리하며 천의 얼굴을 보여주는 외환시장의 얼굴은 만드릴의 그것과 매우 닮아 있습니다.
- 환율이 변동하는 요인들로는 단기적 요인들과 장기적 요인들이 있습니다.
- 외환 당국인 정부나 중앙은행은 외환시장의 안정화를 도모하기 위해 필요하다고 판단될 경우 외환시장에 개입을 합니다.

외환수급 요인으로 인한 환율 변동

통화의 수요와 공급

외환의 수요와 공급에 관계된 수급 요인은 가장 기본적으로 외환시장에 영향을 주는 요인입니다. 이 같이 변동환율제에서 환율이 움직이는 기본적인 이유는 수요와 공급에 따른 가격의 변화에 있습니다.

만약 시중의 달러 유동성이 메말랐는데 달러를 사려는 기업과 개인의 수요가 늘었다면 달러-원 환율은 상승할 것이고, 반대로 시중에 달러 유동성이 넘쳐나는데 달러에 대한 수요는 없다면 달러-원 환율은 하락하겠죠. 이는 수요가 공급보다 많으면 가격이 오르고, 반대로 공급이 수요보다 많으면 가격이 떨어지는 것으로 우리 삶을 둘러싼 모든 경제활동에 적용됩니다.

기본적으로 달러를 사려는 힘과 달러를 팔려는 힘이 겨루고 있고, 이 힘의 균형이 깨지는 방향으로 환율이 움직이는 것입니다. 이와 관련된 뉴스를 예로 들어 환율이 어떻게 움직이는지 실무적으로 이해해보도록 하죠.

달러 수요가 공급을 초과할 경우 ⇒ 환율상승

| USD 부족 | → | USD 수요 초과 | → | USD/KRW 상승 |

· 외화 유동성 부족   · 외화 수요 > 공급   · 달러가치 상승
· 원화가치 하락
· 환율상승

달러 공급이 수요를 초과할 경우 ⇒ 환율하락

| USD 잉여 | → | USD 공급 초과 | → | USD/KRW 하락 |

· 외화 유동성 초과   · 외화 공급 > 수요   · 원화가치 상승
· 달러가치 하락
· 환율하락

달러 수요가 공급보다 큰 경우

1. 외국인의 주식 순매도

> 외국인 주식 순매도에 환율 꾸준한 상승세..5.70원↑
>
> 환율일보

외국인들의 국내투자는 주가지수와 채권금리에만 영향을 미치는 것이 아니라 외환수급에도 아주 막대한 영향을 미칩니다. 위와 같이 뉴스에서 어떤 통화인지 명시적인 설명 없이 매수·매도나 강세·약세를 언급한다면 이는 달러-원 환율의 기준통화인 미국달러를 의미하는 것으로 이해하기 바랍니다. 서울외환시장에서 당일 외국인들이 주식을 순매도했다는 말은 주식을 매도한 금액이 매수한 금액보다 컸다는 뜻입니다. 외국인들은 한국 주식을 매수할 때 외화를 매도하고 원화를 매수한 뒤 주식을 매수합니다. 반대로 한국 주식을 매도할 때는 주식 매도를 통해 받은 원화를 매도한 뒤 이를 달러 등 외화로 바꾸게 되는 것이죠.

■ 외국인 주식 순매도 → 달러 환전수요 증가 → 달러 강세 → 달러-원 환율상승

2. 수입업체의 결제수요

> ### 결제 우위 속 달러 강세 모멘텀 지속…6.20원 상승
> 환율일보

수입업체들의 결제수요도 달러 강세를 유발하는 요인입니다. 수입업체들은 수입한 물품 대금을 달러나 외화로 주로 결제합니다. 이때 은행에 가서 송금환율로 달러를 매수하게 되는데, 이런 초과 수요들이 달러 강세를 유발합니다. 즉, 기업체들이 원자재나 완제품을 수입한 후 해외 구입처로 송금하기 위해 국내에서 달러 매수가 일어나기 때문에 달러-원 환율상

승의 유인이 되는 것입니다.

■ 결제우위 → 달러 초과수요 → 달러 강세 → 달러-원 환율상승

3. 외국인의 해외 배당금

> ## 4월 외국인 해외송금 수요 급증...일주일새 9.3원 상승
> 환율일보

매년 4월이면 외국인의 해외 배당금 송금이 집중되는데 이 같은 배당금 해외송금도 환율상승의 유인이 됩니다. 한국에서 영업을 하는 외국계 기업들은 배당금과 상표사용 로열티 등을 본국으로 송금하기 위해 매년 12월 결산을 기준으로 다음 해 3월에 배당금 결의를 합니다. 그리고 이렇게 결의된 배당금을 다음 달인 4월에 송금하는데, 그러다 보니 4월에 달러 수요가 몰려서 이를 '역송금 배당금'이라고도 표현하기도 하지요. 이렇게 역송금 배당금이 집중적으로 몰리는 시기에는 달러-원 환율이 주로 상승하는 경향이 있으므로 유의해야 합니다.

이같이 환율이 시기적인 영향을 받는 사례에는 유학생들의 학비 해외송금도 있습니다. 한국 학생들의 해외 유학 사례가 급증하다 보니 신학기 송금 금액도 늘어나고 있는 추세입니다.

■ 해외송금 증가(외국인 배당금 & 유학비) → 달러 강세 → 달러-원 환율상승

달러 공급이 수요보다 큰 경우

1. 수출 네고

> **수출 네고 물량에 달러-원 환율 낙폭 확대...6.60원 하락**
>
> 환율일보

우리나라는 대외적으로 수출 의존도가 큰 경제구조를 가지고 있습니다. 그래서 수출하고 받은 외화 대금을 한국에 들여와 다시 우리나라 원화로 환전하는 기업들의 환전수요가 다른 나라들과 비교해 상당히 큰 편입니다. 수출기업들은 선적을 이행한 후, 거래외국환 은행에 환어음의 매입을 의뢰하게 됩니다. 통상 은행들에게 수수료를 지불하고 수출환어음 할인을 통해 미리 수출 대금을 받을 수 있습니다.

여기서 네고란 영어로 'Negotiation of shipping documents'의 준말

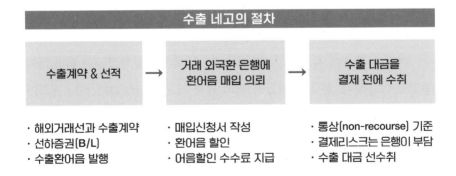

로 은행이 기업들의 수출환어음을 매입해주는 절차를 말합니다. 수출 네고 물량은 달러를 팔고 원화를 사는 과정이기 때문에 달러 약세, 원화 강세 유인이 됩니다. 그중에서도 조선사의 선박 수주 물량이나 플랜트 해외 수주와 같은 종류의 계약들은 금액의 크기가 어마어마하기 때문에 외환시장의 수급에 아주 큰 영향을 미치지요.

보통 수출 대금은 월말에 송금하는 것이 일반적이라, 월말에는 특히 네고 물량이 얼마나 되는지에 따라 환율이 크게 영향을 받습니다.

■ 네고 물량 증가 → 달러 매도/원화 매수 증가 → 달러 약세/원화 강세 →달러-원 환율하락

2. 거주자 외화예금의 감소

> 거주자 외화예금 두 달째 감소…
> 기업 해외투자·수입결제·개인 매도 확대   환율일보

기사는 거주자 외화예금이 두 달 연속 감소했다는 소식을 전하고 있습니다. 그러한 감소의 원인으로 기업들이 보유하던 외화를 해외투자를 위해 지출했고, 수입결제를 위해서 사용했으며 개인들도 매도를 늘렸다는 점을 꼽고 있네요. 이는 달러를 보유하고자 하는 수요가 감소하였고, 이에 따라 환율은 하락 압력을 받아서 달러-원 환율이 하락했다는 것을 의미합니다. 또한 환율이 추세적으로 하락함에 따라 개인들과 기업들은 달러 및

외화를 보유하고자 하는 유인이 줄어들어 해외투자나 수입 대금을 결제하는 데 쓰거나 매도했다는 뜻입니다.

■ 거주자 외화예금 감소 → 달러 매수 감소/달러 매도 증가 → 달러 약세 →
    달러-원 환율하락

이것만 기억하자!

- 변동환율제에서 환율이 움직이는 기본적인 이유는 수요와 공급에 따른 가격의 변화에 있습니다.
- 달러 수요가 공급을 초과하는 경우로는 외국인 주식 순매도, 수입업체의 결제수요, 외국인의 해외 배당금 등을 꼽을 수 있습니다.
- 반대로 달러 공급이 수요를 초과하는 경우로는 수출 네고, 거주자 외화예금의 감소 등이 있습니다.

썸3

시장의 투자심리 변화로 인한 환율 변동

투자심리의 변화와 환율

환율은 시장의 투자심리에 의해서도 영향을 받습니다. 시장의 투자심리가 변하면 외환시장에도 그것이 바로 반영되는 것이죠. 투자심리가 긍정적인지 부정적인지에 따라 시장에서 거래되는 자산의 종류가 빠르게 바뀔 수 있습니다. 글로벌 투자자들은 금융 상황에 따라 쉴 새 없이 자산 배분을 재편하기 때문입니다.

그래서 투자심리가 지정학적, 정치적, 경제적으로 긍정적이고 낙관적일 때는 위험자산의 가격이 더 오르는 경향이 있습니다. 또한 반대로 불확실성이 크고 부정적인 뉴스가 시장을 흔들 때는 위험성이 높은 자산을 팔고 안전한 자산을 사들이려는 경향이 강하지요.

이렇게 시장의 분위기에 따라 안전자산을 선호하기도 하고, 위험자산을 선호하기도 합니다. 그러면 안전자산과 위험자산의 구분은 어떻게 이루어지는 걸까요?

안전자산과 위험자산

통상 주식이나 암호화폐처럼 가격의 변동이 큰 자산을 일반적으로 위험자산으로 분류합니다. 또한 채권도 발행자의 신용등급이 투자등급인지 혹은 투기등급인지에 따라 안전자산 또는 위험자산으로 분류될 수 있습니다.

안전자산과 위험자산 비교		
구분	위험자산(risk assets)	안전자산(safe assets)
가격변동	가격 변동폭이 크다	가격 변동폭이 작다
자본자산	주식, 채권(투기등급), 암호화폐	예금, 적금, 채권 (국채 & 투자등급 채권)
신용도	낮은 신용도	높은 신용도
대체자산	부동산(리츠), 펀드	금, 은
통화	신흥국 통화	달러, 엔, 유로 등 선진국 통화

통상 채권 중에서도 금리가 높은 고금리 하이일드high-yield 채권들은 투기등급 채권들인 경우가 많아 위험자산군에 속합니다. 주식이나 투기등급 채권 외에도 리츠 같은 부동산도 대체자산으로 위험자산군에 분류됩니다. 주식이나 투기등급 채권이 위험자산인 반면 예금이나 투자등급 채권들의 경우에는 안전자산으로 간주합니다. 특히 미국의 국채는 대표적인 안전자산으로 인식되고 있지요.

통화들도 안전통화와 위험통화로 구분이 되는데, 미국달러나 엔화는 대표적인 안전통화로 인식되고 있습니다. 그래서 이러한 안전통화들은 세계 중앙은행들이 외화 보유 목적의 통화로 많이 사용합니다.

이처럼 안전자산이나 위험자산은 특정 금융자산이 될 수도 있으며 통화가 될 수도 있습니다. 또한 미국달러는 안전통화이면서 여러 안전자산 중에서도 대표적인 안전자산이라는 사실을 확인할 수 있습니다.

위험선호와 위험회피의 정의

만약 글로벌 투자심리가 갑자기 꽁꽁 얼어붙는다면 어떨까요? 주식이나 대체자산과 같은 적극적인 수익을 추구하려는 자산에 대한 투자 분위기도 갑자기 차갑게 변하지 않을까요?

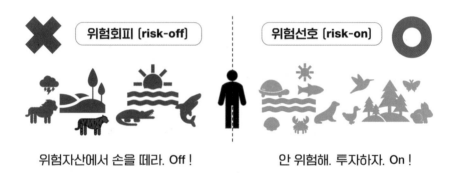

이렇게 위험성 있는 투자를 기피하는 투자심리 상태를 "리스크 자산에서 손을 뗀다"라는 의미로 리스크 오프risk-off, 또는 '위험자산 회피' 상태라고 합니다. 그리고 이런 상황에서는 주식 같은 위험자산에 투자하기보다는 국채나 예금 같은 안전하고 보수적인 자산에 투자하기를 선호하기 때문에 달러와 같은 안전자산의 가격이 오르게 됩니다. '위험자산 회피'와 '안전자산 선호'는 뒤집으면 같은 말이지만 자주 혼용해서 사용되니 주의

하여 이해해야 합니다.

반대로 경기가 살아나고 투자 모멘텀이 살아나서 투자가 활기를 띠기 시작하면 보수적인 투자 대신 적극적인 투자가 더 각광받게 됩니다. 그리고 이런 상황에서는 주식이나 부동산 같은 적극적인 투자로 선회하기 때문에 리스크 온risk-on 또는 '위험자산 선호'라고도 말합니다.

이렇듯 달러는 대표적인 안전자산이지만, 우리나라 원화는 달러에 비해 상대적으로 아직은 위험자산으로 분류되고 있습니다. 그러다 보니 시장이 안전자산을 선호(위험자산 회피)하게 되면 달러-원 환율은 상승하고, 반대로 위험자산을 선호(안전자산 회피)하는 투자 분위기가 형성되면 달러-원 환율은 하락합니다.

'위험선호'와 '위험회피' 상황 비교		
구분	위험선호(risk-on)	위험회피(risk-off)
상황의 의미	리스크에 손을 댄다(on)	리스크에서 손을 떼다(off)
투자심리	위험자산 선호, 안전자산 기피	위험자산 회피, 안전자산 선호
시장의 반응	주가지수 상승 하이일드 채권 수요 증가 구조화 파생상품 수요 증가 상품(원자재) 수요 증가 암호화폐 가격 상승	주가지수 하락 미국채 가격 상승, 금리 하락 미국 달러 강세, 환율 상승 안전자산 선호, 금값 상승 암호화폐 가격 하락
달러인덱스	달러인덱스 지수 하락	달러인덱스 지수 상승

다음의 뉴스를 통해 위험선호와 위험회피 상황이 어떻게 통화가치와 환율에 영향을 주는지 알아보겠습니다.

위험회피 상황의 사례

1. 지정학적 불안감 고조

> ### 지정학적 위기 고조에 1,420원대 급등...7.80원 상승
>
> 환율일보

우리나라에 영향을 주는 지정학적 위험에는 두 가지가 있습니다. 첫 번째는 북한의 미사일 발사와 같은 한반도의 지정학적 위험이며, 두 번째는 러시아의 우크라이나 침범이나 미·중 대립과 같은 글로벌 지정학적 위험입니다.

지정학적 위험이 고조되면 이는 시장의 위험회피 심리를 자극하고 그 방향으로 상황을 변화시키죠. 위험자산 회피 심리는 안전통화인 달러의 수요를 증가시키므로 달러화의 강세를 불러옵니다. 두 위험 모두 달러 강세, 원화 약세를 유발하여 달러-원 환율은 상승하게 되는 것이죠. 특히 그 지정학적 위험이 우리나라에 직접적이거나 영향을 크게 미칠 가능성이 높을수록 환율상승의 모멘텀이 강해집니다.

■ 지정학적 위험 고조 → 위험자산 회피(안전자산 선호) → 달러 강세 → 달러-원 환율상승

위 뉴스는 러시아-우크라이나 전쟁이 한 달 이상 지속되면서 지정학적 위험이 장기화되자 신흥국 통화의 가치하락을 우려해 나온 보도자료입니다. 전쟁의 지정학적 리스크 고조로 위험자산을 회피하고 안전자산을 선호하는 심리가 우세한 위험회피 상황이 전개되고 있네요. 위험자산 회피 심리가 우세해지면서 안전통화인 달러화 가치는 강세를 보이고 위험통화인 신흥국 통화들의 가치는 약세를 보이게 됩니다.

말레이시아 통화인 링깃은 우리나라 원화와 마찬가지로 신흥국 통화로 분류되기에 위험회피 심리가 우세한 경우에는 약세를 보일 가능성이 높습니다(말레이시아 링깃의 가치하락 = 달러-링깃 환율상승).

■ 지정학적 위험 고조 → 위험자산 회피(안전자산 선호) → 달러 강세 → 신흥국 통화 약세 → 달러-링깃 환율상승

2. 매파적인 미국 연준

시장에 친화적인 비둘기파적 발언은 투자심리를 촉진시키지만 시장을 긴장하게 만드는 연준의 매파적인 발언들은 위험회피 심리를 자극하여 달러 강세의 요인이 됩니다.

미국 연준에서 매파적인 발언이 나오면 시장의 투자심리는 위축되고 이는 안전자산을 선호하는 수요를 증가시킵니다. 안전자산의 수요증가는 안전통화인 달러의 가치를 상승시키고, 그 결과 달러-원 환율이 오르게 되는 것이죠.

■ 매파적 연준 → 위험자산 회피(안전자산 선호) → 달러 강세 → 달러-원 환율상승

위험선호 상황의 사례

1. 매파적인 유로중앙은행 ECB

> 매파 ECB에 고점 확인 분위기...환율 1,300원대 하락
> ...8.70원 하락
>
> 환율일보

매파적인 미국 연준이 위험회피와 달러 강세를 야기한다면, 상대적으로 유럽 중앙은행ECB의 매파적 반응은 유로화 강세, 달러화 약세의 주요 요인이 됩니다. 달러와 유로는 둘 다 안전통화이면서도 외환시장에서 가장 거래가 많은 통화인데요, 달러-유로 거래는 외환시장에서 거래량이 제

일 많은 통화페어이기도 합니다.

그래서 ECB의 매파적인 발언은 유로화의 가치상승을 유발하고, 상대통화인 달러화의 가치하락을 가지고 오는 것입니다. 또한 이러한 달러화의 가치하락은 다시 달러-원 환율에도 영향을 줍니다. 결과적으로 매파적 ECB는 달러-원 환율의 하락 유인이 되는 것이죠.

■ 매파적 ECB → 유로 강세/달러 약세 유발 → 유로-달러 환율상승 → 달러-원 환율하락

2. 지정학적 리스크 감소

> ## 우크라 긴장 완화에 위험심리 크게 회복...환율 9.80원 하락
> 환율일보

지정학적 위험이 감소하면 움츠러들었던 시장의 투자심리를 자극해서 위험자산에 대한 투자가 증가하게 됩니다. 투자심리가 회복되면 금융시장은 위험선호 상황으로 변화하고 안전자산의 가격은 하락하는 반면, 주가지수 등 여타 위험자산들의 가격은 상승하게 되지요.

이러한 과정에서 안전자산인 달러의 가치가 하락하면서 달러-원 환율 또한 하락하게 되는 것이죠. 즉, 지정학적 위험의 감소는 달러에 대한 수요를 감소시키고 이것이 달러-원 환율하락으로 이어지는 것입니다.

■ 지정학적 위험 감소 → 위험선호 상황 전개 → 위험자산 선호/안전자산 회피 →
   달러 약세 → 달러-원 환율하락

3. 완화적인 비둘기 미국 연준

> # 비둘기 FOMC…달러-원 5.40원 하락한 1,389.60 마감
> 환율일보

연준의 비둘기적 발언들은 금융시장에게는 듣기 좋은 음악과도 같습
니다. 시장 친화적인 비둘기파 발언은 투자심리를 진작시키거든요. 시장
에 투자 분위기가 살아나면 안전자산 대신 적극적인 수익을 추구하는 위
험자산에 대한 투자가 늘어나면서 시장은 위험자산 선호 상황으로 변하게
됩니다.

이 같은 위험자산 선호 상황은 안전자산의 가치를 떨어뜨리고 위험자
산의 가치를 상승시키므로 안전자산인 달러의 가치는 하락하지요. 그리고
달러화의 가치하락은 달러-원 환율의 하락 요인이므로 환율은 내려가게
되는 것입니다. 이렇게 연준의 비둘기적인 발언은 달러화 약세를 유발시
켜 달러-원 환율의 하락 요인이 됩니다.

■ 비둘기파 연준 → 위험선호 상황 전개 → 위험자산 선호/안전자산 회피 → 달러
   약세 → 달러-원 환율하락

이것만 기억하자!

- 일반적으로 주식이나 암호화폐처럼 가격의 변동이 큰 자산은 위험자산으로 분류하며 채권이나 예금 같은 가격 변동이 작고 신용도가 높은 자산은 안전자산으로 분류합니다.
- 위험투자를 기피하는 투자심리 상태를 '위험자산 회피' 또는 '안전자산 선호'라고 하고 이때 달러–원 환율은 상승하게 됩니다.
- 주식이나 부동산과 같은 적극적인 투자를 선호하는 투자심리 상태를 '리스크 온' 또는 '위험자산 선호'라고 말하고 이때 달러–원 환율은 하락하게 됩니다.

경제지표는 국가 경제의 건강 상태

우리는 병원에 가서 신체검사를 받으며 몸 상태가 좋은지 나쁜지를 정기적으로 체크하곤 합니다. 피검사, 심전도 검사, 치과 검사, 내시경 등 부위별로 검사를 하면서 전체적인 건강 상태를 점검하지요. 당뇨나 콜레스테롤 등 수치에서 문제가 있는 부분이 발견되면 의사의 진료를 통해 적절한 치료도 받고요. 그렇게 몸이 계속 건강을 유지하도록 노력합니다.

한 나라의 경제 또한 우리의 몸과 같습니다. 당뇨나 콜레스테롤 수치처럼 한 나라의 경제 상황이 좋은지 나쁜지, 좋아지고 있는지 혹은 나빠지고 있는지를 다양한 수치로 알려주는 통계자료가 바로 경제지표입니다. 그리고 이러한 각종 경제지표들은 외환시장에 매우 긴밀하게 영향을 줍니다. 해당 국가의 통화가치에 영향을 미쳐 환율의 변화를 야기하지요.

그래서 각종 경제지표들은 정책 입안자들이 어떻게 정책을 변화시켜 나갈지에 대한 나침반이나 로드맵의 역할을 합니다. 예를 들어 우리나라의 수출증가율과 경제성장률 예측치가 상향 조정되어 한국 경제의 기초체

력인 펀더멘털이 강해지면 원화는 강세를 띠게 되어 달러-원 환율은 하락할 가능성이 커집니다. 반면에, 수출증가세가 둔화되고 경제성장률 전망이 어두워지게 되면 반대로 환율은 상승하게 됩니다.

경제지표의 종류

각종 경제 현상이나 변화를 예측하고 설명할 때 사용되는 이 같은 경제지표들은 그 종류가 아주 다양합니다. 외환시장 분석 목적으로 크게 경제성장, 물가, 고용, 금융정책 이렇게 네 가지로 분류하는데요, 이렇게 네 가지로 나누는 데는 다 이유가 있습니다. 경제활동은 생산-소비-고용-투자의 순환 고리로 연결되어 있기 때문이죠. 그리고 이런 각종 경제지표들은 주식, 채권 및 외환 등 자본시장 전반에 매우 중요한 영향을 미칩니다.

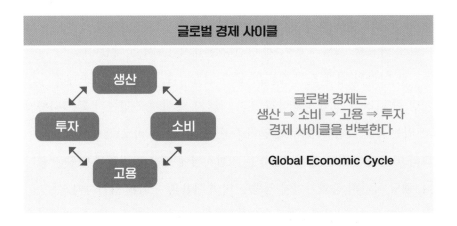

실제로 외환시장을 분석할 때는 미국 등 선진국들의 지표와 한국의

외환시장 분석에 쓰이는 주요 경제지표와 자료	
미국	**한국**
경제성장- GDP 통계	

미국	한국
기업·설비투자 동향 · GDP 성장률 · 광공업 생산 지수 · 내구재 수주 지표 · ISM제조업 & 비제조업 PMI 개인소비 동향 ·월간 소매 매상고(매출) ·월간 소비지출, 개인소득 ·미시간대 소비자심리지수 ·소비자신뢰지수(CCI) 국제수지 ·무역수지 주택·건설 ·NAHB 주택시장지수 ·케이스쉴러 주택가격지수 ·신규 주택판매	기업·설비투자 동향 · GDP 성장률 · 광공업 생산성 · 제조업 생산성 · 월별 수출, 수입 증가율 개인소비 동향 ·월간 소매판매 ·소비자심리지수(CCSI) ·백화점 매출 및 신장율 국제수지 ·무역수지 주택·건설 ·GDP 대비 민간신용 비율 ·가계 및 주택담보대출 증가율 ·KB 한국주택지수

물가	
생산자물가지수(PPI) 소비자물가지수(CPI) 개인소비지출(PCE)	생산자물가지수(PPI) 소비자물가지수(CPI)

고용	
노동부 비농업 고용 보고서 ADP 비농업부문 고용 보고서	실업률(통계청 경제활동 인구조사)

금융정책	
FOMC 의사록 Fed(연준) 의장 강연 및 발표 베이지북 및 Fed의 각종 보고서	금융통화위원회 의사록 한국은행 총재 강연 및 발표 한국은행 각종 보고서

지표를 함께 분석해야 합니다. 또한 이 같은 지표들이 외환시장 및 환율에 어떠한 영향을 줄지 빠르게 분석하여 예측하는 것이 중요합니다.

또한 다양한 경제지표들은 그 성격이 각기 달라서 시장에 주는 영향을 일률적으로 말할 수 없습니다. 그래서 개별 지표별로 먼저 해석을 한 뒤에 여러 지표들을 종합해서 시장 전망 의견을 내게 되지요.

경제성장 지표의 변화

1. GDP(경제성장률)

> 달러화, 부진한 미국 GDP 발표에 약세 전환
>
> 환율일보

GDP는 가장 대표적인 경제지표입니다. 미국의 GDP가 시장의 예상치에 못 미치는 경우, 미국의 통화인 달러화는 가치가 하락하게 됩니다. 그러므로 미국 GDP의 부진은 달러 약세의 유인이 되고, 한국 GDP의 부진은 원화 약세의 유인이 됩니다. 만약에 하나의 지표가 아닌 복수의 지표가 영향을 주게 되면 그중에서도 더 부각된 이슈가 주로 시장의 방향을 결정합니다.

■ 미국 GDP 부진 → 달러화 약세 → 달러-원 환율하락

2. 제조업 구매관리자지수

구매관리자지수로 불리는 PMI(Purchasing Managers Index)는 기업의 구매 담당자들을 대상으로 신규 주문, 생산, 고용 등에 대한 내용을 설문조사하여 향후 경제 상황을 점수로 나타낸 지표입니다.

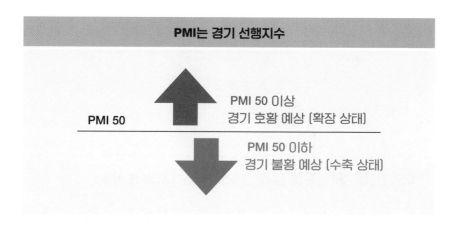

PMI의 중요성은 이것이 대표적인 선행지수라는 데 있습니다. 50을 중심으로 앞으로의 경기가 활황일지 불황일지를 예측하는 것이지요.

> 미국 3월 제조업 PMI 63.7...1년 만의 최고치에 달러 강세
>
> 환율일보

뉴스와 같이 PMI가 1년 만에 60이 넘는 높은 수준으로 올랐다면 이는 구매관리자들이 앞으로의 경기를 낙관적으로 보고 있다는 뜻으로 이해할

수 있습니다. 또한 이 같은 보도는 시장에 호재로 작용하여 주가를 상승시키고, 달러 강세를 부추겨 달러-원 환율을 상승시킵니다.

■ PMI 크게 상승 → 경기 낙관 전망 우세 → 달러 강세 → 달러-원 환율상승

물가지표의 변화

1. CPI(소비자물가지수)

> 달러화, 미 CPI 급등에 강세…달러인덱스 1% 넘게 상승
>
> 환율일보

뉴스를 통해 간밤 뉴욕 장중에 CPIconsumer price index, 즉 소비자물가지수가 발표되었으며 그 수치가 크게 올랐다는 내용이군요. 실제로 해당 뉴스는 2022년 3월 10일 미국의 CPI가 40년 만에 최고치를 기록한 후 나온 보도자료입니다.

미국은 글로벌 경제에서 큰 영향력을 가지고 있는 국가입니다. 미국이 재채기만 해도 다른 나라들은 감기나 심지어 몸살도 걸릴 수 있기 때문에 글로벌 자산 가격은 미국 지표 변화에 아주 민감하게 반응합니다. 이렇게 미국 CPI가 몇 십 년 만에 최고치로 오르면서 당연히 인플레이션에 대한 우려가 최고조에 달했죠.

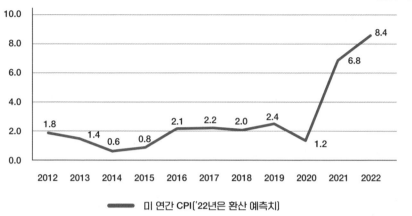

미국 연간 물가상승률

(단위: %)

<!-- chart data -->
2012: 1.8, 2013: 1.4, 2014: 0.6, 2015: 0.8, 2016: 2.1, 2017: 2.2, 2018: 2.0, 2019: 2.4, 2020: 1.2, 2021: 6.8, 2022: 8.4

━━━ 미 연간 CPI('22년은 환산 예측치)

출처: 미국 노동부

　　인플레이션은 물가가 정상적인 속도를 넘어 급속도로 오르는 상황을 의미하는데, 이 같은 급격한 물가상승은 향후 현금흐름의 가치를 크게 떨어뜨려 경제주체들을 궁핍한 상황으로 내몹니다. 인플레이션이 더 크고 빠르게 진행될수록, 가계의 생계와 기업의 생존이 더 크게 위협받는 것이죠.

　　이러한 우려는 위험자산 회피와 안전자산 선호로 이어져 위험회피, 즉 리스크 오프 상황을 만듭니다. 리스크 오프 상황이 전개되면서 달러화나 선진국 국채 등 안전자산의 가격은 오르고 위험자산인 주식 등의 가격은 상대적으로 하락합니다.

■　미국 CPI 크게 상승 → 인플레이션 우려 → 리스크 오프 상황 전개 → 안전 자산 선호/위험자산 회피 → 달러 강세 → 달러-원 환율상승

2. PCE(개인소비지출)

> 미국 1월 근원 PCE, 30년 내 최고치, 전년대비 5.2% 상승
> …달러 급등
> 환율일보

미국의 인플레이션 관련 뉴스를 듣다 보면 우리에게 익숙한 CPI, 즉 소비자물가지수뿐만 아니라 조금은 생소한 PCE personal consumption expenditure, 즉 개인소비지출이라는 용어 또한 듣게 됩니다.

코로나19 당시 미국 연준은 물가상승 목표치를 2%로 책정했는데, 이 같은 목표치는 PCE를 기준으로 한 것입니다. 다시 말하면 연준이 CPI가 아닌 PCE를 주요 물가지표로 삼았다는 이야기죠. 둘 다 서베이에 의존하지만 PCE를 택한 이유는 PCE가 CPI보다 경제 전반의 물가 수준을 더 잘 반영하기 때문입니다.

미국 PCE가 상승하면 인플레이션에 대한 우려가 대두되고, 이어서 리스크 오프 상황이 만들어지면서 달러와 같은 안전자산의 가치가 상승

PCE vs CPI		
구분	PCE	CPI
발표 기관	미국 상무부 경제분석국(BEA)	미국 노동부 노동통계국(BLS)
데이터 소스	공급업체 비즈니스 설문지	가계 설문지
소비 주체	광의, 고용주의 대결금액 포함	협의, 소비자가 직접 소비한 것만
지출 항목	매 분기 상황에 따라 변화	고정(2년마다 갱신)
계산 공식	CPI보다 변동성 작음	변동성이 상대적으로 큼

하게 됩니다.

■ 미국 근원 PCE 상승 → 인플레이션 우려 → 리스크 오프 상황 전개 → 안전자산
   선호/위험자산 회피 → 달러 강세 → 달러-원 환율상승

또한 물가지수는 근원Core 물가지수와 헤드라인Headline 물가지수로 나
뉘는데, 두 가지의 차이는 에너지와 식료품입니다. 즉, 헤드라인 물가지수
는 전체 재화와 서비스의 물가상승률을, 근원 물가지수는 전체에서 에너
지와 식료품을 제외한 물가상승률을 집계한 것입니다. 근원인지 헤드라인
인지 구분을 따로 하지 않고 표시한 물가지수는 일반적으로 전체 물가를
나타내는 헤드라인 물가지수라고 이해하면 됩니다.

헤드라인 물가지수 (Headline Inflation)	근원 물가지수 (Core Inflation)
· 모든 경제활동을 포함 · 전체 재화 · 전체 서비스	· 헤드라인 물가지수 (-) 에너지 (-) 식료품

3. 원유 가격의 변동

유가 급등, 강달러에 이틀 연속 급등세...환율 9.90원 상승

환율일보

에너지에 속하는 유가도 물가에 영향을 크게 미칩니다. 특히 석유 의존도가 높은 우리나라 환율은 유가에 의해서도 많이 변동하지요. 유가가 급속도로 오르면 인플레이션 우려를 낳고, 이는 달러 강세를 유발하여 달러-원 환율을 상승시킵니다.

■ 유가 급등 → 인플레이션 우려 → 달러 강세 → 달러-원 환율상승

인플레이션의 종류와 사이클

인플레이션은 경기 사이클에 따라 순환합니다. 여기서 향후 물가상승 관련 이해도를 높이기 위해 인플레이션의 종류와 특징에 대해 잠깐 공부하고 가도록 하겠습니다.

인플레이션이 일어날 가능성이 높아지는 때는 언제일까요? 가장 먼저 생각해볼 수 있는 것은 시중에 유동자금이 아주 풍부하고 호경기가 지속될 때입니다. 경기가 활황을 띠며 각 부문의 수요를 자극했을 때 단기간의 급격한 물가상승이 유발되지요. 이러한 강한 물가상승은 통화 당국의 금리인상을 불러옵니다. 인플레이션을 잡기 위해 기준금리를 높일 수밖에 없는 것이죠.

이렇게 물가가 급격히 상승하면 소비자들은 기존의 소득으로는 같은 수준의 생활을 영위할 수 없게 됩니다. 내 소득은 그대로인데 물가가 올라 결과적으로 가난해지는 것이죠.

다음 기사는 2022년 3월 미국의 CPI 상승률이 전년 대비 8.5% 올랐다는 노동부의 발표가 나온 후, 미국 국민들의 바이든 대통령에 대한 지지

율이 최저치로 떨어졌다는 보도입니다. 물가가 상승하여 구매력이 떨어지면 소비자들은 같은 소득을 벌어도 가난해지게 되니 대통령의 국정 수행에 대해 불만이 쌓일 수밖에 없겠죠.

이렇게 물가가 급등하면 통화 당국인 중앙은행은 물가를 잡기 위해 매파적으로 변합니다. 금리를 인상하고 긴축적인 정책을 시행하는 것이죠. 기준금리 인상은 실질금리를 하락시키는 효과를 가져와 결국은 채권금리도 따라서 상승하게 됩니다. 궁극적으로 투자자산들의 상대적 가치를 떨어뜨려 주식의 가격인 주가도 내려가지요.

한편, 이렇게 높은 금리와 물가 수준이 일정 기간 이어지면 경기가 둔화되고, 경기둔화와 함께 물가상승 압력이 급격히 약화됩니다. 이런 상황을 디스인플레이션Disinflation이라고 합니다. 디스인플레이션 시기에는 물가 상승률이 제어되어 채권시장에 호재로 작용합니다. 채권 가격이 상승하면서 동시에 인플레이션 압박 둔화로 금리도 낮아져 주식시장에도 나쁘지 않죠. 이러한 디스인플레이션 기간에는 주가도 상승할 가능성이 큽니다.

이러한 낮은 물가 수준과 저금리 상황이 지속되면 경제 전반적으로 상품과 서비스의 가격이 오르지 않게 됩니다. 그렇게 물가가 더욱 하락하면 인플레이션이 0% 이하(마이너스)로 내려가는 디플레이션Deflation 상황이 발생하기도 하죠. 물가상승률이 마이너스로 접어들면서 경제가 활력을 잃어버리고 불황을 맞이하게 되는 것이죠. 20세기 들어 스태그플레이션Stag-

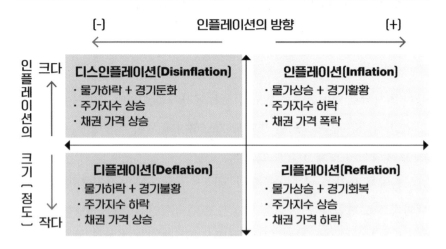

인플레이션의 종류와 영향

인플레이션의 방향

[-] ← → [+]

인플레이션의 크기 (정도)

크다

디스인플레이션(Disinflation)
· 물가하락 + 경기둔화
· 주가지수 상승
· 채권 가격 상승

인플레이션(Inflation)
· 물가상승 + 경기활황
· 주가지수 하락
· 채권 가격 폭락

디플레이션(Deflation)
· 물가하락 + 경기불황
· 주가지수 하락
· 채권 가격 상승

리플레이션(Reflation)
· 물가상승 + 경기회복
· 주가지수 상승
· 채권 가격 하락

작다

flation이라는 신조어도 나타났는데, 이는 물가가 급등하면서도 경기가 불황인 역설적인 상황을 말합니다. 디플레이션은 경기불황을 가져와 경제에 심각한 타격을 주게 됩니다. 따라서 중앙은행은 경기 진작을 위해 금리를 내리고 시중에 유동성을 공급하게 되지요. 그러면 물가가 상승하면서 경기회복 국면에 접어들게 되는데 이를 리플레이션Reflation이라고 합니다.

하지만 유동성 공급과 저금리가 장기간 이어지게 되면 시중의 물가를 크게 상승시키고 경기가 과열되는 양상을 다시 야기하게 되지요. 인플레이션Inflation 상황으로 돌아가게 되는 것입니다.

경기순환 과정과 마찬가지로 인플레이션도 이렇듯 순환과정을 겪게 됩니다.

이것만 기억하자!

- 경제지표들은 각종 경제 현상이나 변화를 예측하고 설명할 때 사용되는데, 종류가 아주 다양합니다.
- 외환시장 분석 목적으로 경제성장, 물가, 고용, 금융정책 지표 이렇게 네 가지로 크게 분류가 가능합니다.
- 미국 연준은 소비자물가지수가 아닌 개인소비지출을 주요 물가지표로 삼고 있습니다.
- 헤드라인 물가지수는 전체 재화와 서비스의 물가상승률을, 근원 물가지수는 전체에서 에너지와 식료품을 제외한 물가상승률을 집계한 것입니다.

섬5

중앙은행의
통화정책 수단과 효과

$

중앙은행의 통화정책

현대 경제학은 과거 고전학파 경제학처럼 시장에 모든 것을 다 맡겨놓지 않고 국가가 적재 적시에 필요한 정책을 시행하도록 주문하고 있습니다. 그리고 이러한 경제와 금융을 조절하는 정책은 시행 주체가 누구이냐에 따라 크게 둘로 나뉩니다. 시행 주체가 정부면 재정정책이라 부르고 중앙은행이면 통화정책이라 부르죠. 그중에서도 통화정책은 직접적으로 금융시장을 통해 경제 상황을 조율하기 때문에 환율과 금리에 직접적인 영향을 주는 가장 효율적인 수단입니다.

통화정책의 운용은 중앙은행이 담당합니다. 중앙은행의 통화정책 방향이나 금리 결정은 외환시장에서 항상 주의 깊게 모니터링하는 부분이죠. 특히 미국의 중앙은행 역할을 하는 연준 의장의 말 한마디는 달러-원 환율에 바로 변화를 가져올 정도로 그 영향력이 큽니다.

중앙은행은 통화정책의 주된 목표인 물가안정을 달성하기 위해, 여러 적절한 수단들을 사용합니다. 예를 들어 우리나라 한국은행은 공개시장운영, 여수신제도 및 지급준비제도 이렇게 세 가지를 통화정책의 수단으로 사용하고 있습니다.

한국은행 통화정책의 세 가지 수단		
공개시장운영 **(Open market** **operation)**	**여·수신제도** **(Lending and** **deposit facilities)**	**지급준비제도** **(Reserve** **requirements)**
· 증권매매 · 통화안정증권 발행 · 통화안정계정	· 금융기관 긴급여신 · 자금조정예금 제도 · 일중당좌대출	· 금융기관의 중앙은행 의무 적립금

1. 공개시장운영

중앙은행의 가장 큰 역할 중 하나는 국채의 양을 조절해 시중 통화량을 조절하고 관리하는 것입니다. 우리나라 중앙은행인 한국은행 역시 우리나라 정부가 발행한 국고채 등 채권을 시장에서 사고팔며, 한편으로는 한국은행 자체적으로도 '통안채'라고도 불리는 통화안정증권을 발행하기도 합니다.

이같이 한국은행은 시장에 자금이 너무 많으면 보유 채권을 매각해서 시중 유동성을 줄이는 방안으로 물가상승을 미연에 방지합니다. 반대로 시중에 자금이 메마르고 돈이 시장에 돌지 않아 금리가 오를 조짐이 보이면 채권매입이나 통화안정증권 추가 발행을 통해 유동성을 공급하지요. 이렇게 중앙은행이 금융시장에서 공개적으로 채권을 매수·매도 하면서 자금의 공급을 조율하는 것을 공개시장운영이라고 합니다.

이렇게 시장에서 여러 가지 채무증권을 사고팔면서 통화량을 조절

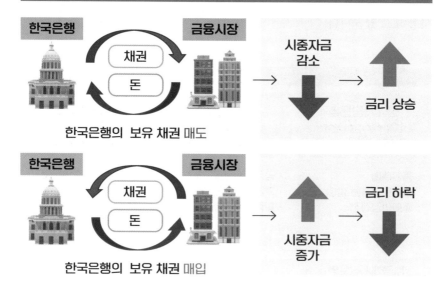

하는 공개시장운영은 한국은행의 가장 중요한 통화정책 수단 중 하나입니다.

앞서 설명 중 하나 짚고 넘어가자면 한국은행이 발행하는 통화안정증권은 흔히들 MBS라 일컫는 주택저당증권mortgage-backed securities과 전혀 다른 채권이니 독자 여러분들께서는 혼동하지 말기를 바랍니다. 주택저당증권은 모기지mortgage라는 말로 더 많이 불리는 은행들의 주택담보대출을 기초자산으로 발행하는 자산유동화증권ABS으로서 국고채 및 통화안정증권과는 전혀 다른 성격의 증권입니다.

국고채, 통화안정증권, 주택저당증권 비교			
증권의 종류	국고채(KTB)	통화안정증권(MSB)	주택저당증권(MBS)
발행	기획재정부	한국은행	한국주택금융공사
발행 근거	헌법 제58조 국고금관리법 33조	한국은행법 제69조	자산유동화에 관한 법률
발행 목적	공공재정 지출 위한 자금 확보 목적	한국은행의 시중통화량 조절 목적	주택담보대출 유동화 목적
한도	국회의 승인 필요	한국은행 금통위	금융위원회가 결정
신용 리스크	없음. 해외 발행시 국가 신용등급 적용	거의 없음. 넓은 의미의 국채에 포함	SPC 발행. 발행자 무의미
만기, 종류	3년, 5년, 10년, 20년, 30년, 50년, 물가연동국채	2년, 3년	1년, 2년, 3년, 5년, 7년, 10년, 15년, 20년, 30년
가격	위험프리미엄 없음. 채권 중 가장 비쌈	위험프리미엄 거의 없음. 비쌈	위험프리미엄 있음. 대출불이행 위험

2. 여수신제도

한국은행은 시중은행들의 은행 역할도 합니다. 중앙은행의 여수신제도는 우리가 은행에 가서 대출을 받고 예금을 드는 것처럼 중앙은행이 개별 금융기관을 상대로 대출을 해주거나 예금을 받는 정책 수단을 의미합니다.

본래 전통적으로 중앙은행은 대출제도만을 운영했는데요, 최근 중앙은행들이 개별 금융기관들을 상대로 일시적 부족 자금을 대출해줄 뿐만 아니라 금융기관들의 일시적인 여유자금을 맡아주기도 하면서 여신 및 수신제도로 발전하였습니다.

3. 지급준비제도

지급준비제도란 금융기관이 지급준비율에 따라 정해진 일정 금액을 중앙은행에 지급준비금으로 예치하도록 의무화한 제도입니다. 지급준비율(지준율)은 최고 50%를 초과하지 않는 범위 내에서 한국은행 금융통화위원회가 적립 대상 채무의 종류별, 규모별로 결정하도록 되어 있는데 일반적으로 7% 정도입니다.

지급준비금 제도	· 은행은 예금자 보호를 위해 예금지급에 충당하기 위한 　지급준비금을 한국은행에 예치 · 예치하는 준비금은 지급준비율로 계산

중앙은행은 이 같은 지준율을 조정하여 금융기관의 자금 사정을 변화시킴으로써, 시중 자금의 양을 조절해서 금융안정을 도모할 수 있습니다. 예를 들어 국내 통화량이 너무 많아 환율상승이 우려되는 상황이라고 해봅시다. 이런 경우 중앙은행이 지준율을 올리면 시중은행들은 더 많은 자금을 지급준비금으로 예치해야 합니다. 그러다 보면 은행들의 대출 여력이 축소되어 시중 원화 유동성이 줄어들지요. 이렇게 원화의 공급이 감소하면 시중금리도 천천히 상승하면서 달러-원 환율도 하락하게 됩니다.

통화량을 늘리는 반대의 경우도 마찬가지로 환율에 영향을 주게 됩니

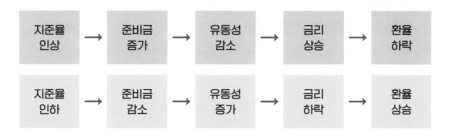

지준율 인상	→	준비금 증가	→	유동성 감소	→	금리 상승	→	환율 하락
지준율 인하	→	준비금 감소	→	유동성 증가	→	금리 하락	→	환율 상승

다. 지급준비제도는 이런 식으로 물가안정을 도모하는 중앙은행의 효율적인 통화정책 수단 중 하나로 쓰이고 있습니다.

중앙은행과 정부의 환율 개입

환율은 본래 매 시각 오르내리는 것이 정상이지만 짧은 시간 내에 급등하거나 급락하는 경우가 종종 생깁니다. 환율이 이렇게 급등락할 때는 시장에 불안이 야기되죠. 그래서 정부와 중앙은행은 생각하는 적정환율보다 높거나 낮다고 생각되는 경우 속도와 방향을 조절하기 위해 인위적으로 개입하기도 합니다.

개입의 형태는 한국은행이나 정부가 직접적으로 외환시장에서 매수·매도하는 방식으로 조절하기도 하나, 주로 시중은행들을 지정해서 개입하는 경우가 더 많습니다. 과거 2000년대 이전, 환율이 수출에 지대한 영향을 주던 시기에는 달러-원 환율이 하락하면 수출품의 가격 경쟁력이 떨어지기 때문에 당국이 매번 개입하던 시절도 있었죠.

보도 내용은 2022년 9월 달러-원 환율이 1,400원대로 급등하자 당국이 개입에 나섰다는 기사입니다. 미국이 3연속 0.75%p 자이언트 스텝 인상에 나서면서 달러-원 환율은 환위기, 글로벌 금융위기 이후 역대 세 번째로 1,400원을 돌파했습니다. 환율 방어로 우리나라의 외환 보유고가 2022년 1월부터 9월 말까지 4,631억 달러에서 4,168억 달러로 9개월 만에 463억 달러가 줄어드는 일이 발생했지요.

이렇게 정부와 중앙은행이 개입해서 환율을 조정하려면 필연적으로 외환 보유고를 사용해야 하기에 너무 잦은 개입은 외환 보유고의 급감을 불러올 수도 있습니다. 국제 금융시장이 불안할수록 한 나라의 외환 보유고는 국가 신용도를 결정하는 중요한 사항이기 때문에 무리하게 개입해서 외환 보유고를 사용하기에는 부담이 큽니다.

이것만 기억하자!

- 중앙은행이 금융시장에서 공개적으로 채권을 매수·매도하면서 자금의 공급을 조율하는 것을 공개시장운영이라고 합니다.
- 중앙은행의 여수신제도는 중앙은행이 개별 금융기관을 상대로 대출을 해주거나 예금을 받는 정책 수단입니다.
- 국내 통화량이 너무 많아 환율상승이 우려되면 중앙은행은 지급준비율을 올려서 시중 통화량을 줄입니다. 반대로 통화량이 너무 적어서 환율하락이 우려되면 지급준비율을 내립니다.

썸6

비둘기파와 매파로 인한
환율 변화

$

비둘기파와 매파

통화정책 입안자들은 종종 매나 비둘기에 묘사되는데요, 이 용어는 통화정책의 방향에 대한 입안자들의 견해를 말해줍니다. 영어 단어 매hawk와 비둘기dove를 사용해서, 매파적일 경우는 '호키시hawkish하다' 또는 비둘기적일 경우는 '도비시dovish하다'고 표현하기도 합니다.

매파들은 주로 과도한 시중 자금이 만들어내는 물가상승을 경계합니다. 따라서 중앙은행이 설정한 목표 물가를 초과하는 물가상승 즉, 인플레이션을 제어하기 위해 자금을 회수하고 금리인상을 선호합니다. 이와 달리 비둘기파들은 시중에 충분한 공급을 통해 경제성장과 고용 창출에 더 신경을 쓰죠. 따라서 시중의 자금을 회수하는 긴축이나 경기를 후퇴시키는 금리인상에는 신중한 자세를 보입니다.

이 같은 이유로 통화정책을 결정하는 중앙은행의 위원들 중에 매파가 더 많이 포진하게 되면 통화정책이 긴축적으로 운영될 가능성이 커지고 반대로 비둘기파가 더 많아지면 완화적으로 운영될 가능성이 큽니다.

	매파(hawkish)	비둘기파(dovish)
통화정책 목표	· 인플레이션 억제	· 경기둔화 억제
통화정책 방향	· 긴축적 통화정책	· 완화적 통화정책
금리	· 금리인상 선호	· 금리인하, 유지 선호
통화가치/환율	· 통화가치 평가절상	· 통화가치 평가절하

　실제 뉴스 기사들을 통해서 중앙은행의 통화정책 방향이 어떻게 달러화 가치와 환율에 영향을 주는지 알아보겠습니다.

통화정책의 변화: 매파적 연준

중앙은행은 물가안정과 완전고용 그리고 경제성장을 지원하기 위해, 경제상황에 따라 완화적인 통화정책을 사용하기도 하고 긴축정책을 시행하기도 합니다.

> 파월 '매파적' 발언에 금리상승...주가↓ 국채↓ 달러↑
>
> 환율일보

　2022년 3월 파월 연준 의장이 공격적으로 미국 기준금리를 올리겠다고 인터뷰한 이후, 시중금리가 상승하고 이에 따라 채권의 가격은 하락하였으며, 외환시장에서 달러화는 강세를 보였다는 내용이네요.

중앙은행이 기준금리를 인상하게 되면 시중금리 또한 자연스럽게 상승하게 됩니다. 채권 가격과 금리는 반대 방향으로 움직이므로 금리가 상승하면 채권 가격은 하락하게 되는 것이죠. 또한 주가지수와 금리 역시 통상 반대로 움직입니다. 금리가 높아지면 주식에 투자했던 투자자들이 예금이나 채권투자로 눈을 돌리기 때문입니다. 따라서 금리가 상승하면 주가가 하락하게 됩니다. 더불어 미국금리가 인상되면 신흥국 등의 투자 금액이 미국으로 선회하기 때문에 미국의 기준금리 인상은 달러 강세의 유인이 됩니다.

- 매파적 연준(기준금리 인상) → 시중금리 상승 → 채권 가격 하락
- 매파적 연준(기준금리 인상) → 예금, 채권투자 증가 → 주식투자 감소 → 주가 하락
- 매파적 연준(기준금리 인상) → 미국 투자 증가 → 달러 수요증가 → 달러 강세

상이한 두 중앙은행의 통화정책이 환율에 주는 영향

> 엔화 급락, 32년 만에 최저치…매파 연준에도 BOJ는 '비둘기파' 고수
> 달러-엔 환율 장중 150엔 돌파
> 환율일보

2022년 연준의 긴축정책에도 불구, 일본은행 BOJ_{Bank of Japan}는 지속적으로 완화적인 통화정책을 고수하였습니다. 이러한 두 중앙은행의 상

이한 통화정책으로 인해 2022년 10월 달러-엔 환율이 장중 한때 150엔을 넘어 1990년 8월 이후 32년 만에 최저치를 기록했다는 기사입니다.

매파적 연준 때문에 미국달러의 가치는 엔화에 대해 상승(평가절상)했으며, 반대로 엔화가치는 이런 상황에서도 비둘기적 일본중앙은행 때문에 달러에 대해 하락(평가절하)했습니다. 이처럼 두 중앙은행의 통화정책이 상충할 경우, 매파 국가의 통화가치는 상승하고, 비둘기파 국가의 통화가치는 하락하게 됩니다. 두 국가의 중앙은행이 취한 서로 다른 통화정책으로도 환율에 큰 변화를 가지고 올 수 있는 것이죠.

■ 상충적 중앙은행의 통화정책(매 Fed ⇔ 비둘기 BOJ) → 달러 강세 & 엔화 약세
    → 달러-엔 환율상승

출처: 연합인포맥스

통화정책의 변화: 비둘기파적 연준

한편, 비둘기적인 연준의 통화정책은 달러화 약세의 유인이 됩니다. 앞서 미국 연준의 공개시장위원회인 FOMC 회의 성명서가 발표되고 3주일 후에 참여 의원들의 정책적 논의에 대한 요약 리포트인 의사록이 공개된다고 설명했죠. 의사록에는 성명서에는 없는 중요한 내용들이 포함되어 있는 경우가 많습니다. 특히나 이런 정보들이 예상하지 못한 사항이었을 경우에는 시장에 더 크게 영향을 주게 되지요.

> '비둘기' 미국 FOMC 의사록에 달러-원 환율 하락
> …6.20원 하락한 1,279.50.   환율일보

위 뉴스는 발표된 FOMC 의사록을 통해 연준의 통화정책이 보다 완화적으로 선회했음을 전하고 있네요. 완화적인 통화정책은 시중 유동성 공급이나 기준금리의 인하를 뜻합니다. 금리가 떨어지니 당연히 투자 금액은 신흥국 등으로 빠져나가게 되겠죠. 이럴 경우 달러의 수요가 줄어들면서 달러화의 가치가 하락하고 따라서 달러-원 환율은 하락하게 됩니다.

- ■ 비둘기적 연준(기준금리 인하) → 시중금리 하락 → 채권 가격 상승
- ■ 비둘기적 연준(기준금리 인하) → 예금, 채권투자 하락 → 주식투자 증가 → 주가 상승
- ■ 비둘기적 연준(기준금리 인하) → 미국 투자 감소 → 달러 수요 감소 → 달러 약세

이렇듯 미국 연준의 통화정책 방향은 여러모로 환율을 비롯한 국제금융에 커다란 영향을 주기 때문에 늘 주시해야 하는 부분입니다.

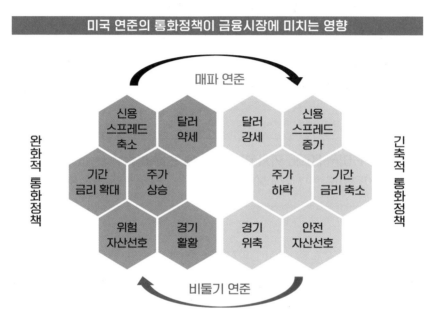

미국 연준의 통화정책이 금융시장에 미치는 영향

매파 연준

완화적 통화정책

신용 스프레드 축소 / 달러 약세 / 기간 금리 확대 / 주가 상승 / 위험 자산선호 / 경기 활황

달러 강세 / 신용 스프레드 증가 / 주가 하락 / 기간 금리 축소 / 경기 위축 / 안전 자산선호

긴축적 통화정책

비둘기 연준

통화정책의 변화: 매파적 한국은행

한국은행 금융통화위원회(이하 금통위)는 미국 연준의 FOMC와 비슷한 기구로, 통화정책에 관한 주요 사항을 의결하고 있습니다. 금통위의 금리 결정을 포함한 통화정책 또한 환율에 중요한 영향을 끼치는 요인이므로 주시해야 합니다.

기사는 한국은행 금통위가 보인 금리인상과 긴축을 선호하는 매파적인 성향 때문에 달러 강세가 제어되었다고 보도하고 있습니다. 한국은행 금통위의 매파적 통화정책은 원화의 강세를 가져오게 되므로 달러-원 환율의 하락 요인으로 작용합니다.

■ 매파적 금통위(기준금리 인상) → 원화금리 상승 → 원화 수요증가/달러 수요감소 → 원화 강세/달러 약세 → 달러-원 환율하락

통화정책의 변화: 비둘기파적 한국은행

반면에 한국은행 금통위가 금리인하와 완화적인 성향의 비둘기적인 통화정책을 펼치면 환율에는 상승 요인으로 작용하는 경우가 많습니다.

코로나19가 발생하고 미국 연준은 2020년 3월 전격적으로 금리를 인하하며 제로금리로 전환하였습니다. 한국은행도 이에 따라 3월 금통위에

서 0.5%p를 인하하고 다음에 추가로 0.25%p를 인하하면서 우리나라 역대 최저금리인 0.5%로 기준금리를 내렸지요.

이러한 한국은행 금통위의 비둘기적인 통화정책은 일반적으로 원화 약세를 불러와 달러-원 환율의 상승 요인이 됩니다.

■ 비둘기적 금통위(기준금리 인하) → 원화금리 하락 → 원화 수요감소/달러

수요증가 →원화 약세/달러 강세 → 달러-원 환율상승

이것만 기억하자!

· 매파들은 중앙은행이 설정한 목표 물가를 초과하는 물가상승 즉, 인플레이션을 제어하기 위해 자금을 회수하고 금리인상을 선호합니다.
· 반면에 비둘기파들은 시중에 충분한 공급을 통해 경제성장과 고용 창출에 더 신경을 씁니다. 따라서 금리인상에 신중한 자세를 보입니다.
· 두 중앙은행의 통화정책이 상충할 경우, 매파 국가의 통화가치는 상승하고, 비둘기파 국가의 통화가치는 하락하게 됩니다.

환율 변동의 장기적 요인 1: 경상수지의 변화

지금까지 환율 변동에 영향을 주는 단기적인 요인들을 알아봤습니다. 이번에는 환율 변동에 영향을 주는 장기적인 요인들에 대해서 한번 알아보도록 하죠. 장기적으로 환율에 변화를 가져오는 요인에는 경상수지의 변화, 금리의 변화 그리고 국가 간 신용등급의 변화를 들 수가 있습니다. 이제부터 각각의 요인들이 어떠한 과정을 거쳐서 환율을 변화시키는지 알아보도록 하겠습니다.

경상수지 변화와 환율의 변동

이 책을 읽는 독자 여러분들을 포함한 세계 모든 시민들은 글로벌 경제사회에서 '생산자'의 일원인 동시에 '소비자'이기도 합니다. 그리고 모든 소비자는 싸고 질 좋은 상품과 서비스를 선호하므로 모든 상품과 서비스는 비싼 국가에서 싼 국가로 이동하게 됩니다. 중국이 세계의 공장이 된 가장 직접적인 이유도 바로 이것이죠.

세계 각국의 주력 상품과 가격 경쟁력은 다 다릅니다. 따라서 국가 간에 가격이나 품질에 차이가 나게 되면 상대국과의 무역에서 경상수지 흑자나 적자가 발행합니다.

경상수지는 자본의 유출 및 유입을 보여줍니다. 일정 기간 동안 자본의 유출보다 유입이 많았다면 경상수지는 흑자를 나타내고, 반대로 유출이 더 많으면 적자를 기록하게 되지요. 이때 경상수지 중 수입과 수출의 차액인 무역수지는 상품수지라고도 부릅니다.

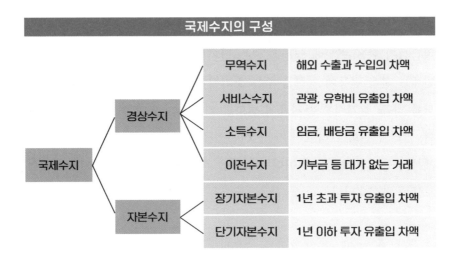

그리고 이 같은 상황은 한 국가의 경제 구조 안에서 발생하기 때문에 고착화되는 경향이 있고 그래서 경상수지는 쉽게 변화하지 않습니다. 두 나라 중에 누구는 계속 이득을 보고 누구는 계속 손해를 보는 것이죠. 기술 수준이나 임금의 차이로 인해 상대적으로 값싸고 질 좋은 상품이나 서비스를 제공할 수 있는 나라의 경상수지는 지속적으로 흑자를 보입니다.

환율은 상대국 통화와의 교환 비율이라 한 나라의 상품과 서비스의 가격을 다른 나라의 가치로 바꿔 환산하는 기준이 됩니다. 그래서 경상수지 적자로 손해를 보는 나라들은 상대국의 환율에 대해 계속 불만이 생기고 이 같은 불만들이 커져서 결국 국가 간 경제분쟁이 환율전쟁으로 폭발하는 것입니다.

국제무역은 환율을 기반으로 이루어지기에 각국은 자국의 환율이 너무 높은지 혹은 낮은지에 굉장히 민감해질 수밖에 없습니다. 따라서 현대 경제에서 통화와 환율은 가장 중요한 국제 문제가 되는 것이죠.

그러면 경상수지가 실제로 환율을 어떻게 변동시키는지, 우리나라의 예를 들어 그 과정을 살펴보겠습니다.

경상수지 흑자가 지속될 경우

장기간 경상수지 흑자가 지속되면 국내에 유입되는 달러의 양이 늘어나서 달러 공급을 늘리는 역할을 합니다. 달러 공급 증가는 시간이 지나면서 달러 수급에 영향을 주지요. 그러한 상황이 계속되면 유입된 달러 자금 초과로 외화인 달러보다 원화가 귀해지고, 원화 수요가 증가하면서 원화가치가 상승합니다. 따라서 장기적으로 달러-원 환율은 하락하게 됩니다.

환율의 변화 과정(경상수지 흑자 지속)

수출 증가 수입 감소 → 경상수지 흑자 → 달러수요 감소 → 달러가치 하락 → 달러-원 환율 하락

그러나 환율이 계속 떨어지는 일은 없습니다. 사람도 한 번 태어나고 살다가 죽으면 다시 자연으로 돌아가듯이, 환율 또한 자연의 법칙과 같이 다시 돌아가게 됩니다. 경제라는 생태계도 자연과 마찬가지로 어떠한 변화가 일어나면 예전으로 회귀하려는 성향이 있거든요. 돌고 도는 순환이 경제에서도 일어나는 것이죠.

일단 환율이 하락하면 원화가 종전보다 비싸지고(원화가치 상승), 한국 상품들의 가격 경쟁력이 떨어지게 됩니다. 한국 수출품의 가격이 비싸지는 대신에 수입품의 가격은 싸지는 것이죠. 따라서 다시 수출액은 감소, 수입액은 증가, 환율은 다시 상승 압력을 받게 되는 것입니다.

수출에 크게 의존하는 우리나라의 경제구조상, 달러-원 환율은 한국의 경상수지와 밀접하게 연결되어 있습니다. 이 때문에 우리나라의 경제적 위기는 주로 경상수지 적자로부터 시작되었지요. 우리나라가 수출에 목메는 이유가 바로 이 때문입니다.

경상수지 적자가 지속될 경우

경상수지 흑자의 경우와 반대로, 경상수지 적자가 지속될 경우에는 달러-

원 환율의 상승 요인으로 작용하게 됩니다. 장기간 경상수지 적자로 국내 달러 공급이 줄어들면 달러 수급이 줄어들고, 달러 가격이 원화에 비해 오르겠죠. 당연히 달러가 강해지면서 장기적으로 달러-원 환율은 상승하게 됩니다.

환율의 변화 과정 (경상수지 적자 지속)

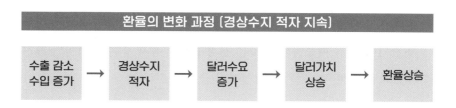

경상수지 적자의 경우에도 앞서 경상수지 흑자의 경우와 마찬가지로 순환의 과정을 거칩니다. 환율이 상승하면 우리나라 원화가 종전보다 싸지고(원화가치 하락), 한국 상품들의 가격 경쟁력이 좋아지게 됩니다. 그래서 한국 수출품의 가격이 싸지는 대신 수입품의 가격은 비싸지지요. 수출품의 가격 경쟁력이 살아나면서 수출은 다시 증가하고 수입액은 상대적으로 감소하면서 환율의 방향은 다시 변화해 장기적으로는 하락하게 되는 것입니다.

환율의 변화 과정(환율상승 후 재순환 과정)

경상수지 중에서도 무역수지는 민간 부문의 지표로서 환율에 가장 큰

영향을 미칩니다. 이와 대비하여 정부의 세입과 세출의 차액인 재정수지는 공공 부문의 주요한 지표로 인식되고 있습니다. 그래서 공공 부문의 재정수지와 민간 부문의 무역수지가 둘 다 적자인 경우를 쌍둥이 적자twin deficits라고 하고, 둘 다 흑자인 경우를 쌍둥이 흑자twin surpluses라고 부릅니다. 미국이 만성적인 쌍둥이 적자를 겪는 나라이며 쌍둥이 흑자국의 대표적인 예로는 중국을 들 수 있습니다. 사실 공공부문도 민간부문과 밀접하게 연관되어 있기 때문에 실제로는 경상수지가 흑자 또는 적자이면 재정수지도 똑같이 흑자나 적자일 가능성이 큽니다.

> ## IMF "미국의 쌍둥이 적자, 달러에 부담 가중"
>
> 환율일보

위 뉴스에서처럼 미국의 쌍둥이 적자는 현재까지도 계속되고 있습니다. 이러한 미국의 적자는 다른 통화와 비교하여 달러화의 가치를 하락시킵니다. 이로 인해 원화가 상대적으로 강세를 보이고 달러-원 환율은 하락하게 됩니다.

■ 미국의 쌍둥이 적자(재정수지 & 무역수지) 증가 → 달러가치 약세 → 달러화 대비 원화가치 상승 → 달러-원 환율하락

이것만 기억하자!

- 장기적으로 환율에 변화를 가져오는 요인에는 경상수지의 변화, 금리의 변화 그리고 국가 간 신용등급의 변화를 들 수가 있습니다.
- 장기간 경상수지 흑자가 지속되면 국내에 유입되는 달러의 양이 늘어나서 장기적으로 달러─원 환율이 하락하게 됩니다.
- 장기간 경상수지 적자가 지속될 경우에는 국내 달러 공급이 줄어들면서 장기적으로 달러─원 환율이 상승하게 됩니다.
- 경상수지 중에서도 무역수지는 민간 부문의 지표로서 가장 환율에 영향을 크게 미칩니다.
- 수출에 크게 의존하는 우리나라의 경제구조상, 달러─원 환율은 한국의 경상수지와 밀접하게 연결됩니다. 이 때문에 우리나라의 경제적 위기는 주로 경상수지 적자로부터 시작되었습니다.

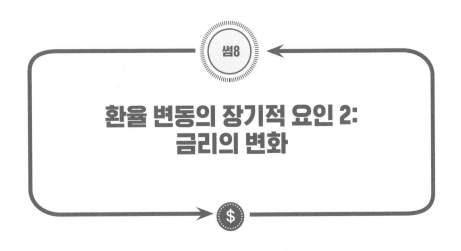

환율 변동의 장기적 요인 2: 금리의 변화

금리 변화로 인한 환율의 변동 과정

금리 변화도 국가 간 환율을 장기적으로 변화시키는 주요한 요인 중 하나입니다. 왜냐하면 금리와 환율은 아주 밀접한 불가분의 관계에 있기 때문입니다.

모든 조건이 동일하다고 했을 때, 투자자들은 보통 더 높은 금리의 통화에 투자하고자 합니다. 이는 곧 금리가 상대적으로 높은 통화의 가치는 상승하게 된다는 말과 같죠. 물이 높은 곳에서 낮은 곳으로 흐르고, 통화

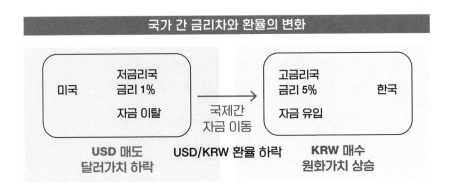

국가 간 금리차와 환율의 변화

도 유동성이 많은 곳에서 적은 곳으로 흐르듯이, 국제적 자금도 저금리 통화에서 고금리 통화로 이동합니다.

이렇게 금리의 변화는 단기 변동 요인인 외화 수급에 영향을 주어 환율을 변동시키게 됩니다.

미국 연준의 금리인상이 더 클 경우

만약 달러의 금리인상의 속도와 폭이 우리나라 원화 대비 훨씬 더 크다면 어떨까요? 당연히 원화보다 달러의 투자 매력이 상승하면서 달러 수요가 원화보다 늘어나게 될 겁니다.

세계의 기축통화이면서 안전통화인 달러의 금리는 상대적으로 위험자산으로 분류되는 우리나라 원화금리보다 통상 낮습니다. 하지만 미국의 금리가 가파르게 올라서 한·미 간 금리차가 축소되거나 심지어 역전이 된다면 원화 대비 달러의 투자 매력도가 상승하죠. 이러한 달러 선호는 시장에 가격으로 반영되고, 달러 강세를 야기해서 달러-원 환율상승의 요인이 됩니다.

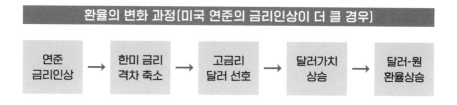

환율의 변화 과정(미국 연준의 금리인상이 더 클 경우)

연준 금리인상 → 한미 금리 격차 축소 → 고금리 달러 선호 → 달러가치 상승 → 달러-원 환율상승

한국은행의 금리인상이 더 클 경우

이젠 반대의 경우를 생각해봅시다. 기존에도 한국금리는 미국보다 더 높았는데, 여기에 추가적인 금리인상으로 그 격차가 더 확대됐다면 어떨까요? 한국은행의 금리인상 속도와 폭이 연준의 그것 대비 더 클 경우에는 원화 강세의 유인이 됩니다.

한미 간 금리 격차 확대는 달러와 비교하여 우리나라 원화의 상대적인 투자 매력을 증가시킵니다. 이러한 원화 선호는 시장 가격으로 전환되어 원화 강세로 이어지고, 달러-원 환율은 하락하게 됩니다.

환율의 변화 과정(한국은행의 금리인상이 더 클 경우)

한국은행 금리인상 → 한미 금리 격차 확대 → 고금리 원화 선호 → 달러가치 하락 → 달러-원 환율하락

한·미 기준금리 역전

우리나라 원화의 이자율은 안전통화이자 기축통화인 달러의 이자율보다 통상적으로 높습니다. 신용등급 측면이나 사용 빈도 측면에서 미국달러는 전 세계 그 어떤 통화보다도 가장 선호되고 수요가 많은 통화이기 때문이죠.

하지만 미국 연준이나 한국은행이 기준금리를 크게 올리거나 내리는 기간에는 달러금리가 원화금리보다 높아지는 경우가 종종 발생하곤 합니다. 이렇게 미국의 기준금리가 한국의 기준금리보다 높아졌을 때 '한·미 기준금리 역전'이 발생했다고 표현합니다.

위 기사는 2022년 초 신임 한국은행 이창용 총재 후보자가 기자들의
한 · 미 기준금리 역전 가능성 질문에 답변한 것입니다. 금리가 역전이 되
면 한국에 투자했던 국제자본이 보다 매력적인 미국이나 타국으로 빠져나
가기 때문에 자본유출이 우려되는 것도 사실이지만 총재 후보자는 자본유
출보다는 환율상승으로 인한 인플레이션을 더 걱정한다고 답한 것입니다.

한 · 미 기준금리 역전이 일어나서 미국달러의 금리가 원화의 금리보
다 높아지면 달러 강세가 일어나게 됩니다. 이러한 달러 강세는 환율상승
으로 이어지고, 원자재 등 수입물가가 종전보다 비싸지므로 국내 물가상
승에 압력으로 작용하게 되는 것이죠.

■ 한·미 금리 역전 → 달러금리가 원화금리보다 더 높아짐 → 달러 강세 → 달러-원
환율상승 → 수입물가 상승 → 국내 물가상승 압력

이렇듯 양국 간 금리는 환율에 지대한 영향을 끼치기 때문에 중앙은
행과 정부가 세심하게 모니터링하고 관리하는 것입니다.

그리고 일단 기준금리가 변하면 금융시장의 금리 전반이 이에 영향을
받습니다. 채권시장의 조달금리와 은행의 예금 및 대출금리가 변하면서
기준금리 변화의 영향이 자금시장 전체로 퍼져 나타나게 되는 것이죠.

장단기 금리 역전

'금리 역전'이란 표현은 두 나라 간 기준금리가 역전될 경우에도 쓰이지만 한 국가 내에서 기간별 금리가 역전될 때도 사용합니다. 시장에서 거래되는 금리는 1일, 30일, 3개월, 1년 등 기간별로 표시되는데 기간이 길어질수록 금리는 높아집니다.

예를 들어 2년만기 국고채보다 5년만기 국고채 금리가 더 높고, 5년보다는 10년만기 국고채 금리가 통상 더 높습니다. 여러분이 누군가에게 돈을 빌려준다고 생각해보면 쉽습니다. 하루 동안은 흔쾌히 쉽게 빌려줄 수 있지만 만약 10년 동안 빌려줘야 한다면 위험 부담을 크게 느낄 수밖에 없는 것과 같은 이치입니다.

하지만 예외적으로 단기금리가 장기금리보다 높은 상황도 존재하는데 이런 경우를 일컬어 '장단기 금리 역전'이라고 부릅니다. 장단기 금리가 역전되는 상황은 불황이나 경기침체기에 흔히 나타납니다. 경기침체로 기업활동이 축소되고 주식시장도 하락하는 불황기에는 금리가 아무리 낮아져도 투자보다는 예금이나 보수적인 채권을 선호하게 되지요. 이 과정에서 중앙은행들은 기준금리를 조정하게 되는데, 이때 장단기 금리 역전 현상이 나타날 수 있습니다.

이렇게 장단기 금리 역전 현상이 일어날 때는 경기침체를 의식해서 안전자산을 선호하고 달러가 강세인 경우이므로, 달러-원 환율이 경기 활황기보다 높게 형성됩니다.

와타나베 부인과 캐리 트레이드

흔히 해외 고금리 통화에 투자하는 것을 가리켜 '캐리 트레이드Carry Trade' 라고 합니다. 캐리는 쉽게 말해 이자이며, 캐리 트레이드는 이자가 낮은 통화를 팔아 이자가 높은 통화를 사서 교환하는 거래를 말합니다. 보통 통화는 마이너스 금리 상황이 아닌 한, 시간이 지나면 자동으로 이자수익을 얻게 되어 있지요. '가지고 간다'는 carry의 영어 뜻 그대로 어떤 돈이나 자산을 '그냥 가지고만 있어도 이익이 생긴다'는 의미입니다. 해당 통화에 투자만 하면 시간이 지나면서 자동적으로 수익을 얻을 수 있다는 얘기죠.

일본의 거품경제가 붕괴된 1990년대 이후, 일본인들은 저금리 통화인 엔화를 바꾸어 상대적으로 고금리인 호주달러에 투자하기 시작했습니다. 당시 투자자들 중에는 여유 자금을 가진 가정주부들의 수가 꽤 많았는데 외환시장에서는 이들을 가리켜 와타나베 부인Mrs. Watanabe이라고 불렀습니다. 그리고 당시 시장금리가 1%가 채 되지 않던 엔화 대신, 6~8%대의 고금리였던 호주달러로 갈아탔던 와타나베 부인들의 이런 투자를 가리켜 엔 캐리 트레이드Yen carry trade라고 이름 붙였지요.

'와타나베'는 우리나라의 김 씨나 이 씨처럼 일본에서 가장 흔한 성씨 라고 합니다. 와타나베 부인은 전문 투자자가 아닌 일반 가정주부도 할 수 있는 쉬운 투자라는 의미로 시작되었으나 이제는 글로벌 캐리 트레이드의 대명사처럼 쓰이고 있습니다.

이 같은 와타나베 부인들의 엔 캐리 트레이드는 엔 환율에 지대한 영향을 주었습니다. 엔화 매도 수요를 부추겨 엔화 약세 요인으로 오랫동안 작용했지요. 결과적으로 와타나베 부인들은 높은 이자를 누릴 수 있었지만 엔화가 지속적으로 약해지는 바람에 환차손도 만만찮았습니다.

캐리 트레이드-저금리 통화를 팔고 고금리 통화를 산다!

저금리 통화 매도

일본 엔 JPY

유로존 유로 EUR

고금리 통화 매수

남아공 랜드 ZAR

호주 달러 AUD

브라질 헤알 BRL

터키 리라 TRY

이것만 기억하자!

- 상대적으로 금리가 높은 통화의 가치는 상승하고 금리가 낮은 통화의 가치는 하락합니다.
- 미국의 기준금리가 한국의 기준금리보다 높은 경우를 '한·미 기준금리 역전'이라고 말합니다.
- 한국과 미국 간 금리 차이가 축소되거나 역전되는 경우 원화 대비 달러의 투자 매력도가 상승합니다. 이는 달러 선호로 이어져 달러 강세를 불러오고 달러-원 환율의 상승 요인이 됩니다.
- '와타나베 부인'은 고금리를 찾아 투자하는 캐리 트레이드의 대명사처럼 쓰이는데, 낮은 금리의 통화를 팔아 보다 높은 금리의 통화에 투자하는 방식을 의미합니다.

환율 변동의 장기적 요인 3: 국가 신용등급의 변화

국가 신용등급 변화에 따른 환율 변동

영어로 크레딧credit이라고 불리는 신용은 금융거래에서 가장 중요한 요소입니다. 개인의 신용등급이 나쁘면 신용카드 발급도 안 되고 돈도 빌릴 수 없지요. 이처럼 개인의 신용에서부터 기업의 신용 그리고 국가의 신용까지, 신용등급은 금융거래 시 금융상품의 가격을 달라지게 만듭니다. 누구와 거래하느냐에 따라 가격이 달라지게 된다는 뜻입니다.

그래서 장내가 아닌 장외에서 거래가 이루어지는 채권이나 외환, 그리고 파생상품들은 상대방의 신용을 보고 거래 여부를 결정하게 되지요. 그러다 보니 신용도가 높은 국가나 기관들은 담보 없이도 거래할 수 있는 반면 신용도가 낮은 기관들은 원래 금액보다 더 많은 금액에 상당하는 담보물을 맡겨야 거래할 수 있기도 합니다. 집을 담보로 맡기고 돈을 빌리는 개인들의 주택담보대출도 마찬가지죠. 이 경우에도 신용도가 높은 사람들은 낮은 사람들보다 더 유리한 금리와 함께 대출 금액도 더 많이 받을 수 있습니다.

신용 거래의 유명한 예는 유대인들의 거래에서 찾아볼 수 있습니다. 전 세계 다이아몬드 거래의 중심지인 뉴욕 맨해튼 47번가에 있는 다이아몬드 거리의 상인들은 80% 이상이 유대인들입니다. 이들은 담보, 심지어는 계약서도 쓰지 않고 거래를 하는데, 계약불이행이 거의 없습니다. 사실이 경우는 신용이 특이하게 높은 조금은 예외적인 상황입니다. 그냥 믿는 것이지요. 하지만 일반적인 거래에서는 상대방을 믿지 않지요. 왜냐하면 큰 금융거래에서는 사람이 아닌 돈이 거짓말을 하게 되거든요.

현재 국제적으로 인정받는 세계 3대 신용평가사에는 미국의 무디스Moody's, S&PStandard & Poor's와 영국의 피치Fitch Ratings가 있습니다. 신용등급 체계는 평가사마다 각기 다르지만 평가등급을 장기와 단기로 구분한다는 점에서는 공통점을 가집니다.

1. 한국 신용등급 상향 조정의 경우

한국의 신용등급은 2022년 1월 기준, 무디스는 Aa2, S&P는 AA, 피치는 AA-로, 대한민국 국가 수립 이래 가장 좋은 신용등급을 유지하고 있습니다.

글로벌 신평가 S&P, 한국신용등급 AA로 한 단계 상향

환율일보

S&P는 2016년 한국의 국가 신용등급을 종전 AA-에서 AA로 한 단계 상향 조정했습니다. 이같이 국가등급이 상향되면 장기적으로 달러-원 환

율에도 영향을 미쳐 국내 금융시장에 긍정적인 영향을 줍니다.

우선 우리나라의 신용등급 상승으로 외국인들의 한국 투자가 늘면서 코스피 등 주가가 상승하고 국채 및 회사채 등의 채권투자도 늘어나면서 채권이 강해집니다. 자산시장의 가격이 올라 활황이 되면 외국인들의 투자가 더욱 늘어나면서 달러화 등 외화가 추가 유입됩니다. 이렇게 유입된 달러는 달러-원 환전을 통해 원화로 교환되어 한국의 자산시장에 투자되는 것이죠.

따라서 한국 신용등급 상향 조정에 따른 외국인들의 투자 증가는 결국 원화 수요를 자극해 원화 강세를 유발하고, 이는 외환시장에서 달러-원 환율의 하락을 가져오게 됩니다.

■ 한국 신용등급 상향 조정 → 외국인 투자 증가 → 주식·채권 가격상승 → 외국인 자금 추가 유입 → 달러 매도, 원화 매수 물량 증가 → 원화가치 상승 → 달러-원 환율하락

2. 한국 신용등급 하향 조정의 경우

하지만 반대로, 한국의 신용등급이 하향 조정되는 경우에는 국내 주식과 채권의 투자 메리트가 상대적으로 줄어들게 됩니다. 투자 매력도 저하로 인해 외국인들의 자금이 국외로 이탈하고, 한국 주식과 채권을 매도하는 과정에서 달러 매수와 원화 매도 물량이 증가하게 되죠. 따라서 달러 수요가 늘어나면서 달러-원 환율은 상승하게 됩니다.

■ 한국 신용등급 하향 조정 → 외국인 투자 감소 → 주식·채권 가격하락 → 외국인

자금 추가 유출 → 달러 매수, 원화 매도 물량 증가 → 달러가치 상승 → 달러-원 환율상승

국가 채무의 증가는 장기적 환율상승 요인

일반적으로 국가의 부채가 경제 규모에 비해 커지면 국가 신용도에 좋지 않은 영향을 줍니다. 국가의 경제 수준보다 높은 부채 수준은 신용등급을 하향시켜 장기적으로 환율상승의 요인이 됩니다.

> 윤대통령 "재정악화로 신인도 위험...고강도 구조조정"
>
> 환율일보

위 기사는 국가 채무가 2017년 600조 원에서 2022년 900조 원을 넘어서자 윤석열 대통령이 대외 신인도에 문제가 되지 않도록 국가 재정을 보다 튼튼하게 운영하겠다고 언급한 내용을 담고 있습니다.

■ 국가 채무 증가 → 대외 신인도 하락 → 한국 신용등급 하향 조정 → 달러-원 환율상승

이것만 기억하자!

- 신용등급은 금융거래에서 금융상품의 가격을 상대방에 따라 차이가 나도록 만듭니다. 거래 상대방에 따라 가격이 달라지게 되는 것이지요.
- 세계 3대 신용평가사에는 미국의 무디스, S&P와 영국의 피치가 있습니다.
- 한국의 신용등급 상향 조정에 따른 외국인들의 투자 증가는 달러-원 환율의 하락을 가져옵니다. 반대로 신용등급 하향 조정에 따른 외국인 투자 감소는 달러-원 환율의 상승을 가져옵니다.
- 높은 부채 수준은 신용등급 하향 조정에 영향을 주어 장기적으로 환율상승의 요인이 됩니다.

썸10

달러인덱스 변화와
환율 변동

$

달러인덱스

우리나라 원화의 가격은 미국달러와의 상대적 가치로 비교돼 표시되는데 이것이 바로 달러-원 환율입니다. 달러의 가치 변화는 우리나라 환율에 직접적인 영향을 주기 때문에 우리는 달러화의 변화를 가장 우선적으로 살펴봐야 합니다.

달러가치의 변동을 알려주는 여러 지표들 중에서도 가장 널리 활용되는 지표가 바로 달러인덱스입니다. 미국 달러화의 가치를 유로, 엔, 파운드 등 여타 주요 통화들과 비교하여 달러 가격이 얼마나 비싼지 혹은 싼지를 수치화한 것이죠. 달러의 가치를 지수화시켜서 현재 달러화가 얼마나 강세인지 또는 약세인지를 보여주기 때문에 아주 편리합니다. 달러인덱스가 오르면 달러-원 환율도 오르고, 달러인덱스가 내리면 달러-원 환율도 하락하는 경우가 일반적입니다.

달러인덱스가 만들어지게 된 계기는 닉슨 대통령이 1971년 달러를 금에 고정시킨 금본위 체제를 폐지하면서부터였습니다. 달러의 가격을 어떻게 평가할지 고민하는 과정에서 1973년 연방준비제도이사회가 처음으로 달러인덱스를 고안하게 됐지요.

현재는 달러인덱스도 민간에 이관되어 미국의 ICE 거래소가 'U.S. Dollar Index'로 상표권을 등록하고 지수의 설계, 운영과 발표를 하고 있습니다. 티커로는 USDX, DX와 DXY를 주로 사용합니다.

FX | ICE U.S. Dollar Index (USDX)

ICE Futures U.S.
US Dollar Index® Futures

Lice

출처: Intercontinental Exchange

달러인덱스는 미국의 통화인 달러 자체의 가치 변화를 알려주기도 하지만 동시에 미국 국민들의 구매력을 알려주는 척도이기도 합니다. 1973년 달러인덱스 개발 당시를 기준 지수 100으로 설정했는데, 만약 현재 달러인덱스 값이 120이면 달러는 해당 기간 동안 20%의 가치상승이 이루어졌음을 의미합니다. 반대로 달러인덱스가 80이라면 해당 기간 동안 달러의 가치가 20% 하락했음과 동시에 미국 국민들의 구매력 또한 20% 감소했다고 이해할 수 있습니다.

다시 말하면 달러인덱스의 변화는 달러가치가 얼마나 강해졌는지 혹은 약해졌는지 알려주는 동시에, 달러를 소지한 개인들의 구매력이 커졌는지, 작아졌는지의 변화도 알려주고 있습니다.

Case [1]	달러 인덱스 20% 상승 의미
10년간 달러 인덱스 100 → 120 상승	1) 10년간 미국 달러가치 20% 상승 2) 10년간 미국인들의 구매력 20% 상승
Case [2]	달러 인덱스 20% 하락 의미
10년간 달러 인덱스 100 → 80 하락	1) 10년간 미국 달러가치 20% 하락 2) 10년간 미국인들의 구매력 20% 하락

달러인덱스의 바스켓을 구성하는 상대통화는 모두 여섯 개로, 가중평균이 큰 순서대로 나열하면 유로(57.6%), 엔(13.6%), 파운드(11.9%), 캐나다달러(9.1%), 스웨덴크로나(4.2%), 스위스프랑(3.6%)의 순서입니다.

달러인덱스 통화별 가중치 [%]

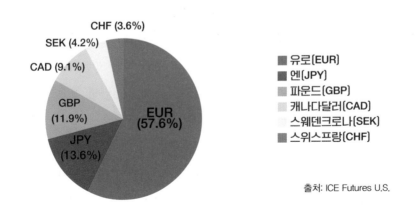

출처: ICE Futures U.S.

통화별 가중치는 각기 다르지만 그중에서도 유로화가 압도적으로 그 비중이 가장 큽니다. 이렇게 통화별로 가중치가 다르기 때문에 가중치가 큰 통화일수록 달러화 가치에 영향을 크게 줍니다. 유로화의 가중치가 큰 이유는 이전의 독일 마르크, 프랑스 프랑, 이탈리아 리라 등의 통화들을 유로화 출범 이후에 가중치로 통합했기 때문입니다.

따라서 달러인덱스 가중치의 57% 이상을 차지하는 유로화의 강세는 달러화의 약세, 유로화의 약세는 반대로 달러의 강세에 아주 직접적인 영향을 주게 되는 것이죠.

달러인덱스와 환율의 관계

달러인덱스와 달러-원 환율의 추세선은 서로 밀접한 관계가 있습니다. 이러한 사실은 달러-원 환율과 달러인덱스의 비교 그래프를 통해서도 확인할 수가 있습니다.

달러인덱스가 하락하면 일반적으로 달러-원 환율도 하락하고, 달러인덱스가 상승추세를 보이면 달러-원 환율도 상승세를 보입니다. 달러인덱스가 상승했다는 것은, 달러가 여타 주요 통화대비 상대적으로 강세를 보였다는 것이므로 달러 강세를 의미합니다. 글로벌 달러 강세로 달러-원 환율도 상승 압력을 주게 되는 것입니다.

달러인덱스 100선 위로 상승…환율 1,230원대로 올라

환율일보

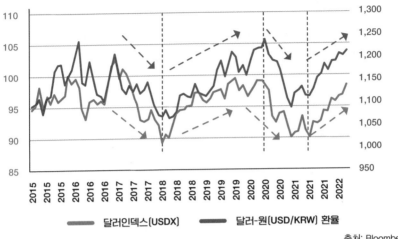

달러인덱스 vs 달러-원 환율: 2015~2022년 (월말 환율 및 지수)

달러인덱스(USDX)　　달러-원(USD/KRW) 환율

출처: Bloomberg

　　해당 뉴스는 미국달러가 강세를 보인 결과, 달러인덱스가 100선 이상으로 상승했다는 보도입니다. 달러화가 강세를 보임에 따라 달러-원 환율에도 영향을 줘서 환율이 상승했다는 내용이네요. 달러인덱스 상승은 안전자산 선호심리를 키우기 때문에 국내 주식시장에는 하락 요인으로 작용하는 경우가 많습니다.

■　달러인덱스 상승 → 미국 달러 강세 → 안전자산 선호→ 달러-원 환율상승

> **글로벌 달러 약세에 달러인덱스 하락…달러-원 5.50원 하락**
>
> 환율일보

반면에 글로벌 달러 약세는 달러인덱스를 하락시키기 때문에 달러-원 환율에도 하락 요인으로 작용합니다. 또한 달러인덱스 하락은 안전자산 선호심리를 약화시켜서 증시로 투자자금을 유입시키기에 증시에는 상승 요인으로 작용합니다.

■ 달러인덱스 하락 → 미국 달러 약세 → 위험자산 선호 → 달러-원 환율하락

달러인덱스와 환율의 괴리

하지만 이렇게 편리한 달러인덱스에도 문제점이 없지는 않습니다. 달러인덱스는 2000년대 들어 미국의 주요 교역국으로 부상한 중국, 한국, 멕시코와 브라질 등 신흥국과 아시아 국가 통화들을 아직까지 반영하지 못하고 있기 때문입니다.

이런 관점에서 보면 우리나라 입장에서는 달러-원 환율이 반드시 달러인덱스와 항상 일치한다고 보기는 어렵습니다 괴리가 있을 수 있다는 얘기죠. 따라서 리먼 금융위기와 같이 아시아나 개발도상국들에 예기치 못한 문제가 닥쳤을 때는 환율과 달러인덱스 간에 괴리가 생길 수 있으므로 비교에 유의해야 합니다.

2000년대 초반 미국의 닷컴버블 붕괴로 인한 불황의 여파로, 달러인덱스는 2007년까지도 약세를 면치 못하고 있었습니다. 특히 2008년 4월에는 강력한 유로화의 대두와 함께 역대 최저치인 71.33을 찍기도 했죠. 달러인덱스 약세가 이어지면서 달러패권 종말론도 등장하던 시기였습니다. 2008년 리먼 브라더스 파산 이후 80선으로 약간 반등하기도 했지만

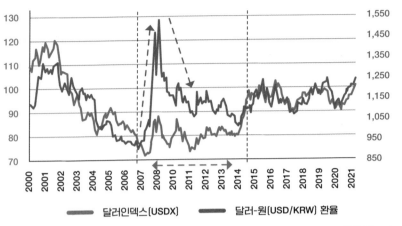

달러인덱스와 환율간 괴리: 2007~2014년[월말 환율 및 지수]

달러인덱스[USDX]　　달러-원[USD/KRW] 환율

출처: Bloomberg

전체적으로 평행선을 유지하였습니다. 반면에 이 기간 동안 달러-원 환율은 폭등과 폭락을 거듭했죠. 2013년 버냉키 연준 위원장의 양적완화 종료를 알리는 테이퍼링이 발표되고 약 1년여 후인 2014년에 이르러서야 달러인덱스가 반등하면서 환율과의 괴리가 좁혀지게 됩니다.

여기서 달러인덱스에 대해서 두 가지 중요한 사실을 알 수가 있습니다.

첫째, 달러인덱스와 환율은 단기적으로나 중기적으로 어느 시점에서 서로 괴리가 생기는 경우가 종종 있다는 것입니다. 따라서 달러-원 환율이 달러인덱스 대비 너무 높이 올라가든가 너무 낮게 형성되는 경우에는 장기적으로 수렴하게 되므로, 이에 맞추어 외환 포지션을 미리 조정해야 할 필요가 있습니다.

둘째, 달러인덱스는 서구 선진국 통화들의 변화만 반영한 지표라는 것입니다. 그러므로 달러인덱스를 달러-원 환율과 비교할 때는 위안화처럼 달러인덱스에 들어가지 않으면서도 한국과 긴밀한 관계에 있는 통화들의 변화를 면밀히 살펴야 합니다. 중국이 우리나라 경제와 밀접한 관련이 있기 때문입니다.

이렇듯 달러인덱스가 서구 선진국에 편향된 지수이기 때문에 향후 미래에는 달러인덱스를 구성하는 통화바스켓의 구성 통화에도 적잖은 변화가 예상됩니다.

이것만 기억하자!

- 달러인덱스는 미국달러화의 가치를 지수화시켜 현재 달러가 얼마나 강세인지 또는 약세인지를 수치로 보여주기 때문에 아주 편리합니다.
- 달러인덱스의 바스켓을 구성하는 통화는 모두 여섯 개로, 유로화가 57.6%로 가중치가 제일 큽니다. 이어서 엔화(13.6%), 파운드화(11.9%) 순입니다.
- 달러인덱스 가중치의 57% 이상을 차지하는 유로화의 강세는 달러화의 약세, 유로화의 약세는 반대로 달러화의 강세에 아주 직접적인 영향을 줍니다.
- 달러인덱스와 달러-원 환율의 추세선은 서로 밀접한 관계가 있습니다. 달러인덱스가 하락하면 통상적으로 달러-원 환율도 하락하고, 달러인덱스가 상승 추세를 보이면 달러-원 환율도 상승세를 보입니다.
- 달러인덱스는 중국을 비롯한 신흥국 통화를 아직 포함하지 않기 때문에 신흥국 통화의 환율과는 괴리가 있을 수 있습니다.

유로화의 탄생

유로화는 유럽연합EU의 공동통화입니다. 유로화를 나타내는 기호 '€'도 이 것이 유럽의 공동통화라는 점을 잘 나타내줍니다. 유럽Europe의 알파벳 첫 글자 E에 해당하는 그리스문자 엡실론(ε)을 현대적으로 디자인한 것이거 든요. 유로화는 1999년 1월 유럽지역 경제통화동맹 출범과 함께 사용 및 거래되었으며 2002년 1월부터 실제 지폐와 동전이 발행되면서 사람들 사 이에 유통되기 시작했습니다. 어떤 의미에서 보면 역사가 매우 짧은 통화 인 셈이죠.

유로화의 이론적인 토대는 노벨경제학상 수상자인 로버트 먼델Robert Mundell 교수의 '최적통화이론'에 기초하고 있는데, 노동과 자본 이동의 자 유 및 다변화된 산업구조 등의 특정 조건들을 충족하면 단일통화 도입이 경제적인 효율을 극대화할 수 있다는 게 이론의 핵심입니다.

현재 유럽연합 회원국들 중 다수가 유로화를 공식통화로 사용하지만 여전히 독자적인 통화를 사용하는 국가도 있습니다. 2022년 현재 27개 회원국 중 19개국이 유로화를 사용 중이죠. 또한 유로화는 달러화에 이어 세계에서 두 번째로 많이 사용하는 국제결제 통화로서, 전 세계 약 60여 개국이 자국의 통화로 사용하고 있거나 유로화 환율에 자국의 통화가치를 고정시키고 있습니다.

유로화의 문제점

유로화의 도입으로 유로존은 '하나의 공동체'라는 목표를 지향할 수가 있었습니다. 단일통화를 사용함으로써 얻어지는 경제적인 효과는 아주 컸지요. 그만큼 효율적으로 지역경제를 관리해나갈 수 있어서 여러 개의 다른 통화를 관리하는 것보다 비용과 시간적인 면에서 매우 이득이었습니다.

하지만 과거 2010년~2012년 사이 발생한 남유럽 경제위기에서 보듯이 공동통화로 인해서 한 국가의 경제위기가 유럽 전역의 위기로 전이되는 부작용도 적지 않았죠. 특히나 경제공동체로 엮여 있기는 하지만 유럽 각국은 자국의 경제를 독립적으로 관리해나가는데, 국가마다 물가, 재정, 금리와 실업률 등 경제 상황이 다르기 때문에 일률적인 정책을 펴기 어려운 경우도 많이 있습니다.

현재의 유럽 경제동맹은 재정 통합이 완전히 이루어지지 않았기에 어떤 새로운 위기가 닥치면 큰 혼란에 직면할 수 있습니다. 특히나 최근 영국이 유럽연합을 탈퇴하면서 유로화의 위상이 크게 흔들리기도 했죠. 원래는 안전통화의 범주에 해당하는 유로화지만 현재는 그 위상을 많이 잃은 상황입니다. 경제 상황이 좋지 않은 것이 가장 큰 원인이지요. 따라서 현재 유로화의 미래는 그다지 낙관적이지는 않다고 볼 수 있습니다.

유로화는 달러인덱스와 반대 방향

유로화가 우리나라에게 가장 중요한 이유는 달러화의 가치를 '상대적으로' 대변해주기 때문입니다. 달러화의 가치는 그 자체로는 알 수가 없습니다. 다른 통화들과 비교해서 봐야 하는데 가장 많이 쓰는 방법이 바로 달러인덱스를 살펴보는 것이죠.

달러인덱스는 과거 유로존 회원국들의 통화(마르크, 프랑, 리라 등) 가중치를 모두 유로화로 통합했습니다. 그래서 달러인덱스 중 유로화가 차지하는 가중치가 무려 57.6%나 됐던 거죠. 이렇게 유로가 달러인덱스에서 차지하는 비중이 높기에 사실상 달러인덱스의 변동은 유로화에 의해 움직인다고 봐도 무리가 아닙니다.

그렇게 가중치가 높기 때문에 유로화가 강해지면 상대적으로 달러화는 약해지고, 반대로 달러화가 강해지면 상대적으로 유로화는 약해지는 것입니다. 다음 그래프를 보면 더욱 확실하게 이해할 수 있습니다.

다음 페이지의 그래프에 나타난 바와 같이 유로화는 정말이지 서로 포개놓은 것처럼 달러인덱스와 반대로 움직이는 모습을 보입니다. 이 그래프가 '달러인덱스에 가장 영향을 많이 주는 통화가 바로 유로화'라는 점을 아주 잘 시사해주지요. 그리고 달러-원 환율에 가장 큰 영향을 주는 것이 달러인덱스이기 때문에, 유로화는 달러-원 환율과 직접적으로 관련된다고 볼 수 있습니다.

유로화가 약세를 나타내면 달러는 강세를 보이면서 달러-원 환율은 상승하고 유로화가 강세를 나타내면 달러는 약세를 보이며 달러-원 환율은 하락하게 되는 것이지요. 유로화의 전망이 어둡고 약세를 보일 가능성이 높으면 그만큼 달러는 강세를 보일 확률이 높습니다. 그러므로 앞으로

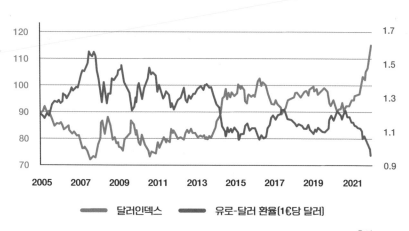

유로환율과 달러인덱스는 반대로 판박이

	120		1.7
110			1.5
100			1.3
90			1.1
80			
70			0.9

2005 2007 2009 2011 2013 2015 2017 2019 2021

━━ 달러인덱스   ━━ 유로-달러 환율(1€당 달러)

출처: Bloomberg

달러-원 환율을 잘 예측하려면 이러한 달러와 유로의 관계를 꼭 염두에
두고 있어야 하겠습니다. 결론적으로, 유로화와 원화는 같은 방향으로 움
직입니다. 유로화가 강해지면 원화도 강세를 보이고 유로화가 약해지면
원화도 달러 대비 약해지기 때문에 그렇습니다.

유로화와 파운드화

파운드화는 현재 우리가 사용하는 화폐 가운데 가장 오래된 통화로, 기호
는 '£'를 사용합니다. 영국의 파운드화는 제1차 세계대전 당시까지 세계
의 기축통화 역할을 했었습니다. 달러화 이전에는 파운드화가 달러의 역
할을 하고 있었지요.

　하지만 제2차 세계대전과 현대사회를 거치면서 영국의 위상은 많이

떨어졌습니다. 발권국의 위상을 반영하는 통화의 특성상 파운드화 또한 효용과 가치가 많이 하락한 것이 사실이죠. 파운드화는 유로화와 엔화 다음으로 달러인덱스에서 차지하는 가중치가 높습니다. 약 11%의 가중치를 부여받고 있는데, 달러에 주는 영향에 있어서는 유로화에 비하면 미미한 정도이지요.

지금은 브렉시트로 EU의 회원국에서 빠져나왔지만 영국은 지리적이나 경제적으로 여전히 유로존과 긴밀한 영향을 주고받고 있습니다. 그런 이유로 파운드화는 유로화에 많이 동조화同調化하는 경향을 보여줍니다. 동조화란 어떤 통화가 다른 통화의 환율과 보조를 맞춰 비슷하게 움직이는 양상을 보이는 것을 지칭합니다.

영국 파운드화는 유로화 환율에 동조화 경향

━━ 파운드-달러 환율(1£당 달러)   ━━ 유로-달러 환율(1€당 달러)

출처: Bloomberg

이것만 기억하자!

- 유로화는 달러화에 이어 세계에서 두 번째로 많이 사용하는 국제결제 통화입니다.
- 달러인덱스에서 유로화가 차지하는 비중이 절대적으로 높기 때문에 사실상 달러인덱스의 변동은 유로화에 의해 움직인다고 보면 됩니다.
- 따라서 유로화가 강해지면 상대적으로 달러화는 약해지고, 반대로 달러화가 강해지면 상대적으로 유로화는 약해지는 것이 일반적입니다.
- 파운드화는 유로화에 많이 동조화하는 경향을 보여줍니다. 동조화란 어떤 통화가 다른 통화의 환율과 보조를 맞춰 비슷하게 움직이는 양상을 보이는 것을 뜻합니다.

중국 위안화와 스위스 프랑, 엔화와 원자재 통화들

중국 위안화

중국은 2022년 현재, 관리변동환율 제도를 채택하고 있습니다. 하지만 얼마 전까지만 해도 고정환율 제도를 사용하던 나라였죠. 중국은 스위스와 함께 환율 제도를 변경한 대표적인 두 국가로 인식되고 있습니다.

중국 위안화는 오랫동안 여타 신흥국 통화들처럼 가치하락의 문제에 시달렸습니다. 그래서 2005년부터 2008년까지 3년간 달러당 위안화 환율을 21%나 절상했었죠. 그럼에도 문제는 해결되지 않았습니다. 설상가상으로 2008년 금융위기가 터지자 2010년까지 약 2년간 달러당 위안화 환율을 6.83위안으로 달러화에 고정시켜버립니다.

하지만 2000년대 들어 세계의 공장으로 변모한 중국이 급격한 경제 성장을 이루면서 이에 따른 외환 보유고 증가로 위안화 환율의 변동폭이 커지게 됩니다. 환율을 유지시키기 위해 막대한 비용과 에너지가 들어가게 된 것이죠. 결국 중국은 2010년 다시 당국의 개입을 받는 관리변동환율 제도로 전환하게 됩니다.

일반적으로 중국 위안화 환율은 우리나라 원화 환율과 비슷하게 움직이는 동조화 현상을 보입니다. 그리고 이 같은 동조화 현상은 위험회피 시기인 리스크 오프 때 더욱 강하게 나타나는 경향이 있습니다.

출처: Bloomberg

스위스 프랑

변동환율 제도를 시행하다가 고정환율 제도로 변경, 이후 또다시 변동환율 제도로 재차 회귀한 특이한 경우도 있습니다. 바로 스위스가 그렇지요.

스위스는 관광객들이 많아 서비스업과 각종 제조업이 잘 발달된 나라지만 비싼 물가가 문제였습니다. 워낙 자국의 물가가 비싼 탓에 수출 기업들이 수출품의 가격 경쟁력 하락으로 힘들어했지요.

결국 2011년 9월 스위스 중앙은행은 자국통화인 스위스프랑의 교환 가치를 1유로당 1.20스위스프랑으로 고정시켜버립니다. 스위스프랑의 유로화 페그 제도를 전격적으로 실시하게 된 것이지요. 2011년 당시는 리먼 금융위기 이후로 유로화의 가치가 많이 떨어져 있었던 시기였습니다. 스위스는 자국통화인 프랑을 유로화에 고정시킴으로써 주요 수출품인 시계 등 스위스 수출기업들에게 더 많은 수익을 얻을 수 있는 기회를 줄 수 있다고 판단했던 것입니다.

하지만 유로화의 지속적인 하락과 고정환율제 운영 비용 등의 문제로 인해, 결국 스위스 중앙은행은 2015년 유로화에 대한 고정환율제를 폐지하고 변동환율 제도로 재차 회귀합니다. 고정환율제 폐지 이후 스위스 프랑은 극심한 평가절상 압력을 받으면서 변동환율제 도입 이후 약 20% 이상의 가치 상승을 보이게 됩니다.

유로-스위스프랑 환율(1€당 스위스프랑)

유로화 대비 지속적으로 절상 중인 프랑화 추세는
스위스의 가격 경쟁력을 약화시키고 있어 고민이다

출처: Bloomberg

일본 엔화

일본 엔화는 탄탄한 일본의 경제력을 바탕으로 예전부터 달러와 함께 대표적인 안전자산으로 여겨졌습니다. 하지만 미국과의 플라자 합의 이후 엔화가 두 배 이상 평가절상되고 비싸지면서 일본 경제에도 극심한 경기 침체라는 문제가 나타나게 되었지요.

이렇게 극심한 엔고와 경기침체의 결과인 디플레이션에서 탈출하기 위해 2012년 아베 신조 전 수상이 취임하며 일본 정부가 추진한 정책이 바로 아베노믹스였습니다. 아베노믹스는 2% 이상의 물가상승 목표를 가지고 무제한적 양적완화와 마이너스 기준금리를 통해 투자와 경기를 진작시키려고 노력했습니다. 일본의 사례는 인플레이션도 무섭지만 디플레이션에 한번 빠지면 얼마나 경제가 헤어나오기 힘든지를 우리에게 여실히 보여주고 있습니다.

일본 엔화와 미국채 금리의 동조화

출처: Bloomberg

일본 엔화에 있어서 우리가 알아야 할 가장 중요한 두 가지는 우선 엔화가 무엇에 가장 크게 영향을 받느냐 하는 것이며 두 번째로는 우리나라 원화와의 가격 경쟁력 상황을 체크하는 것입니다.

일본의 기준금리는 2016년부터 2022년 말 현재까지 -0.1%로 운영되고 있습니다. 마이너스 금리이다 보니 엔화 환율은 달러금리에 매우 민감하게 반응합니다.

달러-엔 환율은 미국 국채금리에 가장 가깝게 연동되기에 미국 국채금리를 보면 엔화의 움직임을 예측하는 데 도움이 됩니다. 미국 국채금리가 상승하면 달러-엔 환율도 상승하고, 국채금리가 하락하면 달러-엔 환율도 하락하는 경향이 큽니다.

일본 엔화는 우리나라 원화와 직접적으로 비교되어 수출 경쟁력의 잣대로 이용되기도 합니다. 2000년대 들어서 엔-원 평균환율은 엔화당

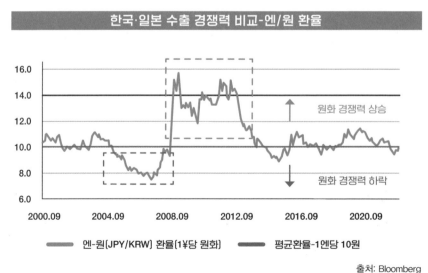

한국·일본 수출 경쟁력 비교-엔/원 환율

출처: Bloomberg

10원 정도로 형성되어 있습니다. 엔-원 환율이 상승하면 엔화와 비교한 원화가치가 하락하여 대일 수출 경쟁력이 상승하고 반대로 엔-원 환율이 하락하면 대일 수출 경쟁력이 하락하게 됩니다.

러시아 루블화와 브라질 헤알화

러시아 루블화와 브라질 헤알화는 대표적인 원자재 관련 통화들입니다. 러시아는 석유, 천연가스를 비롯한 각종 천연자원 부국으로 이들 원자재의 가격이 상승하면 러시아 통화인 루블화도 같이 강세를 보이지요.

2021년부터 시작된 미국의 테이퍼링 이후 달러인덱스가 거침없이 상승하면서 미국달러 이외의 통화들이 대부분 약세를 나타냈습니다. 하지만 러시아 루블화는 우크라이나 전쟁과 달러 강세 시기에도 불구하고, 달러

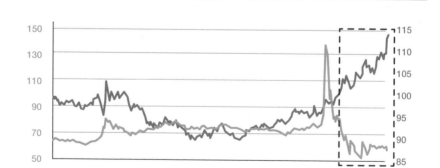

원자재 통화(1) 러시아 루블-달러 강세기에 더 올랐다

달러-루블(1$당 루블) 달러인덱스

출처: Bloomberg

에 비해서도 오히려 강세를 보이면서 원자재 관련 통화의 특징을 단적으로 보여주었습니다.

원자재 통화(2) 브라질 헤알-달러 강세기에도 선방

달러-헤알 환율(1$당 헤알)　　달러인덱스

출처: Bloomberg

　　브라질의 헤알화 또한 원자재 관련 통화로 취급됩니다. 브라질은 석유와 철강 등의 주요 수출국인데요, 2022년 이후 달러 강세기에도 헤알화는 달러화에 대해 크게 약세를 보이지 않으면서 달러-헤알 환율은 견고한 모습을 보여주었습니다.

　　브라질 헤알화는 고금리 통화에 해당하기 때문에 우리나라 투자자들 중에도 브라질 헤알화 연동 브라질채권에 투자하는 분들이 많습니다. 한때는 브라질채권 투자가 해외채권 1위에 해당했던 적도 있었을 정도죠.

　　브라질 경제는 석유 수출에 대한 의존도가 굉장히 큰 편입니다. 그래서 브라질 헤알화 투자자들이라면 원유 가격을 주로 봐야 합니다. 원유 가격의 등락에 따라 브라질 경제 상황도 많이 변화하기 때문에 헤알화 환율

은 특히나 어느 통화보다도 원유 가격에 민감하게 움직입니다. 다음의
WTI 원유 가격과 브라질 헤알화를 비교한 그래프를 보면 이 둘의 상관관
계가 얼마나 높은지 잘 확인할 수 있습니다. 원유 가격이 상승하면 달러-
헤알화 환율은 하락하고, 원유 가격이 하락하면 헤알화의 가치가 떨어지
면서 달러-헤알 환율이 상승하는 모습을 볼 수 있지요.

브라질 헤알은 원유 가격에 민감하게 연동한다

━━ 달러-헤알 환율(1$당 헤알)   ━━ WTI 원유 가격(배럴당)

출처: Bloomberg

이것만 기억하자!

- 중국 위안화 환율은 우리나라 원화 환율과 비슷하게 움직이는 동조화
  현상을 보이는데, 위험회피 때 더 강하게 나타나는 경향이 있습니다.
- 스위스는 변동환율 제도를 시행하다 고정환율 제도로 변경을 했지만
  다시 변동환율 제도로 재차 회귀한 특이한 경우입니다.
- 일본의 기준금리는 2016년부터 2022년 현재까지 −0.1%로 운영되
  고 있습니다. 그런 이유로 엔화 환율은 달러금리에 민감하게 반응합
  니다. 또한 엔−원 환율은 수출 경쟁력의 잣대로 이용되기도 합니다.
- 러시아 루블화와 브라질 헤알화는 대표적인 원자재 관련 통화들입
  니다.

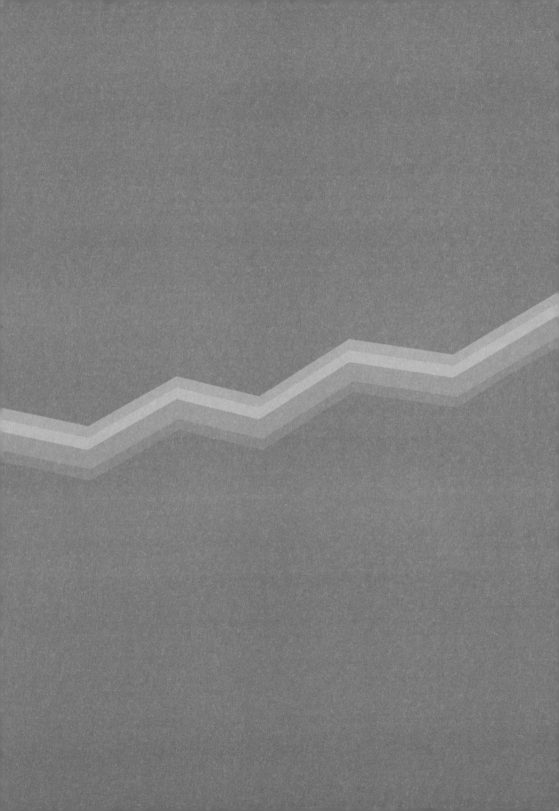

제6장

복잡한 관계 정리하기

—

환율, 마지막으로
이렇게 해보자

생초보도 할 수 있다!
환율, 이렇게 분석하고 매매하자
[1단계]

초보자도 쉽게 할 수 있는 4단계 환율 분석

환율과 썸도 타고 연애도 하면서 그 아이에 대해 너무 많이 알았는데 여전히 머리가 터질 듯한 이 기분은 뭘까요? 아직도 환율이 어떤 애인지 잘 파악이 안 되는 것 같습니다. "초보자인 내가 실제로 뭘 보면 되지? 그걸 어떻게 해석하면 되지?" 하는 생각이 당연히 떠오를 겁니다. '환율을 볼 때 이것만 보면 된다!'라고 간단하게 정리해서 실용적으로 써먹으면 좋겠지요.

그래서 이제부터 앞서 배운 기초지식을 바탕으로 외환시장을 모니터링하는 가장 간단한 루틴을 소개해보려 합니다. 인터넷만 있으면 몇 분만 할애해서 간단하게 외환시장을 체크할 수 있는, 초보자도 가능한 4단계 환율 분석 방법입니다. 외환시장과 환율 초보자라도 아래의 단계대로 따라 하면 아주 쉽게 국제 금융시장에서 우리나라 통화인 원화의 움직임을 체크할 수 있습니다.

돈이 들어갈 일도 없고 기술적 분석을 위한 차트 보는 법을 배울 필도 없습니다. 외환 초보자 여러분도 이제는 국제 금융시장의 일원이 되었다는 것에 실감이 나면서 환율 공부가 더 쉽고 재미있어질 것입니다.

1단계: 뉴욕 NDF 종가 확인

뉴욕 NDF 종가를 확인하는 데는 다음과 같은 두 가지 목적이 있습니다.

- **오늘 환율이 오를지 내릴지 예측할 수 있다**
- **외국인들의 원화 매매 방향을 가늠해볼 수 있다**

우선, 아침에 일어나자마자 전날의 역외 차액결제 선물환인 NDF 종가를 확인합니다. 우리나라의 서울외환시장은 오전 9시에 시작해서 오후 3시 30분에 마감을 합니다. 하지만 한국외환시장의 종료는 곧 역외 차액결제 선물환인 NDF 시장의 시작을 의미하죠. 그리고 NDF 거래는 런던시장을 거쳐 뉴욕시장에서 마감을 합니다.

즉, 원화는 평일 오후 3시 30분에 서울외환시장이 종료하면 NDF 시장으로 옮겨가 거래가 되고, 아시아와 런던 그리고 뉴욕을 거쳐 NDF 거래가 종료된 이후에는 다시 오전 9시에 서울외환시장으로 넘어오는 사이클을 반복하는 것이지요.

이 같은 달러-원 NDF 환율은 블룸버그, 레피니티브나 연합인포맥스 같은 전문적인 금융정보 단말기가 없는 일반인들도 간단하게 인터넷을 통해 확인할 수 있습니다. 많은 사이트들이 있지만 마켓워치 MarketWatch와 인베스팅 Investing 두 곳을 추천드립니다. 이들 사이트들은 실시간으로 호가를 업데이트해주기 때문에 매우 유용합니다.

　종가를 확인하려면 시장이 언제 마감하는지를 알아야겠죠. 3월~10월에는 뉴욕 시간으로 오후 5시, 한국 시간으로 오전 6시에 마감을 하는데 미국 동부의 서머타임EST이 적용되는 11월~2월 동안에는 한국 시간 오전 7시로 바뀌니 유의해야 합니다.

　뉴욕 역외시장인 NDF 종가가 중요한 이유는 그것이 서울외환시장인 역내시장의 개장 가격이 되기 때문입니다. 따라서 뉴욕 NDF 종가를 보면 우리나라 외환시장이 오늘 오를지 내릴지를 어느 정도 가늠할 수 있습니다. 다음 두 가지를 가장 먼저 체크해보면 됩니다.

　첫째, NDF 종가가 내렸는지 올랐는지를 체크합니다. 위 예시에서 전일 뉴욕 NDF 호가가 1,380.06으로 전일 서울외환시장의 종가 1,384.88보다 하락했네요. 이렇게 하락한 뉴욕 NDF 종가인 1,380.06은 오늘 서울외환시장의 달러-원 개장 환율이 됩니다. 그리고 서울외환시장에 특이한 뉴스나 변수가 없다면 이 같은 환율의 하락 기조는 하루 종일 이어지는 경우가 많습니다.

둘째, NDF 환율의 상승폭 또는 하락폭을 체크합니다. 예시에서 뉴욕 NDF 환율은 서울외환시장 종가보다 4.82원 내려서 0.35% 하락했군요. 하락폭 자체는 크지 않았음을 알 수 있습니다. 이 같은 하락폭은 이후 달러 인덱스의 하락폭과 비교할 것입니다.

NDF 시장은 외국인들이 주 무대인 시장입니다. 그래서 역외 NDF 환율을 통해 외국인들이 우리나라 원화를 사고자 하는지 혹은 팔고자 하는지 그 방향을 예측할 수 있는 것이지요.

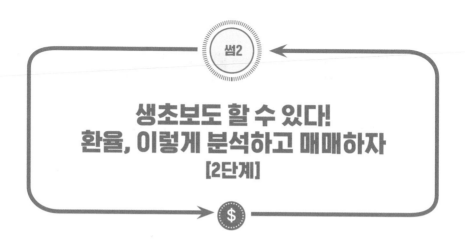

생초보도 할 수 있다!
환율, 이렇게 분석하고 매매하자
[2단계]

2단계: 달러인덱스(DXY 지수) 확인

뉴욕 NDF 종가를 확인한 뒤에는 달러인덱스(DXY 지수)를 확인합니다. 달러인덱스를 확인하는 데는 다음과 같은 두 가지 목적이 있습니다.

- **외환시장이 달러 강세인지 달러 약세인지 알 수 있다**
- **시장에 위험회피 또는 위험선호 심리가 있는지 알 수 있다**

달러인덱스는 여섯 개 주요 글로벌 통화의 대달러 환율을 가중평균한 수치이기 때문에 오르면 달러 강세, 내리면 달러 약세인지를 금방 알 수가 있습니다. 인터넷에 DXY를 치면 달러인덱스를 찾을 수 있는데요, NDF의 경우와 마찬가지로 마켓워치나 인베스팅의 지수 종가를 보면 다음과 같이 나타납니다.

달러-원 NDF 환율 종가가 서울외환시장의 오늘 개장 환율을 알려준다면, 달러인덱스 DXY는 글로벌 외환시장에서 미국달러가 현재 강세인

Investing.com

달러 지수 (DXY)

⬇ **108.97** -0.73 (-0.67%)

🕐 05:59:00 - 지연 데이터. 통화 USD (면책조항)

금일 시가: **109.57**
금일 변동: **108.36 - 109.54**
52주 변동폭: **92.32 - 110.79**

https://kr.investing.com/indices/usdollar

MarketWatch

Home › Investing › Quotes › Index › DXY › Over

Switch Quote | DXY U.S.: ICE Futures U.S.

U.S. Dollar Index (DXY)

🔒 CLOSED

108.97

▼ -0.73 -0.67%

Last Updated: Sep 9, 2022 4:59 p.m. EDT
- Delayed quote

www.marketwatch.com/investing/index/dxy

지 약세인지를 알려줍니다. 만약 달러인덱스가 2~3% 이상 크게 하락했다면 시장이 위험선호(리스크 온) 현상을 보이는 것이며 반대로 달러인덱스가 크게 상승했다면 시장이 위험회피(리스크 오프) 상황인 것으로 이해해야 합니다.

첫째, 달러인덱스가 전일 대비 올랐는지 내렸는지 체크합니다. 지수 종가를 보니 108.97로서 달러인덱스가 전날 109.57 대비 하락한 것을 알 수 있네요. 달러-원 NDF 환율도 전날에 비해 하락했으니 달러-원 환율과 달러인덱스가 같은 방향으로 움직였음을 알 수 있습니다.

통상 달러인덱스와 NDF 환율은 같은 방향으로 움직이지만 그렇지 않을 때도 있는데요, 다음과 같은 경우입니다.

전일 달러인덱스와 NDF 환율 방향이 다른 경우	
DXY와 NDF 환율 방향	**원인**
DXY 상승 / NDF 환율하락	원화 강세 모멘텀이 있는 경우
DXY 하락 / NDF 환율상승	원화 약세 모멘텀이 있는 경우

이렇게 둘이 다른 방향으로 움직일 때는 원화에 특별한 '재료'가 있는 경우가 많습니다. 경상수지의 흑자나 적자처럼 여타 특별한 재료들은 원화의 가치를 달러의 방향과 다르게 평가하도록 만들죠. 이러한 경우가 발생했을 때는 뉴스 기사 등을 통해 원화가치가 오르고 내린 특별한 이유를 찾아 알아보면 됩니다.

둘째, 얼마나 상승 또는 하락했는지 상승폭과 하락폭을 체크합니다. 예시의 지수 종가를 보니 108.97로서 달러인덱스가 전일 대비 0.67% 내렸네요. 하락폭이 상당히 큰 것은 아니지만 NDF 환율하락폭 0.35%보다는 조금 컸다는 것을 알 수가 있습니다.

달러의 가치 하락보다 달러-원 하락폭이 적은 경우는 일반적으로 둘 중 하나인데, 제일 흔한 경우는 원화 약세 모멘텀이 있을 때입니다. 원화 강세 모멘텀이 있을 때는 달러인덱스가 하락해도 NDF 환율은 그만큼 하락하지 않는 반면, 원화 약세 모멘텀이 있을 때는 달러인덱스가 상승할 경우 달러-원 환율은 더욱 가파르게 상승합니다.

또 한 가지는 글로벌 금융시장의 상황이 위험선호인지 위험회피인지에 따라서도 변동폭이 달라질 수 있습니다. 시장이 위험을 선호하는 시기에는 달러인덱스가 하락하더라도 NDF 환율은 그보다 적게 하락하는 경향

환율 방향은 같으나 변동폭이 다른 경우	
DXY & NDF 환율 변동폭	**원인**
DXY 상승폭 〈 NDF 환율 상승폭	**원화 약세 모멘텀이 있는 경우** 시장이 위험회피(리스크 오프)
DXY 하락폭 〉NDF 환율 하락폭	**원화 강세 모멘텀이 있는 경우** 시장이 위험선호(리스크 온)

이 있습니다. 반면에 시장이 위험을 회피하는 시기에는 달러인덱스가 상
승하면 NDF 환율은 그보다 더 크게 뛰어오르는 경우가 많습니다.

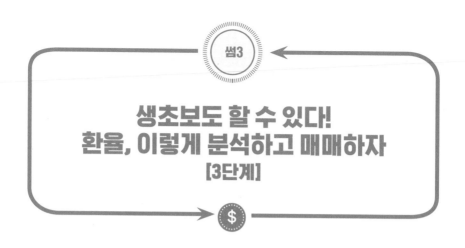

썸3

생초보도 할 수 있다!
환율, 이렇게 분석하고 매매하자
[3단계]

3단계: 달러-원 환율과 인덱스 비교하기

달러-원 환율을 달러인덱스 추세와 비교하는 데에는 다음과 같은 두 가지 목적이 있습니다.

- **달러-원 환율의 고평가 또는 저평가 상태를 판단**
- **고평가/저평가를 통해 달러-원 환율의 단기 추세를 예측**

마켓워치나 인베스팅의 웹사이트는 일정 기간의 추세를 사용자가 임의로 기간을 정해서 볼 수 있도록 편의를 제공하고 있습니다. 특히 마켓워치는 일정 기간의 추세선뿐만 아니라 평균값까지도 제공해서 초보자가 보기에 무척 편리합니다. 둘의 추세를 비교해보면 달러-원 환율이 달러인덱스에 비해 고평가되었는지, 아니면 저평가되었는지를 알 수 있습니다.

또한 마켓워치에는 그래프 하단에 현재의 지수와 환율이 52주 내 움직임 중 어디에 위치하고 있는지 쉽게 알려주는 바bar가 있습니다. 그래프를 통해서 비교할 수도 있지만 달러인덱스와 달러-원 환율의 바를 비교해서 환율이 고평가 혹은 저평가되었는지를 판단하는 것도 편리합니다.

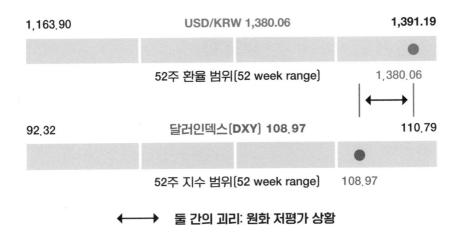

⟵ ⟶ 둘 간의 괴리: 원화 저평가 상황

마켓워치 52주간의 바를 보면 현재 달러-원 환율이 달러인덱스보다 높은 지점에 위치하고 있습니다. 달러인덱스가 오른 것보다도 달러-원 환율이 더 많이 오른 상황이죠. 따라서 둘 간의 차이만큼 원화가 저평가된 상황이라고 이해할 수 있습니다.

그리고 이러한 사실에서 앞으로 달러-원 환율이 하락할 가능성이 높다는 점도 알 수 있습니다. 괴리를 통해 향후 달러-원 환율의 단기적 추세 예측이 가능한 것이지요. 달러인덱스보다 원화가 더욱 저평가되어 환율이 높은 상황이므로 향후에 이 둘이 수렴한다면 환율은 더 내려와야 하기 때문입니다.

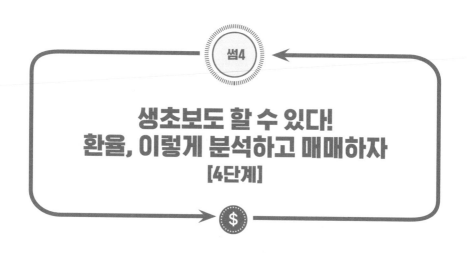

생초보도 할 수 있다!
환율, 이렇게 분석하고 매매하자
[4단계]

4단계: 분석의 마무리와 매매 실행

앞의 1~3단계를 통해서 독자 여러분은 달러-원 환율과 달러인덱스의 현재 상황을 잘 파악했을 것입니다. 이제는 금융시장에 어떠한 일이 있었는지 뉴스 기사들을 통해 시장 전반에 대한 이해를 보충하기만 하면 됩니다. 특히 연합인포맥스(news.einfomax.co.kr)의 외환 기사와《한국경제신문》의 금융 코너(hankyung.com/financial-market)는 개인적으로 많이 참고하는 기사들이라 독자 여러분들께도 추천합니다.

연합인포맥스의 채권/외환 코너에는 외환 관련 뉴스 기사들이 잘 정리되어 있습니다. 외환 코너가 따로 만들어져 모여 있으므로 달러와 환율 관련 기사들만 읽어도 도움이 많이 될 것으로 생각됩니다.《한국경제신문》의 금융 코너도 국제금융 관련 금융 상식들이 많이 있어서 외환시장을 모니터링하는 데 도움이 됩니다. 특히 국내 기업들과 관련된 기사들은 실제 경제 상황을 이해하는 데 매우 유용합니다.

달러 매매 실행

이렇게 외환시장과 환율 상황에 대한 분석이 모두 완료되었다면 남은 것은 매매 여부에 대한 판단이겠지요. 이러한 분석에 따라 매수 또는 매도를 결정했다면 빠르게 실행에 옮겨야 합니다. 모든 것은 타이밍이라서 분석을 완벽하게 했더라도 매수·매도의 타이밍이 늦어진다면 분석의 의미가 퇴색하기 때문입니다.

그러면 달러를 어떠한 방법으로 사고팔아야 할까요? 달러와 같은 외환의 매매 방법에도 여러 가지가 있습니다. 가장 안전하고 보편적인 방법은 환율 레인지range를 이용하는 방법입니다. 여타 금융상품과 마찬가지로, 환율도 일정 시간 동안 특정 범위 안에서 변동을 하는 특성이 있습니다. 따라서 급하게 실행할 필요가 없다면 한 번의 거래로 필요한 달러 금액을 전부 매수 또는 매도하는 대신 분할하여 매매하기를 추천합니다.

우선 1주일이나 2주일, 혹은 한 달 후 등 달러가 필요한 시점을 정합니다. 그 시점이 데드라인이 되는 것이지요. 데드라인 때까지 매수하고자 하는 희망 레벨을 마음속에 그려놓고 환율의 변동에 따라 달러를 분할 매수하는 방법이 달러 매수 시의 환리스크를 줄이는 가장 좋은 방법입니다.

이렇게 매수 또는 매도의 실행까지 다 완료했으면 분석에서 매매까지의 한 사이클이 마무리된 것입니다. 이제는 시간을 보면서 자신의 매매가 잘되었는지를 확인하는 동시에, 기초자산의 투자 기회를 기다려야 하겠지요.

미국 주식에 투자한 서학개미의 환율 고민 [Case 1]

해외자산은 외국통화로 거래되기 때문에 외화표시 자산이라고도 합니다. 미국 주식은 외화표시 자산 중에서도 달러표시 자산인 것이지요. 달러표시 자산은 살 때도 달러로 지불해야 하고 팔고 나서도 원금으로 달러를 받게 됩니다. 중간에 이자와 배당도 물론 달러로 수취하게 되지요. 그래서 투자수익은 기초자산의 움직임만 고려하는 국내자산과 달리, 미국 주식의 가격 움직임과 더불어 환율의 움직임까지 고려해서 결정됩니다.

국내 투자자가 달러 자산에 투자하는 경우에는 투자의 현금흐름이 모두 달러로 이루어지므로 모든 현금흐름을 달러-원 환율과 결부시켜 생각해야 합니다. 그래서 서학개미의 투자는 국내투자의 경우보다 조금 더 복잡하죠. 다음의 예를 통해 한번 살펴보도록 하겠습니다.

일반인 서학개미인 전기차 씨는 최근 좋아하는 미국 기업인 테슬라 주식에 투자를 했습니다. 주식시장이 조정을 받고는 있지만 변동성 장세에서 조금이라도 차익을 얻고자 단기투자 목적으로 약간은 충동적으로 매수를 했던 것이지요. 전기차 씨도 해외투자에는 환위험이 존재한다는 것

정도는 들어 알고 있었지만, 개인이 헤지를 하기에는 여러 가지 제약과 비용 부담이 있어서 환헤지는 하지 못했습니다. 하지만 파월 연준 의장이 매일 밤 뉴스를 터뜨리며 금융시장의 변동성을 키우고 있어 불안합니다. 또 "만약 기초자산인 테슬라 주가가 오르더라도 달러-원 환율이 원하는 방향과 반대로 가면 어떻게 하나?" 하는 생각에 전기차 씨는 매일 걱정이 태산입니다. 전기차 씨는 어떻게 해야 할까요?

테슬라 주식에 투자한 전기차 씨의 변동성 위험		
테슬라 주가 변동 위험	**달러-원 환율 변동 위험**	🅣 TESLA
· 주가 상승 시 이익 · 주가 하락 시 손해	· 환율 상승 시 이익 · 환율 하락 시 손해	

해외자산 투자 시 ⇒ 기초자산과 환율을 동시에 고려해야

우리가 2장에서 살펴본 바와 같이 달러가치와 주가는 통상 반대로 움직입니다. 그래서 주식이 올랐으면 환율이 빠지고 상대적으로 주식이 빠졌으면 환율이 오르는 경우가 일반적입니다. 따라서 전기차 씨는 다음과 같은 두 가지 구체적인 시나리오를 가정하고 실행해볼 수 있습니다.

Case 1. 주식은 올랐는데 환율이 빠진 경우

이 경우는 전기차 씨가 테슬라 주식을 상대적으로 저가에 매수를 해서 유리한 포지션을 가지고 있지만 매수 당시보다 환율이 내려와 문제인 경우

입니다. 원화를 달러로 바꿔서 테슬라 주식을 샀지만 주식이 10% 올라도 환율이 도로 10% 빠지면 수익은 없어지기 때문입니다.

전기차 씨는 테슬라 주식을 장기간 보유하고자 하는 목적이 아닌 단기차익을 얻고자 하는 투자자이기 때문에, 주식의 매도 시기를 잘 잡는 것이 우선입니다. 테슬라 주식을 매도하면서 기초자산인 주식에서 최대한 차익을 남기는 것이 중요하죠. 주식을 매각하고 난 후 달러-원 환율이 올라 맘에 든다면 전부 팔아도 됩니다. 하지만 현재의 환율 수준이 매도하고자 하는 레벨과 괴리가 있고 향후 환율상승이 전망된다면 얘기가 다르겠지요.

전기차 씨가 돈을 바로 급하게 써야 할 사용처가 없다면, 주식을 팔아 받은 달러를 바로 원화로 환전하지 말고 달러 예금통장에 넣어두고 추후에 매각하는 방법을 택하는 것도 좋은 방법입니다. 주식시장과 환율은 반대 방향으로 가는 성질을 가졌기 때문에 같이 팔게 되면 한쪽이 손해가 나는 경우가 많기 때문입니다. 전기차 씨가 달러를 매도하는 방법에는 여러 가지가 있지만 크게 세 가지로 나뉩니다. 이들 세 가지 중 상황에 더 맞다고 생각하는 방법을 골라 실행하면 됩니다.

첫 번째 방법
- **환율이 희망하는 레벨에 도달했을 때 한 번에 전부 매각**

실행 방법은 간단합니다. 매각 희망 환율 레벨을 정하고 이 레벨에 오면 무조건 가능한 물량을 전부 매각하는 것이지요. 이 방법은 달러가 약세장일 때 더 유효합니다. 왜냐하면 달러 약세장에서도 환율은 오르고 내리지만 추세적으로 내려가는 장에서 높은 환율에 팔 수 있는 기회가 더 희소하기 때문입니다. 특히 한 번에 전부 매각할 경우에는, 매각 희망 레벨을 너무 낮지 않게 책정하는 것이 매우 중요합니다.

한 번에 매각하려는 것이기 때문에 정해놓은 매각 희망 레벨이 너무 낮으면 손해를 볼 수 있습니다. 그래서 합리적으로 높은 수준의 매각 희망 환율을 정하는 것이 가장 중요합니다.

그렇다고 너무 높은 레벨로 정해놓는 경우에는 내려가서 안 올라올 수 있기 때문에, 현실적인 구간 안에서 높은 환율 수준을 정하면 됩니다.

두 번째 방법
- **희망 환율 레벨에 도달할 때마다 정해진 금액을 분할 매도**

이 방법에서도 우선 전기차 씨가 팔고자 하는 환율의 희망 레벨을 정합니다. 희망 레벨은 너무 멀리 있지 않은 실현 가능한 환율 수준이라야 하죠. 다음으로 전체 금액 중 한 번에 분할해 팔고자 하는 금액을 정합니다. 그리고 기다리면서 달러 강세가 나타나는 경우에 조금씩 파는 방식이지요.

즉, 정해놓은 희망 매도 환율 레인지 위로 환율이 오를 때마다 기계적으로 분할 매도하는 것입니다. 첫 번째와 방식 자체는 같지만 한 번에 다 팔지 않고 분할 매도한다는 점이 가장 큰 차이점이죠. 또한 첫 번째 방법보다는 환율의 수준을 더욱 합리적으로 매도 가능한 수준으로 잡는 것도 차이점입니다.

만약 일정 기간이 지나도 그 구간에 들어오지 않는다면 매도 희망 환율 레인지를 너무 높게 잡은 것이기 때문에 레인지를 다시 조정해야 합니다. 반대로 처음에 설정한 환율 레인지를 계속해서 넘는다면 일정 시간이 지난 후 환율 레인지를 상향 조정해도 됩니다. 만약 사전에 정해놓은 환율 레인지에 들어온다면 분할 매도의 횟수는 하루에 몇 번이 되더라도 상관 없습니다.

세 번째 방법
■ **달러 매도 기간을 정하고 매도 불가능 환율 위에서 매일 정해진 금액을 분할 매도**

이 방법은 매도의 기간과 환율 범위 두 가지를 다 고려한 방법입니다. 우선 일주일이나 한 달 등 전기차 씨가 자신이 원하는 달러의 매도 기간을 정해놓습니다. 여기에 더해 어떤 경우라도 절대 팔 수 없는 환율의 하단인 매도불가 레인지 또한 정합니다. 그리고 나서 일정 금액을 매일 분할 매도 하는 것이지요. 일별 매매 가격은 미리 정해놓지 않고 그날의 상황에 따라 보고 결정합니다. 하지만 환율은 미리 정한 매도불가 환율 레인지 위에 있어야 하는 것이지요.

만약 30일 동안에 3,000달러를 팔려고 하면 매일 100달러를 매도하면 됩니다. 매도불가 레인지에 들어와 달러를 매도하지 못한 날은 다음으로 이월, 날짜를 연장하여 매도를 하면 됩니다.

이 방법의 장점은 매일 일정 금액씩 팔기 때문에 정해진 기간의 평균 환율에 가깝게 매매가 이루어진다는 것입니다. 따라서 평균환율에 수렴할 수 있게 헤지하는 것과 유사한 결과를 가져옵니다.

섬6

미국 주식에 투자한
서학개미의 환율 고민
[Case 2]

Case 2. 주식 가격이 빠졌지만 환율은 오른 경우

전기차 씨는 투자한 기초자산인 주식을 매도하고 난 뒤에나 달러를 받을 수 있기 때문에 달러만 먼저 매도할 수 없습니다. 만약 수중에 달러를 가지고 있어서 해당 금액 만큼을 미리 매도할 수 있다면 헤지의 효과를 가져올 수는 있습니다.

하지만 일반적으로 주식을 팔고 난 후 달러를 매도하는 경우가 일반적이기 때문에 향후 투자한 주식이 더욱 하락할 전망이라 손절하는 경우가 아니면 주식이 반등할 때까지 기다려야 하는 상황에 놓이게 됩니다.

이렇게 환율은 올랐지만 주식 가격이 빠져서 고민인 경우는 다음 두 가지 상황 중 하나라고 볼 수 있습니다.

첫 번째 시나리오

■ **환율상승폭이 주식의 하락폭과 비슷하거나 더 큰 경우**

첫 번째는 주식의 하락폭과 비슷하거나 환율이 오른 폭이 더 커서 매도가 가능한 상황입니다. 이 같이 주식 가격이 하락하여 손실이 난 경우에는 우선 주가와 환율 중 주식 가격에 포커스를 두어야 합니다.

주식시장이 대세 상승기여서 전기차 씨가 미국 주식을 매도하는 경우라면 달러-원 환율의 추이를 보면서 천천히 주식을 매도해도 상관이 없을 겁니다. 그러나 주식시장이 맥을 못 추는 상황이라면 달러-원 환율보다는 주식 가격에 포커스를 두고 중점적으로 모니터링을 하는 편이 더 좋은 결과를 낼 수 있습니다. 그러므로 일단 주식을 최대한 적정 가격 수준으로 매도한 뒤 천천히 위 Case 1에서 나열한 방식에 따라 달러 매도 전략을 세워야 합니다.

두 번째 시나리오

■ **주식의 하락폭이 환율의 상승폭보다 더 큰 경우**

두 번째는 전기차 씨가 투자한 테슬라 주가의 하락폭이 달러-원 환율의 상승폭보다 커서 더 기다릴지 아니면 손절매를 해야 할지 결정해야 하는 상황입니다.

향후 주식의 반등 가능성이 있다면 기다리는 편이 낫습니다. 왜냐하면 시간은 언제나 투자자의 편에 있는 경우가 더 많기 때문입니다. 하지만 주식이 대세 하락기에 접어들었다면 더 이상의 손해를 막고 최대한 환차익을 얻고자 노력하는 것이 현명한 방법일 수도 있습니다.

만약 손절매를 한다고 하면 첫 번째 시나리오와 마찬가지로 여기에서도 주식 가격이 하락하여 손실이 나고 있으므로 환율보다는 주식의 가격에 포커스를 둡니다. 기초자산인 테슬라 주식을 최대한 좋은 타이밍에 팔아 손실액을 줄인 뒤에 Case 1에서 알아본 방법으로 달러를 추후에 매도합니다.

Case 3. 주식과 환율 모두 평가이익 또는 평가손실인 경우

첫 번째 경우: 주식과 환율 모두에서 평가이익

■ **주식수익과 환차익을 합한 총수익의 목표가 달성되면 매도한다**

주식과 환율의 손익이 같은 방향으로 움직이는 경우도 있습니다. 전기차 씨와 같이 테슬라 주식에 투자했을 때, 주식 가격도 오르고 달러-원 환율도 같이 오르는 경우가 모두가 원하는 가장 좋은 이상적인 투자 결과죠.

하지만 장기투자를 계획하는 것이 아니라면 이때도 매매 전략을 잘 세워야 합니다. 먼저 목표 수익을 확실히 정해야 하는데, 주식수익과 환차익을 합한 총수익의 목표를 정합니다. 그리고 이렇게 정한 총수익 목표에 도달하면 기계적으로 주식을 매도하는 거죠. 이때 중요한 것은 주식 매도와 동시에 달러도 같이 매도해야 한다는 점입니다. 그렇지 않으면 달러-

원 환율이 계속 움직여서 당초 목표로 한 수익을 얻을 수 없게 되기 때문입니다.

두 번째 경우: 주식과 환율 모두에서 평가손실

■ **총손실 한도를 세워 손해액을 제한한다**

이 상황은 앞서 Case 2처럼 동시에 손해가 나는 경우입니다. 전기차 씨는 먼저 장기투자로 전환해서 기다릴지 아니면 손절매를 할지를 판단해야 합니다. 첫 번째 경우와는 반대로 두 개 포지션 모두에서 손실이 났을 때는 총수익 목표를 정하듯이 총손실의 한도 또한 정해야 합니다. 우량주식을 들고 있다면 주식 가격이 다시 반등하기를 바라는 편이 낫지만 시세를 탄 가치주라면 주가 반등이 매우 늦게 일어나는 경우도 있으니 주식별로 판단을 잘해야 하는 것이지요.

만약 주식의 손해액과 환차손을 합한 총손실의 한도를 넘으면 더 이상의 손해를 보지 않기 위해 매도를 결정합니다.

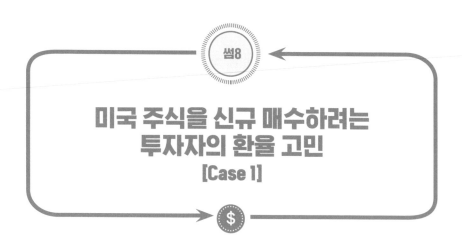

미국 주식을 신규 매수하려는 투자자의 환율 고민
[Case 1]

최근 해외주식이나 해외펀드 그리고 미국 ETF에 투자하기 위해 타이밍을 보는 투자자 분들이 많이 있으실 겁니다. 특히나 오랫동안의 제로금리에서 벗어나 미국이 금리인상을 단행하면서 투자 환경이 얼마 전과는 비교할 수 없을 정도로 완전히 다른 상황으로 전개되고 있지요. 이와 함께 해외주식이 단기하락한 상황에서 매수를 하고는 싶지만 막상 달러-원 환율이 맘에 걸려서 쉽게 결정하지 못하는 투자자 분들도 많을 것입니다. 이런 경우에도 주식과 달러-원 환율은 반대로 움직인다는 특성을 잘 이용해서 투자하는 것이 좋은 방법입니다.

가정주부이자 두 아이의 엄마인 한고민 씨는 최근 와타나베 부인에 관한 책을 읽었습니다. 일본의 현명한 주부들이 캐리 트레이드라는 이자율 전략을 이용해서 남편들 월급보다 더 많은 수익을 올렸다는 데 큰 감명을 받았지요. 안 그래도 인플레이션으로 생활비와 아이들 학원비가 크게 올라 부업을 고민 중이던 한고민 씨는 이번 기회에 투자 전선에 뛰어들기로 했습니다.

Case 1. 주가는 낮은데 달러-원 환율이 높은 경우

한고민 씨는 주식과 채권 그리고 환율에 대해 공부하고 난 후, 해외투자의 계획을 세웁니다. 글로벌 인플레이션과 '달러발 통화의 가치조정' 때문에 한고민 씨는 우리나라 자산보다는 미국 주식을 유망하게 보고 있습니다.

투자 종목은 평소에 좋아하는 스타벅스(종목코드 SBUX)로 정했으며 기간은 단기보다는 3년 정도의 장기투자를 하기로 마음을 먹었습니다. 해외투자 초보자라 단기투자보다는 장기투자가 더 편하게 생각되기도 했지만, 그보다는 몇 년 후 애들이 성장해서 돈이 더 많이 필요할 때를 대비하고자 하는 마음이 컸기 때문입니다.

스타벅스 주식은 커피 매출의 신장과 더불어 지난 2021년 주당 120달러를 돌파했지만 연준의 매파적인 행보 때문에 현재는 80달러 미만으로 내려와 있는 상황입니다. 그러나 한고민 씨는 향후 바이러스 치료제가 나오면 모든 영업이 정상화될 테고, 3년 후 정도면 주당 120달러가 넘으리라 전망한 것이지요.

이렇게 스타벅스 주가는 내려와 있지만 문제는 환율이었습니다. 현재 달러당 1,400원의 환율이 높아도 너무 높았거든요. 저평가된 주가만 보고 투자했다가 미래에 환율하락(달러가치 하락)으로 인한 환리스크에 처하게 되면 어쩌나 한고민 씨는 큰 고민에 빠졌습니다. 현재 가지고 있는 4,200만 원을 투자하면 주당 80달러에 375주를 매수할 수 있긴 한데, 향후에 지금보다 환율이 떨어지면 수익이 줄어들까 걱정입니다. 한고민 씨는 환율을 생각하지 말고 일단 낮은 주가만 보고 투자하면 될까요?

1단계: 가상 투자 시뮬레이션을 해본다

당연히 환율의 영향을 고려해야 합니다. 환율을 무시하고 투자해서는 좋은 결과를 낼 수가 없습니다. 이런 경우에는 우선 가상 투자 시뮬레이션을 통해 환율의 영향을 계산해보는 작업이 필요합니다.

한고민 씨는 스타벅스 주식의 3년 후 예상 목표주가와 달러-원 환율의 예상치를 넣어 예상 수익률이 얼마나 될지를 계산해보기로 합니다. 아래와 같이 달러-원 환율이 가장 높은 상황과 가장 낮은 상황 그리고 이들의 중간치인 평균적인 상황의 세 가지 시나리오로 나누어 시뮬레이션을 하면 편리합니다.

한고민 씨의 스타벅스 주식투자 시나리오			
	시나리오 1	시나리오 2	시나리오 3
주식 매수가격	80달러	80달러	80달러
주식 매수 환율	1,400원	1,400원	1,400원
3년 후 매도 주가	120달러	120달러	120달러
3년 후 매도 환율	1,400원	1,200원	1,300원
초기 투자 원금(원)	4,200만 원	4,200만 원	4,200만 원
주식투자 수익률	50.0%	50.0%	50.0%
환전 후 총수익률	50.0%	28.6%	39.3%

스타벅스 주가에 대한 한고민 씨의 믿음이 커서 환차손이 생기더라도 예상 총수익률은 좋아 보이네요. 한고민 씨는 더 이상 고민하지 않고 4,200만 원을 투자하기로 결심합니다.

> **3년 후 스타벅스 주식 매도 시나리오**
>
> · 주당 120달러에 375주 모두 매도
> · 120달러 x 375 = 4만 5,000달러 받음 – 주식수익률 50%
> · 원화로 환전
>
> [시나리오 1] 4만 5,000달러 x 1,400 = 6,300만 원 ⇒ 총수익률 50.0%
> [시나리오 2] 4만 5,000달러 x 1,200 = 5,400만 원 ⇒ 총수익률 28.6%
> [시나리오 3] 4만 5,000달러 x 1,300 = 5,850만 원 ⇒ 총수익률 39.3%

Starbucks

2단계: 분할 매수 계획을 세워 달러를 매수한다

스타벅스 주식을 매수하기로 결정했으니 다음 단계는 실제 달러를 어떻게 매수할지 실행 계획을 세우는 것입니다. 외환 초보자에게 가장 추천하는 방법은 주식의 매수 시점을 정한 후 달러를 분할 매수하는 방법입니다. 먼저 주식을 매수할 타이밍을 정합니다. 만약 1~2주일 후에 주식을 매수하기로 했다면 그 안에 달러를 조금씩 나눠서 매수하는 것입니다.

매수 방법은 앞서 서학개미의 사례에서 설명한 바와 같이 희망 환율 레벨을 정한 뒤 환율이 내려올 경우 일정 금액을 매수합니다. 환율 레벨을 정해놓고 그 구간에 들어오면 몇 번이든 매수하는 방식이지요. 일정 시간이 지나 환율 호가 수준이 내려오거나 올라간다면 희망 레벨을 다시 조정할 수도 있습니다. 이런 방식으로 주식 매수 시점까지 달러를 분할 매수하면 조금이라도 낮은 환율에 주식을 살 수 있게 됩니다.

앞서 달러-원 환율을 간단하게 분석하는 법을 배웠으니, 그 지식들을 이용해서 외환시장을 모니터링 해나가면서 매수를 하면 더 도움이 될 것입니다.

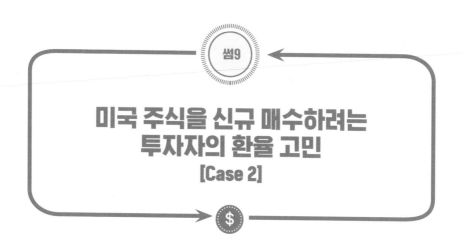

Case 2. 달러는 싸지만 미국 주가가 비싼 경우

3년이 지났습니다. 육아와 살림에 묻혀 살던 평범한 가정주부였던 한고민 씨는 이제 투자로 고수익을 올리는 베테랑의 반열에 올랐습니다. 이제 인터넷 포털사이트에서 다른 투자자들의 고민 상담까지 해주는 유명인사가 되었지요.

오늘은 한 투자자가 지금 달러 가격이 너무 싸서 스타벅스 주식을 매수하고 싶은데 어떻게 하면 좋겠냐며 고민 상담을 해왔습니다. 시장 상황은 3년 전까지만 하더라도 80달러였던 스타벅스 주가가 120달러로 올라온 반면, 달러가치는 많이 하락해 달러-원 환율이 1,200원까지 내려와 있습니다.

한고민 씨는 투자자의 질문에 어떤 답을 주었을까요? 그녀는 두 가지 방법 중 하나를 선택하면 된다고 일러주었는데 그 방법은 다음과 같습니다.

첫 번째 방법

■ **달러를 환전해서 외화예금에 넣어두고 주가를 모니터링한다**

한고민 씨는 달러-원 환율이 3년 전 1,400원에서 1,200원대로 내려왔고 이제는 충분히 내려왔다는 생각이 듭니다. 환율은 그렇지만 스타벅스 주가는 120달러로 너무 비싸다는 생각 또한 들었지요. 그래서 내린 결론이 바로 '환전은 하되 주식 매수는 기다린다'였습니다.

물론 향후에 스타벅스 주식이 더 많이 오를 수 있을 거라 생각되지만 지금 당장 너무 비싼 가격에 주식을 사면 그만큼 부담이 크기 때문에 조금 기다리라는 조언을 해주었던 것이지요. 하지만 환율은 만족할 만한 수준이라고 판단되므로 투자하고자 하는 원화만큼을 달러로 환전해서 외화예금 통장에 넣어두라고 한 거죠. 달러예금을 만들어두면 언제라도 출금할 수 있고 이자도 받을 수 있으니까요. 스타벅스의 주가를 계속 주시하다가 조금이라도 낮은 매수 희망 가격으로 내려오면 그때 사는 것을 추천했습니다.

투자 대상 자산인 해외주식의 가격이 높을 때는 일반적으로 투자하기까지 상당한 시간이 걸립니다. 하지만 현재 달러-원 환율이 매력적이라면 이처럼 환전해서 달러를 매수한 후 외화예금 통장에 넣어두는 것도 좋은 방안입니다. 요새는 인터넷으로도 은행 웹사이트에서 달러 구입 및 예금이 가능하고 기간도 1개월, 3개월, 6개월, 1년 등으로 만기도 다양하니 매우 편리하게 이용할 수 있습니다.

두 번째 방법

■ **환율과 관계없이 주가 상승이 예상된다면 지금 투자하는 것도 고려해볼 수 있다**

한편 한고민 씨는 주식이 대세 상승기에 있고 달러를 싸게 살 수 있다면 투자를 고려할 수 있다는 조언도 해주었습니다. 이는 단기차익을 내기 쉽지 않은 해외주식의 특성을 고려한 조언이었습니다. 스타벅스의 주식이 비싸지만 대세 상승기에 있기 때문에 투자자 본인이 생각하기에 향후 상승 전망이라면 매수할 수 있다는 답변을 준 것이지요.

해외투자로 단기수익을 내기 힘든 이유는 주식과 환율은 서로 반대로 움직이는 경우가 많고, 특히나 해외주식 수수료는 국내주식의 수수료보다 높을 뿐더러, 환전 수수료 부담도 있기 때문입니다. 따라서 국내투자와 달리 단기차익 목적의 거래는 어려우므로 적어도 몇 개월 이상의 중장기 투자를 권한다는 내용이었습니다.

동시에 그녀는 경고도 잊지 않았습니다. 주식의 가격은 앞으로 오를지 내릴지 누구도 장담할 수 없으므로 잘못 판단하면 그 비용이 매우 클 수 있다는 경고였죠. 아무리 낮은 환율에 달러를 사서 투자한다고 하더라도 기초자산인 주식 가격이 너무 비쌀 때 매수를 하면 부담이 클 수밖에 없습니다. 한고민 씨는 마지막으로 그 투자자에게 투자에 대한 판단은 본인의 몫이라는 말을 전해주었습니다.

우리가 금융을
공부해야 하는 이유

'허니'의 일화가 의미하는 것

네팔 히말라야로 트래킹 여행을 다녀온 한 할아버지가 있었습니다. 어르신은 친지에게 선물로 주려고 고산지대의 귀한 약재로 유명한 히말라야 벌꿀을 큰맘 먹고 구입했습니다. 소중한 꿀이었지만 무게가 너무 무거웠던지라 기내에 들고 탈 수가 없었죠. 할아버지는 조금 불안했지만 이따가 잘 챙기면 되겠지 하며 꿀을 수화물로 부쳤습니다. 그런데 경유지에 다다라 짐을 옮겨 싣는데 아무리 찾아도 아까 부친 꿀이 보이지 않는 게 아니겠어요? 할아버지는 크게 당황했습니다.

하지만 영어도 서투른 데다 주위에 도와주는 이도 하나 없었습니다. 어르신은 겨우겨우 주위에 물어봐 벌꿀이 영어로 '허니honey'라는 것을 간신히 알아냈습니다. 그리고 다급한 나머지 지나가는 공항 여승무원을 붙잡고 다짜고짜 '허니'라고 얘기했죠. 꿀이 없어진 걸 알 리 없던 이 여승무원은 어르신이 장난을 친다고 오해했습니다. 할아버지는 발을 동동 구르며 울상인데 주위 사람들은 박장대소를 하는 이상한 광경이 펼쳐졌죠. 아무리 '허니'라고 이야기해도 사람들이 꿀인 것을 못 알아듣고 자꾸 이상하게 생각을 하니 할아버지는 소중한 꿀을 잃어버린 것도 모자라 자신의 의도마저 곡해된다는 생각에 답답한 나머지 눈물이 날 지경이었습니다. 하지만 안타깝게도 현장에는 이러한 오해를 풀어주거나 해결해주려는 사람이 한 명도 없었지요.

바로 이때 이름처럼 정의와 의리로 똘똘 뭉친 한국의 공무원 정의리 사무관이 마치 영화의 슈퍼 히어로처럼 어르신 앞에 등장했습니다. 정의리 사무관은 백만불 과장의 둘도 없는 친구인데, 마침 해당 경유지 국가의 국제행사에 참가한 뒤 귀국하는 길이었습니다.

멀리서 할아버지의 글썽이는 눈을 본 정의리 사무관은 지체 없이 그쪽으로 뛰어갔습니다. 그리고는 무슨 일이 있었는지 양쪽의 이야기를 상세하게 들었지요. 머리에는 컴퓨터의 분석력, 가슴에는 불타는 심장을 품은 정의리 사무관은 우선 냉철하게 두 가지에 초점을 맞추었습니다. 첫째, 문제의 핵심이 무엇인지 파악했습니다. 어느 한쪽의 얘기만 들으면 사건을 오해할 수 있다는 생각에 할아버지와 승무원 두 사람의 얘기를 모두 듣고 왜 이런 문제가 생겼는지 근본적인 원인을 알아내고자 한 것입니다. 양쪽의 이야기를 들으면서 승무원의 말대로 어르신이 나쁜 의도가 있었는지, 아니면 잘못된 이해 과정에서 문제가 커졌는지를 우선 파악하려고 했습니다. 왜 그런 상황이 일어났는지를 제대로 알려고 한 것이지요.

둘째, 사건 당사자들을 보호하고 이 과정에서 피해자가 생기지 않도록 했습니다. 특히나 선의의 피해자를 구제하기 위해서 당사자가 원하지 않거나 피상적인 해결 방법을 고집하기보다는 당사자가 원하는 방향을 중심으로 해결을 하고자 노력했죠. 또한 불필요한 오해를 낳거나 똑같은 문제가 반복되는 것을 막기 위해 주위의 사람들에게도 사건의 배경을 잘 설명하고 이해시켰습니다.

한평생 살아오면서 자기 자신보다 주위 사람들을 위해 언제나 헌신적으로 살아온 공무원인 정의리 사무관은 어르신의 가여운 눈물이 주변인들의 가벼운 웃음에 덮여버리는 것이 너무나 가슴 아팠지요. 일단 자신이 해결해드리겠다고 어르신을 안심시킨 후, 그는 승무원과 주변 사람들에게 사실은 진짜 벌꿀을 잃어버렸는데 영어가 서툴러서 오해가 불거졌다고 설명했습니다. 그러고선 승무원에게 잃어버린 수화물을 어디에서 찾을 수 있는지, 혹시 도와줄 수 있는지를 물어봤습니다. 그제서야 승무원은 자기도 오해했다면서 공항 화물 서비스센터로 가는 길을 알려주었고, 어르신은 소중한 히말라야 벌꿀을 다시 찾을 수 있게 되었습니다.

말도 안 통하는 낯선 타지에서 아무 연고도 없는 자신을 도와준 정의리 사무관, 공항 승무원과 직원들이 할아버지는 너무나 고마웠습니다. 남들에게는 하찮은 벌꿀에 불과했겠지만, 어르신에게는 하나밖에 없는 소중한 추억이자, 선물이자 가치를 지닌 자산이었으니까요.

이 이야기 속 할아버지처럼 전문지식이 부족한 금융 소비자들은 정의리 사무관과 같은 정의롭고 합리적인 정책의 실질적인 도움이 절실합니다. 전문지식이 없는 일반 소비자들이 어쩔 줄 몰라 발을 동동 구르는 상황에서 속으로는 딴생각을 하면서 달콤한 수익만을 바라보는 일부 금융투자업자들의 탐욕은 우리 금융산업 전체를 후퇴하게 만듭니다. 특히나 금융 당국은 어르신이 처한 이런 어려운 상황에서 구경만 하는 주변인이 아닌, 신속하고 정확하며 적극적인 상황 대처로 문제를 해결하는 정의리 사무관이 되어 투자자들의 신뢰와 존경을 받을 수 있어야 하겠지요.

만약 어르신이 정말로 원하는 '허니'가 승무원의 시선이 아닌 벌꿀이라면 당국은 어르신을 적극적인 보호책으로 도와줘야 합니다. 물론 이것은 금융 소비자들도 진실하게 임해야 한다는 전제에서, 다른 의도를 가지고 거짓말을 하지 않는다는 전제하에서만 유효합니다.

이렇게 소비자와 금융투자업자, 당국이 서로 신뢰를 쌓고 진심을 가지고 소통해야만 미래에 우리나라 금융산업과 서비스업이 한층 발전하고 금융허브로 도약할 수 있습니다. 어떤 산업이든 그렇지만 규제 일변도의 정책으로는 금융 발전을 이루기 어렵습니다. 그러므로 금융 선진화를 위해서는 금융투자업자는 물론이고, 소비자들의 기초적인 금융 지식 습득이 필수적으로 요구됩니다. 업계와 금융 당국과 소비자가 서로 같은 공감대와 인식을 가지고 있어야 하기 때문이지요. 같은 말을 사용하고 같은 문제를 논의하는데 다른 생각이나 이해를 가지고 있으면 큰일이니까요.

만약 어르신이 '허니'가 꿀이 아닌 다른 의미로도 해석될 수 있다는 사실을 미리 알았다면 어땠을까요? 아마 좀 더 빨리 꿀을 찾을 수 있지 않았을까요? 이처럼 투자업자와 당국 그리고 소비자 이 세 주체들이 모두 활발하게 소통하고 금융 관련 지식이 높아진다면 우리나라의 금융산업은 미래에 보다 크게 발전할 가능성이 높습니다. 여러분이 지금까지 외환시장과 환율에 대해 공부한 것도 바로 이 때문입니다. 국민 한 명, 한 명이 더 많이 알고 공부할수록 우리나라의 금융산업은 더욱 발전할 수 있습니다.

우리가 금융을 공부해야 하는 이유

우리가 금융시장과 금융상품에 대해 공부하는 이유는 개인의 재테크와 기업의 투자에 도움이 되기 때문입니다. 누구나 돈을 많이 벌어 부자가 되고 싶은 마음은 같지요. 하지만 《탈무드》에도 나오듯이 성공하기 위해서는 구체적으로 무엇을 어떻게 하는 것보다 어떤 마음가짐을 가져야 하는가 즉, 근본적인 생각과 처세술이 더 중요합니다.

'뭘 어떻게 해서 돈을 벌까?'를 생각하기보다 그에 앞서 바른 마음가짐을 갖추어야 돈이 도망가지 않습니다. 바로 상식과 도리이지요. 얄팍한 작전을 이용하거나 요행을 바라고 순간의 치기로 투자하면 돈을 벌기가 힘들겠지만, 열심히 공부하면서 정석으로 차근차근 실력을 쌓아 올린다면 돈은 절대 여러분 곁을 도망가지 않을 것입니다.

필자는 예전에 싱가포르에서 호주 출신 프로선수에게 골프를 처음 배웠습니다. 그는 기술을 가르쳐주기에 앞서 저에게 골프 교본만 한 달 이상 읽도록 했습니다. 바로 매너와 지켜야 할 룰에 대한 내용들이었지요. 그 당시에는 너무나도 지루하고 귀찮고 빨리 필드에 나가고 싶은 마음뿐이었지만, 이후에 경기를 해나가면서 그 룰과 매너를 배운 것이 얼마나 도움이 되고 필요한 과정이었는지를 깨닫게 되었습니다. 이처럼 독자 여러분들도 돈을 먼저 생각하기보다는 시장을 읽고 공부하고 생각하면서 어떻게 대처할지를 고민하기를 바랍니다. 분명 좋은 결과가 올 것입니다.

마지막으로 말씀드리고자 하는 것은 이 세상에는 돈과 바꿀 수 없는 많은 것들이 있다는 점입니다. 행복과 추억은 억만금의 돈과도 바꿀 수가 없지요. 돈은 있을 때도, 없을 때도 있지만 행복한 추억은 한 번 지나가면 그만이기 때문입니다.

필자의 졸저가 독자 여러분의 금융 생활에 조금이라도 도움이 되고 가정에 평화와 행복을 가져다줄 수 있기를 간절히 바랍니다.

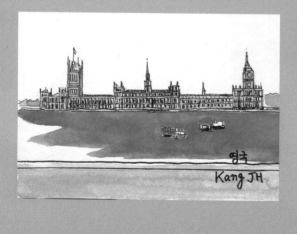

홍콩

Kang JH